Luigi Zingales

Manifesto capitalista

Una rivoluzione liberale contro un'economia corrotta

Rizzoli

Published by Basic Books,
A Member of the Perseus Books Group

ISBN 978-88-17-05901-5

Titolo originale dell'opera:
A CAPITALISM FOR THE PEOPLE

Traduzione di Alessandro Pandolfi e Francesca Salsi

Prima edizione: settembre 2012
Seconda edizione: settembre 2012
Terza edizione: ottobre 2012
Quarta edizione: novembre 2012

Ai miei genitori che mi hanno spinto
a credere in un mondo migliore,
e che con il loro esempio e il loro insegnamento
mi hanno dato la forza
di combattere per trasformare
il loro desiderio in realtà.

Prefazione all'edizione italiana

Uno dei primi libri che lessi da bambino fu una versione per l'infanzia dell'*Eneide*. Rimasi molto turbato dalla storia di Laocoonte, il sacerdote che aveva avvertito i troiani dei pericoli insiti nel cavallo lasciato in dono dai greci. Come avrei imparato molti anni dopo sui banchi di scuola, «timeo Danaos et dona ferentes» ammonì Laocoonte. Come «ricompensa» per la sua intuizione, due enormi serpenti mandati dalla dea Giunone uscirono dal mare e divorarono prima i suoi figli e poi il sacerdote stesso. Nei Musei Vaticani c'è una bellissima statua che illustra la drammaticità di questo episodio. Ma da bambino quello che mi turbò maggiormente non fu quell'immagine, ma la profonda ingiustizia che raccontava: Laocoonte veniva punito dagli dèi perché aveva ragione. Come è possibile?

Quando lo chiesi a mia madre, la risposta fu che si trattava di dèi pagani, ingiusti. Mi ci vollero molti anni per capire che quel mito, come molti altri, rappresentava in modo allegorico un fenomeno psicologico che Freud e la psicanalisi avrebbero spiegato millenni dopo: la rimozione. Laocoonte fu punito proprio perché aveva ragione. Dopo sette anni di battaglie i troiani non ne volevano sapere di combattere ancora. Volevano rimuovere anche il solo pensiero che la guerra non fosse finita. Tanto più la critica di Laocoonte era fondata, tanto più i troiani la respingevano con sdegno: non volevano crederci. E, per rimuoverne anche il pensiero, sognavano di eliminare fisicamente la persona che glielo ricordava. I serpenti di Giunone altro non sono che la manifestazione allegorica della rimozione mentale, che ci fa scagliare contro chi ci presenta una verità che non vogliamo sentire, tanto più violentemente quanto più una persona colpisce nel segno.

Anche se tardiva, la comprensione di questo aspetto del mito mi è stata di grande aiuto. Ogniqualvolta le mie presentazioni accademiche suscitano la reazione violenta di qualche ascoltatore, dentro di me gioisco. So di aver colpito nel segno. È solo quando non incontro quella reazione che mi preoccupo: temo di non aver messo in luce nulla di nuovo e interessante.

Averlo compreso mi è stato ancora più utile per la scrittura di questo libro. Può un italiano esporre agli americani la crisi profonda che sta colpendo il loro Paese senza fare la fine di Laocoonte? Allo stesso tempo, può un italiano, che vive ormai da un quarto di secolo negli Stati Uniti, criticare il suo Paese d'origine, senza essere accusato di aver venduto il cervello allo straniero? Il libro è basato su un confronto tra l'Italia che ho lasciato e il Paese in cui mi sono trasferito. Gli Stati Uniti sono degenerati nel tempo o io, vivendoci, mi sono reso conto che non corrispondevano in tutto e per tutto al mio ideale? Probabilmente sono vere entrambe le cose.

L'Italia che racconto non ha nulla di nuovo per il lettore italiano, ma risulta un monito efficace per quello americano. Per contro, la prospettiva che fornisco sull'economia degli Stati Uniti è nuova sia per il lettore italiano sia per quello americano. Se quest'ultimo fatica ad accettare la degenerazione del proprio sistema, il lettore italiano la troverà quasi rassicurante: mal comune, mezzo gaudio.

Purtroppo è un gaudio ingiustificato. Il fatto che pure gli Stati Uniti seguano le orme del Belpaese suggerisce quanto sia difficile invertire il percorso per l'Italia. Tanto più che molte tra le forze positive che creano una speranza di cambiamento negli Stati Uniti non sembrano presenti (o almeno presenti nella stessa misura) nel nostro Paese. Per questo motivo le soluzioni che propongo per gli Stati Uniti non sarebbero sufficienti in Italia, per quanto utili: ho quindi deciso di aggiungere in coda all'edizione italiana un capitolo specifico a lei dedicato.

Prefazione

Gli americani sono arrabbiati. Sono arrabbiati con i banchieri che hanno contribuito alla crisi finanziaria, senza pagarne le conseguenze. Sono arrabbiati per l'incapacità del sistema politico che ha incolpato i banchieri, ma non è stato in grado di tenerli sotto controllo. Sono arrabbiati con un sistema economico che arricchisce ulteriormente i ricchi e abbandona i poveri al loro destino. Sono arrabbiati perché l'ideale di un «governo del popolo, dal popolo e per il popolo» sembra sparito dalla faccia della Terra.

Questa rabbia è venuta allo scoperto in molti movimenti spontanei: le manifestazioni davanti alle dimore dei manager, la collera del Tea Party, i sit-in di «Occupy Wall Street». Per un italiano, abituato alle dimostrazioni giornaliere anche dei più piccoli gruppi di interesse, tutto ciò può sembrare poca cosa. Ma in un'America che non ha conosciuto fenomeni simili dai tempi del Vietnam, questi movimenti sono il sintomo di una tensione profonda. Nonostante siano accomunati dall'opposizione allo *status quo*, è vano cercare in questi movimenti e nelle loro piattaforme la proposta di un'alternativa praticabile. Il Tea Party è riuscito a polarizzare la rabbia contro il governo, ma non è stato capace di fare altrettanto con la collera nei confronti dei banchieri.

Il movimento «Occupy Wall Street», che ha dichiarato di lottare in nome del 99% dei cittadini, non ha detto nulla su come avrebbe condotto la sua battaglia.

Qual è il mio contributo a questa discussione? In teoria sono uno di «loro.» Insegno finanza in una delle migliori università del mondo. Faccio parte dell'élite intellettuale ed economica. Ciononostante sono arrabbiato e impaurito anch'io. Sono arrabbiato perché l'idea del libero mercato è stata sequestrata dall'affarismo che ha alterato l'equilibrio aureo della democrazia americana. Sono impaurito perché, a causa della comprensibile collera per come sono andate le cose, gli americani potrebbero scegliere di intraprendere una strada che comporterebbe la fine del capitalismo americano come lo abbiamo conosciuto. Un sistema che, pur avendo dei difetti, offre le migliori speranze per la maggior parte della gente. Un modello a cui si ispirano i difensori della libertà in ogni parte del mondo.

I miei studi mi forniscono una prospettiva unica su ciò che non funziona nel sistema finanziario e, più in generale, nel sistema economico americano; eppure è un altro l'aspetto della mia esperienza che mi ha spinto a scrivere questo libro. Per gli Stati Uniti sono un immigrato. Sono arrivato dall'Italia nel 1988 perché stavo cercando di fuggire da un sistema fondamentalmente ingiusto. L'Italia ha inventato il termine nepotismo e ha perfezionato il concetto di capitalismo clientelare, ed entrambi sono ancora dominanti. In Italia si va avanti in virtù non della conoscenza ma delle conoscenze: chi conosci è più importante di cosa conosci. Di recente gli americani hanno avuto modo di osservare da vicino la corruzione del sistema italiano «grazie» a Silvio Berlusconi, che ha guidato il Paese per la maggior parte degli ultimi diciassette anni. E se Berlusconi rappresenta un'anomalia anche per gli standard italiani, non si può dire che sia un incidente, bensì il prodotto di un sistema degenerato.

Sono emigrato negli Stati Uniti perché mi offrivano molte più opportunità rispetto al mio Paese natio. E quando arrivai in America non ne fui deluso. Provai per la prima volta l'emozione inebriante di avere ogni obiettivo alla mia portata. Ero finalmente in una nazione in cui i limiti dei miei sogni dipendevano solo dalle mie capacità, non dai miei contatti.

Per il tipico americano, conservatore o progressista, è difficile capire cosa significa vivere in un Paese in cui praticamente non esiste meritocrazia e la competizione è considerata un peccato. In Italia persino i medici dei pronto soccorso sono promossi in base ai loro appoggi politici e non per le loro capacità. Ai giovani non si consiglia di studiare, ma di «fare i portaborse» dei potenti con la speranza di ricevere dei favori. Ci sono madri che spingono le figlie tra le braccia dei ricchi e delle persone importanti, ritenendo questa l'unica strada per ottenere un avanzamento sociale. Il processo di selezione dei talenti è così marcio che nel Belpaese molte persone, soprattutto donne e dotate di tutte le capacità per essere manager, sono confinate al ruolo di segretaria. Mentre i posti dirigenziali sono affidati a chi è ben introdotto, anche se spesso incapace. Per questo in Italia ci sono le migliori segretarie e i peggiori manager. Sino al 1990 le aziende potevano colludere apertamente e legalmente a danno dei loro clienti.[1] Lo fanno ancora, ma in modo meno smaccato. Per diventare ricchi servono buoni rapporti politici e un appalto dal governo. L'unica forma di protesta, quella della sinistra radicale, non voleva cambiare il sistema, ma sostituirlo con una versione del tutto utopistica del comunismo.

Oltre al tradizionale nepotismo, in Italia l'assenza di meritocrazia è stata determinata dalla forte pressione esercitata da parte della sinistra a favore dell'uguaglianza. In un Paese saturo di privilegi dovuti alla nascita, invece di lottare per introdurre l'uguaglianza dei punti di partenza, negli anni Settanta la sinistra ha combattuto per eliminare qualsiasi meccanismo selettivo, considerato discriminante nei confronti dei meno abbienti. Una delle conseguenze è che fino a qualche anno fa per accedere all'università non si doveva affrontare alcuna selezione. A prescindere dai voti conseguiti alle scuole superiori, ci si poteva iscrivere a qualsiasi università, provocando così il declassamento di tutti gli atenei. La conseguenza involontaria di tale egualitarismo è stata la produzione di una massa di laureati ignoranti, quindi le imprese sono state costrette ad assumere avvalendosi dell'unico sistema che funziona in assenza di un credibile criterio di selezione: le conoscenze personali.

All'università nutrivo interesse per l'economia e speravo di proseguire gli studi a livello accademico. Negli Stati Uniti ai laureati è richiesto innanzitutto di sostenere un test (il Graduate Record Examination) e poi di analizzare i vari programmi di dottorato per identificare il migliore. Per me le cose erano completamente diverse. Chiunque, mio padre compreso, mi diceva che, se desideravo intraprendere la carriera accademica, avrei dovuto «portare le borse» a qualche barone locale: lavorare cioè gratis ai suoi progetti scientifici, ma anche aiutarlo nella sua attività di consulenza extra universitaria. Decisi allora di fare domanda negli Stati Uniti, benché non fossi stato in grado di ottenere una lettera di presentazione da parte del professore più famoso della mia università. Quando gli chiesi di farmi da relatore per la tesi di laurea mi rispose che non aveva tempo, nonostante la mia ottima media; aveva però il tempo di seguire la tesi di un mio compagno di corso, raccomandatogli da una persona influente. Quando poi cercai di incontrarlo per la lettera di presentazione, la sua segretaria mi disse che s'interessava solo a chi si era laureato con lui. La sfortuna mi perseguitava. Studiai duramente per i test e alla fine fui ammesso al Massachusetts Institute of Technology (MIT). A dispetto dell'esperienza tutt'altro che positiva, dopo aver conseguito il dottorato al MIT pensai di tornare in Italia. Allo stesso tempo in cui l'Università di Chicago mi offriva un posto di ricercatore, un docente italiano mi chiedeva di ritirare la mia domanda al concorso di professore associato in Italia.

Sapevo che in quel momento non avevo tutti i titoli: ma se Chicago mi offriva un posto di ricercatore, potevo almeno provare a concorrere per un posto di professore associato in Italia? Il peggio che poteva capitare – pensai – era che la mia domanda venisse scartata. E invece no: mi fu detto che, se non mi fossi ritirato, sul mio conto sarebbe stato scritto un giudizio terribile che mi avrebbe segnato per sempre. Il vero motivo, credo, fu che nonostante la mia giovane età, il mio curriculum era migliore di quello del candidato locale che aveva evidentemente fatto il portaborse (dopotutto, mio padre aveva ragione). Chi non voleva che entrassi nella competizione fu costretto a ricorrere a una minaccia per nulla velata.

Mi resi conto a quel punto che il mio Paese non faceva per me. Dopo sei anni ottenni una cattedra all'Università di Chicago. In Italia ci avrei messo almeno il doppio. Ho fatto carriera senza il bisogno di ricorrere a conoscenze, o peggio, di adulare i miei superiori. Agli Stati Uniti non devo solo il mio successo, devo la mia vita: non sarei mai riuscito a sopravvivere fisicamente alle umiliazioni e alle frustrazioni del sistema italiano.

Sino alla crisi finanziaria del 2008 non ero molto coinvolto nel dibattito politico statunitense. Con tutti i suoi difetti, il sistema americano mi sembrava così superiore a quello italiano che credevo di non dover far altro che apprezzare la mia buona sorte. Mi sembrava che fosse più utile e moralmente doveroso occuparmi direttamente delle questioni assai più gravi del mio Paese, dove le poche persone competenti che non erano state cacciate dal sistema facevano molta fatica ad andare avanti.

Tuttavia, non molto tempo dopo il mio arrivo negli Stati Uniti, iniziai a notare delle somiglianze con ciò che accadeva dalle mie parti, come se stessi assistendo alla proiezione di un film già visto. Tutto iniziò nel 1998 con il salvataggio, coordinato dalla Federal Reserve (Fed), del più grande *hedge fund* dell'epoca, il Long Term Capital Management

(LTCM). Ideato da alcuni geni della finanza quantitativa, il fondo applicava delle strategie di arbitraggio molto semplici, ma lo faceva in modo così aggressivo che, quando alcune operazioni andarono male, il fondo saltò subito in aria. Il magnate Warren Buffett si propose di salvare il LTCM, ma la sua offerta avrebbe azzerato la quota detenuta dai proprietari del fondo. La Fed impedì che questo accadesse e intervenne per coordinare un'operazione di salvataggio che sarebbe stata assai meno onerosa per investitori e manager del LTCM, un gruppo, guarda caso, di cui faceva parte anche David Mullins, ex vicepresidente della Fed. Diversamente da ciò che sarebbe accaduto in seguito, l'iniziativa di intermediazione condotta dalla Fed non costò nulla ai contribuenti americani, ma rimane il fatto che la Fed usò il suo potere di persuasione per alterare le normali regole del mercato. Al danno si aggiunse la beffa: il beneficiario dell'operazione era un amico. Come scrisse allora il «Financial Times», si trattava del capitalismo clientelare all'americana.

Nel 2000 divenne presidente George W. Bush, la cui principale credenziale per ricoprire quella carica era la nascita. Sotto di lui, il Partito repubblicano abbandonò i princìpi liberisti propugnati da Ronald Reagan e diventò il partito dei ricchi (con l'eliminazione della tassa di successione) e delle grandi aziende (con la garanzia di una sensibile riduzione delle imposte per le imprese che avessero riportato i profitti in patria). Nel frattempo il Partito democratico diventava amico del grande capitale, lanciando le *partnership* tra pubblico e privato, un modo per il grande capitale di arricchirsi alle spalle dei contribuenti dietro la parvenza di fare del bene alla collettività.

In seguito allo scoppio della crisi finanziaria del 2008 sentii di dover offrire il mio contributo al dibattito pubblico negli Stati Uniti. Come scrisse l'economista austriaco Friedrich von Hayek nell'introduzione del suo libro del 1944, *La strada della servitù*: «Passando da un Paese all'altro, talvolta capita di osservare la ripetizione di uno stesso fenomeno culturale». La ripetizione che stavo rilevando consisteva nella degenerazione del sistema statunitense in un capitalismo clientelare all'italiana.

L'ironia è che, diversamente da noi italiani, gli americani non possono prendersela con Berlusconi: sono tutti (involontariamente) dei piccoli Berlusconi. Sì perché, grazie agli investimenti nei fondi pensione e in quelli di investimento, i proprietari di quelle società (che esercitano ogni genere di pressione politica per arraffare i soldi dei contribuenti e dominare la vita politica) sono la maggior parte degli americani.

In gioco non c'è solo il denaro, ma la libertà. Un sistema clientelare reprime la libertà di parola, cancella gli incentivi allo studio, mette a repentaglio le opportunità di carriera. In altre parole, annulla la libertà nella ricerca della felicità (uno degli ideali della dichiarazione d'indipendenza americana). Il clientelismo ha derubato il mio Paese di gran parte delle sue potenzialità di crescita economica e dei grandi benefici che può ricavarne, ha sottratto ai cittadini le motivazioni per impegnarsi nel lavoro. Non voglio che derubi anche gli Stati Uniti.

Questo non è un testo accademico, né un compendio delle più recenti ricerche economiche. È un resoconto impietoso dei problemi dell'attuale sistema economico e un'appassionata richiesta di cambiamento. Una richiesta che viene da un convinto credente nel libero mercato che ama l'America per quello che ha sempre rappresentato: la libertà nella ricerca della felicità.

Fortunatamente gli Stati Uniti possiedono nel loro DNA i geni per intraprendere una riforma. Diversamente da molti altri Paesi, gli americani condividono una grande fiducia nel potere della concorrenza che, come cercherò di mostrare in questo libro, genera enormi benefici. Per sostenere il sistema abbiamo bisogno di più, e non di meno, concorrenza. A differenza di altri Paesi in cui il populismo è sinonimo di demagogia e di dittature autocratiche, l'America ha una positiva tradizione populista volta a proteggere gli interessi dei più deboli nei confronti del potere opprimente delle grandi imprese. Non è un caso che le leggi antitrust siano state inventate negli Stati Uniti. Come cercherò di spiegare, questa vena populista ha grandemente contribuito a fare del capitalismo americano la forma più avanzata di libero mercato e può continuare ad agire in tale direzione. Un capitalismo per la gente non è un ossimoro, ma una speranza: la speranza che, grazie all'unione tra il meglio della tradizione populista d'America e la sua solida fede nel libero mercato, si possa combattere la degenerazione del sistema.

Introduzione

Avete mai ricevuto una minaccia di morte? Negli Stati Uniti le minacce di morte sono rare, almeno per chi opera nella legalità. Un mio amico, però, ne ha ricevuta più d'una. La sua colpa? Aver lavorato come consulente per l'American International Group (AIG), il famigerato gigante delle assicurazioni. L'AIG era così soddisfatta della sua capacità di ideare modelli matematici per il calcolo dei rischi finanziari che gli aveva offerto un contratto di non concorrenza, vale a dire una ricompensa in denaro affinché non andasse a lavorare da un concorrente o non creasse un proprio hedge fund. Si tratta di una pratica abbastanza consueta con cui le aziende trattengono i loro talenti, ma al mio amico, sfortunatamente, il pagamento pattuito avrebbe dovuto essere versato alla fine del 2008. Questo avveniva dopo la più grande operazione di salvataggio aziendale mai realizzata, quando il governo americano prestò 223 miliardi di dollari all'AIG, a condizioni straordinariamente favorevoli, per evitarne il fallimento. Se, come me, non riuscite a rendervi del tutto conto delle dimensioni di tale operazione di salvataggio, immaginate che ogni famiglia americana abbia prestato all'AIG 2000 dollari. Non c'è dunque da sorprendersi per l'esplosione della collera popolare quando si venne a sapere che l'AIG, malgrado i suoi risultati catastrofici, aveva concesso 165 milioni di dollari in bonus ai suoi dirigenti.

Il contratto di non concorrenza del mio amico era uno di quei bonus. Anche prima che scoppiasse lo scandalo, lui aveva ricevuto diverse minacce di morte, perché un giornale aveva rivelato che lui era uno dei componenti della famigerata divisione prodotti finanziari dell'AIG. Era dunque terrorizzato all'idea che venisse divulgato che era uno dei beneficiari di quei bonus. Pur non avendo alcun obbligo in tal senso, decise di restituire i soldi all'AIG, con la speranza che la società gli risparmiasse una pubblicità indesiderata. Temendo per la sicurezza di sua moglie e delle sue due figlie adolescenti preparò per loro un piano di evacuazione.

Cosa pensate di questa storia? In linea di principio riterrete che è male terrorizzare qualcuno in questo modo, a prescindere da ciò che può aver fatto. Non c'è la legge per questo? Ma scommetto che, se foste nei panni degli americani, almeno una parte di voi penserebbe che il mio amico ha avuto quello che si è meritato, specialmente dopo avere appreso che era uno dei responsabili nel calcolo del rischio dei famigerati *credit default swap,* una specie di assicurazione contro il rischio di insolvenza di vari pacchetti di mutui. Molti di voi considererebbero irrilevante che il suo contratto non fosse in alcun modo legato alla performance dei suoi calcoli. Dopotutto, il mio amico faceva parte di un'azienda che aveva causato un indicibile disastro economico al Paese.

I risvolti di questa vicenda – e della nostra percezione che il sistema sia truccato – vanno ben al di là della sorte di un singolo uomo o di un'azienda. Storicamente, il rispetto per i diritti di proprietà e per la sacralità dei contratti e la fiducia nell'economia di mercato hanno prodotto enormi benefici all'America. Hanno favorito la prosperità non solo per chi aveva avuto la fortuna di nascervi, ma anche per i milioni di immigrati che ci sono arrivati da ogni angolo del mondo, attratti dalle sue opportunità.

Purtroppo la fede nel libero mercato sta scricchiolando. Nell'ultima decade, il reddito di una famiglia media americana si è ridotto del 3%.[1] La maggioranza degli uomini tra i venti e i trent'anni oggi guadagna meno, in termini reali, della generazione precedente.[2] Questo vale anche per chi è così fortunato da avere un lavoro: rispetto ad allora ci sono molti più disoccupati. Se diamo un'occhiata alle statistiche, la mobilità ascensionale da una condizione di povertà alla ricchezza è in netta diminuzione: il sogno americano sembra essere andato in frantumi. In questo contesto, molti si domandano se la giustificazione addotta da AIG – eravamo vincolati da un contratto a pagare i bonus – sia una difesa formalistica volta a proteggere l'interesse dei ricchi contro quello dei contribuenti. Dopotutto, se il governo non fosse intervenuto, AIG sarebbe fallita e i beneficiari di quei contratti avrebbero ricevuto pochi centesimi per ogni dollaro pattuito. Perché allora i bonus avrebbero dovuto essere pagati con i soldi dei contribuenti? Testa vincono i banchieri, croce perde il contribuente. È questo il libero mercato?

Siccome la maggior parte del denaro prestato è stato restituito, ci si potrebbe aspettare che il rancore suscitato da questi problemi sia svanito. Invece nell'autunno del 2011, tre anni dopo il salvataggio, migliaia di protestanti si accampavano a Zuccotti Park a New York (e in varie piazze in tutti gli USA) per esprimere la loro rabbia. Pur non rappresentando la maggioranza della società americana, i manifestanti hanno avuto notevole seguito. Secondo un sondaggio effettuato da un centro non affiliato politicamente, il Pew Research Center, nel dicembre del 2011 il 48% degli americani era d'accordo con le ragioni delle proteste, anche se non apprezzava le modalità con cui erano condotte le manifestazioni, contro il 30% che le disapprovava. Alcune delle loro rivendicazioni suscitavano ancora maggior consenso. Secondo il medesimo sondaggio, il 61% degli americani ritiene che «in questo paese il sistema economico favorisce ingiustamente la ricchezza» e il 77% che «la minoranza dei ricchi e le grandi aziende hanno troppo potere».[3] Per i difensori del modello americano di capitalismo, questi sono numeri molto preoccupanti.

L'eccezionalismo americano

La maggior parte degli economisti italiani della mia generazione emigrati negli Stati Uniti – e ce ne sono molti – quando mise piede in America era di sinistra, talvolta addirittura comunista militante. Malgrado la loro spiccata antipatia per il modello americano, emigrarono negli Stati Uniti perché attirati dalla qualità delle università americane. Dopo essersi trasferiti negli Stati Uniti sono tutti diventati paladini del libero mercato. In parte sono stati «illuminati» dallo studio dell'economia, ma credo che l'aspetto più importante sia stato il toccare con mano i benefici prodotti dal libero mercato, che in Italia studiamo solo in teoria. In America le remunerazioni sono distribuite in base al merito e non alle conoscenze politiche. La concorrenza consente alla gente di consumare i prodotti migliori a prezzi più bassi. La facilità dell'accesso al mercato – per avviare un'attività negli Stati Uniti ci vogliono in media solo 4 giorni, contro 26 in Giappone, 62 in Italia e 128 in Indonesia – assicura l'emergere di nuove idee e agevola la mobilità sociale.[4]

Una fortunata combinazione di fattori geografici, storici, culturali e politici ha reso il capitalismo americano diverso dai sistemi capitalistici prevalenti nel resto del mondo. In America, a differenza della maggior parte dell'Occidente, la democrazia ha preceduto l'industrializzazione, in particolare la Seconda rivoluzione industriale, da cui sono emerse complesse strutture economiche dotate di un enorme potere politico. Quando, verso la fine del XIX secolo, queste organizzazioni diventarono egemoni, gli americani avevano già una tradizione democratica cui fare appello. La prima legge antitrust, lo Sherman Act, fu approvata già nel 1890 (cento anni prima che in Italia). Più che un tentativo di ridurre le distorsioni economiche provocate dai monopoli, questa legge fu un modo per riequilibrare il potere politico: la risposta alla reazione popolare contro la corruzione e lo strapotere delle grandi imprese.

Il capitalismo americano si è sviluppato in un momento storico in cui la quota di prodotto interno lordo controllata dal governo era molto ridotta: il governo federale, infatti, disponeva di scarse risorse finanziarie e aveva un potere piuttosto modesto. Per avere successo gli imprenditori erano costretti a sfondare nel mercato. Condizioni molto diverse da quelle in cui sorse un sistema capitalistico in Paesi come il Giappone o le Tigri asiatiche, nei quali la politica industriale favorì sempre i gruppi che godevano di appoggi e legami politici. Un capitalismo creato dallo Stato, che permette agli individui di accumulare ricchezza grazie agli appoggi politici, è percepito come iniquo e corrotto dalla maggior parte dei cittadini.

Un'altra caratteristica distintiva del capitalismo americano è che si è sviluppato subendo scarse influenze esterne. In Francia, in Brasile e persino in Canada il timore di cadere sotto l'egemonia culturale indotta dalle aziende americane ha offerto, in nome del patriottismo, il pretesto per garantire privilegi e protezioni ai gruppi e agli interessi locali dominanti. Anche questo ha incentivato il capitalismo clientelare.

Infine, gli Stati Uniti hanno beneficiato dell'etica protestante per cui la ricchezza è una giusta ricompensa per l'impegno nel lavoro piuttosto che un peccato o un dono della fortuna. Protestanti e cattolici, per esempio, hanno mediamente una visione diversa dell'ineguaglianza. Tra le due asserzioni antitetiche «Occorre un maggior divario dei redditi come incentivo per l'impegno individuale» e «Il reddito dovrebbe essere distribuito con maggiore uguaglianza», i protestanti in genere favoriscono la prima mentre i cattolici, e ancor più i musulmani, la seconda.[5]

Per tutte queste ragioni, gli Stati Uniti hanno dato vita

a una cultura convinta delle possibilità e fiduciosa nelle promesse della libertà economica e della concorrenza. Il principio, da noi spesso messo in dubbio, che il duro lavoro paga, è per molti americani un elemento essenziale della loro visione della vita.

Una crisi di fiducia nel capitalismo

Nel corso del tempo però molti di questi fattori sono cambiati. Tra il 1900 e il 2005 la frazione del PIL controllata dal governo statunitense è cresciuta più di otto volte. Al tempo stesso è anche aumentata enormemente la regolamentazione, e quindi il potere dell'esecutivo sull'economia. Il mondo degli affari ha imparato a lavorare con questa accresciuta presenza del governo nell'economia e, anzi, a usarla a suo vantaggio: non si è opposto al pacchetto per lo stimolo dell'economia varato nel 2009, ma si è battuto per arraffarne la parte più grossa!

Nel corso del tempo il grande capitale è diventato sempre più abile a mungere denaro dal governo. Solo negli anni Ottanta il Congresso iniziò a selezionare i vincenti e i perdenti, creando fondi *ad hoc*. Come vedremo nel capitolo 5, negli anni la crescita di questi stanziamenti fu enorme. Ad aumentarla fu l'idea erronea (anche se comunemente accettata) che i fondi pubblici potessero promuovere la crescita del settore privato attraverso le partnership tra pubblico e privato. Nel momento in cui il mondo degli affari iniziò a controllare la politica, l'appoggio dell'opinione pubblica al libero mercato diminuì.

Il sostegno popolare era fondato sul fatto che i benefici di questo sistema erano diffusi all'interno della società americana e sulla convinzione che il sistema fosse sostanzialmente equo. Purtroppo (ne parleremo nel capitolo 2), questi due punti di forza hanno cominciato ad affievolirsi. La riduzione del tasso di crescita economica e della mobilità sociale hanno minato l'immagine del libero mercato come grande motore di benessere per tutti. Le centinaia di milioni di denaro pubblico regalati a manager con performance disastrose hanno indebolito il senso di equità del sistema.

Il tradimento delle élite

Una della più grandi conquiste del capitalismo è stata quella di liberare gli intellettuali dal giogo della servitù. Grazie al mercato di libri e giornali, gli intellettuali possono guadagnarsi da vivere scrivendo liberamente per il vasto pubblico, invece che prostituirsi per ricchi mecenati. Questa opportunità ha favorito gli intellettuali generalisti, ma non ha invece funzionato per quelli più specializzati. Gli ingegneri nucleari raramente scrivono contro gli impianti nucleari e gli economisti finanziari di solito non criticano i prodotti derivati. In parte, tale partigianeria è dovuta a una sorta di selezione naturale, in cui solo gli individui più appassionati a una determinata materia vi si specializzano e proprio questa passione li rende di parte. Ma questa tendenza è anche l'effetto di ciò che noi economisti chiamiamo «cattura». Il termine si riferisce alle situazioni in cui un individuo o un organismo incaricato di regolamentare o di valutare un gruppo di aziende finisce per promuoverne gli interessi commerciali.

Più specializzato è il mio capitale umano e più ristretto è il mercato a cui posso offrire le mie idee. Un ingegnere nucleare ha difficoltà a mantenersi scrivendo libri divulgativi sull'energia nucleare. L'uso più redditizio del suo talento è lavorare per un'azienda che produce energia nucleare. Di conseguenza il valore del suo capitale umano si deprezzerebbe sensibilmente se sollevasse dei dubbi sulla sicurezza degli impianti nucleari. Jeffrey Wigand, l'ex direttore delle ricerche e dello sviluppo dell'industria del tabacco Brown & Williamson che ne svelò le pratiche, passò da un lavoro pagato 300.000 dollari a un impiego di soli 30.000 dollari.

Meno imprese operano in un settore, tanto meno indipendenti saranno gli esperti in quel settore. Negli Stati Uniti questo fenomeno è stato documentato per giornali e periodici: il «New York Times» è più attendibile nel valutare i fondi di investimento rispetto ai giornali specialistici, come dire che il «Corriere della Sera» è più affidabile di «Quattroruote» per quanto riguarda i giudizi sui modelli automobilistici. Il motivo è che il «New York Times» ha una vasta gamma di inserzionisti, mentre i giornali più specializzati dipendono maggiormente da pochi inserzionisti che non possono permettersi di alienarsi.[6]

Il problema è diffuso in tutti gli ambiti professionali. Gli esperti più competenti sono anche i meno obiettivi perché tendono a essere anche i più specializzati, con un numero ridotto di potenziali datori di lavoro che quindi temono di perdere. Questo problema crea uno scollamento tra esperti e gente comune che alimenta la sfiducia di quest'ultima.

Consciamente o inconsciamente, il condizionamento è sempre esistito. Ma negli ultimi tempi molti fattori hanno contribuito ad accentuarlo. Il primo è l'intensificazione della specializzazione. All'inizio del XX secolo un dottore poteva abbracciare l'intera conoscenza medica. Oggi può a malapena tenere il passo con gli articoli e le scoperte riguardanti una sotto-sottoarea. Questa specializzazione estrema ha talmente accresciuto l'influenza del denaro sulle idee che, secondo un ex direttore del «British Medical Journal», «in alcune specializzazioni mediche è impossibile trovare qualcuno che non abbia un conflitto di interessi».[7]

La seconda causa è la concentrazione sempre più massiccia delle principali aziende di ogni settore. Negli Stati Uniti, per esempio, il settore della cartolarizzazione dei mutui è stato dominato per molti anni da due giganti «sponsorizzati» dal governo: Fannie Mae and Freddie Mac. Grazie alla loro dimensione, costoro sono stati capaci di «catturare», privare di dati e blandire qualsiasi ricercatore che provasse a mettere in dubbio il loro operato. Erano società così ricche e influenti che opporsi a loro diventava pericoloso per la carriera di qualsiasi esperto. Allo stesso modo, i grossi gruppi finanziari possono catturare gli esperti di settore e dettare l'agenda politica con la loro attività di lobby.

Per comprendere appieno quanto è grande il potere di questi gruppi basta guardare alla riforma del settore finanziario americano attuata dopo la crisi del 2008. Sin dall'inizio del processo le grandi banche americane misero subito in chiaro che volevano essere regolamentate dalla Federal Reserve. Questo desiderio non era motivato da una maggiore capacità tecnica della Fed né da una sua posizione privilegiata (c'è un potenziale conflitto tra chi controlla le banche ai fini della stabilità e chi ha il compito di proteggere i consumatori). Il vero motivo è che la Fed subisce già l'influenza delle grandi banche, che scelgono il consiglio di amministrazione della Fed di New York e forniscono gran parte delle informazioni di cui ha bisogno per agire.

Pochi obiettarono a questa proposta perché tutti gli esperti che vogliono lavorare o offrire consulenze nel mondo bancario, sia nel settore privato sia in quello pubblico, prima o poi avranno a che fare con le grandi banche o con la Fed (o con entrambe). Tra i lobbisti e gli amici della Fed da un lato e i lobbisti e gli amici delle grandi banche dall'altro, il dibattito fu monopolizzato dall'idea che la Fed, nonostante gli errori compiuti prima della crisi, fosse il miglior organismo per sorvegliare le grandi banche. Svariati articoli e interventi indipendenti furono scritti per sostenere questa soluzione. C'è da sorprendersi se nel 2010 il Dodd-Frank Act abbia attribuito tale responsabilità alla Fed?

L'ora del populismo

Se si dovessero enumerare i fattori che maggiormente contribuiscono alla nascita di movimenti populisti, i primi tre sarebbero sicuramente l'aumento della disuguaglianza, l'impoverimento della classe media e la sfiducia nell'élite intellettuale. Tutti elementi presenti oggi negli Stati Uniti. La comparsa di organizzazioni come il Tea Party e Occupy Wall Street *ce n'est qu'un debut.* Qualche forma di populismo è inevitabile. L'unico dubbio è: quale?

Tutti i movimenti populisti sono caratterizzati dal desiderio di ridistribuire la ricchezza, ovvero di «spennare» i ricchi. Il populismo diventa una vera minaccia per la sopravvivenza del sistema economico nel momento in cui i mercati perdono legittimità nell'allocare risorse: in altri termini, quando il sistema sembra ingiusto a un numero crescente di cittadini. Quando il 77% degli americani ritiene che ci sia troppo potere nelle mani di pochi grandi gruppi economici e ricchi individui, quando gli elettori perdono la fiducia nel sistema economico perché lo percepiscono come fondamentalmente corrotto, allora anche la sacralità della proprietà privata viene minacciata. E se i diritti di proprietà non sono protetti, la sopravvivenza del libero mercato è in dubbio.

L'incertezza sul futuro dei diritti di proprietà scoraggia le imprese dall'investire, fornendo loro una giustificazione per richiedere al governo privilegi e sussidi. Il governo, preoccupato dalla situazione economica contingente, finisce per cedere, ignorando (o fingendo di ignorare) le conseguenze: tali privilegi non fanno altro che confermare ai cittadini la loro percezione che il governo e i grandi gruppi economici siano in combutta, fomentando la rabbia popolare. Per placare le proteste ed evitare di essere associati, agli occhi degli elettori, alle imprese che hanno beneficiato della crisi, i politici fiancheggiano e incoraggiano l'attacco populista, spaventando ulteriormente gli investitori onesti e senza legami politici. Non potendo contare sulla certezza del diritto, ma neppure sugli appoggi governativi, costoro abbandonano il Paese, lasciandolo sempre più in mano agli imprenditori corrotti.

È un circolo vizioso che in Italia conosciamo fin troppo

bene, ma che si sta diffondendo anche negli Stati Uniti. Un esempio è il programma di investimento lanciato nel marzo 2009 dal segretario del Tesoro americano Timothy Geithner, grazie a cui alcuni investitori ricevevano un sussidio di 2 dollari per ogni dollaro investito nell'acquisto di titoli tossici. La giustificazione di tanta generosità fu il timore di un esproprio futuro dei guadagni. Proprio in quei giorni il Congresso americano aveva votato un'imposta del 100% sui bonus bancari (come quello del mio amico). Tale imposta non entrò mai in vigore perché non fu votata dal Senato, ma suscitò panico negli ambienti finanziari: da qui nacque la presunta necessità dei sussidi. Peccato che i sussidi suscitarono una rabbia popolare ancora maggiore.

Anche in presenza di una forte pressione populista questa spirale non è inevitabile. Verso la fine del XIX secolo la riduzione dei costi dei trasporti stimolò un processo di globalizzazione non dissimile da quello contemporaneo. Mentre i piccoli agricoltori andavano in rovina, pochi individui abili e fortunati accumularono immense ricchezze. L'obiettivo del movimento populista che si sviluppò come reazione a quel trend non era quello di distruggere il capitalismo, ma di contenere il potere sproporzionato delle grandi imprese. Mentre il Partito populista, sorto da quel movimento, non conseguì nessuna vittoria elettorale di rilievo, la sua piattaforma e le sue rivendicazioni influenzarono profondamente le riforme dell'era progressista americana, tra l'inizio del XX secolo e lo scoppio della Prima guerra mondiale. Dalle leggi antitrust alla trasparenza contabile, dalle norme antifrode a un sistema finanziario meno concentrato, le ripercussioni politiche del movimento populista determinarono negli Stati Uniti un bilanciamento dei poteri che era necessario affinché il capitalismo potesse svilupparsi al meglio. Come si può incanalare oggi la collera populista verso la lotta al clientelismo capitalistico e alla corruzione delle élite invece che verso la distruzione del libero mercato?

Un'appassionata richiesta di cambiamento

Occorre agire adesso, prima che gli Stati Uniti seguano le orme del capitalismo clientelare e corrotto del Sud Europa e del Sud America. È necessario niente di meno che un ripensamento delle categorie politiche tradizionali. In origine l'arco politico era diviso tra un fronte favorevole agli affari, che capiva l'importanza degli incentivi economici e voleva utilizzarli per far crescere il Paese, e un fronte ostile che, per citare Churchill, vedeva nelle imprese «una preda da abbattere» o «una mucca da mungere».

Con l'affievolirsi di tale dicotomia entrambe le fazioni hanno raggiunto un accordo su chi sia la mucca da mungere – i contribuenti – e, al di là di qualche minima differenza, sono felici di avallare il matrimonio tra gli affari e il governo. La differenza non è più tra destra e sinistra, ma tra chi ha guadagnato grazie a questa perversa unione tra mondo degli affari e governo (per non parlare di quelli che ne sono stati comprati) e chi invece no. Tra questi ultimi, la grande maggioranza ha posizioni politiche di estrema sinistra e considera gli affari una belva pericolosa.

È molto raro che un politico o un intellettuale pro mercato sia anche preoccupato per l'eccessivo potere che il grande capitale sta conquistando. Tra i cittadini americani, però, questa convinzione è maggioritaria. Secondo un sondaggio condotto dal Chicago Booth/Kellogg School Trust Index (che io co-dirigo), il 55% degli americani è d'accordo con la proposizione «il libero mercato è il sistema migliore per creare ricchezza», il 28% è neutrale e il 19% contrario. Allo stesso modo, il 51% degli americani è d'accordo con la proposizione «il grande capitale distorce il funzionamento dei mercati per il proprio tornaconto», mentre il 30% è neutrale e il 18% non è d'accordo. La maggioranza degli americani crede insomma nel potere dei mercati, ma teme l'indebita ingerenza del mondo degli affari.

È per questa maggioranza che ho scritto questo libro.

Una maggioranza silenziosa che sta dalla parte del mercato e non del grande capitale. E mi rivolgo anche ai vari movimenti populisti diffusi per il pianeta: da un lato il Tea Party e i suoi epigoni, dall'altro Occupy Wall Street, gli Indignados spagnoli eccetera. Paradossalmente questi due tipi di movimento hanno molto in comune: non solo sono ostili all'establishment, ma combattono entrambi contro un Leviatano. Il Tea Party lotta contro il Leviatano rappresentato dal governo. Occupy Wall Street e i gruppi analoghi contro il Leviatano rappresentato dal grande business. Quello che non riescono a capire è che questi Leviatani non sono che due facce della stessa medaglia: il male non sta tanto nel mondo degli affari in quanto tale, ma nel grande business monopolistico e politicamente clientelare; il male non è nel governo in quanto tale, ma in un governo esorbitante, pervasivo e corrotto. Fannie Mae è inefficiente perché è una grande impresa monopolistica o perché è un'impresa sponsorizzata dallo Stato? Per entrambe le ragioni.

Quando il privato fallisce, il più delle volte è perché il governo interviene con dei sussidi o perché gli garantisce una posizione di monopolio. Quando il governo fallisce, il più delle volte è perché il privato lo condiziona. È colpa del governo o del settore privato? La colpa è di un cattivo sistema: quello clientelare.

Un populismo pro mercato

L'intenzione di questo libro, tuttavia, non è solo quella di sensibilizzare l'opinione pubblica sul cancro rappresentato dal capitalismo clientelare, ma di delineare un programma per combatterlo prima che si metastatizzi. Un programma che sia coerente sia con lo spirito capitalistico degli Stati Uniti sia con il meglio della tradizione populista americana.

All'inizio del XX secolo, la risposta dell'era progressista all'emergere del capitalismo clientelare fu un aumento del potere regolatorio dello Stato. Il programma che io sviluppo nei capitoli 8-15 riconosce che troppo spesso lo Stato è parte del problema, invece che della soluzione. Sebbene io non sia sempre contro la regolamentazione (per funzionare propriamente un mercato necessita di regole), sono ben conscio che la maggior parte delle volte le regole sono disegnate per proteggere l'establishment e scoraggiare l'entrata di nuove imprese, e finiscono per ridurre la competizione.

La mia proposta, invece, si basa sulla forza della competizione. È solo grazie alla competizione tra interessi economici divergenti che si migliora il benessere di tutti. È solo dalla competizione tra opposti interessi politici che si ottiene la libertà intellettuale.

La mancanza di competizione e le distorsioni create dai sussidi pubblici sono le principali cause dei problemi economici odierni, incluso il declino del reddito reale della classe media americana. Le mie proposte cercano di sfruttare il potere della competizione, non solo nella sfera economica, ma anche in quella politica, culturale e legale. È dalla competizione tra avidi avvocati che l'interesse economico del più povero dei cittadini americani è protetto dal punto di vista legale. È dalla competizione tra accademici e giornalisti in cerca di fama che il potere economico e politico è costretto a rendere conto delle sue azioni.

Affinché questa competizione produca i suoi benefici, però, le informazioni devono essere disponibili. Il XX secolo fu caratterizzato dalle ideologie. Il XXI sarà caratterizzato dall'analisi dei dati. Parafrasando il leggendario giornalista Joseph Pulitzer, affermo che non esiste crimine, trucco o truffa che possa resistere a una seria analisi dei dati.

La competizione non funziona, però, quando la protezione legale è debole. Quando gli azionisti non sono ben protetti, la competizione favorisce il manager più disonesto, non il migliore. Quando gli investitori sono ignari, la competizione favorisce il più grande truffatore, non il migliore gestore. Quando i consumatori sono male informati, la competizione induce le imprese a sfruttare questa ignoranza, invece che a migliorare l'efficienza.

Per questa ragione riconosco l'importanza delle regole. Ma le regole devono essere poche e semplici. Regole semplici rendono più difficile accomodare interessi specifici, riducendo l'interesse a fare lobby. Regole semplici minimizzano il numero di professionisti dediti a interpretare e manipolare queste regole, aumentando l'efficienza del sistema. Regole semplici sono per gli elettori più facili da controllare, riducendo il rischio di cattura da parte di interessi specifici. Regole semplici aiutano gli elettori a controllare i loro eletti. Non da ultimo, le regole semplici sono necessariamente rozze, il che limita il loro uso ai casi assolutamente necessari. Come diceva il presidente americano Theodore Roosevelt: «È difficile migliorare la nostra condizione materiale attraverso la migliore delle leggi, ma è molto semplice peggiorarla con delle cattive leggi».

La legge, però, non è la sola soluzione. Abbiamo bisogno di norme sociali che promuovano la sopravvivenza del sistema capitalista nel lungo periodo. L'opportunismo mina la sostenibilità del capitalismo. Tutti noi che crediamo nel libero mercato abbiamo la responsabilità di appoggiare una serie di norme che faciliti l'interazione economica e di ostracizzare quanti approfittano del sistema.

PARTE PRIMA

Il problema

La sera in cui arrivai, per la prima volta, in America ricordo di aver provato due sensazioni. La prima era l'inebriante idea di essere in controllo del mio destino, che qualsiasi obiettivo fosse raggiungibile. A questo senso di onnipotenza, però, si accompagnò la paura. Quando si è abituati a vivere in un sistema corrotto, ci si sente alla fine sollevati da ogni responsabilità in caso di fallimento personale, anche se meritato. Ora non avevo scusanti, ero io l'unico responsabile: mi sentivo come un acrobata che si esibisce per la prima volta senza rete di protezione.

Benché io sia un privilegiato (ho viaggiato in aereo e il mio bagaglio non era una valigia di cartone), la mia esperienza non è dissimile da quella dei milioni di immigrati che hanno scelto l'America, attratti dal suo forte richiamo. Ciò che la rende così speciale non sono le sue dimensioni, né la bellezza o la ricchezza: è la libertà.

Quando alcuni scontenti cittadini britannici decisero di cercare la loro strada per la felicità, misero in moto il più straordinario esperimento sociale nella storia umana. I Padri fondatori non solo crearono un governo del popolo, dal popolo e per il popolo: essi seppero dar vita anche a un sistema economico del popolo, dal popolo e per il popolo.

Diversamente da altre parti del mondo, in cui il capitalismo è stato creato da una ricca élite attratta dalla possibilità di ottenere maggior ricchezza, il capitalismo americano è il prodotto di una democrazia che ha dato alla luce il miglior sistema possibile per assicurare la prosperità dei suoi cittadini. Il modello del capitalismo americano è sopravvissuto e ha prosperato grazie a una serie irripetibile di circostanze: un governo sensibile ai bisogni della gente comune; un complesso di valori culturali per cui l'arricchimento rappresenta una responsabilità morale e non un fine in sé; la fede che questo sistema sia in grado di assicurare possibilità a tutti. Il Paese delle opportunità ha così attratto le persone migliori. Pur con i suoi limiti e i suoi difetti, il capitalismo americano è stato l'unità di misura aurea con cui si è dovuto confrontare il resto del mondo.

Anche gli americani, però, non possono dare per scontato il loro modello. Solo comprendendo perché è così raro trovarlo altrove, essi possono apprezzare meglio la propria fortuna e capire cosa fare per conservarla.

1

L'eccezionalismo americano

Ogni immigrato dovrà ben considerare che in un Paese come gli Stati Uniti d'America [...] dove né i principi né le loro corti corrotte rappresentano il cosiddetto «diritto divino di nascita», invece che il merito e la virtù... che in un simile Paese il talento, l'energia e la perseveranza di una persona hanno molte più opportunità che in una monarchia, dove i mali sopra descritti sono esistiti per secoli e le loro tristi conseguenze ancora persistono.

F.W. Bogen, *The German in America* (Boston 1851)

Che cosa c'è di così speciale in America?

Che cosa determina il sostegno della pubblica opinione al capitalismo? Uno studio recente mostra che è positivamente associato al convincimento che sia l'impegno nel lavoro, e non la fortuna, a determinare il successo, mentre è negativamente associato alla percezione di quanto diffusa sia la corruzione.[1] Queste correlazioni la dicono lunga sul sostegno popolare al sistema capitalistico in America. Secondo un'altra ricerca, solo il 40% degli americani ritiene che sia la fortuna, e non l'impegno nel lavoro, a giocare un ruolo determinante nelle disuguaglianze di reddito. Se confrontiamo questo dato con la percentuale dei brasiliani (75%), dei danesi (66%) o dei tedeschi (54%) che considerano la fortuna la causa più importante delle disuguaglianze economiche, possiamo iniziare a comprendere il motivo per cui l'atteggiamento degli americani nei confronti del libero mercato risalta in maniera così spiccata.[2]

Alcuni studiosi sostengono che questa percezione diffusa della legittimità del capitalismo sia semplicemente l'effetto di un'efficace propaganda a sostegno del sogno americano, un mito incorporato nella cultura statunitense che non ha un rapporto immediato con la realtà quotidiana. A sostegno di tale tesi c'è la scarsa evidenza empirica di una mobilità sociale più alta negli Stati Uniti che in altri Paesi sviluppati. Nonostante questa differenza non emerga nelle statistiche aggregate, è chiaramente visibile al vertice della distribuzione, che attrae maggiormente l'attenzione e che perciò condiziona più incisivamente i giudizi dell'opinione pubblica. Prima che il boom di internet creasse molti giovani miliardari, nel 1996 un miliardario statunitense su quattro poteva essere definito *self-made*, a differenza della Germania dove il rapporto era di uno a nove. Non è un caso che in Europa il *self-made man* sia spesso bollato come *parvenu*. Si tratta di un'espressione dispregiativa per indicare persone di umili origini che, pur essendosi arricchite rapidamente, non hanno la classe di chi invece il denaro l'ha ereditato. In altre parole, in Europa la ricchezza è considerata un privilegio e non una ricompensa.

Anche se i miliardari che si sono fatti da sé esistono indubbiamente anche al di fuori degli Stati Uniti, il modo in cui si sono arricchiti solitamente è piuttosto diverso da quello degli americani. I più ricchi tra i supermiliardari statunitensi *self-made* – da Bill Gates a Michael Dell, da Warren Buffett a Mark Zuckerberg – hanno fatto fortuna all'interno di mercati e di settori economici molto concorrenziali e con interferenze o aiuti da parte del governo scarsi o addirittura inesistenti. In molti altri Paesi, invece, i più ricchi spesso accumulano le loro fortune all'interno di settori economici regolati, nei quali i legami politici sono essenziali per avere successo. Basti pensare agli oligarchi russi, a Silvio Berlusconi in Italia, a Carlos Slim in Messico, ai grandi magnati di Hong Kong. Si sono arricchiti con attività fortemente dipendenti da concessioni governative: energia, proprietà immobiliare, telecomunicazioni, settore estrattivo. In questi ambiti il successo dipende spesso dalla disponibilità di buone entrature e di buoni rapporti piuttosto che dal possedere spirito di iniziativa e di impresa. In molte parti del mondo il modo migliore per fare soldi non consiste nell'avere idee brillanti da realizzare con una buona dose di impegno e di lavoro, ma nel coltivare legami politici. Questo clientelismo orienta l'opinione pubblica riguardo il sistema economico. Alla domanda su quali fossero i fattori determinanti del successo finanziario, i manager italiani hanno messo al primo posto «conoscere persone influenti» (l'80% lo considera «importante» o «molto importante»).[3] «Competenza ed esperienza» occupano il quinto posto, dopo «lealtà e obbedienza». Queste diverse prospettive sul benessere sono indicative di qualcosa di più di una diversa percezione. Il capitalismo americano è davvero differente dagli omologhi europei e asiatici per una serie di ragioni che affondano le radici nella geografia e nella storia.

Fattori storici

In America, a differenza di gran parte dell'Occidente, la democrazia ha preceduto l'industrializzazione. All'epoca della Seconda rivoluzione industriale, verso la fine del XIX secolo, negli Stati Uniti sia il suffragio universale maschile sia un sistema educativo di massa erano stati introdotti da diversi decenni. Questi due elementi diedero vita a una vivace opinione pubblica, che mal tollerava palesi ingiustizie per quanto riguarda la politica economica. L'idea di una legge antitrust – indicativa di un atteggiamento favorevole al mercato ma spesso non altrettanto favorevole al mondo degli affari – fu concepita negli Stati Uniti tra la fine del XIX secolo e l'inizio del XX.

Il capitalismo americano si è anche sviluppato storicamente in un periodo in cui il governo aveva un ruolo minimo nell'economia. All'inizio del Novecento, quando il capitalismo stava prendendo forma, la spesa pubblica del governo federale non superava il 3% del PIL.[4] Dopo la Seconda guerra mondiale, nel momento dello sviluppo generalizzato del capitalismo in Europa occidentale, la spesa pubblica in questi Paesi era mediamente del 30% del PIL. Sino al primo conflitto mondiale negli Stati Uniti la pubblica amministrazione era di dimensioni piuttosto ridotte rispetto a quelle degli altri Stati. Questo era dovuto in parte al fatto che gli Stati Uniti non avevano mai subito minacce militari particolarmente gravi, il che permetteva al governo di dedicare una quota molto ridotta del proprio budget a spese militari. Il federalismo americano, che delega potere a Stati in competizione tra loro, fu anche determinante nel limitare le dimensioni del governo centrale.

Quando il governo è di dimensioni ridotte, il miglior modo per fare i soldi è creare un'impresa di successo. Tanto più elevata è la spesa pubblica, invece, tanto più semplice è arricchirsi appropriandosi di una fetta di quella spesa, ottenendo degli appoggi o dei contratti dalla pubblica amministrazione, mentre iniziare un'attività imprenditoriale è difficile e rischioso. Ottenere degli appoggi o dei contratti dalla pubblica amministrazione è molto più facile e sicuro. Questa è la ragione per cui, nei Paesi in cui la spesa pubblica è particolarmente elevata, lo Stato si colloca al centro della vita economica, anche se il sistema economico è considerato «di mercato». Questo processo confonde la politica con l'economia sia in termini pratici sia nella percezione dell'opinione pubblica: più aumenta il numero dei capitalisti che accumulano ricchezza grazie ai legami politici e più è diffusa la percezione della corruzione e dell'ingiustizia del capitalismo.

Un'altra caratteristica saliente del capitalismo americano è che si è sviluppato in modo relativamente indipendente. Capitali europei (soprattutto britannici) hanno sì svolto un ruolo significativo nello sviluppo americano tra il XIX e il XX secolo, ma le imprese europee dell'epoca non erano molto più avanzate di quelle degli Stati Uniti e quindi non erano in grado di dominarne l'economia. Proprio per questo il capitalismo americano si è sviluppato senza grosse influenze esterne, e porta ancora oggi i segni di quelle origini. Se, per esempio, il diritto fallimentare statunitense manifesta un pregiudizio favorevole ai debitori, questo è dovuto al fatto che gli Stati Uniti sono nati e si sono sviluppati come nazione di debitori.

Altrove la situazione è molto diversa: i Paesi il cui capitalismo si è sviluppato soprattutto dopo la Seconda guerra mondiale (quelli dell'Europa continentale non dominata dai Sovietici, parte degli Stati asiatici, e quasi tutti quelli dell'America Latina) si sono industrializzati all'ombra dell'egemonia americana. Le élite nazionali, sentendosi minacciate dalle imprese americane che erano meglio organizzate e capitalizzate, crearono diverse forme di proprietà incrociate (dai *keiretsu* giapponesi ai *chaebol* coreani,[5] al salotto buono della nostra Mediobanca) per proteggere le imprese nazionali da influenze estere. Queste strutture, che incentivarono la corruzione e la collusione tra i poteri pubblici e gli interessi privati, nel corso dei decenni hanno dimostrato una notevole inerzia, dal momento che sia i sistemi politici sia quelli economici hanno privilegiato i rapporti politici a scapito dell'efficienza. Risulta quindi estremamente difficile riformarle, poiché chi le controlla ha tutto da perdere da un cambiamento.

Un altro motivo per cui gli Stati Uniti hanno sviluppato una cultura pro mercato invece che pro capitalisti è che non hanno subìto l'influenza diretta del marxismo, anche se è difficile dire se la diversa natura del capitalismo americano sia l'effetto o la causa della mancata diffusione del marxismo in America. Comunque sia, questa differenza rispetto agli altri regimi economici e politici dell'Occidente ha profondamente influenzato l'atteggiamento degli americani nei confronti del capitalismo. Nei Paesi in cui l'influenza dei partiti marxisti era più forte, chi si batteva per sostenere il mercato era costretto, controvoglia, a unire le sue forze a quelle del grande capitale: di fronte alla prospettiva della nazionalizzazione (e cioè del controllo delle risorse da parte di una ristretta élite politica), anche il capitalismo clientelare – che implica il controllo delle risorse da parte di una ristretta élite economica – è un'alternativa preferibile, in quanto ci sono degli imprenditori privati che perdono soldi quando sono inefficienti e che per questo hanno un incentivo a innovare.

Non potendo permettersi di dividere l'opposizione al marxismo, questi Paesi non sono riusciti a sviluppare un modello di capitalismo aperto e competitivo. L'aspetto più grave è che la bandiera del mercato è stata presa in ostaggio dal grande capitale, meglio organizzato e generosamente finanziato. Paradossalmente, con l'affievolirsi dell'influenza del marxismo, in molti Stati questa dinamica non si è ridimensionata ma anzi ha continuato a deteriorarsi: dopo aver combattuto a lungo fianco a fianco ed essere state sostenute finanziariamente dai grandi gruppi industriali, le forze liberali non sono state in grado di separare i loro destini da quelli dal grande capitale.

Con la fine della Guerra fredda, nel momento in cui il marxismo non rappresentava più un avversario ideologico e non costituiva più una minaccia per il mercato, il grande capitale poteva comandare indisturbato. E questo è più che evidente in Italia, dove le forze che stanno dalla parte del mercato sono state letteralmente comprate da Silvio Berlusconi, che sino a poco tempo fa ha governato il Paese per salvaguardare i propri interessi.

Fattori geografici

Oltre ai fattori storici, la geografia e la demografia hanno svolto un ruolo significativo nel definire la singolarità del capitalismo americano. In origine, ciò che ha spinto le potenze europee a colonizzare molte aree delle Americhe è stata la ricerca dell'oro e dell'argento. In Centro e Sud America gli spagnoli, oltre a inviare nobili e viceré per presidiare le miniere dei metalli preziosi, trasferirono le loro gerarchie e le loro istituzioni. Il Nord America fu più fortunato perché gli europei non trovarono subito il suo oro. Gli Stati Uniti a quel tempo erano caratterizzati da una natura inospitale, con pianure e foreste sterminate. Ciò che stimolò l'insediamento delle colonie non fu dunque la scoperta dell'oro, ma la ricerca della libertà. Imbarcandosi per l'America i migranti abbandonavano oltre ai propri cari, anche delle istituzioni oppressive. E vi giunsero determinati a costruire un sistema di governo migliore.

In questa impresa furono facilitati dal fatto che l'America del Nord era un territorio relativamente disabitato, mentre in Europa a essere scarsa era soprattutto la terra. Chi la controllava poteva godere di una rendita fondiaria, e cioè di un reddito ricavato dalla proprietà senza aggiungervi alcun valore. Questo privilegio consentì all'aristocrazia europea, un ceto sostanzialmente parassitario, di prosperare e di controllare lo Stato. Le istituzioni europee (in particolare quelle dell'Europa occidentale) avevano la funzione di conservare il potere dell'aristocrazia: gli europei non crearono solo un potere dell'aristocrazia, dall'aristocrazia e per l'aristocrazia agraria, ma anche un sistema economico dell'aristocrazia, fondato sull'aristocrazia e per l'aristocrazia. Anche nel momento in cui cominciarono a darsi delle istituzioni più democratiche, esse garantivano il diritto di voto solo agli aristocratici e assicuravano l'educazione soltanto ai figli delle classi dominanti.

Quello che fece la differenza in America fu la *concorrenza*. Nonostante avessero delle istituzioni uniche nel loro genere, le tredici colonie avrebbero facilmente potuto degenerare in un tipo di società rigida come quella predominante in Europa se l'apertura della frontiera americana non avesse reso possibile la mobilità delle persone. Tale mobilità minò alla radice il potere dello Stato sui cittadini: a differenza degli europei, infatti, gli americani potevano scegliere liberamente dove vivere. Gli Stati americani non godevano quindi del monopolio sulla vita dei loro abitanti poiché dovevano competere con gli altri Stati. Erano costretti a rivaleggiare disegnando le istituzioni che attirassero più cittadini, soprattutto i più capaci. Il suffragio universale e l'istruzione aperta a tutti furono introdotti per la prima volta negli Stati dell'Ovest per attrarre forza lavoro dagli Stati dell'Est.[6] In questo modo gli Stati Uniti divennero non solo un governo del popolo, ma anche un governo per il popolo.

Il potere della concorrenza è così forte da trasformare anche un Leviatano in uno strumento del popolo. Al contrario, il monopolio può trasformare anche un'impresa privata nella peggior versione del Leviatano. Uno degli esempi più terribili è quello dello Stato Libero del Congo alla fine del XIX secolo. Quando lo Stato belga dimostrò scarso interesse a perseguire un'espansione coloniale, il re Leopoldo II decise di fare a modo suo. Il Congo non era una colonia belga, ma una proprietà personale del re che la dirigeva come una sua impresa. Dopo un inizio piuttosto difficile, l'azienda divenne estremamente redditizia, rendendo Leopoldo II uno dei regnanti più ricchi d'Europa. Ma tutto ciò accadde a spese degli abitanti del Congo e dell'ambiente. Nel 1904 il console britannico Roger Casement pubblicò un resoconto in cui denunciava le atrocità che erano state perpetrate nel Congo belga.[7] Alla fine, le pressioni internazionali costrinsero Leopoldo II a cedere il suo Stato privato al Belgio, il che determinò un relativo miglioramento delle condizioni di vita della popolazione. Le istituzioni del Congo, però, nate come strumenti del più spietato metodo di estrazione di risorse naturali che si ricordi, risentono delle loro tristi origini. Grava su di esse una terribile eredità. Non è perciò un caso che, anche dopo l'indipendenza, il Congo abbia subìto le più brutali dittature.[8]

Fattori culturali

È dunque piuttosto coerente che la costituzione americana inizi con l'espressione «Noi, il popolo». A differenza delle nazioni europee che si sono costituite intorno a monarchie che presumevano di aver ricevuto l'autorità direttamente da Dio, negli Stati Uniti si ritiene che il potere sia fondato sul popolo, e questo fondamento popolare, se non proprio populista, ha dato forma alla cultura prevalente nel Paese.

Per esempio, le giurie popolari e i giudici eletti hanno sempre rappresentato un limite all'esercizio del potere e all'influenza del denaro. Anche il sistema di *common law*,[9] con il suo richiamo a un patrimonio di valori condivisi, tra cui soprattutto l'equità, ha sempre garantito un limite al potere delle lobby. Gli interessi consolidati possono corrompere il processo legislativo, ma non possono altrettanto agevolmente snaturare la giustizia applicata da giudici eletti dal popolo. Per la medesima ragione, il common law è uno scudo più efficace della legge positiva, cioè del sistema giuridico predominante al di fuori della Gran Bretagna e delle colonie britanniche in America, per contrastare il condizionamento del legislatore. Nei sistemi in cui predomina il positivismo giuridico, il potere discrezionale del giudice è molto ristretto, dal momento che il suo ruolo è fondamentalmente quello di ricondurre i casi concreti sotto la giurisdizione delle norme positive. Questa peculiarità costituisce un forte incentivo a esercitare pressioni sul legislatore:[10] chiunque riesca a condizionare la legislazione può predeterminare i risultati in tutte le future controversie, assicurandosi così un grande vantaggio. Al contrario, in un sistema di common law la legislatura codifica dei principi generali, limitando in tal modo il margine di manovra del lobbismo.

Un altro importante pilastro della cultura populista che tempera il potere del mondo degli affari è l'istituzione delle *class action*. Le cause intentate dalle class action non sono soltanto un incentivo per gli avvocati a mettersi dalla parte dei meno abbienti, ma costituiscono a loro volta un potente nucleo alternativo di pressione politica. In Paesi senza una lunga storia di class action, come Francia e Italia, la professione forense è totalmente dipendente dagli interessi economici, cosa che rischia di ridurre gli avvocati a una categoria schierata dalla parte delle grandi imprese o dei cittadini più potenti. Malgrado gli innegabili eccessi, le cause intentate dalle class action garantiscono una forma di controllo naturale e un bilanciamento del capitalismo americano.

Infine, benché gli americani si siano storicamente sottratti al pregiudizio anticapitalistico, hanno tuttavia spesso provato insofferenza nei confronti del potere finanziario, manifestando un'avversione all'eccessiva concentrazione di tale potere nelle mani di pochi. Un sistema finanziario fiorente è imprescindibile per qualsiasi economia di mercato. Un accesso diffuso alle risorse finanziarie è essenziale per valorizzare i talenti e per garantire loro prosperità e benessere. Il sistema finanziario è inoltre necessario per agevolare l'ingresso di nuovi soggetti nel mercato e favorire la concorrenza, contribuisce inoltre all'allocazione del potere e dei profitti. Chi ha l'oro fa le regole, recita un vecchio proverbio, e l'oro sta nelle banche. Influenzando l'entrata di nuove imprese, il sistema finanziario incide anche sulla profittabilità dei vari settori produttivi.[11] Dunque se il sistema finanziario non è equo, c'è ben poca speranza che lo sia il resto dell'economia. A questo occorre aggiungere che, nel sistema finanziario, il margine per abusi e ingiustizie è molto ampio. Gli americani sono sempre stati parecchio sensibili a queste degenerazioni.

Questa avversione populista alla finanza storicamente ha prodotto molte decisioni politiche inefficienti dal punto di vista economico. Ma ha contribuito anche alla buona salute del capitalismo democratico americano.

Fattori istituzionali

L'ultimo elemento del felice cocktail che ha reso l'America un luogo così speciale è la natura federale dello Stato. Il federalismo non solo ha reso possibile la concorrenza tra gli Stati, ma è riuscito anche a tenere a bada il potere del grande capitale. In alcuni Stati, l'autorità delle grandi imprese era pressoché illimitata. L'industria estrattiva del carbone controllava la West Virginia, quella del tabacco dominava il Kentucky e il North Carolina e così via. Tuttavia, era ben difficile per una singola grande impresa controllare la maggioranza dei cinquanta Stati. In questo modo sono sempre stati limitati gli eccessi connessi all'esercizio di un potere assoluto.

Negli anni Novanta del secolo scorso, quando Jeffrey Wigand, un biologo che aveva lavorato per l'industria del tabacco Brown & Williamson, decise di denunciare pubblicamente la politica aziendale che aumentava la dipendenza dei fumatori dalle sigarette, la società ottenne da un giudice del Kentucky un'ordinanza che impediva al suo dipendente di raccontare ciò che sapeva. Tale era il potere dell'industria del tabacco sullo Stato del Kentucky, in cui più di 75.000 persone lavoravano in quel settore. Grazie però al ministro della Giustizia del Mississippi – dove non si produce tabacco – che aveva intentato una causa contro le maggiori aziende produttrici di tabacco, la testimonianza di Wigand fu resa pubblica.[12]

Ancora una volta, come in molte altre occasioni, è stata la rivalità (e cioè la concorrenza) tra gli Stati a limitare il controllo delle grandi aziende. Per gran parte della storia americana, le disposizioni emanate dai singoli Stati nei confronti del sistema bancario sono state una conseguenza della preoccupazione per il potere delle grandi banche di New York, in particolare del timore che drenassero i depositi provenienti dalle campagne per trasferirli nelle città. Per sedare queste paure, gli Stati introdussero una serie di restrizioni: dalle dimensioni degli istituti bancari (le banche potevano avere soltanto un ufficio) ai limiti imposti alla ramificazione all'interno degli

Stati (alle banche con sede nel nord dell'Illinois, per esempio, non era concesso di aprire filiali nel Sud), sino ai divieti di dislocare sedi e filiali nei diversi Stati (le banche di New York non potevano aprire nel resto del Paese). Dal punto di vista economico queste restrizioni erano assurde: costringevano a reinvestire i depositi nelle stesse aree in cui erano stati raccolti, provocando una grave distorsione nello stanziamento dei fondi. Impedendo alle banche di espandersi, queste misure ne limitavano la diversificazione, di conseguenza esponendole al fallimento. Nondimeno, c'era un effetto collaterale positivo: la frantumazione del potere del sistema bancario ne riduceva drasticamente l'influenza politica. In tal modo furono create le precondizioni per lo sviluppo dei mercati borsistici.

Anche la separazione tra banche di investimento e banche commerciali, introdotta dal Glass-Steagall Act varato durante il New Deal, è un prodotto della tradizione americana. A differenza di altre forme di regolamentazione del sistema bancario, il Glass-Steagall Act aveva una razionalità economica: si proponeva di impedire alle banche commerciali di sfruttare i clienti che avevano depositato i risparmi presso i loro sportelli, scaricando su di essi le obbligazioni di quelle imprese che, avendo ricevuto dei prestiti dalle banche, non riuscivano a ripagarli. La conseguenza più importante del Glass-Steagall Act fu la frammentazione dell'industria bancaria, cosa che creò una divergenza di interessi tra le varie parti dell'industria finanziaria, contribuendo a ridimensionarne il potere politico. Negli ultimi tre decenni, con la progressiva deregolamentazione del settore bancario, questa legislazione è stata completamente smantellata.

Un esito felice

Per tutte queste ragioni, gli Stati Uniti hanno sviluppato un sistema capitalistico che si avvicina più di ogni altro all'ideale di libertà economica e libera concorrenza. L'immagine che ne hanno molti americani è sostanzialmente quella dei racconti di Horatio Alger, che narrano la scalata al successo grazie al duro lavoro: un'immagine che ha contribuito forse più di ogni altra alla costruzione del sogno americano. In molte altre parti del mondo Horatio Alger è uno sconosciuto, e l'immaginario legato alla mobilità sociale ha più a che fare con Cenerentola o Evita Peron: storie in cui il successo non è frutto dell'impegno nel lavoro, ma della fortuna. Questa differenza spiega più di molti altri argomenti la ragione per cui negli Stati Uniti il consenso popolare verso il capitalismo è maggiore che negli altri Paesi, e perché lì il capitalismo si sia sempre mantenuto su solide basi.

Il sistema socio-economico americano è lungi dall'essere perfetto. Non vanno dimenticati i tanti abusi e la corruzione perpetrati dalle imprese capitalistiche. Basti ricordare il ruolo giocato da quelle americane nel golpe di Pinochet in Cile nel 1973.

Ciò che contraddistingue gli Stati Uniti, tuttavia, è il sistema di controlli e di bilanciamenti. Gli illeciti ci sono stati e ci sono tuttora, ma non è mai venuta meno la consapevolezza della necessità della sanzione. È un sollievo per me sapere che se i due ex governatori dell'Illinois (lo Stato in cui vivo) sono ancora in carcere è perché la giustizia ha fatto il suo corso. Perfino un presidente, Richard Nixon, fu costretto a dimettersi. Per rimanere in campo economico, il governo degli Stati Uniti è stato in grado di spezzare due grandi monopoli: Standard Oil nel 1912 e AT&T nel 1984. In nessun altro Paese è mai accaduto nulla del genere.

2

Chi ha ucciso Horatio Alger?

Il miglior Paese per un povero.[1]
Titolo di un vecchio libro di storia americana

La funzione più importante di un sistema economico, anche di quello più primitivo, consiste nel distribuire responsabilità e benefici. Tra i mammiferi, l'animale più forte ha in genere la responsabilità della guida del branco ed è ricompensato con il diritto di prelazione nell'accoppiamento. Nelle società umane, la responsabilità tende ad assumere la forma di un impiego, ricompensato con denaro e prestigio. Nelle società tradizionali il criterio prevalente era la nascita: il primogenito del re saliva al trono dopo di lui; il primogenito del proprietario terriero prendeva il posto del padre e il figlio del titolare di un'impresa ne assumeva la guida. In molte società moderne, al contrario, la selezione delle persone e l'assegnazione dei benefici sono regolate mediante il criterio del merito. Le statistiche mostrano che nei Paesi più sviluppati la maggioranza degli individui ritiene che, in linea di principio, il merito debba essere ricompensato.

Che cos'è il merito?

Non è affatto semplice stabilire di che cosa si tratti. Prendiamo, per esempio, un ambiente a me familiare: l'università americana. Immaginiamo di dover decidere chi siano i professori più meritevoli. Con che criterio valuteremo le pubblicazioni? Daremo più rilevanza al numero degli scritti dei candidati o all'impatto che hanno avuto sulla comunità scientifica? E come misureremo questo impatto: calcolando le volte in cui i testi sono citati o il prestigio delle riviste e dei periodici in cui compaiono queste citazioni? Considereremo le citazioni positive («È un testo fondamentale») e quelle negative («È un testo sostanzialmente sbagliato») nello stesso modo? E come stimeremo la didattica? La giudicheremo in base al gradimento degli studenti o utilizzeremo altri parametri? E quali? Come tratteremo gli altri aspetti dell'attività accademica, per esempio la collegialità e la partecipazione all'amministrazione? Ogni sistema di valutazione dà un peso diverso a tutti questi aspetti. La valutazione è un processo intrinsecamente legato all'arbitrio, il che può sempre alimentare il sospetto dell'ingiustizia e del favoritismo.

Un sistema di valutazione del merito dovrebbe essere efficiente e impermeabile alle manipolazioni, ma soprattutto dovrebbe essere considerato giusto, o perlomeno non troppo iniquo, dalla maggior parte di coloro che sono sottoposti al suo giudizio. A questo punto possiamo iniziare a capire perché il sostegno alla meritocrazia si traduce in un sostegno all'economia di mercato: è relativamente più difficile manipolare un mercato che manipolare un elenco di requisiti redatto da una commissione universitaria per un concorso da professore ordinario, o per – fare un esempio più macroscopico – le decisioni di un regime statalista su quali fortunati cittadini possano godere di quali beni di consumo. È convinzione comune, inoltre, che il mercato produca risultati efficienti. Se, infine, il mercato non distribuisce i benefici in modo troppo ineguale e compensa le persone sulla base dell'impegno nel lavoro e non della fortuna, si conforma anche all'idea di giustizia della maggioranza dei cittadini.

Naturalmente, non tutti amano il mercato. Ho il sospetto che parecchi intellettuali lo rifiutino perché ritengono che il loro lavoro non sia ricompensato adeguatamente: Lady Gaga guadagna molto più dei vincitori del premio Nobel. In America, comunque, la maggior parte della gente accetta il sistema, perché è convinta che sia non solo efficiente, ma anche relativamente equo. Sono molti a credere che l'onestà, la frugalità e l'impegno nel lavoro saranno ricompensati, come nelle storie di Horatio Alger.

La tensione tra democrazia e meritocrazia

Questa descrizione idilliaca nasconde però un aspetto assai meno piacevole: la meritocrazia è un principio piuttosto arduo da sostenere in democrazia. Qualsiasi sistema che assegna risorse e benefici in base al merito finisce inevitabilmente per attribuire ricompense più alte a pochi individui, suscitando invidia nella maggioranza. E in democrazia, generalmente, è la maggioranza che governa. Perché mai la maggioranza dovrebbe riconoscere a una minoranza benefici e potere sproporzionati?

Poco più di dieci anni fa questa tensione si è manifestata chiaramente all'Università di Chicago, che grazie all'associazione con il grande economista liberista Milton Friedman attrae gli studenti più favorevoli all'economia di mercato. Chi potrebbe credere nel libero mercato e nella meritocrazia più degli studenti del master in Business Administration di questa istituzione, che investono decine di migliaia di dollari e due anni della loro vita per ottenere i benefici di un sistema meritocratico? Tuttavia, con una mossa che contraddiceva lo spirito meritocratico, gli studenti dell'MBA di Chicago decisero mediante votazione di non rivelare le loro medie scolastiche nei colloqui di lavoro. Il motivo era chiaro: se gli esaminatori li avessero selezionati sulla base del merito, la minoranza dei più bravi sarebbe stata favorita a scapito della maggioranza. Anche i meritocratici più convinti, insomma, possono opporsi alla meritocrazia quando ostacola le loro prospettive. Non è un caso che la meritocrazia sia politicamente assai fragile.

Sono due i fattori che consentono a un sistema meritocratico di sostenere una sfida di questo genere: una cultura che ritiene legittimo premiare l'impegno e una distribuzione dei benefici non così ineguale da creare scontento. Nel XVIII secolo l'ordine sociale era determinato prevalentemente dal diritto di nascita: i nobili dominavano in Europa come in Giappone, il sistema delle caste era preponderante in India e persino in Inghilterra dove, nonostante la classe mercantile stesse emergendo economicamente e politicamente, l'aristocrazia deteneva ancora quasi tutto il potere. La Rivoluzione americana fu una rivolta contro l'aristocrazia e l'immobilismo della società europea. A differenza di quella francese, che proclamava l'uguaglianza, la Rivoluzione americana affermava la libertà nella ricerca della felicità. In altri termini, gli Stati Uniti furono fondati sul principio dell'uguaglianza delle opportunità e non dei risultati. Il successo economico della nuova nazione cementò la convinzione che i benefici e le responsabilità dovessero essere assegnati in base al merito.

Questa eredità sopravvive nell'America contemporanea. Negli Stati Uniti le disuguaglianze economiche sono tra le più elevate al mondo. Ciononostante, secondo una ricerca recente che tiene conto dei 27 Paesi più ricchi del pianeta, condotta dall'organizzazione non profit Pew Research Center, solo un terzo degli americani ritiene che sia compito del governo ridurre le disuguaglianze economiche, contro il 44% dei canadesi, e addirittura l'89% dei portoghesi.[2] Gli americani non auspicano una ridistribuzione del reddito orchestrata dal governo, ma pretendono che il governo assicuri loro una competizione ad armi pari: più del 70% sostiene che il governo «dovrebbe garantire a chiunque un'equa opportunità di migliorare la propria condizione economica».

La fiducia nell'uguaglianza delle opportunità è sostenuta dalla convinzione che il sistema sia sostanzialmente giusto. La ricerca in questione rivela che il 69% degli americani è convinto che «le persone sono ricompensate per la loro intelligenza e per le loro capacità», ed è la percentuale più alta tra quelle rilevate in tutti i Paesi in cui è stato svolto il sondaggio. Allo stesso tempo, solo il 19% degli americani pensa che essere nato in una famiglia ricca sia determinante per il successo, contro il 39% dei cileni e il 53% degli spagnoli, mentre la media mondiale è del 28%.

Negli Stati Uniti il riconoscimento dell'impegno nel lavoro è così condiviso che persino gli studenti di quella che è considerata l'università più sinistrorsa della nazione, Berkeley, lo approvano. Gli economisti hanno ideato un esperimento chiamato «La scelta del dittatore», in cui a ogni partecipante è assegnata una somma di denaro che egli deve però dividere, nel modo che desidera, con un giocatore anonimo. In media, le persone coinvolte decidono di condividere il 20% della cifra con i giocatori anonimi per altruismo o compassione. Di recente, l'economista Pamela Jakiela ha cambiato le regole del gioco. In una prima simulazione, ai partecipanti – scelti tra gli studenti di Berkeley – era stato detto che i giocatori anonimi erano dei gran lavoratori; in una seconda simulazione, invece, era stato fatto intendere loro che si trattava di fannulloni. Si è scoperto che gli studenti preferivano di gran lunga ricompensare i lavoratori piuttosto che i fannulloni. In un altro esperimento, si esigeva che la persona a cui veniva assegnata la somma di denaro lavorasse per meritarsela (doveva dividere una partita di fagioli). I «dittatori» che avevano lavorato sodo erano molto meno disposti a condividere parte della somma rispetto a quanti non avevano lavorato affatto.

Questa cultura della meritocrazia non è universale. Quando lo stesso esperimento è stato fatto in Kenya, i risultati sono stati completamenti diversi: i «dittatori» kenioti erano più predisposti a premiare la fortuna che il duro lavoro.

Invece in America, da Berkeley a Boston, le persone preferiscono che sia pagato di più chi si impegna di più. Questa consapevolezza contribuisce a proteggere il capitalismo meritocratico dalle forze che cercano di metterlo in pericolo.

La meritocrazia, però, non può preservarsi soltanto grazie a una simile cultura: perché generi un vasto consenso, deve conferire benefici alla maggior parte dei cittadini. Non a caso, storicamente, i sistemi meritocratici si sono affermati quando i loro potenziali vantaggi sono stati percepiti più chiaramente dalla gente. Nella vita di una nazione ciò accade generalmente in tempo di guerra, quando è messa a repentaglio la sopravvivenza di un Paese. Nel 1793, quando la Rivoluzione francese era minacciata dalle armate straniere che stavano invadendo la Francia, il governo giacobino iniziò a promuovere i soldati migliori e non solo quelli politicamente più fidati. Questa innovazione così semplice permise ai francesi di respingere gli eserciti delle potenze europee, più addestrati e meglio equipaggiati. Un fenomeno analogo mi è stato raccontato da un amico. Un giorno si sentì male e sua moglie gli propose di chiamare un loro amico medico. «Sto *davvero* male» le rispose, «ho bisogno di un *vero* dottore.» Quando la nostra vita è in pericolo, è fondamentale scegliere in base al merito e non alla fedeltà.

Far sì che un sistema meritocratico fornisca benefici significativi e tangibili non è, però, affatto facile. Ad esempio, in politica – un ambito in cui la ricchezza viene per lo più distribuita e non creata – i benefici conferiti dalla meritocrazia sono relativamente esigui se paragonati a quelli assicurati dal clientelismo. Se distribuisco le cariche tra i miei amici, anche se non sono molto competenti, non perdo eccessivamente in termini di efficienza e acquisisco parecchio potere. Questo è il motivo per cui è così difficile far valere la meritocrazia quando si tratta del governo.

Lo stesso avviene quando un'impresa conquista una posizione di monopolio. Dato che la situazione di mercato dell'impresa non è a rischio, essa non ha molto interesse a impiegare gli individui più capaci. I dirigenti si occuperanno esclusivamente di battaglie politiche interne e cercheranno di accaparrarsi quote di profitti sempre maggiori disputandosele tra di loro. Anche in questo caso, conviene avere a che fare con lavoratori fedeli anziché capaci. In un mercato competitivo, invece, le aziende subiscono continuamente la pressione dei concorrenti, quindi non ha senso combattere per una fetta più grande se l'intera torta rischia di scomparire: la parte più grande di zero è sempre zero. È meglio lottare per conservare la torta, anche al costo di averne una fetta più piccola. La meritocrazia è insomma intrinsecamente connessa al libero mercato: senza la minaccia della concorrenza economica le organizzazioni non hanno alcun interesse a essere efficienti, dunque non c'è alcuna ragione di essere meritocratici.

La meritocrazia può dar vita a una serie di circoli virtuosi.[3] Più i cittadini vedono il principio della ricompensa del merito applicato con sistematicità e giustizia, più saranno disposti ad accettarlo; di converso l'accettazione di questo principio da parte della maggior parte dei cittadini renderà più facile la sua applicazione, rafforzando il consenso nei suoi confronti. Un sistema corrotto, al contrario, invoglierà la gente a imbrogliare, generando un circolo vizioso che lo renderà ancora più iniquo.

Questi circoli indicano l'esistenza di ciò che gli economisti chiamano «equilibri multipli»: situazioni molto diverse in cui il sistema economico è stabile e da cui è molto difficile deviare. Un Paese in cui è radicata una tradizione moderatamente meritocratica sarà di solito in grado di conservarla anche in presenza di condizioni avverse. Laddove invece la tradizione meritocratica non si è mai sviluppata, riuscire a introdurla sarà arduo. In uno stato di equilibrio, le piccole perturbazioni, in linea generale, non producono effetti. Se invece la perturbazione è intensa, capita che un sistema economico possa raggiungere uno stato di equilibrio differente, da cui poi difficilmente uscirà.

La fortuna degli Stati Uniti è che sono ancora in un equilibrio meritocratico, nonostante alcune grosse perturbazioni, dallo scandalo dell'Università dell'Illinois (dove alcuni studenti hanno ricevuto un trattamento di favore in virtù dei loro legami con politici e amministratori)[4] al recente tracollo finanziario, in cui i dirigenti, dopo aver completamente fatto naufragare le loro banche, hanno ricevuto buonuscite di centinaia di milioni di dollari. Quando l'equità delle regole è messa in discussione e i benefici del sistema sono distribuiti in modo troppo ineguale, il consenso nei confronti della meritocrazia e del libero mercato può crollare. Una volta che si è giunti a questo punto, ricreare il consenso è quasi impossibile. E l'America sta andando in questa direzione: potenti forze minacciano di condurla da un equilibrio meritocratico a un equilibrio non meritocratico. Bisogna tenere a mente che un libero mercato meritocratico, per svilupparsi in un Paese democratico, deve offrire ampi e diffusi benefici ai cittadini e godere di un sostegno culturale. Negli Stati Uniti entrambi questi fattori sono a rischio: il primo minacciato dalla riduzione dei benefici che molti individui ricavano dal mercato, il secondo da una delegittimazione dei mercati come metodo migliore per premiare i meritevoli.

Tiger Woods e i custodi dei campi da golf

In genere la gente, oltre ad aver caro il proprio status personale, si preoccupa di confrontarlo con quello degli altri. Le statistiche sulla divergenza tra le persone comuni e chi sta al vertice del reddito, cioè l'1% della popolazione, abbondano. Questo divario è spesso attribuito all'avidità dei manager, che ottengono compensi da favola. Ma, sfortunatamente, il problema è più ampio. Dico sfortunatamente perché, se fosse soltanto l'effetto della rapacità manageriale, il problema sarebbe più facile da risolvere.

Per comprendere meglio la causa di questa disparità è utile assistere a un torneo di golf. Anche sui campi da golf, ben lontani dai grattacieli delle grandi aziende, non tutti hanno la stessa paga. Un professionista come Tiger Woods e i custodi dei campi ricevono compensi molto diversi. Questa differenza è ciò che gli economisti chiamano *skill premium*. A questo proposito, è interessante osservare cronologicamente i dati sui premi dei tornei di golf per poter valutare l'evoluzione dello skill premium nel corso del tempo.[5] Poiché i dati sui compensi dei custodi non sono altrettanto disponibili, presumerò che siano pagati con il minimo salariale. Se invece del minimo utilizzassi come esempio il salario medio le cose non cambierebbero.

Nel golf il torneo più prestigioso al mondo è lo US Masters, organizzato nel Golf Club di Augusta, Georgia. Nel 1948 il primo premio del torneo era di 2500 dollari, corrispondenti a circa 22.000 dollari attuali. Nel 2008 lo stesso primo premio valeva 1.350.000 dollari, cioè 60 volte di più. Ma nel frattempo sono cresciuti anche l'economia e i salari reali. È quindi più rilevante guardare al rapporto tra il primo premio e il salario annuale di un custode. Nel 1948 il primo premio era pari a 3 volte il salario annuale del custode, nel 2008 era pari a 130 volte.

Un aspetto interessante è che il trend dei premi del Masters è strettamente correlato a quello degli stipendi dei grandi manager: cresciuti poco in termini reali fino agli inizi degli anni Ottanta, sono poi esplosi.[6] Qual è la causa di questa impennata dei premi dei tornei?

In primo luogo, il confronto tra i premi e la media salariale non tiene conto del livello di difficoltà che comporta vincere questi premi. Nel 1948 Claude Harmon, il vincitore del Masters di quell'anno, era un maestro di golf, non un giocatore professionista. Oggi sarebbe inconcepibile. Dopo di lui nessun maestro di golf ha mai più vinto uno dei campionati ai massimi livelli.[7] Quando nel 1934 si tenne la prima edizione dell'Augusta National, come si chiamava allora il Masters, si trattava di una competizione di carattere locale, e tale restò per molti anni. Nei primi vent'anni di vita della manifestazione il torneo venne sempre vinto da un americano, e nei successivi vent'anni solo il 14% dei vincitori era straniero. In seguito, invece, la percentuale di stranieri vincitori del torneo salì fino al 50%. Prima del 1957 il numero dei partecipanti era così ridotto che non c'era bisogno di eliminarne alcuni dopo aver giocato 36 buche, come è sempre accaduto da allora in avanti.

Per valutare l'entità dello skill premium al giorno d'oggi occorre confrontare il compenso atteso da parte di un buon giocatore con la paga di un custode. Il custode percepisce il salario alla fine di ogni mese, il giocatore che partecipa ai tornei no. In quest'ultimo caso, il compenso atteso è il prodotto tra il premio e la probabilità di ottenerlo. Non è facile determinare in che misura questa probabilità si è ridotta negli ultimi sessant'anni, ma di certo è diminuita sensibilmente. Per farcene un'idea prendiamo in considerazione la crescita della popolarità del golf. Negli Stati Uniti tra il 1948 e il 2008 il numero dei campi da golf è quadruplicato.[8] Se li sommiamo al numero dei campi da golf in tutto il mondo, la crescita complessiva è di 8 volte. Se il numero dei giocatori professionisti in ogni campo è approssimativamente costante nel tempo e se tutti i giocatori professionisti sono potenziali candidati per il Masters (due assunzioni piuttosto forti), si può affermare che oggi è 8 volte più difficile vincere il torneo rispetto al 1948. Anche se l'aumento delle difficoltà non è l'unica ragione dell'evoluzione dello skill premium, ne spiega tuttavia molti aspetti. Invece che da 3 a 103, dunque, il rapporto effettivo tra il compenso previsto per un giocatore di golf e quello del custode sarebbe cresciuto «solo» da 3 a 13.

Ma quali sono le altre cause del cambiamento? Se si trattasse solo dei super ricchi amanti del golf che finanziano sistematicamente i premi con i loro patrimoni personali, l'aumento del valore dei premi sarebbe semplicemente un effetto del divario crescente tra i redditi dei dirigenti e quelli dei lavoratori, e non la manifestazione di altre cause sottostanti. In realtà, è il contrario. Il Masters, nato come un evento sovvenzionato, oggi è diventato una macchina per fare soldi.

Come ricorda il fondatore dell'Augusta National Golf Club, all'inizio gli introiti finanziari del torneo erano «abbastanza disastrosi». I costi dell'organizzazione superavano le somme raccolte per coprire le spese.[9] Se non fosse stato per le donazioni dei membri, il club non avrebbe potuto pagare i giocatori professionisti che parteciparono alla prima edizione del torneo.[10] A quel tempo (e fino al 1966) uno spettatore poteva arrivare al botteghino il giorno stesso del torneo e acquistare un biglietto di ingresso. Nel 1972 fu introdotta una lista d'attesa che col tempo è diventata così lunga che dal 2000 non vengono aggiunti nuovi nomi. Il Master badge, con cui si può assistere all'intero ciclo dei tornei, ha un costo che su internet va dai 1500 ai 5000 dollari.[11] Dal 1995, poiché le richieste sopravanzano enormemente l'offerta, i singoli biglietti sono venduti tramite una lotteria.

Le dirette televisive, che negli Stati Uniti sono iniziate nel 1956, sono oggi viste in 170 Paesi. Negli ultimi anni la manifestazione ha prodotto una quantità tale di soldi che l'Augusta National Golf Club può permettersi di dettar legge ai canali televisivi.

In questo modo, nell'ultima sessantina d'anni gli introiti sono aumentati più di 60 volte senza che i gestori dell'Augusta National Golf Club si siano impegnati più di tanto. Per esempio, per incrementare gli introiti avrebbero potuto vendere all'asta i biglietti, invece di darli via a un prezzo nominale di 175 dollari. I premi per i vincitori sono schizzati alle stelle non solo perché è molto difficile vincere, ma anche perché è il valore del torneo ad essere cresciuto in modo straordinario, e questo malgrado l'Augusta National Golf Club, che è un organismo non profit, non abbia alzato i prezzi proporzionalmente all'aumento della domanda.

A tal proposito è interessante capire il motivo per cui gli organizzatori hanno aumentato i premi. Il prestigio del torneo e il premio simbolico (la famosa giacca verde che tocca al vincitore) sono probabilmente sufficienti a convincere tutti i più famosi giocatori di golf a partecipare. «Quando si tratta dei campionati maggiori non ha più importanza se giochi per 5 dollari o per 5 milioni» ammette James Furyk, uno dei dieci migliori giocatori del mondo. «Tutti vogliono vincere il Masters.»[12] Perché mai allora l'Augusta National Golf ha aumentato il premio?

La risposta è che il Masters deve competere con altri tornei. Anche se il denaro non è il fattore determinante, se il Masters offrisse meno delle altre grandi competizioni mondiali, come il torneo PGA, l'USA Open e il British Open, correrebbe il rischio di perdere il proprio prestigio. L'Augusta National Golf Club vuole rischiare di perdere il suo primato, quale «più prestigioso evento sportivo che si svolge in America»,[13] per risparmiare un pugno di dollari? Sarebbe davvero stupido. Non è un caso che la più rapida crescita del premio sia avvenuta tra la fine degli anni Ottanta e gli inizi degli anni Novanta, e cioè nel momento in cui i quattro maggiori tornei si alternavano a essere le competizioni di golf più munifiche del mondo.

Il caso del golf è istruttivo perché i due fenomeni che determinano l'aumento vertiginoso dei premi – aumento della competizione e del valore di essere il primo – sono in funzione anche nelle aziende. Con l'integrazione del mercato mondiale, per la singola impresa è sempre più difficile stare a galla. Analogamente a Claude Harmon, molti dirigenti che avrebbero conseguito un buon tenore di vita guidando imprese mediocri sono stati fatti fuori dalla competizione.

Al tempo stesso, le imprese più efficienti oggi possono sfruttare il loro vantaggio competitivo non solo sul mercato locale, ma in tutto il mondo. Le partite del grande calciatore italiano dei miei tempi, Gigi Riva, venivano viste al massimo da 20 milioni di telespettatori italiani. Oggi gli incontri in cui giocano David Beckham o Cristiano Ronaldo sono proiettati in tutto il mondo e vengono seguiti anche da 200 milioni di telespettatori. Questo spiega l'enorme aumento degli stipendi di calciatori, attori e superstar in genere. Il valore aggiunto che deriva dall'essere il migliore è cresciuto in maniera così sproporzionata che ci sono delle imprese, come l'Augusta National Golf, che non si sognano di rischiare di perdere questo vantaggio per risparmiare qualche dollaro nella paga del proprio manager. Ma i dirigenti fanno davvero la differenza? I manager superstar come Steve Jobs sicuramente sì. Per quanto riguarda gli altri, la questione è del tutto aperta. Se osserviamo le variazioni della redditività dovute al cambio dei dirigenti, il rendimento di un dirigente al vertice della professionalità è 6 volte maggiore di un altro che si trova al gradino più basso.[14] Nelle aziende di grandi o enormi dimensioni, questa differenza è abbastanza importante. Anche quando non è del tutto chiara l'entità del contributo dei dirigenti alla redditività di un'azienda, è così oneroso per le imprese fare esperimenti che i consigli d'amministrazione preferiscono andare sul sicuro e, come l'Augusta National Golf, pagare profumatamente i manager migliori.

Il fenomeno a cui viene più spesso imputata l'accresciuta disuguaglianza dei redditi, sia nello sport sia nel mondo degli affari, è la globalizzazione. Certamente negli ultimi decenni le dimensioni della torta sono cresciute. C'è molta più gente che guarda il Masters in televisione (insieme agli altri grandi tornei americani), c'è una grande quantità di *merchandise* sponsorizzato venduto in tutto il mondo, ci sono sempre più multinazionali che competono per sponsorizzare le dirette televisive dei tornei e i giocatori. Ma questi profitti sono distribuiti in modo assolutamente disuguale. Non ci vuole molto per accorgersi che i premi gratificano il vincitore in modo sproporzionato. E questo è niente di fronte ai ricavi derivanti dai contratti con gli sponsor. Quando era al vertice del golf mondiale Tiger Woods guadagnava circa 12 milioni di dollari l'anno dai premi e 100 milioni dai contratti,[15] mentre il secondo giocatore della classifica mondiale, Phil Mickelson, guadagnava 4 milioni dai premi e 47 con i contratti e il terzo otteneva meno di 15 milioni di dollari sommando i due cespiti di guadagno.

La globalizzazione ha anche provocato una riduzione dei privilegi e dei poteri delle élite locali, rendendo irraggiungibili alcuni beni, di cui potevano godere un tempo. Se il Masters fosse organizzato a scopo di lucro i biglietti arriverebbero a costare più di 1000 dollari, un prezzo che impedirebbe a molti appassionati, abituati ad acquistare il biglietto al botteghino per pochi dollari, di assistere di persona al torneo. Nel Masters questo non accade dal momento che il torneo è organizzato da un'associazione di golf locale che ha altri obiettivi. Ma è il Masters a essere l'eccezione.

Ciò che è accaduto nello sport si è verificato anche nell'economia su una scala molto più ampia. Anche se la globalizzazione ha generato più vantaggi che svantaggi, i primi non sono distribuiti in modo eguale e ci sono dei perdenti. Non è stata una grande consolazione per i reporter della «Buffalo Gazette», che dopo aver perduto il lavoro fanno fatica a sbarcare il lunario, sapere che gli articoli dei più famosi editorialisti del «New York Times» sono venduti in una dozzina di Paesi, rendendo i loro autori delle superstar. Mentre Facebook si diffonde in tutte le parti del mondo facendo guadagnare miliardi di dollari a Mark Zuckerberg, molti informatici fanno sempre più fatica a tener testa ai loro concorrenti indiani.

Tutti quei custodi lasciati indietro

Retrocedere, in termini relativi, è indubbiamente doloroso, ma è tollerabile se avviene in un momento in cui gli standard assoluti crescono per tutti. La differenza di reddito tra Tiger Woods e il suo caddy è esplosa. Ma, grazie a Tiger

Woods, il suo caddy è diventato ricco. Gliene importa tanto dell'aumento della disuguaglianza relativa? Probabilmente no. Sfortunatamente, la disuguaglianza si è accentuata nel momento in cui il salario di moltissimi americani non cresceva.

Diamo un'occhiata all'immagine che segue. Un'immagine vale più di mille parole, ma la prima volta che ho visto il grafico in figura 1 sono rimasto senza parole. Lo so, tanto entusiasmo per un grafico è da secchioni. La maggior parte degli esseri umani si emoziona di fronte a un quadro, a una bella scultura o un'ardita architettura, ma per un grafico molto meno. Tuttavia, questo è a dir poco straordinario nel suo genere.

La linea tratteggiata, che è più o meno dritta, rappresenta la crescita della produttività del sistema economico americano (esclusa l'agricoltura) dal 1946 al 2009. Si noti che in questi 65 anni la produttività è quadruplicata e che l'incremento è stato approssimativamente costante durante

Figura 1. Produttività e guadagni medi reali

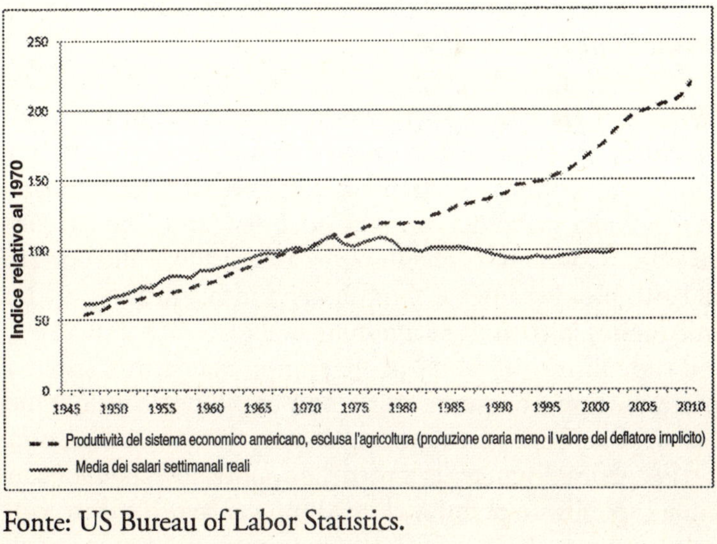

Fonte: US Bureau of Labor Statistics.

tutto il periodo, con una piccola riduzione alla metà degli anni Settanta e un'accelerazione nella seconda metà degli anni Novanta. La linea continua rappresenta la media dei salari settimanali reali dei lavoratori. Sino alla metà degli anni Settanta le due linee procedono insieme al punto che è difficile distinguerle. Intorno al 1973 il parallelismo si interrompe. La produttività riprende a crescere mentre i salari restano al palo e iniziano, col tempo, a perdere qualcosa. Il grafico mostra un incremento della disuguaglianza, l'indietreggiare della classe media e la crescita del risentimento nei confronti di un sistema che non sembra essere più in grado di provvedere alla maggioranza della popolazione.

Come cercherò di spiegare nel capitolo 8, parte di questo squilibrio più che essere una realtà è dovuto a una percezione; tuttavia, nel momento in cui influenzano il sostegno politico al libero mercato, le percezioni contano più della realtà. Tra il 1989 e il 2009, mentre la media del reddito nazionale cresceva del 3%, dai dati ricavati dal censimento emerge che i redditi reali pro capite del 20% più povero della popolazione scendevano dell'1%.

La morte di Horatio Alger

Horatio Alger era uno scrittore mediocre. I suoi romanzi, incentrati sul passaggio da una vita di miseria nei bassifondi a una di opulenza e rispettabilità, sono però inestricabilmente legati alla storia del capitalismo americano, che l'autore celebra, ricordandoci che il sogno americano è alla portata di tutti. Indubbiamente si tratta di un'idealizzazione: anche in America la virtù da sola non ha mai garantito il successo, e il capitalismo, ai tempi di Alger, non era certo il sistema perfetto. Eppure, queste storie non erano poi così lontane dalla realtà. Divennero best-seller proprio nel momento in cui l'America diventava la terra delle opportunità, un luogo in cui il capitalismo premiava l'impegno nel lavoro e i virtuosi.

A dispetto di tutti gli ostacoli, gli americani hanno creduto a lungo di poter migliorare la loro condizione, o che avrebbero potuto farlo i loro figli. Ancora oggi, secondo una ricerca condotta dal Pew Research Center, il 72% dei cittadini degli Stati Uniti è convinto che la propria situazione economica migliorerà nei prossimi dieci anni, mentre il 62% pensa che questo accadrà ai propri figli.[16]

Sfortunatamente le analisi empiriche dimostrano che la mobilità è diventata meno comune. Cominciamo con quella intragenerazionale, e cioè con la probabilità che un individuo passi da un livello di reddito a un altro. Immaginiamo di dividere la popolazione in cinque gruppi in base al loro reddito attuale. Ognuno di questi gruppi è chiamato un quintile. Normalmente, circa il 30% della popolazione muove da un quintile di reddito a quello superiore nel giro di dieci anni. Ma questa mobilità intragenerazionale sembra diminuire, soprattutto ai livelli più bassi della distribuzione del reddito: l'Economic Policy Institute ha scoperto che negli anni Novanta il 36% di coloro che sono partiti dai due quintili più poveri della popolazione sono poi rimasti in quella posizione, contro il 32% degli anni Ottanta e il 28% degli anni Settanta.[17]

L'altro tipo di mobilità, quella intergenerazionale, misura il movimento in ascesa o in discesa tra i livelli di reddito degli individui rispetto alla posizione dei loro genitori. Se i figli delle famiglie a basso reddito percepiscono a loro volta compensi esigui, la mobilità intergenerazionale è bassa. Un recente studio dell'Organizzazione per la cooperazione e lo sviluppo economico, le cui conclusioni sono piuttosto impressionanti, mostra che in America c'è *meno* mobilità intergenerazionale rispetto ad altri Paesi dell'area OCSE.[18] Inoltre una ricerca della Federal Reserve Bank di Chicago evidenzia che la mobilità intergenerazionale, che è cresciuta tra gli anni Cinquanta e gli anni Ottanta, inizia a decrescere negli anni Novanta e cala ancora più sensibilmente nei decenni successivi.[19]

Conclusioni

Sembra che i vantaggi assicurati in passato dal capitalismo meritocratico non siano più così consistenti al giorno d'oggi, né così diffusi. Questo cambiamento mette in discussione il consenso nei confronti del libero mercato. Ma ciò che mina più gravemente la fiducia nel libero mercato è la percezione che le regole non valgano per tutti nello stesso modo, e cioè che il sistema sia truccato. Quando i miei figli erano piccoli cercavano di giocare a Monopoli, finendo inevitabilmente per discutere tra loro. Mia figlia, che ha due anni in meno del fratello, si lamentava e lo accusava di imbrogliare. Mio figlio, con il foglio delle istruzioni in mano, affermava di essere innocente. E in effetti aveva ragione: non si era inventato nuove regole. Però anche lei aveva ragione: contando sull'ignoranza della sorella, mio figlio adoperava solo le regole che erano in suo favore. Nonostante la sua tenera età, mia figlia capiva che c'era qualcosa di ingiusto e reagiva nell'unico modo che aveva a disposizione: abbandonando il gioco.

La frustrazione di mia figlia è simile a quella che provano sempre più americani verso il loro sistema: il gioco sembra truccato. Per molti è difficile comprenderne i motivi ed è ancora più difficile immaginare come venirne a capo, eppure sanno che è truccato. Non capendoci nulla, come mia figlia, hanno solo un'opzione: rinunciare. I giovani accampati a Zuccotti Park e in altre piazze delle città americane stanno facendo proprio questo. Non capiscono che, rigettando in toto il sistema, ne rendono più problematica la riforma. Se vogliamo riattivare l'equità del sistema, la prima cosa che occorre fare è comprendere che cosa non ha funzionato.

3

Il capitalismo clientelare

C'è un detto che illustra alla perfezione lo spirito di questa azienda: i nostri concorrenti sono i nostri amici. I clienti sono i nostri nemici.

James Randall, ex presidente
della Archer Daniels Midland

Il capitalismo porta con sé disuguaglianza di reddito che, in genere, viene accettata se non è eccessiva, se la si reputa parte di un sistema da cui tutti traggono benefici e, soprattutto, se è la conseguenza di un principio che la maggior parte della popolazione considera equo. Un'economia di mercato concorrenziale contiene tutti e tre questi ingredienti. La concorrenza riduce la possibilità di guadagnare profitti straordinari, riducendo la disuguaglianza del reddito. Assicura che i benefici tratti dalle innovazioni ricadano positivamente sui consumatori e siano vantaggiosi per tutti. Infine, stimola l'efficienza e dunque la meritocrazia, e cioè un sistema in cui le responsabilità sono assegnate a chi fa meglio. In questo modo, i vantaggi per qualcuno sono valutati da tutti come il giusto prezzo da pagare.

La concorrenza fa anche di più: consente al consumatore di scegliere liberamente licenziando un venditore e assumendone un altro. Questa libertà trasforma i consumatori in padroni, non solo proteggendoli dalle imprese che cercano di strozzarli aumentando i prezzi, ma anche garantendo un miglioramento del loro benessere: per aumentare il loro volume di affari, infatti, le imprese offriranno ai consumatori le migliori condizioni possibili.

Se un'impresa raggiunge un potere di mercato eccessivo, tale da permetterle di aumentare indiscriminatamente i prezzi, i consumatori cercheranno protezione nel processo politico. Ma quando una grande impresa acquisisce, oltre al potere economico, anche quello politico, non c'è scampo. Piuttosto che a un'immagine idealizzata del libero mercato, il sistema comincia ad assomigliare a un'economia socialista; in cui il sistema politico controlla il mondo degli affari; al contrario, in un sistema capitalista clientelare il mondo degli affari controlla il processo politico. La differenza è piccola: in entrambi i casi la concorrenza è assente e la libertà ridotta al minimo. Se un'impresa detiene il potere economico e al contempo esercita una grande influenza politica, il consumatore non ha alcuna protezione a sua disposizione. Senza concorrenza, il sistema diventa iniquo: diventa un meccanismo in cui i ricchi diventano sempre più ricchi a spese di tutti gli altri.

È la concorrenza l'ingrediente miracoloso che rende il capitalismo un sistema che beneficia tutti. La maggior parte delle eleganti teorie degli economisti sui vantaggi del libero mercato si basa sul presupposto che il mercato operi in modo concorrenziale. Ma gli economisti spesso trascurano di accertarsi che i mercati operino davvero in modo competitivo. Il problema non riguarda tanto i vantaggi temporanei che le imprese si assicurano con l'innovazione, bensì l'entità del potere politico che le imprese possono accumulare grazie alle loro dimensioni e alla loro influenza. Quando le imprese operano in mercati non competitivi e non sono guidate dai proprietari ma da manager che non devono rendere conto a nessuno, allora possiamo smettere di considerarle come incarnazioni del libero mercato e prenderle per quello che sono in realtà: piccole economie pianificate.

La battaglia contro il capitalismo clientelare è vecchia quanto gli stessi Stati Uniti. È iniziata nel 1773, quando i coloni americani si ribellarono contro gli abusi dei monopoli britannici. I coloni di Boston che scaraventarono in mare il carico di tè di tre vascelli inglesi non stavano lottando contro l'aumento delle tasse ma, appunto, contro un monopolio e contro il capitalismo clientelare britannico. Il Tea Act del 1773 aveva *alleggerito* il carico fiscale sugli importatori di tè americani. Nello stesso tempo aveva garantito uno status privilegiato alla East India Company (EIC), un'organizzazione i cui interessi erano tanto intrecciati al governo britannico da diventare indistinguibile da quest'ultimo. I coloni non tollerarono questo privilegio concesso all'EIC, temendo peraltro che la corona inglese estendesse il regime di monopolio ad altri beni. La Rivoluzione americana, quindi, non è stata soltanto una battaglia per i diritti politici, ma anche per la libertà economica in contrapposizione al capitalismo clientelare.

Al lettore contemporaneo una battaglia per introdurre o conservare la concorrenza non sembra un fatto così eccezionale, ma nel 1773 lo era. Nel corso della storia la concorrenza economica è stata considerata un male da evitare a ogni costo. Nel Medioevo le corporazioni avevano il compito di restringere la concorrenza nell'ambito di un determinato settore del commercio. Le prime grandi organizzazioni economiche (le compagnie olandese e britannica delle Indie) erano dei monopoli garantiti dallo Stato. Sino ad Adam Smith, la dottrina economica predominante (il mercantilismo) sosteneva che il potere dello Stato dovesse essere usato per creare, promuovere e difendere i monopoli, giudicati i migliori strumenti per organizzare l'attività economica. Ancora oggi, se si cerca in internet il termine «concorrenza», lo si troverà per lo più associato ad aggettivi negativi come «accanita, sleale, dannosa».

Quando, nel 1776, Adam Smith pubblicò *La ricchezza delle nazioni*, diede inizio a una rivoluzione la cui importanza è almeno pari a quella scoppiata, lo stesso anno, nelle colonie americane: Smith sostenne infatti che la concorrenza fosse una forza positiva. Quest'idea è parzialmente riproposta alla voce «concorrenza economica» del dizionario

Merriam-Webster: «Lo sforzo, fatto da due o più parti che agiscono indipendentemente l'una dall'altra, per assicurare a una terza parte un vantaggio, offrendole le condizioni più favorevoli». L'idea che la concorrenza promuova il benessere era completamente ignorata prima di Smith, ma risultò essere vera sia in teoria sia in pratica.

I vantaggi della concorrenza

L'idea di Smith, secondo cui la concorrenza conduce le imprese orientate al profitto a produrre i beni richiesti dalla gente al costo più basso possibile, era solo un'intuizione. Dalla pubblicazione della *Ricchezza delle nazioni*, gli economisti hanno cercato di comprendere se i mercati sono effettivamente guidati dalla cosiddetta «mano invisibile». Solo a metà del XX secolo Kenneth Arrow e Gerard Debreu sono riusciti a dimostrare, con delle ipotesi molto poco restrittive, che Smith aveva visto giusto: i mercati concorrenziali garantiscono un'allocazione ottimale delle risorse (principio noto tra gli economisti come «primo teorema del benessere»). L'ipotesi più importante è che gli agenti economici siano dei *price takers*, cioè che agiscano indipendentemente (ovvero non di concerto) e che siano sufficientemente piccoli rispetto al mercato da poter ignorare l'impatto delle loro scelte sui prezzi di mercato. Nella maggior parte dei modelli economici queste condizioni sono semplicemente assunte. Nella realtà devono essere rese effettive, un argomento molto importante su cui tornerò in seguito.

I consumatori sono i maggiori beneficiari della concorrenza. Il 1° gennaio 1984 un giudice americano costrinse la società che deteneva il monopolio dei telefoni americani, la AT&T, a dividersi in sette diverse holding indipendenti: in tal modo il mercato per le telefonate a lunga distanza fu aperto alla concorrenza. All'epoca un minuto di conversazione telefonica tra New York e San Francisco, calcolato ai prezzi del 2011, costava 1,9 dollari, mentre per chiamare da New York a Parigi si spendevano 3,54 dollari.[1] Oggi, pagando un canone fisso molto basso, le chiamate nazionali sono gratuite e una telefonata a Parigi costa solo 9 centesimi al minuto (un cinquantesimo rispetto a prima).[2] I telefoni cellulari, un tempo un lusso riservato ai miliardari, sono oggi diffusi ovunque, anche nelle favelas brasiliane. Dietro a questi enormi incrementi del benessere non c'è stato alcun buon samaritano né un benigno pianificatore centrale, né sussidi governativi. Anzi, i governi di tutto il mondo hanno incassato miliardi di dollari vendendo le frequenze radio agli operatori di telefoni cellulari, facendo così risparmiare altre tasse ai contribuenti.

La concorrenza non produce solo dei vantaggi economici, ma anche benefici sociali, penalizzando la discriminazione: in un mercato concorrenziale chi si rifiuta di commerciare con altre persone peggiora il proprio benessere economico.[3] Quando la concorrenza aumenta, le discriminazioni diminuiscono. Non è un caso che i muri del razzismo siano crollati inizialmente nel mondo dello sport, caratterizzato da un alto livello di competizione. La concorrenza ha inoltre ridotto la discriminazione di genere, la cui unità di misura è la differenza tra i salari di un uomo e una donna che fanno lo stesso lavoro e che possiedono la stessa qualifica professionale. Tra il 1970 e il 1995, grazie alla crescita della competitività del settore bancario americano a seguito della deregolamentazione, il divario salariale tra bancari uomini e bancari donne si è ridotto sensibilmente, mentre il numero delle donne in posizioni manageriali nelle banche è cresciuto di quasi 10 punti più che negli altri settori.[4]

Non da ultimo, con la concorrenza i singoli consumatori hanno più potere. Non hanno né le risorse né gli incentivi per esprimere il loro dissenso, ma grazie alla concorrenza possono scegliere, astenersi dall'acquisto, e quindi «punire» un'azienda per i suoi errori. Il giudizio complessivo dei consumatori è più equo di qualunque altro, dal momento che aggregando tutti i giudizi si eliminano le idiosincrasie, le gelosie personali e gli errori individuali.

Infine, la concorrenza rende liberi. Mi ricordo di un giovane collega che camminava sotto la pioggia in compagnia di uno più anziano. Il più vecchio, che era nato in Europa, gli disse scherzosamente (ma ci sono battute che non fanno affatto ridere se vengono fatte da chi è al potere): «In Europa gli assistenti portano l'ombrello agli ordinari». Il mio collega gli rispose per le rime: «E allora perché *tu* non torni in Europa?». Questo episodio non solo testimonia l'arguzia del mio giovane collega, ma è una buona metafora del potere dei mercati. Per assumere quel giovane a Chicago avevamo dovuto competere aggressivamente con altri atenei. Benché giovane, era già ben più «potente» dell'anziano. Era stata la concorrenza tra gli atenei che gli aveva dato il potere e la libertà di parlare fuori dai denti.

La concorrenza è il miglior alleato dei consumatori, ma non lo è delle aziende, che fanno del loro meglio per ridurla. È molto più facile arricchirsi senza concorrenza. Io stesso, nel mio corso di *venture capital*, insegno ai miei studenti che, se intendono fondare una nuova impresa, devono creare delle barriere all'entrata di eventuali concorrenti. Senza di esse, un'impresa opera in un mercato perfettamente competitivo e un imprenditore non è in grado di guadagnare nulla. È naturale, quindi, che imprenditori e uomini d'affari cerchino di crearne. Se mantenuto entro limiti ragionevoli, questo desiderio è salutare: senza la prospettiva di ottenere un po' di potere di mercato, gli imprenditori non avrebbero motivazioni per sacrificare la vita al successo delle loro imprese, e priverebbero così i consumatori di nuovi prodotti di straordinaria importanza, dai browser di internet a Google, da Facebook a Skype.

Non è facile determinare quali siano i limiti accettabili delle barriere in entrata. Costruirsi una reputazione come produttore di alta qualità è un modo per ostacolare lealmente i nuovi competitori senza danneggiare i consumatori, anzi addirittura beneficiandoli. Elaborare un baco informatico sui sistemi operativi per impedire che siano compatibili con le applicazioni dei concorrenti è un altro paio di maniche. Le barriere più insormontabili, però, sono quelle create dalle leggi. Lo Stato ha il monopolio della violenza legittima. La conseguenza è che i monopoli protetti dallo Stato sono i più difficili da scalzare.

Per renderci conto di quanto siano potenti e pericolosi i monopoli protetti dallo Stato, torniamo a parlare della East India Company, l'organizzazione contro cui i coloni americani si sono ribellati e contro cui Adam Smith ha rivolto le sue taglienti riflessioni.

L'East India Company

Le idee di Adam Smith erano influenzate dalla corruzione delle imprese del suo tempo, in particolare la East India Company, che è stata riportata in auge al cinema dalla serie dei *Pirati dei Caraibi*. Malgrado questi film non abbiano alcuna pretesa di rigore storiografico, sono tuttavia veritieri quando descrivono gli sforzi fatti dalla Compagnia per controllare le importazioni e le esportazioni tra le isole.

Fondata nel 1600, la Compagnia ottenne immediatamente il monopolio sul commercio con tutti i territori che si trovavano a est del Capo di Buona Speranza e a ovest dello stretto di Magellano (compresi naturalmente i Caraibi). Inizialmente il monopolio era stato garantito per un periodo di quindici anni. Grazie all'influenza politica e alla corruzione, la Compagnia riuscì a farselo rinnovare sino al 1694. In quell'anno il Parlamento inglese, sotto la pressione di altri mercanti, liberalizzò il commercio con l'India e poco dopo concesse una licenza a una compagnia rivale: la English Company Trading to the East Indies.

Il duopolio durò poco. La EIC si comprò la rivale ed

elargì un prestito di 3,2 milioni di sterline al Tesoro per assicurarsi il prolungamento del monopolio del commercio per altri tre anni. Dopo di che ricominciò a esercitare tutta la sua influenza e, corrompendo a destra e a manca, riuscì a prolungarlo sino al 1813 per molti articoli in commercio, e sino al 1833 per il tè.[5] Il fatto che gli iniziali 15 anni di monopolio siano diventati 233 la dice lunga su quanto sia pericolosa la commistione tra potere economico e potere politico.

A causa delle distanze geografiche (a quel tempo il viaggio di andata e ritorno dall'Inghilterra all'India durava circa due anni) e dell'impossibilità di comunicare a grandi distanze, i dirigenti dell'East India Company erano sostanzialmente liberi di agire a loro piacimento.[6] Divenne presto consuetudine attribuire ai capitani dei vascelli di proprietà della EIC fino a venti piedi di spazio per i loro carichi personali, così che per loro il commercio divenne un secondo lavoro.[7] I funzionari della Compagnia, che erano pagati una miseria, potevano arricchirsi tramite le commissioni sulle provvigioni dell'EIC. Questo sistema di ruberie legalizzate divenne la norma e porta gran parte della responsabilità del livello di corruzione che ancora oggi affligge il subcontinente indiano.

È difficile immagine qualcosa di più lontano dalla «mano invisibile» del mercato. L'ovvia conseguenza fu nefasta per tutte le parti coinvolte, tranne per i pochi dirigenti dell'EIC che si arricchirono alle spalle degli altri: i consumatori in Inghilterra, costretti a pagare il tè e le altre spezie più del dovuto in un mercato concorrenziale e gli impiegati, nonostante le loro commissioni, costretti a lavorare per un'impresa corrotta. Adam Smith stesso denunciò[8] l'inefficienza dell'EIC e delle restrizioni al commercio da essa ottenute con le quali si vietava ad altre imprese più efficienti di operare o costringendole a operare di contrabbando, con tutte le inefficienze inerenti tali attività.

I cittadini britannici furono ancora più danneggiati dal potere politico dell'EIC. Questa divenne così potente che gli interessi dell'Inghilterra furono assoggettati a quelli dell'EIC. Perfino la Rivoluzione americana fu in parte il risultato dell'influenza della Compagnia sul parlamento britannico.

La peggiore esperienza fu, però, per gli indiani, che ricevettero un trattamento disumano dall'EIC. L'episodio più drammatico fu la carestia che colpì il Bengala nel 1770. Dal 1764 l'EIC, che esercitava una sovranità di fatto sul Bengala, aveva stabilito un monopolio nel commercio del grano e aveva proibito ai produttori e ai commercianti locali di «accaparrarsi» il riso (ovvero mantenere delle riserve per proteggere la popolazione dalle fluttuazioni dei raccolti). Dopo il magro raccolto del 1769, invece di ridurre la già pesante tassazione, l'EIC decise di aumentare ulteriormente i tributi. La conseguenza fu che, in Bengala, un abitante su tre (circa 10 milioni) morì a causa della carestia.[9]

Un altro episodio vergognoso nella storia della Compagnia riguarda l'oppio. Dopo aver perso il monopolio degli scambi con l'India (salvo che per il tè) nel 1813, l'EIC promosse il commercio dell'oppio dal Bengala alla Cina. Nonostante i tentativi delle autorità cinesi per impedirne l'ingresso, dal 1820 in poi vi esportò 900 tonnellate di oppio l'anno. Per difendere i diritti dell'EIC di vendere l'oppio in Cina, l'Impero britannico combatté due guerre, note per l'appunto come Guerre dell'oppio.

Come l'orribile storia dell'East India Company dimostra, non è il fine della massimizzazione del profitto a rendere l'iniziativa privata migliore della proprietà di Stato. Un monopolio privato come quello dell'EIC spesso è peggiore di un monopolio pubblico. Nonostante la storia del colonialismo europeo sia piena di orrori, i capitoli peggiori sono probabilmente rappresentati dalle azioni di due compagnie private: la EIC e lo Stato Libero del Congo di proprietà di Leopoldo II, menzionato nel primo capitolo. Entrambi i monopoli furono nazionalizzati come risposta alle polemiche e alle campagne internazionali sulla crudeltà con cui erano trattate le popolazioni locali. Se il termine business resta una brutta parola in queste parti del mondo, gran parte della responsabilità ricade su questi due monopoli privati.

La visione tradizionale dei monopoli

L'effetto più visibile di un monopolio è l'aumento dei prezzi. La concorrenza costringe le imprese a offrire beni a prezzi molti vicini ai costi di produzione. In una perfetta condizione di monopolio, questo vincolo non c'è. Nel vendere il tè in Inghilterra, per esempio, l'EIC non doveva preoccuparsi della concorrenza: era perfettamente libera di fissare il prezzo più conveniente, tenendo conto che la riduzione dei prezzi aumenta la quantità venduta, ma riduce il profitto per unità di prodotto venduto. Il prezzo ottimale, per un monopolista, è generalmente superiore al prezzo concorrenziale. In tal senso il monopolio può essere inteso come una tassa imposta dal produttore al consumatore, e molti ritengono questo il maggiore costo di un monopolio. Ma tale intuizione non è corretta. Immaginiamo che per massimizzare il suo profitto la nostra ipotetica EIC venda il tè a 10 sterline la libbra a fronte di un costo di produzione e di trasporto di 3 sterline. Ci sono molti cittadini britannici che non intendono (o non possono) acquistare il tè a 10 sterline la libbra, mentre sarebbero disponibili ad acquistarla a 5. Dato che 5 è maggiore di 3, la Compagnia sarebbe disposta a vendere il tè a 5 sterline a questi consumatori, se non fosse per il rischio di cannibalizzare i profitti che ottiene vendendo il tè ai consumatori che sono disposti ad acquistarlo a 10 sterline. Molti monopolisti risolvono il problema segmentando il mercato, vendendo cioè a prezzi diversi a consumatori diversi (basti pensare ai biglietti aerei). Se non sono in grado di farlo, per tutelare i profitti che ricavano dalla vendita ai consumatori disposti a pagare di più, i monopolisti devono rifiutarsi di vendere a quelli che sono disposti a pagare meno. Il profitto perso su queste transazioni non è un trasferimento da un gruppo a un altro. È una perdita per il consumatore che era disposto a pagare il tè 5 sterline ed è una perdita per la Compagnia che avrebbe potuto vendere a 5 sterline ciò che gli era costato 3. Questo è ciò che gli economisti chiamano «perdita secca».

Chi debba prendersi la differenza tra le 10 sterline a cui l'EIC vende il tè e il costo di produzione di 3 sterline dipende da chi voi riteniate sia più meritevole. Ma i consumatori persi rappresentano una perdita secca per la società nel suo complesso, una perdita che, per esempio, la legge sui brevetti deve cercare di minimizzare. Questa è la ragione principale per cui i brevetti hanno una durata limitata: i monopoli creati dai brevetti, sebbene siano necessari per stimolare l'innovazione, sono sostanzialmente inefficienti e ci sono forti argomenti economici a favore del ridurne la durata.

La perdita secca non riguarda soltanto i monopoli: essa si verifica, benché in forme più temperate, ogni volta che degli ostacoli si frappongono alla concorrenza e che le imprese fanno valere il loro potere di mercato di fronte ai consumatori. Per affrontare il problema gli Stati Uniti hanno sviluppato una legislazione antimonopolistica, copiata con molto ritardo dall'Europa prima e dall'Italia poi.

I vantaggi delle leggi antitrust

Se iniziamo dallo Sherman Antitrust Act del 1890, occorre osservare che le leggi antimonopolistiche (o a favore della concorrenza) furono varate per opporsi alle creazioni di entità – come i monopoli, i trust e i cartelli – che potevano danneggiare la concorrenza. Come accade spesso, le reali motivazioni sottese alla legge sono oggetto di controversie. Tre mesi dopo aver proposto la legge, il senatore John

Sherman appoggiò le tariffe volute da William McKinley che riducevano il commercio estero e penalizzavano i consumatori con l'aumento dei prezzi. Alcuni critici sostengono che lo Sherman Act sia stato solo un trucco per introdurre tariffe che avrebbero danneggiato severamente i consumatori. A prescindere dalla motivazione originaria, tuttavia, nel corso del tempo le leggi antitrust sono state utilizzate per ridurre i monopoli e per contrastare la creazione di barriere all'entrata.

Come è stato sottolineato dalla Corte Suprema degli Stati Uniti, «il proposito dello Sherman Act non è quello di proteggere il mondo degli affari dal mercato; è quello di tutelare il pubblico dal fallimento del mercato. La legge non intende contrastare i comportamenti conformi alla concorrenza, ma i comportamenti che in modo iniquo rischiano di distruggere la concorrenza stessa».[10]

Uno degli obiettivi principali delle leggi antitrust sono state le fusioni tra imprese concorrenti. Ci sono molte ragioni che le giustificano: sfruttando le economie di scala aumentano l'efficienza e, indirettamente, fanno sì che questa efficienza si traduca in un vantaggio per i consumatori. Esse permettono alle grandi aziende che offrono prodotti di alto livello di diffondersi ovunque. Nel corso della sua espansione, per esempio, Starbucks ha acquistato diversi coffee shop le cui bevande erano di qualità inferiore, o in cui il servizio era troppo lento durante le ore di punta. Senza la possibilità di acquistare i negozi locali, per Starbucks non sarebbe stato conveniente espandersi in mercati tanto piccoli da non poter sostenere economicamente più di un coffee shop. D'altra parte, senza la minaccia di essere esposti alla concorrenza, i vecchi locali non avrebbero avuto alcun motivo per ammodernarsi e i clienti sarebbero rimasti insoddisfatti.

Per giustificare le fusioni, le aziende spesso usano le economie di scala, che però non sono tutto. Se lo fossero, quello dell'Unione Sovietica sarebbe stato il sistema economico più produttivo al mondo. E la scelta non è solo tra competizione ed economie di scala. Il genio del capitalismo consiste in un continuo processo di tentativi e di errori; senza i quali è molto difficile creare innovazione e stimolare la crescita.

Ne consegue che l'obiettivo di una legge antitrust è evitare che un eccesso di fusioni privi i consumatori dei benefici dell'innovazione. Ma se l'antitrust ha l'effetto positivo di aiutare a mantenere la competitività, comporta anche due costi rilevanti. Il primo è la riduzione delle economie di scala. Il secondo, ancora più importante, è un'intrusione massiccia del governo nel settore privato, intrusione che può essere sfruttata per scopi politici.

Per questo motivo le leggi antitrust sono ancora oggi oggetto di controversie tra gli economisti. L'ex presidente della Fed Alan Greenspan ha sostenuto che le fusioni sono sempre un bene per i consumatori e che le leggi antitrust sono uno spreco di risorse. In un pamphlet del 1962 scriveva: «In questo Paese, l'intera struttura della legislazione antitrust è un guazzabuglio di ignoranza e di irrazionalità economica».[11] Greenspan giunse a tali conclusioni estreme partendo dal presupposto ragionevole secondo cui qualsiasi monopolio non protetto dal governo è minacciato dalla possibile entrata di nuove imprese. A suo modo di vedere, questa minaccia è sufficiente a garantire ai consumatori molti dei vantaggi della concorrenza senza che vi sia vera e propria concorrenza.

Da un punto di vista teorico questo argomento è valido solo sotto ipotesi molto restrittive.[12] Se l'argomento di Greenspan fosse corretto, le imprese non sarebbero in grado di sostenere i prezzi al di sopra del livello fissato dalla concorrenza anche in presenza di accordi segreti (meglio noti come cartelli). Purtroppo sappiamo che non è sempre vero. L'esempio più noto al grande pubblico, grazie soprattutto al film *The Informant*, è l'accordo collusivo sul prezzo della lisina (un amminoacido utilizzato nell'alimentazione animale) firmato dalla Archer Daniels Midland e dai suoi concorrenti esteri.

Non era la prima volta che l'ADM, una conglomerata dedicata al processo di trasformazione del cibo, tentava di colludere: tra il 1965 e il 1998 fu accusata cinque volte di aver colluso con i competitori in svariati mercati, dai prodotti da panetteria al sodio gluconato.[13] Ciò che ha reso esemplare il caso della lisina è che, grazie all'informatore che aveva registrato segretamente gli incontri, possiamo ascoltare come l'ADM si fosse accordata con quattro concorrenti stranieri per far aumentare il prezzo della lisina da meno di 80 centesimi alla libbra a 1,20 dollari.

«Tu sei mio amico» dice Terry Wilson, presidente di una divisione dell'ADM, a un produttore straniero di lisina durante una riunione segreta: «Voglio tenerti più vicino di qualsiasi cliente, perché ci farai fare tanti soldi».[14] In un'altra registrazione si sente il presidente dell'ADM James Randall ricordare al gruppo: «Abbiamo un detto in questa azienda che ci rappresenta perfettamente: *I nostri concorrenti sono nostri amici. I nemici sono i clienti*».

L'accordo collusivo sul prezzo durò tre anni e – contrariamente alla tesi di Greenspan – la possibilità che altre imprese scendessero in campo non riportò i prezzi a un livello competitivo. Questo dimostra i benefici di una legge antitrust.

L'argomento più importante in favore delle leggi antitrust, però, è citato piuttosto raramente: la loro capacità di ridurre il potere politico delle imprese. Molti economisti (incluso Greenspan) sono concordi nel ritenere che il peggior monopolio è quello sanzionato dallo Stato. L'abilità di guadagnarsi l'appoggio dello Stato, però, è direttamente proporzionale alle dimensioni di un'azienda (o di un cartello): più grande è l'impresa, più le sarà facile superare i costi fissi che fare lobby comporta e più alti saranno i rendimenti. Inoltre, più grande è l'impresa, maggiore sarà la sua capacità di influenzare il potere dello Stato e volgerlo a suo favore. Per tale motivo i costi del monopolio generalmente menzionati non sono né gli unici, né i più importanti.

I soldi degli altri

Adam Smith scriveva nel 1776, avendo in mente in modo molto chiaro le ruberie e gli intrallazzi dell'East India Company. Per Smith queste degenerazioni erano prerogativa non solo della realtà monopolistica, ma anche di tutte le imprese in cui la proprietà era separata dal controllo. Benché le sue conclusioni fossero troppo pessimistiche – questo tipo di organizzazione aziendale ha conseguito straordinari successi negli ultimi duecento anni – le sue analisi sono pertinenti e assolutamente attuali.

Alla fine degli anni Novanta, molti oligarchi russi del petrolio si sono arricchiti sottraendo denaro dalle imprese che stavano guidando. Uno dei metodi più in voga era quello di vendere l'oro nero al di sotto del prezzo di mercato a compagnie commerciali straniere di cui loro stessi erano i proprietari. Per rendersi conto delle dimensioni assunte da questo tipo di manipolazioni si consideri che nel 2000 un'azienda russa vendette petrolio a un partner commerciale estero a soli 2,20 dollari al barile, quando il prezzo medio di esportazione (al netto dei costi di esportazione e delle accise governative) era di 13,50 dollari al barile.[15] L'opportunità di stornare i profitti di un'azienda verso un'altra personalmente controllata dagli stessi dirigenti della prima era favorita dall'opacità della struttura proprietaria delle aziende russe.

Ma questi episodi accadono anche negli Stati Uniti. La Enron è diventata famosa per le frodi contabili perpetrate attraverso una complessa rete di imprese che facevano affari esclusivamente con essa. Il capo delle finanze di Enron, Andrew Fastow, che disegnò quella rete, aveva un interesse finanziario personale in quelle aziende, direttamente o mediante un partner. E beneficiò personalmente di molti degli scambi avvenuti in questa ragnatela di imprese.

A dispetto di alcuni esempi assai noti, negli Stati Uniti i furti veri e propri, nel mondo degli affari, sono piuttosto rari. Quando la concorrenza è limitata, le malversazioni manageriali temute da Smith possono sempre accadere. In un mercato competitivo, invece, un manager non può deviare grandi quantità di risorse o attribuirsi degli stipendi esorbitanti, perché metterebbe a repentaglio la sopravvivenza dell'azienda. Di contro, un'impresa con potere di mercato guadagna più di quanto necessario a pagare i suoi operai e remunerare il capitale investito: questo rendimento extra fornisce una protezione che può facilmente essere sfruttata dai top manager. Non è dunque casuale che i compensi esorbitanti dei dirigenti siano più frequenti nelle imprese che hanno un grande potere di mercato.

Prendiamo per esempio il caso di Ray Irani, l'amministratore delegato della Occidental Petroleum. Nel 2010 aveva guadagnato 76 milioni di dollari. Il suo compenso totale dal 2000 al 2010 era pari a 857 milioni di dollari. In quegli anni l'andamento dell'azienda era stato molto buono, anche se la causa che aveva determinato quei risultati era stata un'ondata di aumenti del prezzo del petrolio. Lo scontento degli azionisti della Occidental Petroleum si manifestò in occasione della loro assemblea annuale del 2010: con una inusuale mancanza di fiducia, il 54% degli azionisti votò contro il piano delle retribuzioni, che tuttavia fu poi ulteriormente implementato, dal momento che il controllo della SEC, Securities and Exchange Commission, garantiva che i voti degli azionisti fossero solo consultivi, un modo piuttosto fantasioso per dire insignificanti.

Questi enormi stipendi assomigliano a quelli che i superfunzionari dell'East India Company attribuivano a se stessi. Dopo la vittoria nella battaglia di Plassey sir Robert Clive, un funzionario dell'EIC, si ricompensò con 234.000 sterline, una somma al tempo enorme. La mancanza di concorrenza, insomma, penalizza i cittadini due volte: non solo comporta un rialzo dei prezzi e una minore disponibilità di merci e servizi, ma in più determina un'ingiustificata (e quindi eccessiva) disuguaglianza dei redditi che, a sua volta, mina il consenso al sistema.

Clientelismo

Essendo nato e cresciuto in Italia, conosco alcune cose del nepotismo. Innanzitutto, il termine è un eufemismo: storicamente i «nipoti» a cui dare una mano erano i figli naturali dei papi, che si presumeva non avessero figli.

Non è un caso che il nepotismo sia nato a Roma all'interno della Chiesa cattolica, che nei secoli ha sempre goduto di un enorme potere di mercato. Quando questo potere non era ottenuto dalla funzione pastorale, era conquistato con la forza: l'intolleranza nei confronti degli eretici, le repressioni e infine l'Inquisizione furono strumenti per ostacolare la concorrenza e la possibile diffusione di religioni alternative. Furono proprio queste barriere all'entrata che assicurarono ai papi e agli esponenti della gerarchia ecclesiastica un enorme potere, compreso quello di piazzare i propri figli e protetti in posizioni importanti a prescindere dal merito.

Questo problema non esiste nelle chiese protestanti che sono molto più piccole e che, dovendo competere aggressivamente tra loro, non hanno spazio per il clientelismo. La nomina di un pessimo ministro di culto o di un tesoriere incapace può facilmente causare la dissoluzione della congregazione: non c'è al riguardo molto margine di errore.

Ciò che è vero per la religione, lo è ancor di più per gli affari. In un mercato competitivo non c'è spazio per le clientele. Lo spazio si apre quando un'impresa conquista una posizione di mercato: il clientelismo è un altro grande costo del monopolio.

Purtroppo questo costo si accumula nel corso del tempo. Una volta che un «nipote» o un protetto incompetente è collocato in una posizione di potere, egli assumerà dei subordinati di valore uguale o inferiore al suo perché altrimenti si sentirebbe minacciato da persone più capaci. Bastano pochi anni di predominio di questo sistema perché non ci sia più via d'uscita. Il capitale umano delle imprese amministrate in questo modo si deteriora a tal punto che esse non possono competere sul mercato senza qualche forma di protezione. Messe di fronte a una minaccia alla loro sopravvivenza, fanno ricorso all'unica attività che conoscono bene: il lobbismo.

Più privilegi un'impresa riesce a ottenere, maggiore è il margine per protrarre il nepotismo che, a sua volta, renderà la domanda di privilegi sempre più necessaria. Si tratta di un circolo vizioso che, una volta messo in moto, può trascinare verso il basso anche il Paese più di successo.

La politicizzazione delle decisioni nelle imprese

Le imprese agiscono molto diversamente dai mercati. Pensiamo a un manager che deve realizzare una semplice operazione, per esempio fare delle fotocopie. In una transazione di mercato, l'unica informazione di cui si ha bisogno è il prezzo di mercato del servizio: se è inferiore al valore che le copie hanno per la sua impresa, il manager acquisterà il servizio; in caso contrario non lo farà. Non c'è alcun bisogno che il manager conosca il valore delle potenziali mansioni alternative degli addetti del servizio fotocopie, e neppure il costo dell'ammortamento della macchina fotocopiatrice. Un prezzo risparmia molti ragionamenti e calcoli. È uno dei grandi vantaggi di un'economia di mercato.

Vediamo adesso la stessa transazione all'interno dell'azienda: se il manager chiede al suo assistente di fare le fotocopie, l'assistente le farà (altrimenti rischia di essere licenziato). All'interno delle aziende non c'è alcuna libertà contrattuale: gli impiegati obbediscono agli ordini. In gioco non ci sono neppure dei prezzi. Per un certo verso questo semplifica le cose: non c'è alcun bisogno di contrattare il costo dei singoli compiti. Dall'altro, rende la decisione del manager tremendamente più complicata. Senza conoscere il costo della copiatura, egli deve considerare le mansioni cui potrebbe essere dedicato in alternativa il tempo di lavoro del suo assistente, e l'uso alternativo della macchina fotocopiatrice. Questo è possibile unicamente nel quadro di un piano complessivo in cui ogni minuto è dedicato a un certo compito e ogni singolo compito ha un valore. In altre parole, le aziende sono delle piccole economie pianificate, delle economie socialiste in miniatura. Ciò che le rende efficienti (e che rende dinamico il capitalismo) è che queste imprese operano in un contesto concorrenziale. Ma, una volta che acquisiscono un potere di mercato, iniziano ad assomigliare sempre di più alle cugine sovietiche.

Le imprese conglomerate tendono a essere ancor più socialiste. Prima di fondersi con Exxon nel 1998, la Mobil Oil non era solo una compagnia petrolifera, ma una grande conglomerata. Quando nella metà degli anni Ottanta il prezzo del petrolio crollò, la Mobil tagliò gli investimenti destinati a tutti i suoi settori. Ridusse non solo gli introiti per le operazioni di esplorazione (una decisione sensata data la riduzione del prezzo del petrolio), ma anche quelli destinati alla Mobil's Montgomery Ward (una divisione commerciale che non aveva molto a che fare con il petrolio) e al settore petrolchimico, i cui rendimenti avrebbero invece potuto essere promettenti dal momento che l'industria petrolchimica utilizza il petrolio, che era sceso di prezzo, come input.[16]

Si tratta di un fenomeno ben noto: gli investimenti delle conglomerate sono significativamente diversi da quelli delle singole imprese operanti negli stessi settori della conglomerata. In ciò non ci sarebbe nulla di strano, dal momento che le imprese conglomerate vengono create per gestire le risorse in modo diverso rispetto al mercato. Un'impresa conglomerata, per esempio, può assicurare dei finanziamenti a progetti che non potrebbero esser finanziati sul mercato senza dover rivelare preziosi segreti. Contrariamente a questa ipotesi, però, il valore di una conglomerata scende tanto più gli investimenti differiscono da quelli del mercato.[17] Queste deviazioni, quindi, non sembrano capaci di creare valore: in effetti, sembra che lo distruggano.

Lo stesso accade con i salari. Un mio studente si è occupato delle strutture dei salari nelle conglomerate e li ha messi a confronto con i salari pagati per le stesse mansioni nelle imprese specializzate in un singolo settore. Ha scoperto che, se una conglomerata paga alti salari in un settore, anche le altre divisioni avranno salari mediamente più elevati.[18] Non soltanto la strategia degli investimenti è dunque guidata da un principio socialista, ma anche la politica delle remunerazioni.

Queste distorsioni sono la manifestazione del conflitto (discusso nel capitolo 2) tra efficienza e tendenza alla ridistribuzione. Per mantenere il consenso, le imprese (in particolar modo le conglomerate) tendono a ridistribuire risorse tra le varie divisioni. «Tassando» le divisioni e gli impiegati più capaci, questa ridistribuzione tende a ridurre gli incentivi a impegnarsi. Sprona invece a fare pressioni sui top manager (coloro che hanno il potere per ridistribuire risorse) per arraffare fette più grosse della torta.

Noi economisti chiamiamo questo tipo di lobbismo «ricerca di rendite» per distinguerlo dalla ricerca del profitto. Nel ricercare il profitto, le imprese o gli individui si impegnano in una serie di transazioni che risultano vantaggiose per tutti. Nel ricercare rendite, al contrario, individui e imprese spendono risorse per influenzare la suddivisione delle stesse. Non solo questo comportamento non crea ricchezza (è come se prendesse a Pietro per dare a Paolo), ma la distrugge.

Molti economisti diffidano delle imprese statali perché rappresentano la forma più estrema di monopolio e, come tali, sono altamente inefficienti. Se si elimina la forza della concorrenza, però, anche l'efficienza delle imprese private degenera rapidamente. Le imprese sono delle isole di socialismo in un oceano di libero mercato. Più piccolo è il potere di mercato di queste isole e più l'universo che le circonda è conforme all'ideale di Smith; più grande è il loro potere di mercato e più assomigliano alle loro alternative socialiste. Ipotizzando il caso estremo di una sola enorme impresa capace di controllare l'intero sistema economico, in cosa il capitalismo sarebbe differente dal socialismo?

Moderni epigoni della Compagnia delle Indie

Affinché la mano invisibile funzioni, le imprese devono essere abbastanza piccole da non influire sui prezzi. Anche quando possono farlo, il libero mercato funziona a condizione che il loro potere sia limitato: più ne hanno, maggiori sono le distorsioni. La situazione peggiora, però, quando il potere di mercato delle imprese trascende il settore in cui operano e si trasforma in potere politico. Lo Stato – come già menzionato – possiede il monopolio in ultima istanza: quello dell'uso legittimo della violenza. Quando il potere che deriva da questo monopolio si mescola con il potere di mercato che deriva dal dominio economico di un determinato settore, gli effetti sono devastanti, che si tratti di un'impresa statale che ottiene potere di mercato o di un monopolio privato che si compra un governo.

Una versione moderna della EIC e delle sue conseguenze negative su un Paese è rappresentata da Silvio Berlusconi. Ha vinto diverse campagne elettorali promettendo di guidare il governo come un'impresa. Sfortunatamente, ha finito per guidare il governo come una *sua* impresa. Anche quando non piegava le leggi in suo favore, erano le imprese concorrenti a piegarsi per paura di una ritorsione da parte del governo. Dai tempi dell'East India Company, non si era mai vista una simile commistione micidiale tra affari e governo. Le conseguenze sono state devastanti. Berlusconi è stato presidente del Consiglio per otto dei dieci anni che intercorsero tra il 2001 e il 2011: in questo decennio il reddito pro capite degli italiani è caduto del 4%, il debito pubblico è salito dal 109% del PIL al 120% e la pressione fiscale dal 41,2% del PIL al 43,4%. Nel frattempo il punteggio dell'Italia nella classifica delle libertà economiche stilata dall'Heritage Foundation è passato da 63 a 60,3 e nell'indice della competitività dell'Economic Forum la sua valutazione è passata da 4,9 a 4,37. Accaparrandosi (o meglio acquistando) la bandiera del libero mercato allo stesso modo in cui si acquista un marchio, Berlusconi ha distrutto l'ideale di libero mercato in Italia per almeno una generazione.

Purtroppo l'ex premier italiano non è l'unico esempio contemporaneo analogo all'East India Company. Sotto il regno della famiglia Andreas, l'Archer Daniels Midland è diventata la stessa cosa. In aggiunta agli scandali sopra menzionati, l'ADM è stata il più gigantesco beneficiario dei sussidi statali nella storia recente degli Stati Uniti.[19] Il Cato Institute ha valutato che nel 1995 almeno il 43% dei profitti annuali dell'ADM è stato ricavato da produzioni fortemente protette e sostenute dai sussidi del governo americano.[20] Dai finanziamenti per la produzione di etanolo alle tariffe sullo zucchero per proteggere lo sciroppo di fruttosio prodotto dalla ADM, nel corso degli anni l'azienda ha fatto miliardi di dollari di profitti sussidiati, alle spese di consumatori e contribuenti.

Tutti questi favori sono dovuti ai legami politici intessuti dalla famiglia Andreas. A parte i milioni di dollari di contributi elargiti a entrambi i partiti, Dwayne Andreas, il patriarca della famiglia, ha personalmente prestato del denaro ai politici; ha acquistato i magazzini di noccioline di Jimmy Carter per 1.200.000 dollari;[21] ha venduto a Bob Dole e a sua moglie un appartamento al Sea View di Bal Harbour in Florida.[22] Non ha mai avuto alcuna reticenza a riconoscere la sua influenza politica. Lui stesso dichiarò a una giornalista: «Nulla, non un singolo pezzetto di merce nel mondo, viene venduto sul libero mercato. Nemmeno uno! Il libero mercato esiste solo nei discorsi dei politici. Chi non vive nel Midwest non capisce che questo è un Paese socialista».[23] Come ha sottolineato correttamente il Cato Institute, «Andreas ha fatto sentire la sua influenza a

Washington per fare in modo che il socialismo americano assomigliasse al corporativismo statalista istituito in Italia negli anni Trenta: il governo depreda i cittadini per favorire un sistema di imprese legate a filo doppio con il governo».[24]

L'ADM è riuscita a conquistare consenso anche attraverso i media. Per essere un'impresa che non vende alcun prodotto direttamente ai consumatori, ha sempre fatto in modo di avere una massiccia pubblicità televisiva difficile da spiegare. L'aspetto più interessante è che i suoi spot sono sistematicamente presenti nei talk show. Dal gennaio del 1994 all'aprile del 1995, l'ADM ha speso 4,7 milioni di dollari per finanziare il programma *Meet the Press* della NBC; 4,3 milioni per la trasmissione *Face the Nation* della CBS; 6,8 milioni per il programma *Mac Neil/Lehrer Newshour*; infine è stata il principale sponsor della trasmissione della ABC *This Week with David Brinkley*.[25]

L'ADM però non è sola. Fannie Mae e Freddie Mac sono altri esempi di EIC dei nostri tempi. La stampa conservatrice le ha spesso descritte come entità governative su cui si esercitano pressioni politiche per erogare prestiti alle classi disagiate. Come analizzerò più approfonditamente nel prossimo capitolo, la migliore definizione di queste imprese è invece quella di monopoli privati che usano le relazioni politiche a spese dei contribuenti. Le loro operazioni sono così colossali che possono essere considerate degli Stati nello Stato. Sono diventate così importanti nell'economia americana che nessuno può permettersi di farle fallire; talmente potenti da risultare refrattarie a qualsiasi tentativo di riforma. Sono loro che ci possiedono, non il contrario.

Benché non raggiunga questi estremi, il potere politico delle grandi istituzioni finanziarie non è certo da meno. Prendiamo per esempio il tentativo da parte di Citigroup di abrogare il Glass-Steagall Act che aveva separato le banche di investimento da quelle commerciali. Nel 1998 Citigroup acquisì Travelers (una compagnia di assicurazioni), anche se la legge americana proibiva le fusioni tra banche e compagnie di assicurazioni. Nel momento in cui si realizzò la fusione, il presidente della Travelers Sandy Weill spiegò il motivo per cui le due società avevano deciso di proseguire nel loro intento malgrado fossero apparentemente in conflitto con le disposizioni di legge: «Abbiamo discusso così tanto (con la Fed e con il ministero del Tesoro) che non pensiamo che ci saranno problemi»[26]

Nel frattempo, il ministro Robert Rubin stava lavorando sodo per convincere il Partito democratico a cambiare la legge. Rubin lasciò il ministero del Tesoro nel luglio 1999, il giorno dopo che il Congresso aveva approvato la riforma desiderata da Citigroup con una maggioranza bipartisan di 343 e 86 contrari. Tre mesi dopo, il 18 ottobre 1999, Rubin fu assunto da Citigroup con uno stipendio di 15 milioni di dollari l'anno senza alcuna responsabilità operativa. Non ci vuole molto per vedere un legame tra i due eventi.

Sia Citigroup sia Rubin avevano agito nei limiti della legge. Così fece anche Berlusconi quando cambiò le leggi nel suo personale interesse e per favorire i suoi affari. Questo tipo di commistione sarà anche legale, ma di certo non è giusta. Si può usare la ricchezza accumulata con i propri affari privati per combattere la mano rapace del governo, si può usare il potere dello Stato per frenare gli illeciti dei monopoli privati. Ma quando i monopoli privati controllano il potere dello Stato non c'è più rimedio.

Conclusioni

Nell'introduzione ho già menzionato che il 51% degli americani concorda con l'affermazione «Il grande capitale stravolge il funzionamento dei mercati per i propri interessi». Questa proposizione non è condivisa solo da chi mette l'accento su quest'ultimo aspetto, ma anche da chi approva il principio secondo cui «il libero mercato è il miglior sistema per produrre ricchezza». La differenza tra un programma pro mercato e uno pro affari non sfugge alla maggioranza degli americani. A volte i due programmi coincidono (come nel caso della protezione dei diritti di proprietà) spesso sono agli antipodi. Gli uomini d'affari sostengono il libero mercato quando hanno bisogno di entrare in un nuovo mercato. Appena ci sono, vogliono erigere barriere all'entrata. Un piano pro mercato, invece, sostiene la concorrenza e la libertà di entrata in ogni momento.

Adam Smith era pro mercato, non pro affari. Così dovrebbero essere tutti gli economisti che credono nel suo insegnamento. I mercati liberi e concorrenziali sono i creatori della più grande ricchezza mai accumulata nella storia dell'umanità. Ma, affinché la loro forza liberi tutta la sua magia, la contesa deve svolgersi ad armi pari e deve essere aperta a tutti gli aspiranti. Se queste condizioni vengono meno, i mercati degenerano nell'inefficienza dei monopoli. E quando questi ultimi estendono il loro potere sino a condizionare l'arena politica, inizia il capitalismo clientelare. Nell'ultimo decennio, il settore in cui esso ha conquistato un'influenza preponderante è la finanza, a cui dedicheremo un'analisi particolareggiata.

4

La finanza clientelare

In tutta sincerità ritengo che le banche siano più pericolose di un esercito in armi.
Thomas Jefferson

La finanza è un elemento essenziale per introdurre concorrenza nel sistema economico. Un accesso diffuso al credito è essenziale per permettere a nuovi imprenditori di entrare nel sistema e dar loro una possibilità di crescere e prosperare. La finanza non si limita a ungere gli ingranaggi dello sviluppo economico, ma agisce anche come un grande equalizzatore: quando il sistema finanziario funziona, sono le idee ad avere importanza e non il denaro ereditato dai genitori. Senza accesso al credito, le persone di talento non possono mettersi in proprio e sono costrette a lavorare per arricchire chi ricco lo è già. La finanza ha il potere di trasformare il sogno americano in realtà.

Di recente, però, la finanza più che un lubrificante degli ingranaggi dello sviluppo economico ha giocato il ruolo della sabbia. Dalla bolla di internet sino al caso Enron e WorldCom, dalla crisi dei mutui subprime a Madoff, la finanza sembra essere al cuore di molti dei problemi che ci troviamo davanti. Invece di garantire uguali opportunità, pare aver provocato maggiori disuguaglianze e ingiustizie. L'ex CEO di Countrywide Angelo Mozilo, classificato dalla rivista «Condé Nast Portfolio» come il secondo peggior manager di tutti i tempi,[1] se n'è andato via dall'azienda con 460 milioni di dollari.[2]

È difficile attribuire tutto ciò a mancanza di concorrenza, perché in molti settori della finanza la concorrenza è spietata. La finanza è anche un ambito fortemente meritocratico in cui il talento è assai premiato. Sono passati i tempi in cui l'aristocrazia finanziaria dell'Ivy League, al soldo della Salomon Brothers e della Morgan Stanley, chiudeva le porte dei santuari della finanza agli italoamericani, agli ebrei o ad altre minoranze. Mozilo è figlio di un macellaio del Bronx e ha conseguito la laurea presso la Fordham University. Allora, dov'è il problema?

Il problema è il crescente potere politico del settore finanziario. In questo capitolo proverò a dimostrare come l'equità delle regole e del processo che le crea sia cruciale per far sì che il capitalismo funzioni nell'interesse di tutti. Cercherò poi di spiegare in che modo, grazie alle sue risorse e all'intelligenza dei suoi talenti, il sistema finanziario abbia potuto truccare le regole del gioco a suo vantaggio. Questo predominio è pericoloso non solo per l'economia nel suo complesso, ma anche per la stessa industria finanziaria.

Storicamente gli Stati Uniti, grazie a una felice combinazione di solidi princìpi e decisioni fortuite, sono riusciti a tenere sotto controllo il potere della finanza. Man mano che il sistema finanziario si sviluppava, però, acquisiva sempre più influenza, conquistando anche il potere politico. Nel decennio appena trascorso il sistema finanziario americano è diventato troppo concentrato e troppo influente politicamente da mettere a repentaglio il suo stesso bene.

Com'è potuto accadere?

Chiunque controlla i rubinetti del denaro ha potere di vita e di morte sulle imprese. Nel mondo del venture capital, per esempio, le clausole contrattuali inserite per proteggere gli investitori originari non valgono la carta su cui sono state scritte quando un'impresa rimane a corto di liquidità e ha bisogno di un nuovo finanziamento. Chi possiede il denaro, detta le condizioni.

Questo potere conferisce alla finanza la facoltà di influenzare quante e quali imprese possono entrare in un certo settore e quante e quali imprese devono uscire, determinando chi guadagna e chi perde. Troppe nuove imprese in un settore e i profitti si azzerano, come abbiamo visto nel precedente capitolo. Troppo poche e le imprese esistenti si arricchiscono a spese dei consumatori.

Gli americani sono sempre stati molto sensibili agli abusi di potere del sistema finanziario, al punto che hanno coltivato una sorta di pregiudizio antifinanziario di marca populista. Nella storia americana questo pregiudizio ha ispirato parecchie decisioni politiche inefficienti dal punto di vista economico, ma che, nel lungo periodo, hanno contribuito a salvaguardare un capitalismo democratico. Nel 1832, per esempio, il presidente Andrew Jackson impose il veto a una legge con cui si prolungava lo statuto della Second Bank of the United States (SBUS). Nonostante fosse una banca privata, la SBUS operava come *clearing house*, in modo non dissimile da ciò che avrebbe fatto in seguito la Fed.[3] Grazie al privilegio di essere la depositaria di tutte le entrate federali, la SBUS divenne la più potente organizzazione del Paese. La sua politica dei prestiti a dir poco facili provocò una diffusa speculazione edilizia, frodi e infine una bolla immobiliare (tutto questo suona familiare?).[4]

Preoccupato dal potere della SBUS, il presidente Jackson dispose un'inchiesta le cui conclusioni furono: «Senza dubbio questa grande e potente istituzione si è attivamente impegnata nel tentativo di influenzare con il suo denaro l'elezione di funzionari pubblici».[5] Dal punto di vista economico, la decisione di Jackson di proibire il rinnovo dello statuto è difficilmente difendibile. Eliminò un'importante stanza di compensazione che avrebbe potuto attenuare gli shock sofferti dalle banche dei singoli Stati. Proprio una di queste scosse avrebbe causato il panico nel 1837. Chiudendo la SBUS, però, Jackson ridusse il potere della finanza sulla politica americana.

Come discusso nel primo capitolo, gli Stati americani hanno sempre temuto il potere delle banche di New York e hanno usato varie forme di regolamentazione per ridurne l'influenza. Nel 1933 il Glass-Steagall Act eresse una barriera tra i due modi in cui le banche possono fornire finanziamenti ai loro clienti. Fu proibito alle banche commerciali (che fanno prestiti utilizzando il denaro raccolto sotto forma di depositi) di agire come banche di investimento (che aiutano le imprese a emettere titoli) e viceversa. L'idea era di prevenire che le banche sfruttassero i loro depositanti rifilando loro titoli di imprese che non potevano ripagare i loro debiti[6] (come fecero le banche italiane con Cirio). Un effetto collaterale positivo del Glass-Stegall Act fu la frammentazione del settore bancario, che ridusse il potere politico dell'industria finanziaria. Questa legge stimolò anche una salutare competizione tra banche commerciali e banche di investimento.

A partire dall'inizio degli anni Settanta, tutte le restrizioni vennero progressivamente rimosse. Le prime a essere eliminate furono le regolamentazioni sulle filiali: a parte la loro fondamentale inefficienza, erano sempre più insostenibili di fronte all'avanzare dell'innovazione tecnologica. A cosa serve proibire la moltiplicazione delle filiali quando attraverso i bancomat una banca può servire un cliente in tutto il Paese?[7]

La liberalizzazione ha incrementato l'efficienza del settore bancario e ha sostenuto la crescita economica.[8] Ma la crescita ha comportato anche una maggiore concentrazione del sistema bancario. Nel 1980 negli Stati Uniti c'erano 14.434 banche, più o meno lo stesso numero del 1934. Nel 1990 erano scese a 12.347 e nel 2000 a 8315. Nel 2009 il numero si è ridotto a 7100 e continua a scendere. Contestualmente, la concentrazione dei depositi e dei prestiti è cresciuta in modo significativo. Nel 1984 le prime cinque banche americane controllavano solo il 9% del totale dei depositi. Nel 2001 questa percentuale è aumentata sino al 21% e alla fine del 2008 è giunta al 40%.

L'apice di questo processo di deregolamentazione e di consolidamento è stato raggiunto nel 1999 quando fu approvato il Gramm-Leach-Bliley Act, che ha eliminato la separazione tra banche commerciali e banche di investimento introdotta negli anni Trenta. Il Gramm-Leach-Bliley Act è stato ingiustamente accusato di essere uno dei maggiori responsabili della crisi finanziaria del 2008. In realtà non ha nulla a che fare con la crisi. Le maggiori istituzioni finanziarie che sono fallite o che sono state salvate erano delle banche che svolgevano esclusivamente attività di investimento – come Lehman Brothers, Bear Stearns e Merrill Lynch – ma che non avevano ricevuto alcun vantaggio dall'abrogazione del Glass-Steagall Act, oppure erano delle banche commerciali come Wachovia o Washington Mutual. L'unica eccezione è Citigroup, che aveva unificato l'attività commerciale e le operazioni di investimento prima che fosse promulgato il Gramm-Leach-Bliley Act, scommettendo sulla modifica della legge.

L'effetto del Gramm-Leach-Bliley Act è stato più politico che direttamente economico. In precedenza banche commerciali, banche di investimento e compagnie di assicurazione avevano prospettive differenti e quindi le loro pressioni politiche si bilanciavano. Con l'eliminazione delle restrizioni tutti possono fare tutto, e quindi l'interesse dei maggiori gruppi finanziari si è perfettamente allineato. Rimuovendo una salutare competizione tra lobby, questo allineamento ha determinato uno strapotere dell'industria finanziaria. La concentrazione delle banche si è solo aggiunta a questo enorme potere. Un potere che il settore bancario non è stato certo restio a utilizzare, come dimostra la storia della riforma del diritto fallimentare del 2005.

Troppo potere

Dopo più di dieci anni di discussioni al Congresso, il 20 aprile 2005 il presidente George W. Bush firmò il Bankruptcy Abuse Prevention and Consumer Protection Act, che riformava le norme che regolavano la bancarotta, in particolare quella personale.

Gli Stati Uniti hanno sempre avuto una legislazione che favoriva i debitori. Ai suoi albori la nazione americana dovette prendere a prestito grandi quantità di denaro, soprattutto dall'Inghilterra. Proteggere i debitori divenne quindi un interesse nazionale.[9] Un esempio di questo pregiudizio a favore dei debitori è la cancellazione incondizionata dei debiti introdotta dalla legge fallimentare del 1898: «Quando un uomo onesto è rovinato dai debiti, il pubblico non ci guadagna niente ad affossarlo, al contrario il bene pubblico sarà valorizzato se i suoi beni saranno distribuiti per quanto possibile in termini corretti tra i suoi creditori, consentendogli di ricominciare da capo».[10]

Grazie a questo principio, fare default sui debiti accumulati con la carta di credito era diventato relativamente indolore. Per questo in America il numero di persone che dichiara bancarotta è sempre stato molto alto, anche in periodi di boom economico. Nel 2003, per esempio, la percentuale di adulti che ha dichiarato bancarotta era dieci volte più alta di quella del Regno Unito.[11]

Lo scopo encomiabile della riforma varata da Bush era quello di scoraggiare l'uso opportunistico della bancarotta, finalizzato a cancellare tutti i debiti anche quando i debitori avrebbero potuto restituirne una parte. La drastica riduzione delle dichiarazioni fraudolente – sostenevano i fautori della legge – si sarebbe tradotta in una riduzione del costo del credito per tutti gli americani.

La legge sulla bancarotta ha il difficile compito di equilibrare il diritto dei creditori a perseguire le dichiarazioni fraudolente (note come insolvenze strategiche) e la necessaria indulgenza verso chi non può pagare per motivi indipendenti dalla sua volontà. In un mercato del credito competitivo, ridurre il numero di insolvenze fraudolente abbassa il costo del credito e aumenta la disponibilità dello stesso. Se questa riduzione, però, è ottenuta attraverso un inasprimento delle norme su tutte le insolvenze (incluse quelle non fraudolente), i benefici della legge sono più incerti. Sbattere in prigione i debitori insolventi diminuisce il numero di insolvenze fraudolente, ma non è una soluzione desiderabile non solo per considerazioni umanitarie, ma anche per ragioni prettamente economiche: se un imprenditore sa che, se sarà sfortunato e non potrà restituire un debito, finirà in prigione, esiterà a correre dei rischi e quindi rinuncerà anche a provare.

Per mantenere questo difficile equilibrio è necessario un dibattito che metta a confronto i diversi punti di vista. Prima dell'abrogazione del Glass-Steagall Act c'erano dei forti ostacoli che impedivano ai creditori di coalizzarsi per esercitare pressioni politiche: essi avevano interessi differenti. Chi finanzia l'acquisto di automobili, per esempio, gode di garanzie reali (l'automobile) e quindi vuole una procedura fallimentare che lo paghi velocemente. Chi offre credito al consumo, invece, non desidera che i crediti con garanzia siano pagati velocemente, perché tali pagamenti sottraggono risorse all'insieme dei cespiti a disposizione degli altri creditori. Quando queste funzioni erano svolte da diversi soggetti, la diversità di interessi impediva loro di fare pressioni nella stessa direzione. Con il grande consolidamento del settore bancario, invece, risultò più facile a tutti i creditori fare lobby all'unisono.[12] Un consulente giuridico della Commissione giustizia del Senato americano descrive così la questione: «La legge sul diritto fallimentare è un esempio di ciò che non dovrebbe mai accadere in Parlamento. Quando ci sono due grandi gruppi che rappresentano interessi contrastanti si può ottenere un buon risultato, ma nel caso della legge sui fallimenti c'era un enorme squilibrio in termini di denaro, potere e influenza».[13] Alla fine la legge fece pendere la bilancia completamente in favore dei creditori.

L'istanza che stava dietro il progetto di riforma era legittima: ridurre gli abusi. Sfruttando questo legittimo obiettivo, la lobby dei creditori diventò così forte che riuscì a controllare il programma legislativo e a squalificare gli oppositori. Henry Hyde, il presidente repubblicano della Commissione giustizia della Camera, sentì il dovere di difendere i suoi colleghi: «Sono un capitalista come gli altri, sono un conservatore come gli altri, ma di fronte a una legge che è fatta su misura per i creditori non credo che concedere un po' di respiro a gente che è andata in fallimento sia una violazione delle credenziali che occorre possedere per essere un conservatore».[14]

Il gruppo di pressione organizzato dai creditori raggiunse il suo obiettivo. L'espressione «Stai ben attento a quello che desideri» non è mai stata più appropriata. Solo otto mesi dopo l'approvazione della legge, i prezzi degli immobili si fermarono per poi scendere, minacciando la posizione finanziaria di molti proprietari di case. Prima della riforma del diritto fallimentare, i proprietari in difficoltà avrebbero potuto liberarsi di tutti i debiti tranne il mutuo con una dichiarazione di insolvenza, e questo avrebbe permesso loro di salvare la casa. Con la nuova legge non era più possibile. Uno studio ha stimato che la riforma del 2005 ha provocato un aumento del 23% dell'insolvenza dei mutui a tasso fisso e del 14% delle insolvenze dei mutui a tasso variabile, facendo salire la percentuale complessiva di insolvenze di un punto percentuale. Con quasi 44 milioni di mutui, ciò equivale a circa mezzo milione di persone che hanno perso la casa. Una casa venduta all'incanto perde, in media, circa il 27% del suo valore.[15] Se applichiamo questa perdita alla valutazione media di un'abitazione venduta nel 2005 (290.000 dollari) risulta che con questo nuovo regime normativo il sistema finanziario ha perso 35 miliardi di dollari.

In verità l'effetto più negativo della riforma del diritto

fallimentare sul sistema finanziario va attribuito a un oscuro paragrafo della legge che rafforza i diritti dei proprietari di titoli derivati in caso di bancarotta. I derivati sono dei contratti che trasferiscono il rischio di un determinato evento (per esempio l'aumento del prezzo del petrolio) a una controparte. Immaginiamo che la Southwest Airlines voglia coprirsi dal rischio di variazione del prezzo del petrolio e stipuli in anticipo un contratto di acquisto di petrolio a termine tramite un intermediario finanziario, per esempio Lehman. Se il prezzo del petrolio scende, la Southwest deve alla Lehman la differenza tra il prezzo che è stato contrattato e il prezzo di mercato al termine del contratto. Se il prezzo di mercato del petrolio sale, è la Lehman che deve alla Southwest la differenza tra il prezzo di mercato e quello che era stato contrattato. Supponiamo di trovarci in questo secondo caso e la Lehman fallisce. Che fare del credito della Southwest?

Una risposta ragionevole è che esso dovrebbe essere trattato come tutti gli altri crediti, che si suddividono proporzionalmente i beni dell'azienda che è fallita. Un trattamento di favore sarebbe quello di essere considerato un credito con priorità, ovvero che viene pagato prima degli altri. La riforma del 2005 fece di più: invece di saldare ai proprietari dei derivati il valore corrispondente alla loro posizione, volle reintegrarli completamente. Così, nel nostro esempio, invece di ottenere la differenza tra il prezzo di mercato del petrolio e il prezzo che era stato contrattato, la Southwest ha il diritto di ottenere un contratto identico a quello firmato con la Lehman, ma con un'altra controparte. La differenza tra le due soluzioni sta nei costi di transazione per ripristinare il contratto, che oscillano tra lo 0,1 e lo 0,2%. Se vi sembra una piccola cifra, basta solo che diate un'occhiata a ciò che è capitato alla Lehman.

Quando, nel settembre 2008, Lehman fallì, possedeva qualcosa come 35.000 miliardi di dollari di derivati. Se il costo medio della transazione è dello 0,15%, il costo complessivo del ripristino di questi contratti è di 52,5 miliardi di dollari di costi aggiuntivi. Significa che, oltre a saldare il debito ai proprietari dei derivati prima di tutti gli altri creditori, sul patrimonio in bancarotta della Lehman grava un costo di 52,5 miliardi di dollari di costi addizionali.[16] In altri termini, questa norma ha ridotto i rimborsi di tutti gli altri creditori di 52,5 miliardi di dollari. È il principale motivo per cui le obbligazioni della Lehman, che erano classificate con una doppia A sino al giorno prima del fallimento, hanno pagato solo 8,625 centesimi per ogni dollaro.[17]

Questo importante cambiamento legislativo fu così sottovalutato che uno dei maggiori manager di hedge fund mi disse che non aveva alcuna idea delle norme in vigore sino alla bancarotta della Lehman. Quando i suoi avvocati lo informarono, rimase scioccato.

Troppo grandi per fallire

Un altro motivo per cui le grandi banche sono politicamente molto potenti è che il loro fallimento può sconvolgere il sistema economico – o, almeno, così ritengono i politici. Che sia vero o no è irrilevante. Immaginiamo che un grande meteorite si stia dirigendo verso la Terra (come nel film *Armageddon*). Questo meteorite ha il 5% di probabilità di colpire gli Stati Uniti, provocando 10.000 miliardi di dollari di danni. Se voi foste il presidente degli Stati Uniti autorizzereste un'operazione da 700 miliardi per evitare la catastrofe? Ragionando in termini prettamente statistici, non fare nulla ha un costo atteso di 500 miliardi di dollari (una perdita di 10.000 miliardi con una probabilità del 5%), molto più basso del costo di intervenire.

Ma dal punto di vista politico il calcolo è diverso. Se spendete 700 miliardi per fermare l'asteroide, nessuno saprà mai se l'asteroide avrebbe veramente colpito la terra. Nel dubbio, voi passerete alla storia come il presidente che ha salvato l'umanità. Se invece non fate nulla, avete il 5% delle possibilità di essere ricordati come il presidente che ha consapevolmente rifiutato di evitare un disastro. Il lavoro di una vita sarebbe distrutto per sempre in un momento. Improvvisamente la missione Armageddon diventa molto più allettante.

A questo bisogna aggiungere che c'è un'industria aerospaziale che non vede l'ora di essere coinvolta nella missione, da cui guadagnerà fior di milioni. Non solo fa pressione affinché vi decidiate ad agire, ma dà il suo contributo per terrorizzare l'opinione pubblica. Chi può dire con certezza che la probabilità che il meteorite colpisca la Terra sia davvero solo del 5%? Dato che tutti gli esperti direttamente o indirettamente guadagnano dall'operazione, i tecnici che vi attorniano insistono che la possibilità del disastro è molto più elevata, diciamo un 10-20%. Con queste probabilità, l'operazione Armageddon non risponde solo alla logica politica, ma anche a quella puramente statistica. Alla fine anche voi finite per credere che i rischi siano effettivamente molto elevati. Non c'è nulla di più potente dell'interesse personale per convincerci!

La ragione per cui, quando la pressione ha iniziato a farsi sentire, i politici hanno creduto al «troppo grande per fallire», non è molto diversa da quella che abbiamo visto nel film di Michael Bay. La differenza fondamentale sta nel fatto che la propensione del presidente a intervenire non muta la traiettoria del meteorite, mentre la decisione da parte del presidente della Fed di salvare le istituzioni bancarie ha ben altre conseguenze.

Per capire l'effetto che l'aspettativa di un intervento ha sulla propensione delle banche a correre rischi, facciamo un giro in un posto dove il rischio è di casa: i tavoli della roulette a Las Vegas. Il gioco della roulette è concepito in modo tale che i guadagni delle vincite siano inversamente proporzionali alle probabilità di vincere, cosicché il guadagno atteso (ottenuto moltiplicando la probabilità di una vincita per l'entità della vincita) di ogni scommessa è lo stesso. Se uno punta 100 dollari sul rosso e vince, il croupier lo paga 100 dollari (in aggiunta ai 100 dollari puntati). Dato che ci sono 18 probabilità su 38 di vincere (la roulette americana ha anche il doppio zero), la vincita attesa è di 94,7 dollari. Se invece uno punta su un singolo numero, in caso di vittoria riceve 35 volte la posta. La probabilità di vincere è molto più bassa (1 su 38), tuttavia il guadagno atteso è uguale: 94,7 dollari.

Immaginiamo ora che invece di giocare di persona decidiamo di assumere un agente che scommetta per noi 100 dollari. Per motivarlo ad azzeccare i numeri vincenti gli promettiamo il 20% della vincita. Come giocherà? Se punta sul rosso e vince, il suo guadagno netto (la vincita meno il denaro investito) sarà di 100 dollari, da cui egli ricaverà 20 dollari. Considerando la probabilità di vincere, il suo guadagno atteso è di 9,5 dollari (18/38 × 20). Se scommette su un numero singolo e vince, il guadagno netto è di 3.500 dollari, 700 dei quali vanno a lui. Data la probabilità di vincere, il guadagno atteso dell'agente è quasi doppio (18,4 dollari). Se il gioco della roulette è concepito in modo tale che il guadagno atteso di tutte le puntate sia uguale, perché l'agente guadagna di più dalle puntate più rischiose?

La ragione è molto semplice. L'agente guadagna il 20% della vincita, ma non paga nulla se perde. A meno che non sia davvero poco incline al rischio (e non è questo il caso di chi lavora a Wall Street), chiunque partecipi ai guadagni senza prendere parte alle perdite è fortemente incentivato a correre rischi elevati.

Alla roulette il grado di rischiosità della scommessa non è poi così importante: in media tutte le puntate perdono lo stesso ammontare. Nella realtà, invece, ci sono scommesse che hanno un valore atteso molto inferiore. Se, per esempio, la probabilità di vincere puntando su un numero singolo fosse solo 1 su 70, nessun giocatore scommetterebbe i suoi soldi. Ma, per un agente che guadagna una commissione del

20%, il gioco varrebbe la candela, perché il suo guadagno atteso sarebbe 10 dollari, più di quanto intascherebbe con una puntata sul rosso.

Simili incentivi, tipici di Wall Street, stimolano i manager a correre rischi eccessivi. Tuttavia, se colui che assume l'agente è smaliziato e capisce il problema, può minimizzare i costi limitando il tipo di puntate che l'agente è autorizzato a fare. Non è un caso che molti manager di hedge fund siano vincolati per contratto a investire solo in determinati prodotti finanziari.

Supponiamo invece che il committente abbia preso in prestito il denaro per scommettere. In questo caso non ha molto interesse a vincolare l'agente. Se l'agente vince, il committente ne approfitta, ma se l'agente è sfortunato è il creditore a perdere. In questo caso chi ha l'incentivo a limitare il rischio è chi presta il denaro. Difatti, nella maggior parte dei prestiti, i creditori impongono delle clausole (*covenant*) che restringono fortemente il genere di investimenti che il debitore è autorizzato a fare. Ma i debiti delle grandi banche non prevedono queste clausole. Perché?

Se una banca è troppo grande per fallire, il creditore sa che il denaro prestato gli sarà comunque restituito, dalla banca o dal governo. Perché mai dovrebbe prendersi la briga di imporre delle restrizioni se il suo investimento non è mai a rischio? Senza restrizioni, però, sia i manager delle banche sia gli azionisti sono liberi di correre tutti i rischi che vogliono. Questo è il famoso «azzardo morale» causato dai salvataggi delle banche.

I problemi derivanti dall'azzardo morale non possono essere risolti rafforzando i controlli degli azionisti sui manager, dal momento che entrambi guadagnano quando una banca si assume troppi rischi. L'unico modo di risolverli è quello di far pagare un costo ai creditori quando la scommessa va male. Ma ciò comporta lasciar fallire qualche grande banca, una decisione che i politici si rifiutano sempre di prendere.

Nel 1998 la Fed coordinò il salvataggio privato di Long

Term Capital Management, un hedge fund il cui fallimento fu considerato potenzialmente disastroso, sia per le dimensioni sia per le interconnessioni con il resto dell'industria finanziaria. Gli investitori cominciarono a capire che in caso di rischio di fallimento il governo – preso alle strette –sarebbe intervenuto in soccorso di qualsiasi grande istituzione finanziaria. L'inevitabilità di questo tipo di operazioni divenne evidente durante la crisi del 2008, quando il governo salvò Bear Stearns (i creditori non persero un centesimo) e fece lo stesso per tutte le istituzioni finanziarie tranne Lehman Brothers e Washington Mutual. Entrambe queste eccezioni avvennero nella stessa settimana di settembre 2008. Il mercato fu preso di sorpresa e si diffuse il panico.

«Troppo grande per fallire» è diventata una profezia autorealizzantesi. Quando questa convinzione si radica, non salvare una banca ha costi ancora maggiori, perché il mercato viene colto di sorpresa e si fa prendere dal panico. Se un governo non è lungimirante, preferisce sempre un salvataggio piuttosto che la reazione dei mercati. Di conseguenza il problema continua e si espande.

Nel 1998 l'unica spesa sostenuta dalla Fed fu per il caffè e i dolci offerti durante i meeting. Nel 2008 invece il governo dovette intervenire con 700 miliardi di dollari. Come sarà il conto nel 2018?

Troppo grandi da gestire

Poco dopo gli scandali Enron e WorldCom, mi dedicai a studiare chi scopre le frodi nelle imprese.[18] In linea di principio, dovrebbero essere coloro che ne pagano le conseguenze, ovvero gli azionisti. Gli azionisti però sono dispersi e hanno bisogno di delegare questo compito. A chi?

Non ai consiglieri di amministrazione: per identificare le frodi loro si affidano ai revisori. Un mio caro amico, che fa parte del consiglio di amministrazione di una grande impresa, una volta chiese al capo dell'ufficio acquisti che tipo di meccanismo gli avrebbe impedito di strapagare i beni acquistati, facendosi accreditare la differenza su di un conto in Svizzera. Un avvocato lo interruppe ricordandogli che i membri del consiglio devono solo controllare l'esistenza delle procedure, ma non verificare che siano efficaci!

Nonostante si facciano pagare ricche commissioni per fornire credibilità ai loro clienti, anche le banche di investimento si affidano ai revisori esterni per scoprire le frodi. Ma i revisori esterni non considerano l'identificazione delle frodi come parte dei loro compiti. Uno studio sugli standard della revisione contabile nel XX secolo dimostra che nel corso degli anni i revisori hanno riposto maggiore enfasi sull'aderenza alle procedure formali, invece che sulla ricerca di possibili frodi.[19] Questa tendenza è un «tentativo da parte dei revisori di spostare la responsabilità di qualsiasi truffa sul management».[20] Non c'è dunque da stupirsi se nella mia analisi trovo che solo il 10% delle frodi è individuata dai revisori esterni, e nessuna dalle banche di investimento.[21]

Purtroppo un comportamento simile lo ritroviamo anche all'interno della Securities and Exchange Commission. Quando ho presentato i risultati della mia ricerca in un seminario presso la SEC ho avuto la medesima reazione: non è compito della SEC scoprire le truffe. Effettivamente, la mia analisi trova che solo il 7% delle frodi è identificato dalla SEC.

Chi dunque porta alla luce le truffe? Un singolare insieme di figure che hanno ruoli differenti all'interno delle organizzazioni. Nel 17% dei casi è un impiegato, che lo fa spesso con elevati costi personali. Per il 13% sono altri enti preposti alla regolamentazione non finanziaria, come la Federal Energy Regulation Commission e la Federal Aviation Commission. I media hanno messo a nudo un altro 13% delle frodi.[22] Il resto era rappresentato dagli analisti (14%), da coloro che vendono allo scoperto (15%), dai concorrenti (5%), dagli avvocati (3%) e dagli azionisti (3%).

Alla fine ho capito: nessuno ha il compito di identificare le truffe. La maggior parte è scoperta fortuitamente. Se è così, allora è molto probabile che un gran numero di truffe passino inosservate. Adottando diversi metodi di indagine, la mia analisi conclude che ogni anno queste frodi riguardano tra il 5 e il 10% delle società per azioni, con un costo medio del 41% del valore dell'impresa.[23]

Ovviamente identificare le frodi costa, e sarebbe uno spreco tentare di eliminarle del tutto. È come con gli aerei. Se non ne avete mai perso uno, avete buttato via troppo tempo nelle sale di attesa. Tuttavia, l'incompetenza e la carenza di controlli sembrano dilagare. Si può averne un'idea leggendo la testimonianza di Robert Rubin (ex presidente di Citigroup ed ex segretario al Tesoro) di fronte alla Financial Crisis Inquiry Commission. In quell'occasione Rubin ha dichiarato che nella primavera del 2007 era ignaro dei rischi che Citigroup stava correndo – rischi che poi sarebbero costati alla sua società più di 30 miliardi di dollari.[24] Se i top manager non sono a conoscenza di rischi di questo tipo, come possono prevenire una frode?

Più recentemente la banca svizzera UBS ha perso 2 miliardi di dollari in transazioni di derivati non autorizzate, dopo i miliardi persi durante la crisi del 2008 e dopo che la banca aveva imposto un nuovo sistema di controllo del rischio. Se UBS è incapace di prevenire una perdita di 2 miliardi anche dopo il suo miglior tentativo di controllare il rischio, non sarà forse che UBS è troppo grande per essere gestita (e insieme a lei anche le altre megabanche)?

Quando le organizzazioni crescono molto è inevitabile che si basino su un sistema di deleghe. Ma delegare non dovrebbe essere un modo per lavarsi le mani dalla responsabilità di scoprire le frodi che avvengono all'interno di un'impresa. Come ha ammesso onestamente l'ex presidente della Fed Alan Greenspan: «Chi tra di noi, e soprattutto io stesso, ha contato sull'interesse da parte degli istituti di credito a proteggere i diritti degli azionisti, si trova in uno stato di sbigottita incredulità».[25]

Tutta questa evidenza suggerisce che le istituzioni finanziarie sono cresciute oltre al punto in cui possono autocontrollarsi. Ma come è potuto accadere? Una risposta plausibile è il beneficio politico che le banche ricavano dalla loro dimensione (sia per il vantaggio di essere «troppo grandi per fallire» sia per l'influenza politica che la dimensione conferisce loro). Questo beneficio è così elevato da compensare le inefficienze. In tal modo, i cittadini pagano due volte: per i sussidi che devono pagare e per le inefficienze causate da banche troppo grandi per essere gestite.

Troppo furbe da gestire

La storia della fisica nella prima metà del XX secolo è stata una straordinaria avventura intellettuale: dall'intuizione di Einstein del 1905 sull'equivalenza tra massa ed energia alla prima reazione nucleare controllata del 1942. Lo sviluppo della finanza nella seconda metà del Novecento ha caratteristiche simili. Il cammino che parte dai modelli di equilibrio economico generale elaborati dai premi Nobel Kenneth Arrow e Gerard Debreu e arriva all'esplosione dei mercati dei derivati alla fine del secolo è stato affascinante. A dispetto della loro terribile reputazione, i derivati possono essere degli strumenti assai utili per gestire i rischi, per ridurre il costo del capitale, per favorire l'investimento e la crescita, allo stesso modo in cui l'energia nucleare può essere assai utile come fonte di energia a basso costo.

Quando parliamo di energia nucleare e di derivati finanziari occorre prestare attenzione al confronto tra i rischi che essi comportano e i vantaggi che arrecano. Nel caso dell'energia nucleare i rischi comprendono gli incidenti, una serie di costi occulti (le scorie, i sussidi statali per le assicurazioni nei confronti delle catastrofi) e la possibilità che tale tecnologia possa finire in mano a dei terroristi. Nel caso dei derivati, c'è il pericolo che si verifichino degli «errori» (come quello che nel gennaio del 2008 ha comportato per Société Générale una perdita di 7 miliardi di dollari in tre giorni), l'esistenza di sussidi statali impliciti e il rischio che essi possano essere utilizzati male (non solo da operatori truffaldini, ma da imprese e da Paesi che ingannano i supervisori o che truffano gli investitori). Questi rischi sono tanto maggiori quanto più i prodotti sono complessi.

Per capirlo basta leggere la storia di Baschi, un paese del Centro Italia di solo 2800 abitanti.[26] Nel 2004 una delibera del comune decise di trasformare 2 milioni di euro di debiti a tasso fisso in prestiti a tasso variabile, nella speranza di poter trarre vantaggio da una futura riduzione dei tassi di interesse. In linea di principio, questa scelta viene fatta attraverso uno swap, che scambia il flusso di pagamenti di un debito a tasso fisso con il flusso di pagamenti di un debito a tasso variabile dello stesso ammontare. Al giorno d'oggi questo genere di contratti è standard.

Nel 2006, però, una banca di investimento convinse il comune di Baschi a trasformare gli swap in un contratto ancora più complicato che allungò la scadenza del debito al 2034, permettendo al comune di ricevere un pagamento immediato di 25.000 euro. Ma nel 2010 il comune si rese conto che doveva alla banca 90.000 euro in più, nonostante i tassi di interesse fossero diminuiti. Il contratto era così complicato che il comune ancora oggi non riesce a comprenderne il motivo e sostiene di essere stato imbrogliato. Non si tratta di un caso isolato. In Germania alcuni enti locali sostengono di aver acquistato non intenzionalmente alcune tra le più malfamate obbligazioni garantite da mutui subprime (CDO).[27]

È facile rispondere che un piccolo comune come quello di Baschi non ha motivo di addentrarsi in prodotti finanziari così complicati. Non c'è alcun dubbio. Ma il problema è sapere se il torto stia tutto dalla parte del compratore o se siano da criticare anche i venditori, soprattutto quando hanno molta più esperienza dell'acquirente.

Il timore che i banchieri, per furbizia o maggior conoscenza, possano approfittarsi dei clienti fu alla radice della separazione tra banche di investimento e banche commerciali imposta dal Glass-Steagall Act. La storia italiana degli ultimi anni abbonda di vicende di banche che hanno rifilato nel portafoglio dei clienti titoli tossici di imprese sull'orlo del fallimento, o propri titoli di debito altamente a rischio. Meno informati erano i correntisti e più rischiosi erano i titoli che venivano venduti loro.[28]

Troppo oligopolistiche

Quando facciamo un confronto tra i sistemi finanziari sia storicamente sia tra Paesi, la distinzione più importante non è quella tra sistemi banco-centrici e sistemi mercato-centrici, ma tra sistemi di finanziamento basati sulle relazioni e sistemi basati su mercati anonimi (*arm's-length*).[29]

Come suggerisce il termine, un sistema fondato su relazioni si basa su transazioni ripetute nel tempo. Quest'interazione favorisce la cooperazione, consentendo al sistema di funzionare anche in assenza di un'efficace protezione giuridica. Per autosostenersi, però, un sistema fondato sulle relazioni ha bisogno di un certo livello di concentrazione del mercato, dal momento che è più difficile sostenere relazioni di lungo periodo in un mercato frammentato e concorrenziale. Poiché fiorisce in mercati non competitivi, il finanziamento mediante relazioni è più incline alle collusioni e può facilmente degenerare in clientelismo. In effetti, l'espressione «capitalismo clientelare» è diventata popolare per descrivere l'intreccio di relazioni tra le banche dell'Asia durante la crisi del 1997.[30]

Il sistema di finanziamento *arm's-length* si basa invece su transazioni non ripetute e spesso anonime in mercati organizzati. Gli investitori che inviano le loro richieste di acquisto di azioni di Google, in occasione della quotazione in borsa del gigante di Mountain View, sono un buon esempio di tale sistema. Per funzionare, questi mercati devono essere competitivi e regolati: competitivi, poiché solo la concorrenza protegge i piccoli investitori contro il rischio di prezzi iniqui; regolati, perché in mercati anonimi la reputazione non riesce a prevenire truffe e pratiche illecite. Quando esistono queste condizioni, i mercati anonimi sono superiori a quelli basati sulle relazioni nell'aggregare le informazioni e nel fornire finanziamenti a basso costo. Ma se queste condizioni non ci sono, il rischio di frodi aumenta e il mercato si paralizza.

L'importanza relativa di questi due sistemi di finanziamento è cambiata nel corso del tempo. Sino alla Prima guerra mondiale il mercato anonimo era largamente diffuso in Europa e in Giappone così come negli Stati Uniti.[31] È stato a partire dalle reazioni alla Grande Depressione che si è determinata la divisione. In Europa e in Giappone l'egemonia di poche banche favorì la formazione di alleanze politiche tra governi fortemente dirigistici e il sistema bancario. Di conseguenza non venne mai opportunamente sviluppata l'infrastruttura giuridica necessaria per sostenere dei mercati anonimi e il sistema di regolamentazione favorì le grandi banche.

Quando furono colpiti dalla Grande depressione, gli Stati Uniti erano caratterizzati da un sistema bancario molto frammentato. Piuttosto che favorirne il consolidamento, la legislazione del New Deal introdusse una serie di regole che permisero ai mercati anonimi di svilupparsi. La conseguenza di queste circostanze fortuite è stata uno sviluppo, sostenuto e continuo, dei mercati mobiliari sino alla fine del XX secolo.

Il recente processo di consolidamento del sistema bancario ha tuttavia messo a repentaglio lo sviluppo di altri mercati. Le opzioni e i *futures*, che divennero popolari prima del consolidamento del sistema bancario, furono organizzati in mercati regolati. Gli altri tipi di derivati, invece, iniziarono a essere scambiati sul mercato interbancario, dominato da poche grandi banche. Secondo uno studio del 2009 della Banca centrale europea, i primi cinque venditori di credit default swaps (CDS) controllavano almeno la metà dell'esorbitante ammontare totale, mentre la quota dei dieci maggiori venditori di CDS era del 72% del mercato.[32] La situazione degli altri derivati non è migliore.

Quando la stragrande maggioranza delle attività è controllata da pochi intermediari, la distorsione dei mercati avviene in molti modi. In primo luogo, quando i grandi operatori svolgono transazioni tra di loro non sono orientati a richiedere un adeguato ammontare di garanzie, dato che confidano nella credibilità creditizia della controparte (e sulla garanzia implicita offerta dal governo). Questo finisce non solo per minare la competitività delle piccole imprese, ma contribuisce anche all'instabilità del sistema, come abbiamo sperimentato nel 2008. Al tempo stesso, la concentrazione del mercato rende illusoria la diversificazione del rischio offerta dai derivati, visto che la maggior parte dei rischi è assorbita da pochissimi operatori.

Le transazioni interbancarie contribuiscono anche all'opacità del mercato dei derivati. Nei mercati organizzati la Borsa registra tutte le transazioni e nota se un singolo operatore è sovraesposto, contribuendo a tenere sotto controllo i rischi sistemici. In aggiunta, nei mercati borsistici i prezzi delle transazioni sono noti a tutti, il che favorisce la concorrenza e la trasparenza. Al contrario, sul mercato interbancario i prezzi non sono necessariamente noti, il che riduce la concorrenza e gonfia sia i margini di cui godono gli operatori sia i prezzi pagati dai consumatori (per lo più altre imprese). I profitti complessivi dei principali operatori di questo mercato ammontano a circa 60 miliardi di dollari, una massiccia tassa che grava sull'economia reale.

Infine, i mercati interbancari aumentano l'instabilità del sistema perché tutte le transazioni avvengono attraverso poche banche. Chi viaggia in aereo sa come una forte nevicata su un nodo aereoportuale come quello di Francoforte stravolga i voli in tutta Europa. La stessa cosa vale per i mercati interbancari: se un nodo di questo mercato come Lehman fallisce, l'intero sistema ne risente profondamente.[33]

Questo ruolo delle grandi banche aumenta il loro potere, perché il governo è consapevole delle conseguenze sui mercati di un loro fallimento. Anche se non fossero «troppo grandi per fallire» dal punto di vista finanziario, lo sarebbero per le conseguenze che avrebbero sulla stabilità dei mercati.

I moderni Teamsters

Nel 1860 la quota del PIL americano rappresentato dai servizi finanziari era solo l'1,6%. Quasi un secolo più tardi (nel 1950) era ancora il 2,9%.[34] Da allora è esplosa. Nel 1980 era del 4,7% e nel 2007 dell'8%. Perché il settore finanziario è cresciuto così tanto? Per rispondere alla domanda è più semplice partire da un altro genere di intermediazione più familiare a molti di noi: gli agenti immobiliari.

Prima dell'avvento di internet gli agenti immobiliari americani godevano di un grosso potere di mercato grazie al Multiple Listing Service (MLS), un archivio informatico in cui tutte le proprietà in vendita tramite un dato agente immobiliare erano visibili. Tutti gli agenti che partecipavano al MLS dovevano sottostare a un contratto che rendeva pressoché impossibile qualsiasi competizione di prezzo.[35] In altri termini, il sistema garantiva agli agenti una commissione del 6% del valore dell'immobile.

Il potere di mercato non si traduce automaticamente in profitti più elevati per chi lo detiene. Dato che è relativamente facile diventare agenti immobiliari (è un mercato con libertà di accesso), la prospettiva di maggiori guadagni si traduce in un numero eccessivo di persone che intraprendono questa strada. Il risultato è che ci sono troppi agenti immobiliari, che producono in media troppo poco.[36]

Il sistema finanziario ha un problema simile: gli sforzi per incrementarne il potere e le rendite non fanno altro che gonfiarne ulteriormente le dimensioni, oltre ogni ragionevole misura. Purtroppo le distorsioni non finiscono qui.

L'aumento della quota di PIL prodotta dal sistema finanziario non è dovuto solo all'aumento del numero di persone che lavorano in questo settore, ma anche al rapido aumento dei loro stipendi. Nel 1980 il salario di un impiegato nel sistema finanziario era grossomodo comparabile con quello dei lavoratori con simili caratteristiche, operanti in altri ambiti. Nel 2006 invece chi lavorava in campo finanziario guadagnava il 70% in più.[37] In parte questa differenza è spiegata dalle sempre più elevate qualificazioni richieste nel settore finanziario: la percentuale di lavoratori con almeno una laurea è aumentata dal 13% del 1980 al 20% del 2006. Ma questo non riesce a spiegare interamente il divario: a parità di qualificazioni, chi lavora nella finanza guadagna dal 30 al 50% in più rispetto a lavoratori impiegati in altri settori.

Come si spiega questa differenza? In un'economia di mercato, alti salari indicano alta produttività. In un settore regolato o soggetto a sussidi, però, la regola non vale. Se un'industria è protetta dalla concorrenza e gode di una rendita, la forza lavoro finisce per beneficiare di parte di questa rendita.

L'esempio più emblematico del fenomeno ci viene dall'industria americana dei trasporti su gomma. Dal 1935 sino a metà degli anni Settanta la circolazione dei camion era regolata dall'Interstate Commerce Commission. Come spesso accade, con la scusa della sicurezza l'ICC restrinse l'accesso al mercato e impedì la concorrenza di prezzo, facendo lievitare le tariffe dei trasporti e garantendo elevati profitti alle imprese.[38] Tenendo conto del fatto che i camionisti sindacalizzati, i famosi Teamsters, videro il loro salario diminuire del 14% in termini relativi a seguito della deregolamentazione dell'industria dei trasporti,[39] e combinando questo dato con una stima della rendita complessiva garantita dalle imposizioni dell'ICC, si può concludere che i Teamsters si appropriavano del 75% della rendita.

Come l'industria dei trasporti prima della deregolamentazione, anche quella finanziaria gode di rendite, non ultima il sussidio dallo Stato alle banche troppo grandi per fallire. È possibile spiegare gli stipendi abnormi di tale settore come una forma di parziale appropriazione di queste rendite?

Abbiamo visto che i sussidi impliciti nel «troppo grande per fallire» possono essere stimati in circa 30 miliardi di dollari ogni anno. Nel 2006 c'erano 1.100.000 impiegati (comprese le segretarie e i portieri) nelle prime 12 banche commerciali e di investimento,[40] pagati in media circa 200.000 dollari l'anno. Dati questi numeri il costo del lavoro totale era di circa 220 miliardi. Se questi lavoratori avessero ricevuto lo stipendio medio «normale» percepito da simili lavoratori in altri settori, il totale sarebbe stato di 170 miliardi. Quindi l'appropriazione del sussidio statale implicito può spiegare il 60% della differenza. Con questo non voglio affermare che il differenziale dei salari è dovuto al sussidio governativo, ma che è plausibile che lo sia.

Mentre le rendite elargite ai camionisti non hanno avuto un grosso impatto negativo sull'allocazione dei talenti nell'economia americana, non si può dire la stessa cosa delle rendite elargite al sistema finanziario. Tra i laureati ad Harvard intorno al 1970, il 22% degli uomini era nella finanza o nel management quindici anni dopo.[41] Tra chi si è laureato intorno al 1990 la proporzione saliva al 38%. La quota di maschi laureati impiegati nella finanza, da sola, è cresciuta dal 5 al 15% durante lo stesso periodo. Un'altra indagine condotta nel 2007 dal giornale di Harvard, «Harvard Crimson», rivelava che il 58% dei laureati maschi erano dirigenti o consulenti nel mondo della finanza e più del 20% erano manager di banche di investimento.[42] Le percentuali di Yale non sono molto diverse: i loro laureati che lavorano nella finanza sono aumentati dall'8% del 1975 al 20% del

2007, mentre nello stesso periodo la percentuale dei medici è caduta dal 16 al 5%.[43]

La capacità del sistema finanziario di attrarre i migliori talenti ha delle implicazioni che vanno ben al di là della finanza e riguardano la politica. Trent'anni fa gli studenti più brillanti si indirizzavano alle scienze, alla tecnologia, al diritto e agli affari. Negli ultimi vent'anni sono finiti nella finanza. Avendo dedicato se stessi a questo mondo, queste persone così preparate finiscono inevitabilmente per difendere i propri interessi. Un individuo specializzato nei prodotti finanziari derivati è molto sensibile alla loro importanza e al loro valore, così come un ingegnere nucleare è portato a credere che l'energia nucleare risolverà tutti i problemi ambientali. Se gran parte dell'élite politica fosse reclutata tra gli ingegneri nucleari, il Paese sarebbe costellato di centrali nucleari. Ne abbiamo un esempio in Francia dove, per complesse ragioni culturali, gran parte dei politici si formano all'École Polytechnique nell'ambito delle discipline ingegneristiche. La Francia, detto per inciso, ricava la maggior parte della sua energia, circa l'80%, da impianti nucleari, vale a dire più di ogni altro Paese.

In America è straordinaria la percentuale di individui formatisi nell'ambito dell'economia finanziaria e con esperienze lavorative nel settore che occupano i posti più alti degli organigrammi dirigenziali. Quattro degli ultimi ministri del Tesoro hanno questo curriculum e tutti e quattro sono stati direttamente o indirettamente legati a una grande istituzione finanziaria: Goldman Sachs. Questa non era la norma: tra i sei precedenti ministri del Tesoro, solo uno aveva una formazione nel settore finanziario. Ma dirigenti che hanno studiato finanza non si trovano solo in tale ambito, ma anche in numerosi posti chiave alla Casa Bianca e in altri dicasteri. Il primo capo di gabinetto del presidente Obama, Rham Emanuel, un tempo lavorava per una banca di investimento, come del resto anche il suo predecessore sotto il presidente Bush, Joshua Bolten.

Non c'è nulla di male in tutto questo. È piuttosto normale che un governo in cerca degli individui più capaci finisca per pescare nel mondo della finanza, in cui si trovano alcuni tra i migliori professionisti. Il problema è che persone che hanno passato la loro intera vita nella finanza tendono comprensibilmente a pensare che gli interessi del loro sistema coincidano con gli interessi dell'intero Paese. Quando il segretario del Tesoro Henry Paulson andò al Congresso, nell'autunno del 2008, dicendo che il mondo in cui avevamo vissuto sarebbe finito se il Congresso non avesse approvato i 700 miliardi di dollari per il salvataggio delle banche e degli istituti finanziari, era serio ed era in buona fede. E, in un certo senso, aveva anche ragione: il *suo* mondo – il mondo in cui aveva vissuto e lavorato – sarebbe crollato se non ci fosse stato un salvataggio governativo. Goldman Sachs sarebbe fallita, e le ripercussioni per tutti gli amici e conoscenti di Paulson sarebbero state enormi. Ma il mondo di Henry Paulson non è il mondo in cui vive la maggioranza degli americani. Era e resta da dimostrare che *questo* mondo sarebbe effettivamente finito senza il salvataggio del Congresso. Purtroppo, però, non c'è mai stato alcun dibattito.

A complicare la faccenda c'è il fatto che i politici, per acquisire informazioni «dall'esterno», si rivolgono di solito alla rete dei loro amici più fidati. Se tutti, nella rete, provengono dal medesimo ambiente, le informazioni e le idee trasmesse a chi governa sono molto limitate e distorte. Un aneddoto rivelatore mi è stato raccontato da un funzionario del ministero del Tesoro durante la presidenza di George W. Bush. Durante la crisi finanziaria, ogniqualvolta il suo telefono riceveva una chiamata dal prefisso 212 di Manhattan, aveva imparato ad aspettarsi sempre lo stesso messaggio: «Comprate i titoli tossici». Questo consiglio così monotono rende difficile anche per il più intelligente e benintenzionato tra i politici formulare le decisioni appropriate. Il problema riguarda tutta l'élite politica, economica e intellettuale. Genera sfiducia verso il governo e le istituzioni e alimenta il peggior populismo.

5

Una nazione da salvare

Sono stato votato dagli elettori e finanziato dai sostenitori. Agli elettori non importa, ma ai sostenitori sì.

Deputato statunitense anonimo[1]

Nel febbraio 2009, in uno dei momenti più bui della crisi finanziaria iniziata l'anno precedente, venni contattato da due giovani imprenditori che volevano presentarmi una loro idea per una start-up che, nelle loro intenzioni, avrebbe dovuto sostituirsi alle banche nei prestiti. All'indomani della crisi uno dei principali problemi economici era il ridotto numero di prestiti bancari, soprattutto di quelli a favore di consumatori e piccole imprese. Per concedere questi prestiti occorrono capitali e competenze specifiche. Nella maggior parte dei casi le competenze c'erano ancora, ma mancavano i capitali, a causa delle gravi perdite subite dalle banche nel settore immobiliare. I due imprenditori intendevano quindi «arruolare» degli operatori di banca, specialisti del credito, e concedere prestiti a soggetti solvibili con denaro raccolto attraverso un fondo comune d'investimento anziché mediante i depositi.

Mentre mi accingevo a studiare i dettagli del progetto imprenditoriale, mi venne la curiosità di sapere come mai avessero contattato proprio me. La risposta fu che avevano letto alcuni dei miei editoriali sulla crisi finanziaria nei quali criticavo il salvataggio delle grandi banche e sostenevo che occorresse agevolare l'ingresso sul mercato di nuovi istituti di credito. Sapevano anche che l'amministrazione di Obama aveva convocato a Washington un gruppo di docenti di economia. Ci volle poco perché capissi dove volevano arrivare: erano convinti che avrei potuto metterli in contatto con l'amministrazione e, da lì, poter ottenere un finanziamento per la loro iniziativa dai soldi stanziati per il Troubled Assets Relief Program. Insomma, stavano cercando un lobbista!

Rimasi doppiamente deluso. Anzitutto perché mi sembrava di aver messo bene in chiaro nei miei articoli la mia insofferenza verso i sussidi pubblici, e di certo non avrei mai esercitato la mia influenza per sostenerne altri. Ma soprattutto perché questo episodio era un segno di come l'America stesse cambiando. Quando i Padri pellegrini si misero in viaggio non chiesero finanziamenti al governo, ma a investitori privati. Quando la famiglia di Abramo Lincoln lasciò il Kentucky per cercare nuovi pascoli in Illinois non si fece finanziare dal governo, e non lo fecero le oltre 300.000 persone che si precipitarono verso la California all'epoca della corsa all'oro.

Se la prima preoccupazione di chi vuole avviare un'impresa è mungere denaro dai contribuenti – o meglio, se una nuova impresa ha bisogno di perfezionare la sua strategia lobbistica prima ancora di definire la propria strategia di mercato – significa che il capitalismo clientelare ha corrotto la società americana. Un mercato dominato dai sussidi non premia le aziende più produttive, ma quelle più abili a trarre profitto dalle risorse pubbliche. Come è stato possibile che il Paese delle opportunità sia diventato il Paese dei cacciatori di rendite?

La crescita del Leviatano

La prima e più ovvia ragione per cui le imprese esercitano pressioni sul governo è che i benefici di simili strategie sono sempre maggiori.[2] Più grande è il governo, più grande è la torta e maggiori sono, per il mondo degli affari, gli incentivi a cercare di aggiudicarsene una fetta. Nel 1900 la spesa pubblica del governo federale americano non destinata alla difesa rappresentava solo l'1,8% del PIL, mentre quella relativa alla difesa costituiva l'1%. Nel 2005, prima quindi della recente ondata di interventi governativi per far fronte alla Grande recessione, la spesa pubblica non destinata alla difesa equivaleva al 16% del PIL, cui va aggiunto un altro 4% di spese per la difesa.[3] In un secolo, dunque, la spesa pubblica è cresciuta di sette volte, e in valore assoluto anche di più. Nel 1900 il governo sborsava solo 8 miliardi di dollari (calcolati in base al valore del dollaro nel 2005) per spese non destinate alla difesa, contro i 1977 miliardi del 2005.[4] Parte di questo denaro è stato speso in istruzione e in stipendi di impiegati pubblici, e quindi non facilmente appropriabile da imprese private. Ma ce n'era comunque da arraffare a sufficienza: di questi 1977 miliardi di dollari, 90 sono finiti in prestiti agevolati, ricerca, assistenza al marketing e pagamenti in contanti destinati alle aziende – attività spesso (accuratamente) definite «assistenza pubblica alle imprese» (corporate welfare).[5]

Questo genere di spesa riflette, in parte, i falliti tentativi del governo di sviluppare una politica industriale sul modello giapponese, sebbene l'idea che i governi siano in grado di identificare le opportunità di crescita meglio dei mercati sia assurda. Come ebbe modo di dimostrare già parecchio tempo fa l'economista austriaco e premio Nobel Friedrich August von Hayek, l'informazione è diffusa. Quando un fruttivendolo, per esempio, vede che le scorte di broccoli si stanno assottigliando mentre quelle di patate aumentano, sarà il primo ad accorgersi di un cambiamento della domanda dei due beni. Se si tratti di un fenomeno locale o più diffuso dipenderà dalle osservazioni di migliaia di altri rivenditori. Ognuno di loro è incentivato ad aumentare i prezzi delle merci che si vendono rapidamente e ad abbassare quelli delle merci che restano in giacenza. Se la fluttuazione della domanda è localizzata, la variazione del prezzo convincerà i grossisti a cambiare le quantità di broccoli e di patate fornite ai mercati locali. Ma se il cambiamento è generale, i grossisti vedranno diminuire la loro scorta di broccoli e quindi per essi offriranno ai produttori un prezzo più elevato. Questo rincaro indurrà i produttori a coltivare più broccoli e meno patate. In altre parole, nel libero mercato i prezzi sono utili indicatori di ciò che debba o non debba essere prodotto. In un'economia pianificata, al contrario, il compito di prendere decisioni sulla produzione spetta a dei burocrati. Costoro assumono degli esperti di statistica per attingere informazioni dai vari fruttivendoli. Ma quando i fruttivendoli lavorano per altri, sono spesso incentivati a falsare le relazioni per trarne vantaggio. Parte del genio del libero mercato risiede proprio nel fatto che tutte le persone coinvolte hanno interesse a trasmettere in maniera veritiera le informazioni a loro disposizione. Il grossista che aumenta il prezzo dei broccoli non è consapevole del fatto che sta inviando un segnale ai produttori: sta semplicemente cercando di massimizzare i propri profitti.

Se i mercati detengono questo vantaggio sul settore pubblico in un ambito relativamente semplice come quello degli ortaggi, immaginiamo cosa può accadere nei mercati delle economie avanzate: saranno ben più efficienti nel prendere decisioni su produzione e investimenti. Tuttavia la classe politica, a Washington come a Roma, ama giocare alla politica industriale: non solo fa sentire i politici importanti, ma dà loro i mezzi per comprarsi il consenso.

Anche negli Stati Uniti, dove c'è molta sanità privata, il settore in cui l'intervento pubblico è cresciuto maggiormente è proprio quello. All'inizio del XX secolo la spesa degli Stati Uniti nel settore sanitario era molto ridotta, e fino al 1960 non superava l'1% del PIL. All'inizio degli anni Settanta era del 2%, e nel 1991 raddoppiò di nuovo. Nel 2009 la spesa sanitaria costituiva l'8,4% del PIL.[6] Questo flusso di denaro pubblico nel settore sanitario ha aumentato enormemente il beneficio di fare lobby. Nel 2003, per esempio, il Medicare Modernization Act ha assicurato medicine gratuite a tutti gli anziani, al costo stimato di 100 miliardi di dollari l'anno. Grazie all'efficace attività delle lobby, l'industria farmaceutica fu in grado di cancellare l'obbligo di negoziare i prezzi all'ingrosso dei farmaci di uso più comune. Secondo stime attendibili, questa legge ha fruttato all'industria un utile di 24 miliardi di dollari all'anno.[7]

L'aumento della spesa non è l'unico modo con cui il governo ha spinto il mondo degli affari ad accentuare il lobbismo. Il numero crescente di regole ha aumentato l'influenza del governo sull'economia e, di conseguenza, ha incoraggiato il settore privato a chiedere più favori. Preciserò più avanti quali regole considero utili e quali invece deleterie per i consumatori. Ma va ricordato che qualsiasi forma di controllo incide sulla redditività delle imprese, il più delle volte aumentando le rendite di posizione a scapito dei nuovi concorrenti.

Prima del 1887 in America non esistevano agenzie governative e i controlli (a parte le tariffe all'importazione) erano minimi. Nel 1900 c'era soltanto l'Interstate Commerce Commission e sei anni dopo venne istituita la Food and Drug Administration. Agli inizi degli anni Novanta c'erano più di cento agenzie per la regolamentazione in una pletora di settori che vanno dal commercio alle comunicazioni, dall'energia nucleare alla sicurezza dei prodotti, dalla sanità al mercato del lavoro.

Dall'inizio degli anni Ottanta, l'aumento dell'attività di lobby si è concentrata in cinque settori: telecomunicazioni, industria farmaceutica, finanza, servizi pubblici e high-tech. Un'analisi puntuale mostra che il lobbismo tende a manifestarsi dapprima come una reazione (per esempio, per cercare di contrastare una normativa che colpirebbe un settore) ma poi assume l'iniziativa (per esempio, per cercare di creare vantaggi per l'industria attraverso ulteriori controlli).[8] Tra il 1981 e il 1996 la presenza a Washington di lobbisti dell'industria farmaceutica è aumentata quattro volte, raggiungendo il suo apice nel 1993-1994, in risposta alla riforma sanitaria annunciata nel 1993 dal presidente Clinton. Fallito il piano del governo, però, la pressione lobbistica dell'industria farmaceutica è rimasta. E sono stati i lobbisti del settore a spingere per l'approvazione del Medicare Modernization Act del 2003, che si è rivelata una manna dal cielo per le società farmaceutiche.

Analogamente, il numero dei lobbisti ufficialmente registrati nel settore dei servizi finanziari è passato da 50 nel 1981 a 240 nel 1999. Molti di loro lottavano per abrogare i controlli bancari dell'era della Depressione, in particolare la distinzione tra banche di investimento e banche commerciali. L'obiettivo, come abbiamo visto in precedenza, è stato raggiunto nel 1999 con l'approvazione del Gramm-Leach-Bliley Act. In seguito, comunque, il numero dei lobbisti del settore finanziario è rimasto pressoché stabile.

In Italia il termine «lobby» è generalmente usato come sostantivo, non come verbo. In parte il motivo è che in Italia, a differenza degli Stati Uniti, l'attività di questi gruppi non è soggetta a regolamentazione e quindi è scarsamente visibile. Per questo motivo le lobby più visibili (come quella dei tassisti e dei farmacisti) non sono quelle più pericolose. Si ignora il lobbying fatto dalle banche per ricevere trattamenti fiscali di favore, per esempio, e quello delle assicurazioni per ricevere regole contabili ad hoc. Ma il problema del lobbismo in Italia è ancora più serio che negli Stati Uniti.

Il paradosso di Tullock

Di questi tempi, molti si lamentano dell'enorme quantità di soldi spesi nelle campagne elettorali. L'economista Gordon Tullock invece ha avuto l'ardire di chiedersi perché, data l'entità della posta in gioco, ci sia così *poco* denaro in politica. Tullock – uno dei fondatori della teoria di *public choice*, che applica l'economia alle scelte politiche – ha sollevato la questione per la prima volta nel 1972, ma le sue argomentazioni sono rilevanti ancora oggi, nonostante l'aumento vertiginoso delle spese elettorali.

Il paradosso è il seguente. Negli Stati Uniti la spesa pubblica complessiva nel 2008 era di 5000 miliardi di dollari. Tralasciando le pensioni e il pagamento degli interessi, che non sono discrezionali, restano 4000 miliardi che il partito al potere controlla per almeno due anni, per un totale di 8000 miliardi. Se paragoniamo il sistema politico a una grande lotteria in cui i candidati acquistano i biglietti sotto forma di spese per la campagna elettorale, ci aspetteremmo che la cifra totale per i biglietti – ovvero l'intera spesa nella campagna elettorale – sia uguale o superiore al premio in palio; altrimenti un singolo individuo potrebbe arricchirsi acquistando tutti i biglietti, così da vincere di sicuro. Il paradosso di Tullock è che il costo complessivo di una campagna elettorale non è nemmeno lontanamente paragonabile al premio. Nel 2008 la somma globale erogata per le campagne presidenziali, senatoriali e congressuali è stata di 5,3 miliardi di dollari.[9] Questi 5,3 miliardi davano diritto al controllo di 8000 miliardi di dollari: il premio equivaleva a più di mille volte il costo complessivo di tutti i biglietti.

Si potrebbe ribattere che il valore del premio è molto inferiore a 8000 miliardi di dollari, visto che non tutte le spese del governo sono puri trasferimenti. Comunque la si voglia vedere, chi controlla il governo federale può appropriarsi di *molto* più di 5,3 miliardi di dollari in due anni. Si potrebbe anche obiettare che, poiché nessuno può comprare ogni elezione nel Paese e in questo modo controllare l'intera spesa federale, la questione è puramente accademica. Tuttavia il paradosso di Tullock funziona anche su scala minore.

Prendiamo in considerazione i sussidi agricoli. Nel 1985 una serie di emendamenti al Farm Bill propose il taglio dei sussidi allo zucchero, al tabacco, ai latticini, alle noccioline e al grano. Dopo la mobilitazione del settore agricolo per bloccare questo taglio, il voto finale alla Camera dei rappresentanti fu di 146 a favore e 246 contro. Secondo i dati forniti da un economista, per affossare questo provvedimento la lobby dello zucchero sborsò soltanto 212.000 dollari. Paragoniamo questa cifra con il trasferimento di ricchezza dai consumatori ai produttori che questo sussidio provoca: 1,1 miliardi di dollari. Anche in questo caso, il denaro investito in politica sembra essere molto poco.

Una spiegazione parziale di questo rompicapo è che le imprese non forniscono solo denaro, ma anche voti. Leggiamo questa dichiarazione dell'ex senatore Dennis De Concini:

> Se accetto, poniamo, un contributo elettorale dalla Allied-Signal, un grosso fornitore della difesa, che ha contribuito alla mia campagna elettorale, i suoi uomini vengono da me e mi dicono: «Senatore, abbiamo bisogno di una legge che estenda alcune regole sui contratti». Mi spiegano la situazione. Il mio staff si mette a esaminarlo. Cerco di aiutarli. Ma perché lo faccio? Un cinico direbbe: perché mi hanno dato 5000 dollari. E per la prossima campagna te ne darebbero altri 5000. O forse è perché loro in Arizona danno lavoro a 15.000 persone e questa modifica li aiuta a mantenerli? È chiaro che i posti di lavoro per me contano ben di più, perché quella gente voterà per me. Ma non posso ignorare il fatto che mi abbiano dato dei soldi.[10]

Da questa dichiarazione si deduce che ai politici i voti possono importare ancora più dei soldi. Sarebbe errato quindi sostenere che gli 11 miliardi di dollari in sussidi agricoli erogati in media ogni anno tra il 1995 e il 2004 dal dipartimento dell'Agricoltura statunitense siano stati ottenuti investendo solo 3,3 milioni di dollari all'anno in contributi elettorali. Oltre alle donazioni, infatti, la lobby dell'agricoltura offre il potenziale appoggio di due milioni di contadini a cui viene detto quali sono i candidati che favoriscono i loro interessi e quali no.

Fortunatamente, gli economisti hanno anche stimato il valore in dollari di ogni voto, analizzando quanto devono spendere i candidati per ottenerne uno: circa 400 dollari.[11] Una volta corretto in base al valore dei voti controllati dalla lobby dell'agricoltura, il profitto di ogni dollaro di donazione politica scende da 3333 a 12 dollari, riducendo drasticamente le proporzioni del paradosso. Ma non lo elimina. Pur essendo di 12 a 1, il tasso di profitto delle donazioni politiche è del 1100%, di gran lunga più alto di qualunque altro investimento legale, e probabilmente anche illegale. Non so quanto sia il rendimento degli investimenti degli spacciatori di droga, ma dubito che sia così elevato.

Di nuovo: perché in politica circolano così *pochi* soldi? Forse la spiegazione risiede in uno squilibrio tra gruppi d'interesse dovuto a un fenomeno che gli economisti chiamano *free riding*. Ogni anno, in teoria, i contribuenti dovrebbero essere disposti a pagare 11 miliardi di dollari tra donazioni politiche e costi organizzativi, per evitare di essere tassati per pagare i sussidi all'agricoltura. Ma, come ogni elettore razionale comprende, a livello conscio o inconscio, le probabilità che la sua azione individuale faccia la differenza sono assai ridotte: ergo, nessuno si organizza per opporsi ai sussidi. (In occasione del dibattito al Congresso sul sussidio per lo zucchero, non fu registrata alcuna attività lobbistica da parte di chi si opponeva al sussidio.) Gli agricoltori, al contrario, ricavano enormi benefici dai sussidi. A loro organizzarsi conviene e, una volta che lo hanno fatto, al momento di comprare voti non hanno veri rivali. Ecco perché spendono così poco. Se lotti contro un avversario senza braccia, puoi anche permetterti di legarti una mano dietro la schiena.

Secondo questa interpretazione, il tasso di rendimento di un investimento politico è l'altra faccia dell'impotenza del contribuente: maggiore è il tasso di rendimento dell'attività di lobby, più possiamo stare certi che ci si è approfittati dei contribuenti.

La teoria spiega perché il rendimento degli investimenti politici sia così elevato, ma non perché le imprese non investano di più. Con la prospettiva di rendimenti così allettanti, gli investimenti in politica dovrebbero prevalere su tutte le altre forme di investimento. Perché allora le imprese spendono *solo* 3 miliardi di dollari in attività di lobby e 2 miliardi in donazioni politiche?

Una delle possibili risposte è agghiacciante. Forse le imprese spendono così poco perché sono ancora alle prime armi. Le prove in merito non mancano: il costo delle campagne elettorali è aumentato dai 200 milioni di dollari del 1972 ai 5 miliardi di dollari del 2008 (un aumento di quasi cinque volte a prezzi costanti). Anche l'impegno delle lobby si è intensificato enormemente: la spesa totale per le attività di questo tipo è raddoppiata negli ultimi dieci anni.[12] La conclusione secondo cui le aziende stanno ancora imparando i benefici del lobbismo è suffragata dall'opinione degli stessi lobbisti: «Quando [l'azienda in questione] ha cominciato, si immaginavano le relazioni con il governo in modo completamente diverso. Credevano che si trattasse di gestire le pubbliche relazioni in caso di crisi, incontri ufficiali o inchieste. Un dirigente mi disse: ci avete insegnato a fare cose che non sapevamo fossero possibili».[13]

Il lobbismo ha tutte le caratteristiche di un'abilità acquisita il cui rendimento aumenta con l'esperienza. Le imprese alle prime armi spendono meno e hanno più perplessità sul rendimento del loro investimento, ma difficilmente smettono una volta che hanno iniziato. Quando un'impresa fa pressioni politiche un anno, ci sono 94 probabilità su 100 che continui a farle l'anno successivo.[14] In parte, questa persistenza è dovuta all'inerzia delle organizzazioni: quando cominciano a fare qualcosa è difficile che si fermino. Ma mostra anche che il lobbista citato sopra ha ragione: i lobbisti aprono alle imprese nuovi orizzonti, spingendoli a fare sempre più lobby.

Ulteriore prova della curva di apprendimento è la trasformazione del lobbismo da difensivo a offensivo. In un recente sondaggio in cui si chiedeva ai lobbisti di classificare le ragioni per cui un'impresa dovrebbe impiegare professionisti come loro, «la necessità di migliorare la competitività studiando cambiamenti nella politica favorevoli all'impresa» ha ottenuto 5,7 punti su 7, subito dietro alla «necessità di proteggersi dai cambiamenti delle politiche del governo» con 6,2 punti.[15] Questo cambiamento del lobbismo da difensivo a offensivo deve molto alla diffusione degli *earmarks*, fondi finalizzati ad un obiettivo specifico inseriti in una legge a carattere generale.

Il problema del «maiale»

Quando, nel 2008, John McCain si scagliò contro i progetti di spesa destinati a fini clientelari (i *pork-barrel projects* o «le porcate»), pensai che stesse esagerando. Pur essendo iniqui e inefficienti, nel 2006 tali progetti ammontavano a solo 27 miliardi di dollari,[16] ovvero una piccola porzione della spesa pubblica degli Stati Uniti.

Quello che avevo sottovalutato è che «le porcate» erano diventate la moneta con cui veniva comprato il Congresso. All'inizio del XX secolo, un giornalista che indagava sugli scandali scrisse: «La realtà dei fatti era che non avevamo alcun Senato; avevamo semplicemente una Camera piena di maggiordomi per industriali e finanzieri».[17] A quel tempo i senatori venivano nominati anziché eletti e la corruzione imperversava. Oggi i casi di corruzione *illegale* in pratica non esistono quasi più, tutto si svolge nella piena legalità; tuttavia i senatori e i deputati sono diventati i «maggiordomi» dei grandi affaristi. Prima di essere condannato alla reclusione, il lobbista Jack Abramoff confidò agli amici: «Facevo parte di un sistema di corruzione legalizzata» – benché nel suo caso le leggi siano state infrante.[18] E il meccanismo che fa funzionare il sistema della corruzione legalizzata è quello dei *pork-barrel projects* a puri fini elettorali.

A dire il vero, il saccheggio delle casse federali per «portare a casa la pagnotta» ha una lunga tradizione nella politica americana. Fu solo a partire dagli anni Ottanta, però, che il Congresso cominciò a scegliere chi avrebbe vinto e chi perso, assegnando stanziamenti personalizzati. Una volta che queste «porcate» furono introdotte, i politici le sposarono con entusiasmo. Il numero di «porcate» contenute nelle leggi sulle autostrade federali, per esempio, ha subito un'impennata: da 10 nel 1982 a 4128 nel 2005.[19] Ed è garantendo questi stanziamenti speciali che si riesce a fare in modo che alcune legislazioni chiave vengano approvate. Invece di convincere i politici locali del valore di una proposta, i leader del Congresso comprano il consenso dei singoli deputati offrendo stanziamenti ad hoc. A loro volta questi stanziamenti garantiranno ai politici locali più donazioni in campagna elettorale, facilitandone la rielezione. Secondo l'organizzazione non profit Citizens Against Government Waste («cittadini contro gli sprechi del governo»), l'approvazione della legge per i medicinali gratuiti per gli anziani, citata in precedenza, è stata ottenuta grazie a una «porcata». Tale provvedimento ha fatto aumentare del 50% gli impegni di spesa senza copertura del programma di assistenza medica per gli anziani.

Le «porcate» più disgustose sono gli impegni di spesa che vengono aggiunti all'ultimo momento quando la Camera e il Senato cercano di trovare un compromesso su una legge approvata in versioni differenti nei due rami del Parlamento. Poiché entrambe le camere hanno già approvato ciascuna la propria versione della legge, gli stanziamenti vengono inseriti a porte chiuse, senza che i cittadini possano controllare il processo. I membri di entrambe le camere si trovano così davanti a un *aut aut*: se si oppongono allo stanziamento ad hoc, devono votare contro una legge che invece appoggiano.

Questa strategia fu introdotta per la prima volta nel 1978 da Gerald Cassidy, che fece lobby per uno stanziamento di 27 milioni di dollari per la costruzione di un centro per la nutrizione alla Tufts University.[20] Il suo successo spinse altre università, come Georgetown e Columbia, a richiedere i suoi servizi. Poi fu la volta dei privati. Nel 2006 le entrate della Cassidy & Associates raggiungevano i 26 milioni di dollari, mentre le «porcate» approvate dal Congresso grazie al suo lavoro erano costate ai contribuenti decine di miliardi.[21]

Il crollo dell'ideologia antibusiness

Un'idea ben concepita può amplificare notevolmente l'impatto di una campagna lobbistica. Consideriamo per esempio l'idea di facilitare a tutti l'acquisto della prima casa. Chi potrebbe opporvisi? I democratici lo vedono come un modo per aiutare le minoranze e i poveri a realizzare il sogno americano, mentre i repubblicani pensano che chiunque diventi proprietario si trasformi automaticamente in conservatore.[22] Di conseguenza, diventa molto difficile opporsi alle pressioni politiche per aiutare l'acquisto della prima casa. Fannie Mae e Freddie Mac sarebbero stati molto meno influenti se fossero stati, diciamo, produttori di tabacco.

Le idee sono strumenti utili per le lobby, ma possono anche diventare efficaci deterrenti contro di esse. A Washington, negli anni Sessanta e Settanta, *business* era una parolaccia. I democratici, finanziati dai sindacati, evitavano per ragioni ideologiche di raccogliere fondi da industriali e finanzieri. Dal canto loro, i repubblicani erano cauti per timore di essere giudicati troppo dalla parte dei proprietari di impresa. Persino i presidenti repubblicani, come Richard Nixon, si sentivano in dovere di non lasciare briglia sciolta al mondo degli affari (per esempio tramite controlli sui salari e sui prezzi). Pur essendo profondamente sbagliata, questa ostilità aveva un risvolto positivo: contribuiva a tenere a freno il potere delle grandi corporazioni.

Con la rivoluzione reaganiana negli anni Ottanta, «business» cessò di essere una brutta parola. Una delle pietre angolari di quella svolta fu la deregolamentazione. Ma, come dice un proverbio, l'appetito vien mangiando. Nell'era postreaganiana, il successo conseguito nell'attaccare un eccesso di regolamentazione aprì una nuova opportunità: utilizzare l'influenza politica per forgiare l'intervento del governo a vantaggio delle imprese. In un'epoca in cui il capitalismo era impopolare, sarebbe stato facile per i democratici stigmatizzare questa strategia. Il ritorno in auge del business, però, rese impossibile alla leadership del Partito democratico mantenere un atteggiamento ostile.

L'apertura dei democratici fece capire al mondo delle imprese quanto potesse essere vantaggioso collaborare; dal canto loro i democratici si resero conto che, grazie a questa alleanza, potevano realizzare i programmi di politica sociale senza essere accusati di voler edificare uno Stato fuori misura. In questo modo si sviluppò la cosiddetta «partnership pubblico-privato», cioè iniziative nelle quali governo e settore privato collaboravano per uno scopo comune.

Il prototipo della partnership pubblico-privato

In linea di principio, l'espressione «partnership pubblico-privato» sembra in grado di conciliare il meglio di entrambi i mondi: l'efficienza del settore privato e le finalità sociali del settore pubblico. Ai repubblicani piace perché ridimensiona il ruolo diretto dello Stato, mentre è apprezzata dai democratici perché permette loro di promuovere obiettivi sociali senza entrare in conflitto con il mondo degli affari e, anzi, ottenendone il sostegno. Piace agli affaristi perché la strada più semplice per fare soldi è portarli via ai contribuenti e la soluzione migliore è farlo fingendo di perseguire nobili scopi.

Il rischio di molte partnership pubblico-privato è esplicitato perfettamente da una battuta di George Bernard Shaw a una ballerina bellissima. La ragazza gli propose di avere un figlio insieme, così il bambino avrebbe ereditato il cervello del padre e la bellezza della madre; Shaw le rispose che temeva che il bambino avrebbe potuto ereditare il cervello della madre e la bellezza del padre. Analogamente queste partnership pubblico-privato, invece di avere gli obiettivi sociali del pubblico e l'efficienza del privato, finiscono per riflettere la vocazione sociale del settore privato e l'efficienza di quello pubblico. Nell'ambito di queste collaborazioni, politici repubblicani e democratici non di rado lavorano di concerto per perseguire un unico scopo: il loro profitto.

Il prototipo della partnership pubblico-privato è Fannie Mae. Fondata nel 1938 dal presidente Roosevelt per aiutare gli americani a ottenere mutui a lungo termine per acquistare una casa, Fannie era originariamente un'agenzia governativa. Nel 1968, per evitare che i suoi debiti si consolidassero con quelli del Tesoro, l'amministrazione Johnson decise di trasformarla in una società privata. Non era tuttavia una società privata ordinaria, dal momento che il governo manteneva su di essa alcuni poteri normativi nonché il diritto di nominare tre membri del consiglio d'amministrazione. In seguito, venne ribattezzata GSE: *government-sponsored enterprise*, un'impresa sponsorizzata dal governo.

In virtù della sua natura ibrida, Fannie Mae sfruttava il meglio del settore pubblico e dell'impresa privata. Da un lato, come altri organismi governativi, non aveva l'obbligo di registrare presso la Securities and Exchange Commission i titoli emessi ed era esentata dal pagamento delle imposte sui redditi nel distretto di Columbia, dove aveva sede il suo quartier generale. Dall'altro, lo status di società privata le consentiva di derogare alla trasparenza che invece ci si attende dalle agenzie governative. Per esempio, Fannie Mae non era soggetta al Freedom of Information Act, cioè la normativa che costringe gli organi governativi a rivelare informazioni riservate.

Tuttavia, il privilegio più importante di cui godeva Fannie Mae era la possibilità di farsi prestare denaro con una garanzia implicita del governo: il valore stimato di questo sussidio fu di 6,1 miliardi di dollari nel 2000 e 13,6 miliardi nel 2003.[23]

Solo due terzi di questo sussidio sono stati trasferiti a chi comprava casa nella forma di tassi di interesse più bassi sui mutui: il resto è finito nelle tasche di dirigenti e azionisti.

Neppure una società grande e potente quanto la Fannie Mae avrebbe però potuto conservare questi privilegi senza trovare giustificazione in una presunta buona causa. E a questo punto entra in scena James Johnson: consulente politico, poi lobbista e infine dirigente d'impresa. Johnson diventò presidente e CEO di Fannie Mae nel 1991 e subito perfezionò l'idea di sfruttare la vocazione sociale dell'impresa per accrescerne i profitti. Chi si sarebbe potuto opporre a un obiettivo tanto nobile quanto quello di dare una casa a tutti gli americani? Forte di questa copertura, Johnson impresse al lobbismo un salto di qualità: non solo giocò pesante con il lobbismo e i contributi alle spese elettorali dei politici, ma lavorò sodo per dare a Fannie Mae un'immagine così brillante che nessuno a Washington si sarebbe mai sognato di attaccarla. Benché alla società non occorresse un'organizzazione a livello nazionale, creò una rete di uffici nelle maggiori città americane, assumendo personale scelto fra i parenti dei politici al fine di rafforzare i suoi appoggi a Washington.[24]

Servendosi dei summenzionati privilegi per mantenere la riservatezza delle informazioni interne, Fannie Mae impediva a gran parte dei ricercatori indipendenti di valutarne la performance: le sole ricerche disponibili erano quelle autorizzate o pagate dalla società stessa. L'influenza esercitata da Fannie Mae sull'università americana, comunque, non si è limitata a occasionali finanziamenti alla ricerca. Fannie Mae finanziava le due principali riviste scientifiche che si occupano di mercato immobiliare, l'«Housing Policy Debate» e il «Journal of Housing Research», e guardacaso gli articoli di entrambe le riviste non erano granché critici nei confronti della società.[25] Quest'ultimo è un esempio da manuale su come gli economisti possano essere «catturati» allo stesso modo dei regolatori. Le proporzioni di questo condizionamento intellettuale sono ben rappresentate da un episodio citato nel saggio di Gretchen Morgenson e Joshua Rosner, *Reckless Endangerment.* Il lobbista di una banca che stava cercando di ingaggiare un esperto del settore abitativo per affrontare Fannie Mae confessò: «Ho cercato degli accademici disposti a lavorare sul tema, ma la società si era già comprata tutti i docenti universitari specialisti dell'argomento. Alcuni mi hanno chiesto: sei in grado di garantirmi, al pari di Fannie, un reddito per i prossimi vent'anni?».[26]

Nonostante le finalità sociali millantate da Johnson, pur di fare profitti Fannie Mae non ha dimostrato alcuna timidezza quando si è trattato di adottare le strategie più aggressive. Si è per esempio servita sistematicamente dei suoi privilegi per evitare di rivelare informazioni dettagliate sui propri pacchetti di mutui. Avendo un vantaggio informativo sulla composizione di tali mutui, ne ha approfittato nelle compravendite. Poiché Fannie Mae assicura contro il default tutti i mutui, il rischio più grosso per l'investitore (a parte le oscillazioni dei tassi di interesse) è il cosiddetto rischio di rimborso anticipato (*prepayment risk*), ovvero che i proprietari rifinanzino i mutui, riducendo così il valore del pacchetto. Conoscendo a fondo le caratteristiche dei beneficiari dei prestiti, Fannie Mae può acquistare pacchetti di mutui con meno rischi di rifinanziamento e vendere quelli su cui gravano i rischi maggiori. Equivale a *insider trading* legalizzato. Il mercato, che è a conoscenza di questo problema, esige un rendimento extra per compensare le perdite in cui incorrono tutti gli operatori quando Fannie Mae è una controparte. Il costo, ovviamente, ricade sugli acquirenti di case che si finanziano con questi mutui. Alla faccia delle finalità sociali di Fannie Mae!

Durante i sei anni in cui ha ricoperto la carica di amministratore delegato, Johnson si è attribuito un compenso di oltre 100 milioni di dollari, mentre il suo successore, Franklin Raines, ne ha guadagnati più di 90 in soli cinque anni. Johnson è diventato ricco e molto rispettato; dopo le dimissioni da Fannie Mae, è diventato presidente del John F. Kennedy Center for the Performing Arts e della Brookings Institution. Sicuramente meno fortunati di lui sono stati i contribuenti americani che hanno dovuto sborsare la bellezza di oltre 180 miliardi di dollari per tirare fuori dai guai Fannie Mae.[27]

La dottrina del salvataggio di Rubin

I salvataggi finanziari (*bailouts*) sono un altro esempio dei rischi insiti nell'utilizzo di denaro pubblico per cercare di fare del bene. Un bailout è un sussidio (spesso sotto forma di prestito agevolato) grazie al quale un Paese o un'impresa evitano l'insolvenza. Come nel caso dell'obiettivo di dare una casa a tutti gli americani, è difficile non essere d'accordo con l'obiettivo di salvare un Paese o un'azienda dal disastro. Le difficoltà finanziarie e la bancarotta distruggono valore. Secondo le stime più prudenti, le difficoltà finanziarie distruggono non meno del 15% del valore di un'impresa.[28] Se applicati alle grandi imprese o a interi Paesi, questi dati rendono un intervento più che giustificabile.

Tuttavia, benché i salvataggi finanziari possano avere effetti positivi a breve termine, hanno conseguenze negative nel lungo periodo. Per comprenderlo immaginiamo che, ogni volta che sgridiamo i nostri figli, i nonni intervengano per proteggerli al fine di preservare l'armonia familiare. Nell'immediato questi interventi sembrano benefici, perché i bambini si tranquillizzano e si conserva la pace in famiglia. Col passare del tempo, però, i figli cresceranno viziati e i genitori saranno infelici.

I nonni viziano i nipoti perché così facendo si guadagnano una momentanea serenità e la loro gratitudine, ma non pagano le conseguenze di lungo periodo di avere dei nipoti viziati perché non sono sempre presenti e perché moriranno prima. In maniera analoga, i politici sono ben felici di salvare i Paesi e le imprese con i soldi pubblici: godono del momentaneo miglioramento economico e della gratitudine degli uomini d'affari, ma non pagano le conseguenze a lungo termine visto che non saranno più in carica quando gli effetti perversi si manifesteranno.

Come nel caso della punizione dei bambini, i costi dei dissesti finanziari agiscono da importante incentivo. Una volta eliminati, sorge il problema dell'azzardo morale di cui si è accennato in precedenza. Il sistema capitalista si fonda sul principio secondo cui gli individui pagano le conseguenze dei loro errori. Se questo meccanismo viene a mancare non possono imparare, e il mercato del credito diventa inefficiente. Ma ai creditori piacciono i salvataggi, li considerano un modo conveniente per essere indennizzati delle perdite. Grazie ai salvataggi, le banche prestatrici in genere ricevono indietro l'intero valore dei loro crediti, anche quando il debitore è insolvente. A pagare la differenza è il contribuente. Così, oltre agli effetti negativi di lungo termine, i bailout hanno lo svantaggio di ridistribuire il denaro dai contribuenti alle banche.[29]

Alla stessa stregua dei contributi politici dei lobbisti, i salvataggi sono come una droga da cui i mercati finanziari sono diventati dipendenti. Se la si interrompe, i mercati vanno in crisi di astinenza; se la si somministra, si tranquillizzano per breve tempo per poi domandarne ancora di più. L'escalation può essere tale per cui neppure il governo più solido riesce a salvare il settore finanziario.

Forse il maggior responsabile del fatto che i salvataggi finanziari siano diventati la dottrina prevalente negli Stati Uniti si chiama Robert Rubin. Ex copresidente della Goldman Sachs, Rubin viene nominato prima consigliere economico di Bill Clinton e, in seguito, segretario del Tesoro durante la sua presidenza: da queste posizioni ha reso il salvataggio finanziario la prassi, se non proprio la legge, del Paese.

Il suo approccio fu applicato durante la crisi messicana del 1994, quando il crollo del *peso* pregiudicò la capacità del governo messicano di pagare il proprio debito. Il Messico sarebbe sicuramente fallito se un intervento internazionale, coordinato dal governo degli Stati Uniti, non gli avesse prestato 50 miliardi di dollari. Una decisione che, a prima vista, sembrò vantaggiosa per tutti. Goldman Sachs e Citigroup, che avevano prestato rispettivamente 5,2 miliardi e 2,9 miliardi di dollari al Messico, furono completamente rimborsati.[30] Il Tesoro ricavò un profitto di 500 milioni di dollari in interessi sui suoi prestiti[31] e il Messico evitò i costi di un default. Ma questa mossa portò con sé anche un'altra conseguenza: i prestatori smisero di avere paura e la paura è un elemento essenziale nei mercati finanziari, in quanto agisce come disciplina nelle decisioni finanziarie. Quando la piccola parte del cervello detta amigdala, associata all'emozione della paura, viene danneggiata a causa di un incidente o rimossa, i soggetti tendono ad abbandonarsi a comportamenti imprudenti.[32] La promessa implicita di un *bailout* agisce come la rimozione dell'amigdala: una sorta di stimolo non solo per il Messico ma anche per tutte le grandi banche a correre più rischi.

Dopo la crisi messicana, la dottrina Rubin fu applicata ripetutamente, da una crisi internazionale all'altra, con il sostegno del Fondo monetario internazionale. Nel 1997 la Corea del Sud ha ricevuto 55 miliardi di dollari, la Thailandia 21 e l'Indonesia 23. Nel 1998 il Brasile ha ottenuto 41 miliardi di dollari. Certo, questi Paesi si godevano i benefici dei *bailout*, ma erano le banche americane ad avvantaggiarsene ancora di più. Nei tre giorni in cui il FMI rese noto il pacchetto di misure di salvataggio per il Brasile, il valore delle banche esposte aumentò del 7,7% più della media di mercato, mentre quello delle banche non esposte non cambiò.[33] Questo aumento di prezzo corrispose a un guadagno di 17,8 miliardi di dollari. Un beneficio enorme che incoraggiò le banche ad assumere sempre più rischi, sapendo che per loro non c'erano svantaggi: nel caso in cui le cose fossero andate male, sarebbero intervenuti i contribuenti. Più veniva applicata la dottrina di Rubin, più i Paesi la davano per scontata. E le banche, sicure che qualsiasi perdita sarebbe stata coperta, si impegnavano in prestiti sempre più a rischiosi.

Dato il grande contributo di Rubin al benessere dei banchieri, non sorprende che, dopo aver passato il testimone del Tesoro al suo vice e protetto Larry Summers, abbia ricevuto numerose offerte di alto livello dalle banche. Ancora meno singolare è il fatto che l'offerta più allettante sia stata quella di Citigroup, una banca che aveva tratto enormi benefici dalle misure di Rubin e che avrebbe guadagnato ancora di più grazie alle sua rete di contatti. Tre mesi dopo essersi dimesso da segretario del Tesoro, Rubin divenne consigliere d'amministrazione e direttore del comitato esecutivo di Citigroup. Benché la sua nuova posizione prevedesse un compenso molto vicino a quello di un CEO (negli otto anni passati in Citigroup Rubin ha ricevuto 126 milioni di dollari in contanti e in titoli), come abbiamo notato in precedenza, non aveva chiare responsabilità operative.

Rubin continuò a patrocinare i salvataggi finanziari anche dal settore privato. Nel 2001, in seguito a rivelazioni di irregolarità contabili, la Enron era sull'orlo del collasso e Citigroup, uno dei maggiori prestatori, avrebbe perso una considerevole quantità di denaro. Assecondando una richiesta di Michael Carpenter, capo del servizio investimenti della Citigroup, Rubin chiamò Peter R. Fisher, già sottosegretario al Tesoro, e gli chiese di mettersi in contatto con le agenzie di rating per evitare un declassamento del debito della Enron.[34] In altri termini, Rubin (un democratico) esercitò pressioni su Fisher (un repubblicano) per salvare Enron (e questo la dice lunga sulle divisioni ideologiche a Washington). Ciò che Rubin fece era tecnicamente legale, spiegò l'«Economist», perché Bill Clinton negli ultimi giorni da presidente aveva cancellato una normativa che vietava agli alti funzionari dello Stato di fare pressioni sui loro precedenti dipartimenti per cinque anni dopo aver lasciato le loro cariche.[35]

Ancor più importante è che, secondo il «Wall Street Journal», «Rubin è stato cruciale per garantire l'ultimo salvataggio federale di Citi» nell'autunno del 2008.[36] In quel momento la strategia rischiosa caldeggiata da Rubin, che comportava massicci investimenti in pacchetti di mutui tossici, meglio noti come *collateralized debt obligations (*titoli a reddito fisso che derivano dall'aggregazione di diverse obbligazioni), aveva condotto Citigroup sull'orlo del collasso. Tuttavia Citigroup sopravvisse grazie a due successivi salvataggi federali: dapprima un'iniezione di capitale pari a 25 miliardi di dollari da parte del Troubled Asset Relief Program, poi un pacchetto di misure ad hoc che, per Citigroup, consistette in ulteriori 20 miliardi di capitale e una garanzia fornita dai contribuenti sul grosso del rischio di un portafoglio di 306 miliardi di titoli tossici.

La dottrina Greenspan

Rubin non fu l'unico a fornire garanzie implicite al settore finanziario aumentandone la propensione al rischio. Lo fece anche il presidente della Federal Reserve Alan Greenspan, il cui approccio trova origine in due sue esperienze personali. Nel 1987, appena nominato alla presidenza della Fed, dovette far fronte al crollo del mercato azionario. Se una correzione del mercato azionario era forse necessaria, la dimensione del crash (una flessione del 23% in un solo giorno) fu dovuta – ora lo sappiamo – al crollo della liquidità del mercato provocata da nuove strategie di gestione di portafoglio.[37] Allora, però, non se ne conosceva la causa. Nel dubbio Greenspan inondò il mercato di credito a basso costo, impedendo così al panico di diffondersi. Il sistema economico non risentì affatto del crollo di borsa e Greenspan fu considerato (a ragione) un eroe. Il successo è seducente ed è difficile, anche per una persona della sua intelligenza, rendersi conto che una strategia che ha funzionato bene una volta non necessariamente funziona sempre.

Dopo aver riscontrato la popolarità quando aveva allentato i cordoni del credito, Greenspan scoprì l'impopolarità quando provò a restringerli. Nel 1996, durante un discorso, si domandò perché mai «un'euforia irrazionale» avesse portato i valori azionari così in alto. Quando Greenspan pronunciò quel discorso il rapporto prezzo-utile di Shiller, fondato sulla media degli utili degli ultimi dieci anni, era a quota 25. Alla fine del 1999, prima di iniziare a calare, era aumentato del 77%, raggiungendo quota 44,2.[38] Nel corso di quei tre anni, molti commentatori si presero gioco dell'ammonimento di Greenspan.

Egli imparò a sue spese quanto fosse politicamente dannoso fare scelte impopolari e mise rigorosamente in pratica la lezione quando i prezzi degli immobili aumentarono. Trasformò il succo della lezione in un principio – la dottrina Greenspan – secondo cui non è responsabilità del presidente della Banca centrale impedire la formazione di una potenziale bolla speculativa. Il sostenitore più fedele di questa linea era un professore di macroeconomia di Princeton allora pressoché sconosciuto al mondo politico: Ben Bernanke. Nel 1999, in un articolo scritto con il collega Mark Gertler, Bernanke analizzò il ruolo della politica monetaria quando i prezzi di borsa salgono molto al di sopra dei valori fondamentali. La loro tesi? La Fed non deve intervenire, sia perché è difficile identificare le bolle speculative, sia perché «la nostra interpretazione della storia ci suggerisce che i crolli dei prezzi dei prodotti finanziari hanno provocato danni prolungati all'economia solo quando la politica monetaria è rimasta inattiva o ha attivamente rinvigorito le pressioni deflazionistiche».[39]

Gli articoli scientifici difficilmente riscuotono successo immediato, ma quando questo accade è perlopiù per la ragione sbagliata: forniscono una giustificazione intellettuale a tornaconti individuali troppo sgradevoli per essere esposti apertamente. Questo è il caso dell'articolo di Bernanke e

Gertler. Wall Street non voleva affatto che la Fed prevenisse la formazione di bolle speculative. Amava, invece, la prassi di Greenspan di sostenere i prezzi dei titoli durante le fasi di ribasso mediante una politica monetaria accomodante. Questa prassi, che conteneva le potenziali perdite, divenne nota come l'opzione di vendita offerta da Greenspan *(Greenspan put)*. Ma il sistema finanziario non gradiva l'opposto, ovvero che si limitassero i guadagni in periodi di boom, come sarebbe successo se la politica monetaria fosse diventata più restrittiva quando il mercato dava segnali di essere «irrazionalmente esuberante». Bernanke e Gertler offrirono una perfetta giustificazione teorica a Wall Street. Offrirono anche l'implicita garanzia che, se le cose si fossero messe male, la Fed avrebbe riparato il danno. Cosa poteva chiedere di più Wall Street?

Una nazione da salvare

Il consenso bipartisan sulla necessità di sostenere il mondo degli affari con i soldi dei contribuenti raggiunse l'apice durante la crisi finanziaria del biennio 2007-2008. Negli anni precedenti alla crisi, grazie al prevalere della dottrina Rubin e della Greenspan put, il sistema finanziario si era imbottito di rischi, raggiungendo nell'estate del 2007 l'orlo del precipizio. Fra l'agosto 2007, cioè quando si sono manifestati i primi seri sintomi di un possibile crac del sistema, e il settembre 2008, ossia all'acme della crisi, il governo e la Fed sarebbero potuti intervenire in svariati modi. Nel 1991, William Taylor, allora capo del servizio supervisione e controllo della Fed, costrinse Citibank a bloccare la distribuzione dei dividendi per conservare liquidità. Nel biennio 2007-2008 alla Fed nessuno ebbe il coraggio di fare qualcosa di analogo. Le nove banche più grandi del Paese, che avrebbero ricevuto nel 2008 125 miliardi di dollari dal TARP (Troubled Asset Relief Program), distribuirono dividendi per oltre 25 miliardi l'anno precedente.[40]

Il governo non solo non fece nulla per ridurre il rischio di una crisi, ma contribuì a esacerbarla con una serie di scelte incoerenti: salvando i creditori ma non gli azionisti di Bear Stearns, Fannie Mae e Freddie Mac; spazzando via creditori e azionisti nel caso di Lehman Brothers e Washington Mutual e salvandoli entrambi nel caso di AIG. David Swensen, il leggendario manager del patrimonio di Yale, disse: «Il governo ha [agito] con straordinaria incongruenza. Anche facendo del proprio meglio a voler essere incoerenti, non è facile riuscire a mettere insieme così tanti modi diversi di affrontare questi problemi».[41]

Arrivati al 19 settembre 2008, quando fu proposto il Troubled Asset Relief Program, un intervento del governo era inevitabile. Il crollo del mercato azionario aveva provocato ciò che gli economisti chiamano «un'impennata dell'avversione al rischio»: in termini più semplici, panico.[42] La conseguenza fu una fuga dagli investimenti rischiosi. Gli investitori non possono vendere tutti nello stesso momento: quando ci provano, i prezzi cadono in picchiata. In breve il panico scatenò una spirale discendente, resa più intensa dalla leva finanziaria delle banche.

In casi estremi non sono contrario all'idea di un intervento pubblico, ma contesto il modo in cui questo intervento è avvenuto. Quando un tossicodipendente è in crisi di astinenza non si deve stare a guardare senza fare nulla, ma nemmeno fornirgli la droga per un intero anno, che è più o meno quello che scelse di fare il governo americano con il TARP. Il programma fu una rapina ai danni dei contribuenti indifesi per favorire la potente lobby finanziaria. Non fu solo il trionfo di Wall Street a spese di Main Street, bensì il trionfo di K Street [ovvero delle lobby che vi hanno sede, *N.d.T.*] sul resto degli Stati Uniti.

Per giustificare i loro interventi, molti legislatori ed economisti ricorrono alla metafora della casa in fiamme: prima si estingue l'incendio, poi si dà la caccia ai piromani. Quello che sfugge loro è che, se si spegne l'incendio in modo tale da rendere impossibile la caccia ai piromani, è quasi sicuro che da lì a poco ci saranno molti più incendi da spegnere. Non era necessario che tutti gli interventi attuati nell'autunno del 2008, come l'iniezione di capitali con il TARP e il secondo salvataggio di Citigroup, fossero tanto generosi nei confronti delle banche e dei loro creditori. Il segretario del Tesoro giustificò questo regalo dicendo che se si fossero penalizzati i creditori il sistema avrebbe subìto un collasso. A suo modo di vedere, il trasferimento di denaro dai contribuenti (che hanno perso 32 miliardi di dollari in occasione dell'investimento azionario del governo) ai debitori non garantiti (che guadagnarono 120 miliardi) era un male necessario.[43] Sarebbe bastata una semplice tassa sul debito delle banche per evitare il trasferimento di valore dai contribuenti ai creditori e per mantenere intatti per il futuro gli incentivi ad analizzare il rischio di credito.

Tuttavia, il peggior effetto a lungo termine del TARP non è stato l'onere imposto ai contribuenti, bensì le distorsioni agli incentivi che ha generato. Il modo in cui è stato condotto il salvataggio ha minato la fiducia degli americani nel sistema finanziario e nel governo. Nel corso del primo Trust Index Survey della Booth/Kellogg School di Chicago, che codirigo, nel dicembre del 2008 l'80% degli intervistati sosteneva che l'intervento del governo li aveva resi meno sicuri nell'investire nel mercato azionario.

I salvataggi hanno avuto anche l'effetto di radicare due convincimenti pericolosi: grazie all'intervento statale le grandi istituzioni finanziarie non possono fallire e i loro creditori non possono perdere. Questa convinzione spinge i gestori di fondi del mercato monetario e i direttori finanziari di imprese a investire nelle banche con le migliori connessioni politiche (che garantiscono un salvataggio in caso di crisi) anziché in quelle finanziariamente più solide. Questa tendenza porta al declino dell'analisi del rischio creditizio e al primato della politica. Quel che è peggio, si elimina ogni residuo incentivo alla prudenza, sostituendolo con l'incentivo a crearsi appoggi politici. Una nazione da salvare vive di lobbismo. Non a caso, sette tra le dieci contee più ricche del Paese ora si trovano nei sobborghi di Washington, D.C.

Conclusioni

Sul Grand Canyon c'è un cartello a caratteri cubitali che dice: «Non dare da mangiare agli animali selvatici». In caratteri più piccoli si spiega che in questo modo gli animali perderebbero la capacità di andare in cerca del cibo, mettendo a repentaglio la loro sopravvivenza nell'ambiente naturale. Sono stati gli uomini a piantare il cartello. Se la questione fosse stata demandata agli animali, la maggior parte di loro avrebbero forse preferito non esporre alcun cartello: meglio approfittare della generosità dei turisti e tanti saluti alla sopravvivenza della specie, se questo significa dover rinunciare a un pasto senza fatica.

Lo stesso vale per il mondo degli affari. Individualmente, ogni imprenditore ha vita più facile se foraggiato dal governo: ecco perché si spende così tanto in attività di lobby. Ma nel suo complesso il sistema di mercato peggiora. Come sarebbe pericoloso lasciare che fossero gli animali a dettare le regole dei parchi nazionali, è imprudente permettere agli uomini d'affari di imporre le regole del business, poiché non tengono in considerazione quanto i salvataggi indeboliscano il funzionamento del mercato. Al pari di dar da mangiare agli animali selvaggi, sovvenzionare le grandi banche e imprese per evitare i dissesti finanziari sembra un atto caritatevole, ma alla lunga nuoce al beneficiario. Un Paese che protegge gli animali dall'azione corruttrice del cibo dei turisti dovrebbe anche proteggere il mondo delle imprese dalla corruzione dei sussidi.

6

Le responsabilità degli intellettuali

La guerra è una faccenda troppo seria per lasciarla in mano ai militari.
Georges Clemenceau, Primo ministro francese durante la Prima guerra mondiale

«Perché nessuno se n'è accorto?» chiese ingenuamente la regina Elisabetta a un gruppo di docenti della London School of Economics nel 2008, riferendosi alla crisi finanziaria. «Nelle varie fasi (della crisi) ciascuno faceva affidamento su qualcun altro e tutti pensavano che stessero facendo la cosa giusta» le rispose uno dei professori.[1] D'accordo, ma allora perché gli economisti non si sono resi conto del rischio che una tale catena di deleghe potesse condurre a un disastro di immani proporzioni? A parziale discolpa si potrebbero citare i numerosi studi teorici in cui si metteva in evidenza la possibile instabilità dei mercati finanziari, ma il problema è che, per l'appunto, si trattava di saggi puramente teorici: in pratica, anziché urlare ai quattro venti le loro ansie, quelli che si preoccupavano fra gli economisti erano rimasti chiusi nelle loro torri d'avorio. Molti dei miei colleghi obietteranno che strombazzare ai quattro venti non fa parte del nostro lavoro, che siamo dei tecnici e che dovremmo tenerci fuori dalla mischia. Il fatto è, però, che molti di noi offrono consulenze, fanno parte di consigli di amministrazione, ricoprono importanti ruoli politici, vengono chiamati dal Congresso a offrire il proprio punto di vista e scrivono editoriali sui quotidiani. Ciononostante, salta sicuramente all'occhio quanto poco si sia fatto per mettere in guardia l'opinione pubblica sui rischi che si stavano correndo.

Prendiamo, per esempio, la bolla immobiliare. La figura 2 mostra un indice dei prezzi immobiliari dal 1905 fino al picco della bolla nel primo quadrimestre del 2006.[2] Non serve certo un economista per accorgersi dell'impennata. Eppure, è difficile trovare un articolo accademico che illustri in modo chiaro i pericoli che un simile andamento implicava per il sistema economico. A dire il vero, un pezzo apparso nel 2005 escludeva la possibilità di una bolla. «La nostra analisi aggiornata alla fine del 2004 non fornisce evidenze di una bolla immobiliare» recita l'articolo. «La recente crescita dei prezzi è dovuta a fattori economici fondamentali»:[3] una lettura ottimistica della realtà che venne subito fatta propria dalla stampa finanziaria.

Certo, ci sono eccezioni rilevanti. L'economista di Yale Robert Shiller parlò a lungo dell'esistenza di una bolla immobiliare, e un diagramma simile a questo apparve nell'edizione del 2005 del suo libro *Irrational Exuberance*.[4] Il suo saggio,

Figura 2. Indice dei prezzi immobiliari

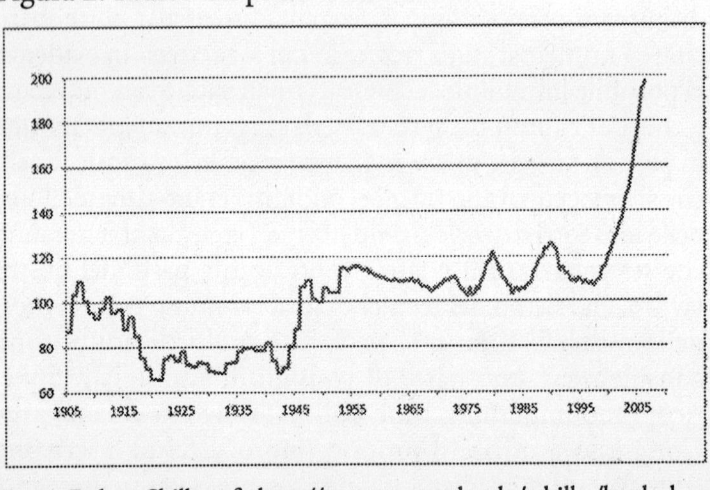

Fonte: Robert Shiller, cfr. http://www.econ.yale.edu/~shiller/books.htm

però, non fu pubblicato su una delle maggiori riviste del settore e, ancora più grave, la Federal Reserve non sembrò per nulla interessata ad ascoltarne le tesi. Come mostrano le minute delle riunioni del Federal Open Market Committee, il consiglio direttivo della Federal Reserve non si preoccupò della situazione immobiliare nemmeno nel 2006. «Pensiamo che i fondamentali dell'espansione in atto siano ancora buoni, con una consistente crescita del reddito familiare» dichiarò il vicepresidente Timothy Geithner durante una riunione del 12 dicembre 2006. «Sulle case sappiamo che abbiamo dati pessimi, per cui i dati del passato potrebbero non essere molto utili» aggiunse un altro dei governatori.[5]

Una considerazione analoga si può fare a proposito delle imprese sostenute dal governo, Fannie Mae e Freddie Mac. Prima che tutti ne prendessimo coscienza a nostre spese nel 2008, pochi si erano accorti di quanto esiguo fosse il loro capitale azionario. A dire il vero, molti economisti avevano escluso il problema. Nel 2002 Fannie Mae commissionò un rassicurante studio cui lavorarono il premio Nobel Joseph Stiglitz, Peter Orszag, in seguito responsabile del bilancio del presidente Obama e vicepresidente dei servizi bancari globali per Citigroup, e suo fratello Jonathan Orszag, consulente economico. «Questa analisi mostra che, basandosi su dati storici, la probabilità di uno shock grave come quello su cui si basa il livello del capitale di rischio è nettamente inferiore a una su 500.000, e potrebbe essere meno di una su tre milioni» scrissero gli autori. In parole povere, il capitale azionario di Fannie Mae, pur così ridotto, è più che sufficiente.[6]

Ma... e io dov'ero? Potrei difendermi dicendo che, almeno fino ad allora, non mi occupavo di case e banche. Ma non per questo mi sento meno responsabile. Quello a cui abbiamo assistito è stato un fiasco di tutta la categoria, fiasco che occorre analizzare per impedire che si ripeta.

Un punto di vista, sposato dal documentario *Inside Job* di Charles Ferguson, è che gli economisti siano corrotti e al soldo dei potenti interessi del mondo degli affari. Non credo sia così. Avendo trascorso più della metà della mia vita tra gli economisti, posso dire che in genere si tratta di persone oneste, che hanno rinunciato a carriere più remunerative per la loro passione per la ricerca. La nostra onestà intellettuale, tuttavia, non ci protegge necessariamente da potenziali pregiudizi. In generale, possiamo essere influenzati in modi non così evidenti per tutti, compresi noi stessi. Per valutare come questo avvenga potremmo fare riferimento a una teoria che noi stessi economisti applichiamo ai regolatori. Fra di noi nessuno pensa che costoro siano persone disoneste o corrotte, eppure una teoria largamente condivisa in economia ritiene che spesso le decisioni dei regolatori tendano a favorire le medesime industrie che disciplinano; per usare un termine economico, questi regolatori finiscono per essere «catturati».

L'aspetto convincente nella tesi della cattura è che vi sono degli incentivi economici tali da incoraggiare anche i regolatori con le migliori intenzioni a soddisfare gli interessi delle aziende che sono chiamati a regolare. Tanto per cominciare, i regolatori dipendono dalle imprese regolate per avere le informazioni necessarie, e tale rapporto di dipendenza li induce a essere amichevoli con chi le fornisce. Inoltre, le loro competenze sono molto richieste dalle imprese regolate ed è facile che i loro migliori impieghi successivi avranno a che fare con coloro che ora stanno regolando; dunque, il desiderio di preservare le opportunità di carriera rende particolarmente arduo non mostrare un occhio di riguardo nei confronti di coloro che stanno regolando. Infine, i regolamentati sono l'unico reale pubblico per i regolatori, visto che di rado i contribuenti si curano dell'operato dei regolatori: i regolatori svolgeranno quindi il loro compito tenendo ben presente chi stanno disciplinando, e ciò favorirà il fatto che si prendano a cuore gli interessi di questi ultimi.

Se possono essere «catturati» i regolatori, perché gli economisti (e in particolare quelli come me, che lavorano nelle scuole di business e hanno legami con il mondo degli affari) non potrebbero esserlo a loro volta, mettendosi a difendere l'interesse del business invece di quello di mercati liberi e competitivi? Avere rapporti con le aziende è parte integrante del lavoro: arricchisce le nostre conoscenze e la nostra didattica, ma può anche influenzare i nostri punti di vista.

Partiamo dal bisogno di informazioni. Come i regolatori, i ricercatori hanno bisogno di dati e ottenere in esclusiva dei dati aziendali sensibili può cambiare la loro carriera. Che interesse può avere un'impresa a condividere questi dati? In genere, la preoccupazione maggiore è quella di proteggersi da eventuali ripercussioni negative: l'azienda si avvarrà quindi di una sorta di diritto di bloccare la diffusione del lavoro nel caso in cui le conclusioni dei ricercatori le rechino danno in qualche modo. Per scongiurare eventuali controversie che potrebbero impedire la pubblicazione dei loro lavori, i ricercatori si sentiranno quindi motivati a evitare argomenti a rischio, privilegiandone altri che mettano invece in buona luce l'impresa che ha fornito i dati.

Va sottolineato che tale squilibrio si crea anche se il ricercatore è del tutto refrattario alle pressioni, poiché sono le aziende a selezionare la persona a cui verranno consegnati i dati. A una mia collega, per esempio, fu offerta l'opportunità di avviare una ricerca sul campo con una *payday loan company*, una società finanziaria che fa piccoli prestiti al consumo a tassi molto elevati. Questo privilegio non le era stato conferito per caso: in precedenza lei aveva scritto un saggio da cui questo tipo di imprese usciva con un'immagine positiva. Conoscendo lei e la sua integrità, posso garantire che non piegherebbe mai i suoi risultati in favore di alcuno. Eppure l'accesso a quei dati le ha permesso di scrivere un lavoro più interessante, che è stato pubblicato come il primo articolo della più importante rivista di finanza. A essere parziale, in questo caso, non è più il singolo individuo, ma l'esito complessivo del processo.

Se dalla schiacciante maggioranza degli studi risulta, per esempio, un'immagine positiva dei payday loan, ciò non vuol dire per forza che questa immagine sia corretta. Potrebbe semplicemente significare che l'accesso ai dati riservati aumenta le possibilità che un saggio venga pubblicato e che l'industria può scegliere di fornire tali dati solo a quegli studi che ci si aspetta diano risultati rassicuranti.

La prospettiva di impieghi futuri esiste anche nel mondo accademico: le aziende che oggi studiamo potrebbero offrirci un lavoro domani. Questa prospettiva può incidere sulla ricerca in molti modi subdoli. Criticare lo stipendio esorbitante dei dirigenti, per esempio, non fa salire il valore di mercato di un economista, mentre giustificare questo stipendio come economicamente efficiente aumenterà le probabilità che lo stesso studioso venga interpellato per delle consulenze od ottenga un posto in un consiglio d'amministrazione. Non è deprecabile fare delle consulenze né sedere in un consiglio d'amministrazione (io stesso sono membro di quello di Telecom Italia), ma sarebbe ingenuo affermare che queste attività non influenzino le nostre opinioni.

La maggior parte degli economisti non lascia l'università e non viene nominata nei consigli d'amministrazione. Molti, però, sono chiamati come consulenti o periti nelle cause legali, e questo li spinge ad andare incontro agli interessi delle imprese. Si potrebbe pensare che la natura antagonistica delle cause legali rappresenti una garanzia contro ogni parzialità: per ogni querelante c'è un imputato, quindi ci sono opportunità di lavoro da entrambi i punti di vista di ogni controversia.

Ma questo è vero solo se entrambe le parti in causa hanno più o meno la stessa disponibilità di denaro, equilibrio che non sempre esiste. In Italia, per esempio, dove fino a poco tempo fa non c'erano i presupposti legali per intraprendere una class action, c'è un enorme squilibrio di risorse tra le posizioni pro manager e quelle pro investitori. Il management può ingaggiare i migliori avvocati, mentre gli investitori non possono permettersi grandi spese: non stupisce dunque che gli avvocati migliori non ritengano mai il management responsabile di alcun illecito. A differenza dei colleghi americani, i manager italiani non subiscono mai azioni di resposabilità se non nei rari casi in cui l'impresa fallisce.

Persino negli Stati Uniti, dove l'esistenza delle class action favorisce la lotta ad armi pari, c'è spesso uno squilibrio tra querelanti e imputati. Gli avvocati dei querelanti sono spesso pagati solo se vincono e devono sobbarcarsi le spese della causa. Perciò chi sporge querela tende a pagare di meno (per esempio nel ricorso ai periti) rispetto agli imputati, che hanno molto da perdere e quindi sono più disposti a spendere denaro – specialmente perché le parcelle non sono a carico dei manager bensì degli azionisti. La speranza di lavorare come perito non basterà a influenzare le opinioni di un accademico, ma lo può dissuadere dal perseguire certe ricerche. Gli avvocati amano affidarsi a esperti con una visione coerente poiché questo minimizza i rischi di problemi durante il contraddittorio. Di conseguenza i docenti universitari che desiderano avere delle chance di lavorare in questo campo hanno tutto l'interesse a mantenere una posizione rigida nei loro scritti, anche scientifici, che sono letti dal consulente della parte avversa.

La pressione delle imprese si fa sentire anche nelle procedure di *peer review*, ossia nelle valutazioni fra pari che decidono se un articolo scientifico viene pubblicato. A differenza delle pubblicazioni giuridiche, curate dagli studenti, le riviste economiche e finanziarie più prestigiose sono sottoposte a questo tipo di peer review. Le possibilità che un economista ha di pubblicare i suoi lavori è dunque largamente determinata dagli editor e dai *referees*, gli arbitri. Gli editor hanno l'ultima parola nella decisione: scelgono due o tre referee di cui prevedono le inclinazioni e si riservano comunque la possibilità di non tener conto del loro giudizio. Il loro potere è poi accresciuto dalla norma che impedisce agli autori di sottoporre lo stesso scritto a più riviste contemporaneamente, oltre che dal tempo piuttosto lungo della revisione. Mi sento di escludere nel modo più categorico che questi editor ricevano pressioni dirette per la pubblicazione di articoli a favore delle imprese. Eppure, quando ho esaminato le testate dei tre maggiori giornali finanziari, è risultato che il 49% dei loro editor svolgeva attività di consulenza esterna e il 30% sedeva nel consiglio d'amministrazione di un'impresa.[7] Per quanto riguarda invece i tre giornali economici più importanti, l'intreccio di interessi era meno fitto: solo il 10% degli editor prestava consulenze e solo il 10% faceva parte di consigli d'amministrazione aziendali.

I rapporti con l'industria non sono un peccato – io stesso ne ho, come ho già detto – e non necessariamente incidono sulle opinioni degli editor. Possiamo considerare casuale dunque il fatto che chi fa parte di consigli d'amministrazione abbia un atteggiamento chiaramente favorevole al management riguardo, per esempio, alla retribuzione dei dirigenti? Per rispondere a questa domanda mi sono rifatto a un nuovo studio dell'Initiative on Global Markets (IGM) dell'Università di Chicago, cui faccio parte. L'IGM rivolge due domande di *policy* alla settimana a un gruppo di economisti esperti, docenti delle più prestigiose università degli Stati Uniti e provenienti, come abbiamo scritto sul nostro sito, «da aree diverse del Paese; democratici, repubblicani, indipendenti, e di età diverse». (Essendo io stesso uno di questi specialisti, escludo le mie risposte per non inficiare i risultati.) Dai dati emerge che quelli fra loro che siedono in un consiglio d'amministrazione sono quattro volte più inclini rispetto agli altri a essere in disaccordo con l'affermazione «Negli Stati Uniti, il tipico amministratore delegato è pagato più del suo contributo marginale al valore dell'azienda». Lo stesso vale per l'affermazione «È una buona idea imporre alle società quotate l'obbligo di un voto non vincolante degli azionisti sui compensi dei dirigenti».

Chiaramente la correlazione non prova alcun rapporto di causalità. È possibile, per esempio, che i membri di un consiglio d'amministrazione abbiano una visione più chiara su questi temi e siano perciò più propensi a dissentire da entrambe le asserzioni. Ma il sondaggio chiede anche di esprimere il grado di fiducia che gli esperti hanno sulle proprie risposte. I membri dei consigli non ne avevano più degli altri – come invece avrebbero dovuto avere sulla base di una loro presunta maggiore disponibilità di informazioni.

Un'altra possibilità è che la causalità vada nella direzione inversa: non è entrare nei consigli d'amministrazione che influenza l'opinione delle persone, ma piuttosto i posti in consiglio d'amministrazione sono offerti agli economisti più vicini nelle loro idee al mondo degli affari. Ma agli occhi degli economisti questo ragionamento non assolverebbe i regolatori. Se i dati mettessero in evidenza che i regolatori dalle idee più a favore del management hanno migliori opportunità di carriera, qualsiasi economista concluderebbe che i regolatori sono influenzati, almeno marginalmente, nelle loro scelte. Perché la conclusione dovrebbe essere diversa quando si tratta di un economista accademico?

Per finire, gli economisti sostengono che i regolatori possono essere condizionati perché le imprese sono i loro principali referenti. Se le imprese protestano vivacemente contro un regolatore la sua carriera potrebbe risentirne in maniera negativa, potrebbe addirittura perdere il lavoro. Da questo punto di vista c'è una importante differenza tra gli accademici e i regolatori: una volta ottenuta la docenza i professori non corrono virtualmente alcun rischio di essere licenziati e dovrebbero essere meno soggetti all'influenza delle imprese.[8]

Tuttavia, *al margine*, la carriera e le gratificazioni economiche contano. Anche immaginando che gli economisti siano completamente insensibili al richiamo del denaro e motivati solo dalla fama e dal desiderio di influenzare il mondo il rischio di «cattura» esiste sempre. Basta che una lobby offra loro più influenza e notorietà, e può certamente capitare.

Facciamo un esempio. Supponiamo che le banche abbiano bisogno di venire regolamentate per limitare il problema dell'essere «troppo grandi per fallire». Ci sono due metodi: uno risolve il problema una volta per tutte ma è molto dispendioso per le banche, l'altro offre una soluzione parziale ma è assai meno costoso. Quale approccio sosterrà un economista disinteressato al denaro e motivato solo dal desiderio di diventare famoso? Se appoggia la prima soluzione sarà considerato «fuori dal mondo». Non sarà invitato ai convegni più importanti sponsorizzati dalle banche o dai supervisori bendisposti verso le banche, e i suoi studi saranno probabilmente respinti dalle più prestigiose riviste economiche, i cui economisti più addentro ai bisogni delle imprese pubblicheranno schemi più «realistici». In caso fosse approvato lo schema più scadente, gli economisti che per primi lo avevano proposto riceveranno fama e gloria, mentre il sostenitore della proposta migliore sarà ignorato. Quando, molti anni dopo, lo schema avrà evidenziato tutti i suoi limiti, la colpa verrà addossata ai politici colpevoli di averlo applicato male, mentre gli accademici che l'avevano sostenuto continueranno a godere di una buona reputazione per «aver fatto qualcosa».

Anche l'aspirazione a una «vita tranquilla» può spingere un docente di economia a soddisfare gli interessi delle imprese. Gli articoli che (direttamente o indirettamente) mettono le imprese in buona luce procurano molti amici agli autori; quelli che le criticano o associano il loro nome a un problema assicurano invece dei nemici, oltre a esporre gli autori al rischio di diventare un facile bersaglio o di venire citati in giudizio.

Molti anni fa, un giovane ricercatore di finanza scrisse un saggio su alcune anomalie nel prezzo a cui ordini di vendita di azioni venivano eseguiti in diverse borse valori. Gli ordini mandati alle borse regionali venivano eseguiti a un costo più elevato di 3 centesimi per azione rispetto agli ordini inviati alla borsa di New York. Questo risultato metteva in luce un pericoloso conflitto d'interessi, perché alcuni operatori di quelle borse regionali pagavano ai broker un centesimo per azione per convogliare gli ordini su di sé. Un collega più anziano chiamò il giovane ricercatore nel suo ufficio, dove fu messo a confronto con un influente operatore delle borse regionali che lo rimproverò per i suoi (presunti) fuorvianti risultati. Sconvolto, il giovane assistente abbandonò quella linea di ricerca.

L'operatore che gli aveva fatto la lavata di capo non era altri che Bernard Madoff, che divenne il detenuto numero 61727-054 dell'istituto di correzione federale della North Carolina, condannato per la più grande frode finanziaria mai realizzata.

Non tutte le storie sono così drammatiche, ma molte sono davvero spiacevoli. Un paio d'anni fa, tre giovani ricercatori di finanza notarono qualcosa di strano in un database che raccoglieva raccomandazioni di analisti finanziari: ogni tanto, alcune segnalazioni sparivano dal set di dati.[9] Stranamente, le segnalazioni mancanti erano meno accurate rispetto alla media del campione. Dopo molti inutili tentativi di ottenere una spiegazione dal provider, i ricercatori scrissero un articolo che illustrava il problema. Appena il documento apparve su internet ricevettero una telefonata molto irritata da parte dell'ufficio legale del provider stesso che minacciava di intentare una causa per diffamazione se non avessero ritirato immediatamente il testo dal web. I tre dovettero ingaggiare degli avvocati per scoprire di avere ottime ragioni ma che, ciononostante, rischiavano di spendere una piccola fortuna in tribunale. Fortunatamente, le istituzioni accademiche di cui facevano parte si impegnarono ad accollarsi le spese legali, una mossa che risultò sufficiente a rendere più ragionevole il provider: ora la battaglia non era più solo contro alcuni giovani studiosi, bensì contro potenti istituzioni accademiche. Il provider riuscì tuttavia a fare in modo che i ricercatori eliminassero dal saggio ogni congettura sulle ragioni per cui i dati erano stati cambiati. A dispetto del relativo lieto fine, ci si chiede che cosa sarebbe accaduto se le istituzioni accademiche non li avessero sostenuti.

Ho parlato degli economisti perché è questo il settore che conosco meglio, ma il problema esiste anche in altri campi. Nel 1998 un articolo apparso sul «New England Journal of Medicine» prese in esame i conflitti d'interesse finanziari degli autori di 75 pezzi sui calcio-antagonisti pubblicati su importanti riviste mediche.[10] Gli autori dell'indagine chiesero a chi aveva scritto questi lavori se avessero ricevuto dalle case farmaceutiche rimborsi per la partecipazione a convegni, gettoni per interventi, fondi per la didattica e la ricerca o per pagare un membro del loro staff, o compensi per consulenze. Fecero altresì domande su eventuali investimenti azionari o partecipazioni nelle imprese. Dei 69 autori che risposero, 45 avevano questi conflitti d'interesse, anche se li avevano rivelati solo in due dei 75 articoli – nonostante dal 1993 ci sia l'obbligo di farlo per tutti gli autori che sottopongono articoli alle riviste mediche. Gli articoli, inoltre, vennero classificati come critici, favorevoli o neutrali nei confronti dei farmaci. Il 96% degli autori favorevoli aveva relazioni economiche con i produttori, contro il 60% dei neutrali e il 37% dei critici.

Analogamente, un importante studio del «Journal of the American Medical Association» prendeva in considerazione caratteristiche determinanti per le conclusioni degli articoli sul fumo passivo. Gli autori identificarono 106 recensioni, il 37% delle quali concludeva che il fumo passivo non era dannoso, mentre il resto sosteneva il contrario. Lo studio appurò che il 75% del primo gruppo era stato scritto da autori affiliati all'industria del tabacco. Ancora una volta, solo una piccola parte degli articoli, il 23%, rivelava chi ne aveva finanziato la ricerca.[11]

Sarebbe sbagliato dedurre che i ricercatori secondo i quali il fumo passivo non è dannoso fossero corrotti. L'ipotesi più probabile è che la lobby del tabacco avesse scelto di finanziare gli autori la cui ricerca fosse maggiormente compatibile con i propri interessi. È più facile trovare fondi per uno studio che dimostra che un farmaco fa miracoli anziché per uno che dimostra che è nocivo. E, dato che gli incentivi hanno un peso per le persone, è difficile credere che l'intero processo non influenzi l'esito di uno studio.

Attenti agli esperti

La risposta del professore della London School of Economics alla regina, citata all'inizio del capitolo, contiene un elemento di verità. Le complesse società moderne hanno bisogno di poter contare su degli esperti. Quanto più un'organizzazione o una società diventano articolate, tanto più specializzati ne devono essere i membri, e tanto più ciascuno deve affidarsi alla competenza tecnica altrui. Pensiamo a una banca. Nella Bailey Costruzioni e Mutui del film di Frank Capra *La vita è meravigliosa* il signor Bailey era un factotum degli affari: riceveva i depositi, concedeva i prestiti, gestiva i pagamenti e amministrava i movimenti di cassa. Oggi, chi si occupa dei titoli garantiti da mutui (*mortgage backed security*) è uno specialista con conoscenze tecniche molto diverse rispetto a chi concede prestiti ai consumatori. Gli esperti dei derivati fanno un lavoro diverso da chi gestisce le transazioni in valute, mentre un contabile possiede una professionalità diversa da quella del tesoriere che gestisce i movimenti di cassa. Queste specializzazioni hanno stimolato grandi miglioramenti in termini di produttività.

Ma siamo sicuri che questi specialisti facciano sempre la cosa giusta? Gli esperti, per definizione, sono persone che hanno accumulato una gran quantità di conoscenze specifiche che, se da una parte li permeano, dall'altra possono anche distorcerne le decisioni. Quando una persona ha accumulato una grande quantità di capitale umano fortemente specializzato, ha un tornaconto personale nel successo dell'area in cui tale capitale umano si colloca. I trivellatori di petrolio tendono a supportare la ricerca del petrolio; gli economisti finanziari i derivati finanziari; gli ingegneri nucleari l'energia nucleare. Del resto, a che servirebbero i generali in assenza di guerre?

Questo conflitto d'interesse è più comune di quanto si voglia ammettere. A volte è addirittura ovvio. I miei genitori in Italia avevano un amico geologo. Un giorno il suo datore di lavoro gli chiese una valutazione sulla redditività della miniera in cui stava lavorando. Egli stabilì che non era redditizia e lo comunicò puntualmente. Risultato: la miniera venne chiusa e lui licenziato. La sua famiglia pensò che fosse stato stupido e non un eroe, e nemmeno il mercato lo ricompensò per la sua onestà: divenne un insegnante di scuola superiore a uno stipendio decisamente inferiore del precedente.

Talvolta il conflitto è meno chiaro. Prendiamo in considerazione un esperto dei prezzi a cui i diritti sul software sono trasferiti all'interno di multinazionali. Inevitabilmente, uno dei più grossi potenziali clienti di quest'esperto sarà una multinazionale come Microsoft, con una rete di società controllate in tutto il mondo. Microsoft Irlanda per esempio deve pagare a Microsoft USA una royalty per l'uso del software ideato in America. Meno Microsoft Irlanda paga la sua controparte americana, più alti saranno i profitti complessivi che si materializzeranno in Irlanda, Paese a bassa tassazione aziendale, invece che negli Stati Uniti, dove le tasse sono considerevolmente più alte. La determinazione di questi prezzi perciò ha un grande impatto sulle imposte pagate da Microsoft nel suo complesso.

Tutti i principali committenti degli economisti specializzati in questo settore sono grandi imprese multinazionali o i loro revisori contabili. L'Internal Revenue Service, che verifica le dichiarazioni delle grandi imprese tese a minimizzare i propri oneri fiscali, ne ingaggia un numero decisamente inferiore.

Consideriamo un docente di contabilità fiscale chiamato a decidere su ciò che le multinazionali devono pagare in termini di prezzi di trasferimento. Se assume una posizione troppo rigida, il professore potrebbe essere ingaggiato dall'IRS come consulente tecnico. Al contrario, se la sua posizione verso le multinazionali è più morbida egli potrà essere assunto dalle più ricche imprese americane. Siamo sicuri che queste considerazioni economiche non avranno nessuna influenza sulle sue deicsioni?

Spirito di corpo e groupthink

Finora ho ragionato da economista, concentrandomi solo sugli incentivi monetari. Tuttavia, il fatto che gli esperti non si siano resi conto dell'ovvio, come nel caso della bolla immobiliare, potrebbe anche essere frutto di incentivi di diversa natura. Come ha sottolineato lo psicologo sociale Irving Janis, gruppi molto coesi spesso raggiungono un consenso senza che le loro idee vengano sottoposte a un vaglio critico sufficiente: un fenomeno che egli ha chiamato pensiero di gruppo (*groupthink*). È da ricondurre al desiderio dei membri del gruppo di minimizzare i conflitti al loro interno, e si accentua nel momento in cui il gruppo si sente superiore al mondo esterno. Chiunque metta in discussione il consenso corre il rischio di essere escluso dal gruppo e, con ciò, di perdere lo status che esso conferisce a ognuno.

È difficile immaginare un'istituzione che abbia incarnato i princìpi della competenza e dell'efficienza più dell'esercito tedesco all'inizio del XX secolo. Tuttavia, nonostante la netta superiorità dell'addestramento e la loro considerevole esperienza, durante la Prima guerra mondiale gli ufficiali tedeschi misero a punto una strategia a dir poco vergognosa.

Il piano A consisteva nel vincere la guerra con un attacco frontale e massiccio contro la Francia. Il piano B aveva come obiettivo quello di «dissanguare la Francia». I tedeschi sapevano che nei cinquant'anni precedenti erano nati più bambini teutonici che francesi, e ne dedussero che, in una guerra di logoramento in cui essi avessero ucciso tanti soldati quanti ne perdevano, avrebbero finito per avere la meglio. In altre parole, la strategia dello stato maggiore tedesco prevedeva di sacrificare un'intera generazione, non solo nelle fila nemiche ma anche in quelle dei propri concittadini. Il piano prese il via nel 1916 con la battaglia di Verdun, che durò dieci mesi e causò enormi perdite da entrambe le parti. Il numero delle vittime – comprendendo in questa accezione i morti accertati sul campo, i feriti e i dispersi – si calcola si aggiri fra 600.000 e 800.000 uomini, quasi equamente distribuiti tra l'esercito tedesco e quello francese.[12] Come mai un gruppo di persone così intelligenti e competenti poté elaborare un piano che chiunque avrebbe respinto come folle?

I generali tedeschi non erano gli unici a essere pazzi. Durante la Prima guerra mondiale, gli ufficiali francesi, inglesi, austriaci e italiani mandarono al macello centinaia di migliaia di soldati solo per conquistare pochi metri di terra e farsi belli agli occhi dei superiori. Non c'è dunque da sorprendersi se il Primo ministro francese Georges Clemenceau abbia concluso che «la guerra è una faccenda troppo seria per lasciarla in mano ai militari». Alla fine, la strategia tedesca fallì perché era non solo criminale, ma anche stupida: sottovalutava il rischio, in seguito realizzatosi, che il popolo tedesco insorgesse contro una carneficina insensata e senza fine.

Non è un caso che questo piano fosse stato predisposto da generali tedeschi tutti provenienti dalle fila degli Junker che, memori dei loro successi passati, si sentivano invincibili. Janis usò il concetto di *groupthink* per spiegare una serie di disastri americani in politica estera: la fallita invasione della Baia dei porci e la strategia bellica in Vietnam. Il fenomeno è peraltro molto diffuso al giorno d'oggi, perché molte decisioni vengono demandate a gruppi altamente specializzati che si sentono superiori al resto della società in ragione della loro formazione e competenza tecnica. Paradossalmente, più un'organizzazione è meritocratica e più può risentire di questo problema, specie se cerca di sostituire la remunerazione col prestigio.

Uno dei principali problemi che deve affrontare un'organizzazione è come attrarre, trattenere e motivare dei talenti con diverse specializzazioni. Una strategia molto semplice è di promettere loro un salario molto elevato in un futuro prossimo. Questo metodo in genere funziona ma è dispendioso, visto che prima o poi questi compensi devono essere pagati, pena la crisi di tutto il sistema di incentivi. In alternativa (o in aggiunta), un'organizzazione può offrire cariche prestigiose: il capo di una comunità primitiva non è molto più ricco degli altri membri del gruppo, ma gode di maggiore prestigio.

Il valore del prestigio è determinato culturalmente. Un individuo considera qualcosa prestigioso solo se questo giudizio è condiviso dalle persone che lui stima e rispetta. A questo scopo, tutte le organizzazioni che intendono ricorrere al prestigio come forma di incentivo devono sviluppare nei propri membri un forte senso di appartenenza e di superiorità. Uno speculatore non ha bisogno di alcun riconoscimento sociale: è la prospettiva dei guadagni a motivarlo. A dire il vero, per lo speculatore i guadagni devono essere tali da compensare il disprezzo che la maggior parte della gente nutre nei suoi confronti. I militari, gli scienziati e i professori ricevono invece gran parte delle loro ricompense nella forma del riconoscimento sociale.

È facile capire perché i ranghi più alti di una gerarchia sostengano un tale sistema di prestigio: le gratificazioni di cui godono (almeno in prospettiva) rendono più conveniente per loro mantenere in piedi il sistema piuttosto che contestarlo. Ma come la mettiamo con le truppe? Per un giovane ufficiale le probabilità di diventare un generale pluridecorato sono abbastanza remote; deve riconoscere gli altri molto più di quanto lui stesso verrà mai riconosciuto. Per questa ragione, numerose organizzazioni adottano uno «spirito di corpo» che alimenta un senso di superiorità nei suoi membri. Il giovane ufficiale si sente superiore al civile, il giovane professore al di sopra degli studenti, e il giovane scienziato pensa di essere migliore di chi fa i soldi. Una vecchia battuta dice che le discussioni accademiche sono così acerrime proprio perché in gioco c'è poco o nulla. Come in ogni bella battuta, anche in questa c'è qualcosa di vero. Gli accademici devono autoconvincersi dell'importanza delle proprie ricerche, altrimenti come potrebbero giustificare a se stessi uno stipendio tanto basso?

Se il problema del groupthink alimentato dallo spirito di corpo è molto serio nell'ambito di gruppi formali fortemente omogenei come i militari, è ancora più serio nei gruppi informali, i cui membri possono essere espulsi con il consenso degli altri. Un ufficiale che dissente rischia di non fare carriera, ma non viene espulso dalle forze armate a meno che non violi delle norme specifiche. In un gruppo informale di esperti, al contrario, il dissenso viene represso molto più rapidamente. Il consigliere di Kennedy Arthur Schlesinger ricorda di essere rimasto in silenzio durante tutta la discussione che si svolse nel gabinetto presidenziale sulla Baia dei porci per paura di essere tagliato fuori dalla ristretta cerchia di consiglieri di Kennedy.[13]

È un problema che si fa tanto più serio quanto più il gruppo è esposto a minacce dall'esterno. Prendere in considerazione le ipotesi dei critici è visto come un tradimento del gruppo, e quindi è sanzionato severamente. Qualcosa di analogo accadde all'esercito in Vietnam: al crescere delle contestazioni nei confronti del conflitto, il dipartimento della Difesa si chiuse sempre di più in se stesso.

Storicamente, questo problema ha riguardato molto più l'Europa che gli Stati Uniti, in parte per via delle dimensioni del Paese. In piccole nazioni come il Belgio o l'Olanda, l'élite politica proviene spesso dal medesimo ambiente culturale, se non addirittura dalle stesse scuole. In America, le dimensioni e la varietà che caratterizzano il Paese hanno reso più difficoltosa la formazione di un'élite omogenea. La centralizzazione dell'istruzione nell'Europa continentale ha favorito questa sorta di incesto culturale. Sino a Nicolas Sarkozy tutti i presidenti della Quinta repubblica francese venivano dall'École nationale d'administration, come peraltro molti dei ministri e dei grandi burocrati.

In Europa questo problema è acuito da un senso di superiorità che l'élite intellettuale prova nei confronti delle persone ordinarie, un atteggiamento che risale al Medioevo. Perfino un comunista come Vladimir Lenin teorizzò che la minoranza illuminata dovesse condurre le masse ignoranti verso quello che *lui* riteneva fosse il *loro* bene.

Sfortunatamente, l'idea che un piccolo gruppo di intellettuali debba guidare il popolo ignorante verso ciò che è buono per lui, anche a costo di ingannarlo, va per la maggiore anche in America. Tale visione paternalistica è emersa in tutta la sua chiarezza tra i leader politici ed economici durante il dibattito sul salvataggio finanziario nel 2008. Come con un paziente, quando l'economia è malata, si chiede aiuto a degli specialisti. Questi esperti possono usare le loro conoscenze per spiegare le opzioni possibili a politici ed elettori oppure possono usarle per occultare i costi reali delle decisioni politiche agli occhi degli elettori. Durante la crisi finanziaria del 2008, mentre l'americano medio recalcitrava di fronte alle dimensioni delle risorse trasferite al sistema finanziario, i leader politici e i loro esperti preferiti facevano qualsiasi cosa in loro potere per celare il costo delle loro azioni agli elettori.

Conclusioni

Nel momento in cui la divisione del lavoro incrementa la specializzazione, si crea una divaricazione fra gli interessi dell'élite qualificata e tecnicamente competente e quelli del resto delle persone. Come ho spiegato in questo capitolo, le cause di tale divergenza sono molteplici, ma il risultato è il medesimo: gli interessi degli esperti tendono ad allinearsi con quelli dei potenti in carica o, perlomeno, cominciano a prendere strade diverse rispetto a quelle del resto della popolazione. Ciò vale per tutti gli esperti compresi gli economisti accademici, che hanno degli incentivi a lasciarsi influenzare da quegli stessi soggetti che dovrebbero essere oggetto dei loro studi. Non solo questa divergenza produce cattive decisioni, ma genera sfiducia negli esperti e nei sistemi fondati sul merito. Un senso di equità e di fiducia è essenziale perché il capitalismo americano possa continuare a prosperare.

La spaccatura tra l'élite intellettuale e la gente comune nutre facilmente le forme più pericolose di populismo, specie in un momento in cui la percezione della corruzione e il conseguente risentimento verso Washington sono in continua crescita. Se non ci si può fidare dell'élite illuminata, l'anti-intellettualismo prevale e la qualità del dibattito politico si deteriora. Questo degrado, d'altro canto, dà alla minoranza intellettuale un'ulteriore ragione per sentirsi superiore, un sentimento che esaspera il groupthink e fomenta reazioni ancora più populiste.

La soluzione non consiste nello sbarazzarsi degli specialisti: una tale cura sarebbe peggiore della malattia. Si tratta invece di capire perché il processo decisionale può produrre degli errori e di creare un sistema di controlli e bilanciamenti che minimizzino la probabilità di questi errori. Solo grazie a un alto grado di controllo popolare un sistema meritocratico evita di degenerare in un'oligarchia. La soluzione sta anche nel fatto che gli esperti – in particolare quelli come me con vasti rapporti col mondo degli affari – riconoscano il rischio di queste influenze e cerchino di combatterle. Il pericolo di essere «catturati» rende ancora più importante che i dati siano resi rapidamente disponibili per tutti e che il dibattito intellettuale e la competizione siano vigorosi, come in gran parte delle università americane. Tornerò sulla questione nel capitolo 16.

7

L'ora del populismo

Il popolo sta combattendo per la libertà e voglia Dio che esso possa non solo ottenerla ma anche custodirla nelle sue mani.

Anonimo, *The People Are the Best Governors*, 1776

«La rivoluzione nelle telecomunicazioni ha trasformato l'America, e il mondo, in un luogo più piccolo avvantaggiando le organizzazioni più grandi e la centralizzazione su larga scala. Le imprese sono cresciute in modo esponenziale tra gli spasmi traumatici dello sviluppo capitalistico globale. [...] I ricchi hanno accumulato enormi fortune, una componente della classe media ha visto aumentare il proprio benessere, mentre la maggior parte della popolazione è oppressa da gravi difficoltà.»[1] Questo brano non descrive l'inizio del XXI secolo, bensì la fine del XIX e le condizioni che, secondo lo storico Charles Postel, gettarono le fondamenta del movimento populista negli Stati Uniti: globalizzazione, rivoluzione delle telecomunicazioni e un crescente divario nei redditi.

Sono caratteristiche molto simili a quelle attuali che rendono inevitabile una qualche forma di populismo. Per le persone che credono nel mercato, questa situazione rappresenta sia una minaccia che un'opportunità: una minaccia perché i movimenti populisti enfatizzano la ridistribuzione e l'egualitarismo, e pertanto ostacolano la meritocrazia, distruggono gli incentivi e riducono la crescita economica; un'opportunità perché una reazione populista può mobilitare le risorse politiche per combattere il capitalismo clientelare. La battaglia tra interessi diffusi e interessi concentrati, come abbiamo visto, di solito si conclude con la sconfitta dei primi. La lotta contro il capitalismo clientelare può essere vinta solo se la gente comune sente la battaglia come propria, svergognando chi abusa del proprio potere e denunciando i danni che il capitalismo clientelare infligge a tutti noi. Il momento attuale non potrebbe essere più favorevole. Lo scontento per i salvataggi delle banche e per il trattamento di favore riservato alla finanza dalle amministrazioni Bush e Obama è in netta crescita e una campagna ben organizzata contro la corruzione a Washington troverebbe terreno fertile.

In Paesi che non siano gli Stati Uniti, parlare di «populismo pro mercato» sarebbe un ossimoro. Le idee liberiste non sono molto popolari e i movimenti populisti possono conquistare facilmente il consenso chiedendo a gran voce una massiccia ridistribuzione della ricchezza. Diverso è il caso degli Stati Uniti, in cui vige una tradizione populista più propositiva rispetto agli altri Paesi. Capendo questa tradizione si può indirizzare il nuovo populismo verso la salvaguardia anziché la distruzione del libero mercato.

L'età dell'oro

Il termine populismo spesso è usato in senso spregiativo e può servire come efficace etichetta per delegittimare un movimento. I movimenti e i partiti si definiscono «popolari» e non «populisti» proprio per evitare tale marchio d'infamia. Tutte le forme di populismo hanno in comune un'esaltazione del «popolo» e un forte scontento nei confronti dell'«élite dominante».[2]

Storicamente, il populismo si manifesta in un Paese quando una significativa fetta della popolazione si impoverisce. È quanto è successo alle piccole imprese agricole alla fine del XIX secolo in America; alla piccola borghesia spazzata via dall'inflazione nella Germania prenazista; e alla borghesia latinoamericana impoveritasi dopo il boom dei prezzi delle materie prime negli anni Venti. Lo scontento e la protesta populista vengono tendenzialmente innescati non tanto dalle effettive condizioni di vita quanto dal loro declino (anche se relativo). E tale declino purtroppo è evidente nell'America dei giorni nostri.

Facciamo un breve salto temporale. Alla fine della Seconda guerra mondiale l'America raccoglie i frutti di una straordinaria vittoria: un dividendo che finirà per favorire in modo particolare la classe media. Dalla metà degli anni Quaranta all'inizio dei Settanta, il PIL statunitense cresce in media del 3,7% annuo e la sperequazione dei redditi diminuisce. Nel 1939 un diplomato tipo guadagnava il 29% in meno di un laureato; nel 1975 solo il 22,5% in meno.[3] Sempre nel 1975, l'americano medio guadagnava il 74% in più di suo padre.[4] Il sogno americano sembrava alla portata di tutti.

Come ha insegnato Adam Smith, la ricchezza delle nazioni viene determinata fondamentalmente dalla loro produttività. E gli Stati Uniti vantavano un vantaggio di produttività enorme nei confronti del resto del mondo, che consentiva loro di distribuire la ricchezza creata fra la popolazione. Una ragione di questo vantaggio era la tradizione di rispetto della legge e dei diritti di proprietà che ha sempre caratterizzato la nazione e che allora era particolarmente rara nel mondo. Nel 1946 solo il 6% dell'umanità viveva sotto regimi in qualche misura democratici.[5] Con la vittoria di Mao Tse-tung in Cina, il 34% della popolazione mondiale passò sotto il giogo di regimi comunisti.[6] Inoltre, molte democrazie occidentali (come la Francia e l'Italia) si sentivano minacciate al proprio interno da partiti comunisti molto forti. Quale impresa può scegliere coscientemente di insediarsi in un Paese dove i comunisti possono prendere il sopravvento da un momento all'altro?

Un altro fattore cruciale per la superiorità dell'America

in termini di produttività era la sua forza lavoro. Grazie alla propria tradizione democratica (anzi, populista), gli Stati Uniti nel dopoguerra erano uno dei Paesi più istruiti del mondo. Nel 1950, quando il 44% della popolazione globale era analfabeta e soltanto l'8,2% aveva conseguito un diploma di scuola superiore, le percentuali corrispondenti negli Stati Uniti erano 2,2 e 37%.[7] Quale impresa si trasferirebbe in un Paese dove gran parte della popolazione è analfabeta?

Anche altri fattori giocavano a favore della maggiore produttività americana. Per esempio, mentre nella Seconda guerra mondiale erano andati distrutti il 16% degli impianti industriali tedeschi, il 26% di quelli giapponesi e l'8% di quelli francesi, la base industriale americana era completamente integra.[8] Anzi, lo sforzo bellico aveva imposto alle imprese americane di modernizzare e migliorare la loro produttività, rendendo il Paese la forza industriale di gran lunga preminente nel mondo. L'eccesso di offerta di materie prime nel dopoguerra abbassò il prezzo reale del petrolio, del minerale di ferro e di altre materie prime. I prezzi reali delle materie prime a uso industriale si dimezzarono tra il 1950 e il 1970, consentendo ai cittadini americani di migliorare rapidamente il proprio tenore di vita.[9]

In breve, l'America aveva stabilità, tecnologia avanzata e forza lavoro istruita. All'epoca queste tre condizioni erano rare se non uniche al mondo, perciò è chiaro come mai le imprese statunitensi non avessero alcun interesse a esternalizzare le proprie attività in altri Paesi. L'America aveva il monopolio (o quasi) dei luoghi sicuri ed efficienti in cui produrre e la ricchezza generata da tale monopolio avvantaggiava l'intera nazione.

La generazione del secondo dopoguerra prosperò grazie a queste condizioni di mercato favorevoli, ma si è anche concessa il lusso di appropriarsi dei benefici delle generazioni future. I critici del sistema previdenziale americano hanno associato il fenomeno allo schema Ponzi, e l'accostamento è molto meno bizzarro di quanto si creda. In uno schema

Ponzi, i primi investitori vengono pagati con il denaro versato dagli investitori successivi, ovvero i primi investitori si godono un pranzo gratis e passano il conto a quelli che vengono dopo. Se l'iscrizione è obbligatoria, il meccanismo può continuare a lungo – e, nel caso del sistema previdenziale, fino a quando l'economia e la popolazione continuano a crescere. A patto che le generazioni future siano più ricche o più prolifiche di quelle attuali, lo schema funziona.

Al contrario, se la crescita della popolazione e dell'economia – o, peggio, di entrambe – rallentano, si spezza l'incantesimo. La generazione attiva come forza lavoro contribuisce più di quanto può sperare di ricevere in futuro semplicemente per compensare il rallentamento. È questa la realtà cui assistiamo oggi non solo nel sistema previdenziale, ma anche in altri programmi di assistenza, come Medicare.

Il mondo si mette al passo

Se c'è una buona notizia è che negli ultimi 65 anni i valori americani si sono diffusi in tutto il mondo. Molti Paesi comunisti e molte autocrazie sono diventati delle democrazie. Oggi il 55% della popolazione mondiale vive sotto un regime democratico. Poiché anche la Cina ha abbracciato (di fatto se non di diritto) il capitalismo, solo il 2% della popolazione mondiale vive ancora in un regime davvero comunista[10] e i princìpi basilari del libero mercato sono accettati pressoché ovunque. L'istruzione generalizzata è diventata la regola, non più l'eccezione, e il 71% della popolazione dei Paesi dell'OCSE ha un diploma di scuola superiore.[11] In breve, l'America è riuscita a costruire altre nazioni, non con la forza, ma con l'esempio.

La brutta notizia – o meglio, quella più difficile – è che questo progresso globale ha ridotto il vantaggio relativo degli Stati Uniti. In parte gli Stati Uniti devono rimproverarlo a loro stessi: la percentuale dei laureati non è aumentata molto negli ultimi trent'anni, e la qualità della formazione dei diplomati si è ridotta.[12] Più che riconoscere la fine di questa anomalia storica, troppi americani credono di aver diritto alla prosperità senza istruzione. Ma buona parte della colpa (o meglio del merito) del declino americano si deve ad altri Paesi, che hanno copiato il modello americano. È molto più facile seguire che condurre. Quando si insegue, ci si guarda intorno e si capisce cosa funziona e cosa no; quando si è in testa è più difficile sapere dove andare ed è molto più facile sbagliare.

Un esempio del relativo declino degli Stati Uniti è la storia recente della borsa di New York che, fino alla fine del millennio, costituiva il metro di paragone di tutte le borse mondiali. Durante gli anni Novanta, il numero delle società estere quotate a Wall Street è quadruplicato,[13] mentre le borse europee, Londra compresa, lo vedevano declinare. Nei primi dieci anni del nuovo millennio la tendenza si è invertita. All'inizio degli anni Duemila, l'82% del denaro raccolto con la quotazione di società su listini diversi dal mercato nazionale è stato raccolto negli Stati Uniti; alla fine del decennio solo il 10%.[14] Nel 2000, le nuove società estere quotate a Wall Street superavano le società «cancellate» o rimosse dalla quotazione in borsa in un rapporto di 3,5 a 1. Nel 2007 l'equilibrio era invertito, e le società straniere rimosse dal listino eccedevano quelle neoquotate in un rapporto di 14 a 1.[15] Cos'era successo?

Secondo parecchi commentatori il relativo declino dell'attrattiva esercitata dal mercato americano è da imputare all'eccesso di regolamentazione finanziaria.[16] Ma importanti sono stati anche i progressi relativi che hanno interessato le borse nel resto del mondo. Un modo per misurare tale miglioramento è esaminare le azioni quotate su più mercati, poiché la maggior parte degli scambi di queste azioni emigreranno naturalmente laddove possono avvenire ai costi più bassi. All'inizio degli anni Ottanta, più di metà degli scambi di questi titoli avveniva negli Stati Uniti. Alla fine degli anni Novanta, la percentuale di scambi nelle borse locali aveva superato quella degli scambi negli USA.[17] Questo suggerisce che all'inizio di tale decennio era meno caro contrattare a New York, mentre verso la fine era più conveniente scambiare nelle borse locali. Sfruttando il vantaggio di chi viene dopo, le borse valori estere hanno predisposto piattaforme di contrattazione più efficienti di quelle statunitensi. Molti manager che vi lavorano si sono formati nelle business school americane dove hanno imparato come gestire e come creare un mercato borsistico efficiente. Anche i regolatori domestici hanno imparato dagli Stati Uniti le regole migliori. E la concorrenza si è fatta più serrata.

I moderni contadini

Mentre il mondo avanza a grandi passi, la rivoluzione delle telecomunicazioni annulla le distanze geografiche. Il processo di globalizzazione non è poi molto diverso da quello del XIX secolo, quando le ferrovie, le navi a vapore con lo scafo d'acciaio e l'introduzione del telegrafo resero ancora più integrata l'economia mondiale. All'improvviso i produttori agricoli non dovevano più produrre solo per i mercati locali, ma fare i conti con i prezzi sul mercato mondiale. I primi a sfruttare le opportunità offerte da questa integrazione guadagnarono milioni mentre gran parte degli altri furono schiacciati.

Il partito populista che nacque in tale contesto individuò quali bersagli principali le ferrovie e le banche. Il movimento era una reazione viscerale contro gli araldi della globalizzazione: le grandi compagnie ferroviarie che compravano il grano per il mercato globale e le banche che esigevano i prestiti che i piccoli contadini non riuscivano più a pagare.

I «contadini» moderni che vacillano per via della globalizzazione comprendono la maggior parte dei diplomati appartenenti al ceto medio, i cui genitori avevano potuto vivere agiatamente con un semplice diploma di scuola media superiore. Quando Robert McNamara entrò alla Ford, nel 1945, meno dell'1% dei manager dell'azienda aveva conseguito una laurea;[18] oggi se non ce l'hai non verrai neppure chiamato per un colloquio. Ma tra le prossime vittime della globalizzazione si annoverano anche ingegneri, contabili e presto avvocati, insegnanti e persino medici. Se le ferrovie e le navi a vapore hanno integrato i mercati polverizzando i costi di trasporto, la rivoluzione tecnologica rende la distanza sempre meno rilevante. Una volta gran parte dei servizi, dalla riparazione di un computer alle ripetizioni per gli studenti, dalla contabilità fino all'assistenza legale, richiedeva la presenza fisica del fornitore. Un manager a Palo Alto non poteva avere la segretaria a Bangalore, pur essendo molto meno costosa della sua omologa di Palo Alto. Ma con il miglioramento delle tecnologie della comunicazione, una segretaria a 16.000 chilometri di distanza sta diventando altrettanto comoda della segretaria nella stanza accanto. Le segretarie di Palo Alto presto si troveranno a competere con quelle di Bangalore, il che farà diminuire gli stipendi delle segretarie americane e alzerà quelli delle indiane. È un'opportunità enorme per la classe media in India e una minaccia molto grave per quella americana.

Questa sfida dall'estero si sta rapidamente estendendo a quasi tutti i servizi, anche quelli ad alto tasso di conoscenza. Con le videoconferenze, sempre più sofisticate e a buon mercato, insegnare, prestare assistenza o fornire servizi legali potrà essere fatto a distanza. Nel 2001 ebbe luogo il primo intervento chirurgico transatlantico: grazie alle fibre ottiche e a strumenti chirurgici robotizzati, un medico a New York operò alla cistifellea una paziente a Strasburgo. Tali interventi sono ancora sperimentali, ma non manca molto perché diventino la prassi: un tecnico locale inserisce una telecamera endoscopica e un grande chirurgo a migliaia di chilometri di distanza esegue l'operazione.[19] Questo processo in America aprirà delle opportunità straordinarie per i medici di maggior successo – la domanda per i loro servizi verrà da ogni angolo del mondo – ma avrà un impatto negativo sugli stipendi delle loro controparti meno dotate.

La reazione populista

Non sorprende che le preoccupazioni sulle conseguenze economiche della globalizzazione si riflettano nella riduzione del sostegno al libero scambio. Nel 2001, secondo un sondaggio condotto dal Pew Research Center, il 49% degli americani era favorevole al North American Free Trade Agreement (NAFTA) che ha liberalizzato gli scambi commerciali tra Canada, USA e Messico, mentre solo il 29% era contrario. Nel 2010, soltanto il 35% lo sosteneva, a fronte di un 44% contrario; inoltre, il 55% riteneva (a torto) il NAFTA responsabile della perdita di posti di lavoro, e solo l'8% pensava che ne avesse creati di nuovi. Il calo del consenso in favore del libero scambio è ancora più marcato nelle fila dei repubblicani che in quelle democratiche. Nel 2010, solo il 28% dei repubblicani pensava che il NAFTA fosse una buona cosa e il consenso era ancora più debole, al 24%, nelle file del Tea Party.

Come abbiamo visto, uno dei fattori più importanti tra quelli che mantengono alto negli Stati Uniti il consenso per il libero mercato è la percezione diffusa che la ricchezza sia il giusto premio per chi ha lavorato sodo e, come tale, raggiungibile da chiunque si sforzi. Nel dicembre del 2011, la ricerca della Pew Foundation ha rivelato che una vasta percentuale degli americani la pensa ancora così, ma il numero sta calando in fretta. Nel 1998, il 74% concordava col principio «Molti di quelli che vogliono avere successo ci riescono se sono disposti a lavorare sodo». Nel 2011, il dato è sceso al 58%.

Senza dubbio la percezione diffusa che banche e grandi

imprese operino con regole diverse ha contribuito a tale declino. Molti anni dopo la crisi dei mutui subprime, nessun broker è stato condannato per non aver fornito adeguate informazioni ai clienti sulla reale natura dei prestiti che stavano offrendo. È strano, visto che uno studio dimostra che tra il 30 e il 70% delle inadempienze di pagamento nei primi 90-180 giorni va attribuito a dichiarazioni fraudolente presenti nella domanda originale.[20] Ovvio quindi che il livello di fiducia verso queste istituzioni sia crollato. Secondo un sondaggio BBB/Gallup dell'aprile del 2008, il 42% degli interpellati aveva fiducia nelle istituzioni finanziarie e il 53% aveva fiducia nelle grandi imprese. In un sondaggio simile, condotto otto mesi dopo, le percentuali erano precipitate rispettivamente al 34 e al 12%.[21] Tre anni più tardi (ottobre 2011), la percentuale di chi crede nelle banche è leggermente diminuita (33%), mentre quella di chi ha fiducia nelle grandi imprese, pur essendo aumentata, non supera il 16%.[22]

La domanda allora, visto l'andazzo, non è più *se* la pressione populista avrà una grande influenza sulle decisioni politiche, ma *in che modo* si eserciterà. Si impegnerà per abbattere oppure per migliorare il sistema di mercato che ha procurato tanto benessere?

Quale populismo?

Il populismo è generalmente associato a due estremi parimenti negativi. Da un lato c'è il «populismo reazionario» che può svilupparsi quando dei leader machiavellici alimentano istinti primitivi – razzismo, paura, intolleranza religiosa – a sostegno di un regime altrimenti impopolare. Un esempio è costituito dal peronismo, il movimento sorto degli anni Quaranta in Argentina per mano di Juan Perón, allora ministro del Lavoro. Il peronismo sfruttava il nazionalismo argentino per promuovere una forma di nazionalismo corporativista, che sfumava le distinzioni tra imprese e governo. Fascismo e nazismo sono state le forme più spaventose di tale populismo reazionario.

Dall'altra parte c'è il «populismo di sinistra» che si nutre di invidia e di lotta di classe contrapponendo i poveri ai ricchi, nell'intento di distruggere la meritocrazia e di introdurre una nuova allocazione delle risorse stabilita dalla politica. La forma più estrema di populismo di sinistra è stata la folle Rivoluzione culturale di Mao, che tra il 1966 e il 1976 spazzò via l'intera élite intellettuale cinese e costò al Paese milioni di vite.

Anche l'America ha conosciuto forme orribili di populismo come il Ku Klux Klan e il movimento segregazionista capeggiato da George Wallace. Tuttavia, nella storia a stelle e strisce c'è anche un'altra tradizione, più positiva, che affonda le sue radici nella Rivoluzione americana, quando l'élite e le masse si allearono contro il potere coloniale.

I Padri fondatori, tutt'altro che populisti, idearono per la neonata repubblica un sistema di controlli ed equilibri per impedire pericolose derive fomentate dalle masse.[23] Eppure, nella lotta dei coloni contro la Corona britannica, da loro percepita alla stregua di un conflitto tra libertà e potere, non mancavano elementi populisti.[24] Con l'elezione di Thomas Jefferson alla presidenza nel 1800 e la conseguente fine del Partito federalista, le tendenze populiste della Rivoluzione americana divennero la corrente principale. Caratteri populisti riemersero con l'elezione di Andrew Jackson nel 1828, e più tardi con la creazione del People's Party nel 1891, con cui nel 1896 si fuse il Partito democratico, presentando William Jennings Bryan come candidato alle presidenziali.

In realtà, più che l'eccezione, il populismo è stata la regola nella politica americana. Le due eccezioni sono rappresentate da periodi di crescita, prosperità e mobilità sociale senza precedenti: l'epoca del selvaggio West, che durò fino al 1890, e l'età aurea tra il 1945 e il 1970.

Grazie a questa tradizione, i movimenti politici populisti americani tendono a differenziarsi da quelli del resto del mondo. Per esempio, l'obiettivo politico del People's Party, che svolse un ruolo molto significativo nella storia americana tra il 1891 e il 1908, non fu quello di rovesciare il sistema politico esistente ma di migliorarlo attraverso riforme economiche e politiche. Il People's Party contestava le banche e le ferrovie, i grandi potentati economici del tempo, per la stessa ragione per cui, un secolo prima, i coloni americani avevano contestato la potente Compagnia delle Indie orientali: ritenevano che questi interessi influenzassero oltre misura il processo politico e rendessero i governi statali e federale «corrotti, oppressivi e non rappresentativi del popolo».[25]

Inoltre, il People's Party non era anti-intellettuale, anzi divenne noto come «il partito dei lettori [...] un partito in cui si scrive e si discute».[26] I suoi membri erano critici nei confronti delle élite perché ritenevano fossero state «catturate» dagli interessi economici dominanti. Il messaggio fondamentale del partito era: «Questo è il *nostro* sistema di governo, in cui noi, il popolo sovrano, abbiamo ricevuto il diritto di governare dal popolo; siamo stati estromessi da politici corrotti e da un'élite che non ci rappresenta e che tradisce i nostri interessi, ignora le nostre opinioni e ci tratta con disprezzo».[27] Il messaggio è ancora attuale.

Malgrado questa tradizione legittima, il termine «populismo» ha ancora una connotazione negativa per molti americani. In parte perché alcuni dei movimenti populisti nazionali sono stati rappresentati da figure discutibili o disastrose come il governatore della Louisiana Huey Long, accusato di corruzione e di tendenze dittatoriali, o l'antisemita padre Charles Edward Coughlin. Un'altra ragione è che i movimenti populisti, in particolare in America Latina, hanno ottenuto risultati economici disastrosi. Il tipico programma populista sudamericano punta sulla ridistribuzione di risorse verso la parte più povera della popolazione. Nel breve periodo questo ha un effetto positivo sui consumi aggregati (visto che i poveri tendono a consumare una porzione maggiore del loro reddito) e causa un piccolo boom. La ridistribuzione del reddito, però, riduce anche gli incentivi delle imprese a investire, diminuendo la produttività dei lavoratori e i loro salari reali.[28] I programmi ridistributivi creano anche enormi deficit fiscali che, prima o poi, costringono il governo a tagliare le spese e aumentare le tasse. In un'economia che lotta per sopravvivere, sono proprio i lavoratori, l'elettorato dei populisti, a stare alla fine peggio.

Se ormai è chiaro che le politiche economiche populiste provocano questo genere di problemi, perché i leader populisti non cambiano i programmi? Una ricerca recente avanza l'ipotesi che tali programmi siano loro indispensabili per essere eletti.[29] In società divise, in cui il potere dei gruppi dominanti è molto vasto, i politici devono dimostrare agli elettori di non essere in combutta con questa élite. I leader populisti non riescono a distinguersi dall'élite al governo a meno di non sostenere politiche che beneficiano immediatamente i ceti meno abbienti, anche se queste politiche saranno deleterie nel lungo periodo. In breve, le forme più nocive di populismo si sviluppano in quelle società in cui a governare è una ristretta élite, completamente staccata dal resto della popolazione.

Soltanto in un Paese con una radicata tradizione populista i movimenti populisti possono evitare i programmi radicali e controproducenti. È grazie alla moderata tradizione populista americana che esiste la Carta dei diritti (*Bill of Rights*). È grazie a questa tradizione che gli americani hanno inventato la legislazione antitrust ancora prima che gli economisti capissero perché è stata un'idea brillante. Ed è infine grazie a questa tradizione che i senatori non sono più nominati ma eletti, in un processo che limita la corruzione.

Populismo pro mercato

In generale, neppure negli Stati Uniti il populismo si è dimostrato a favore del mercato. In un'epoca in cui i mercati non erano molto concorrenziali, la rivolta populista contro lo strapotere delle grandi imprese diede agli Stati Uniti la prima «authority» (l'Interstate Commerce Commission) e la prima regolamentazione per calmierare i prezzi delle ferrovie. Tagliati fuori dal mercato globalizzato, i produttori agricoli chiesero protezione al governo. La percezione pubblica era che gli interessi della gente comune fossero meglio protetti dalla politica che dal mercato. Ragione per cui il populismo americano caldeggiò iniziative interventiste.

Oggi la situazione è diversa e non mancano le condizioni per un populismo realmente pro mercato. Il giudizio degli americani sull'economia di mercato rimane positivo. Secondo un'indagine condotta come parte del Chicago Booth/Kellogg School Trust Index, il 46% degli americani concorda con l'asserzione «Il sistema del libero mercato è il modo migliore per proteggere gli interessi della gente comune in America», mentre il 22% no. La fiducia civica nel governo, al contrario, è esigua. Oltre il 50% degli americani dichiara di fidarsi del governo molto poco o per nulla. Tale mancanza di fiducia si deve almeno in parte alla percezione che il governo agisca nell'interesse di poche grandi aziende o per tornaconto personale più che nell'interesse del Paese nel suo complesso. Nel dicembre 2008, per esempio, quando agli americani venne chiesto a favore di chi pensavano che avesse agito il segretario del Tesoro Henry Paulson durante la crisi finanziaria, il 50% rispose «nell'interesse della Goldman Sachs».[30] A una domanda simile posta riguardo al presidente Obama nel dicembre 2009, il 32% ha risposto «nell'interesse del sistema finanziario» e il 22% «nell'interesse dei sindacati». Al tempo stesso non c'è fiducia verso le grandi aziende. Solo il 16% dei cittadini americani ha fiducia nelle grandi imprese (meno di quanti si fidano ancora del governo) e il 53% concorda con l'affermazione «Il grande capitale distorce il funzionamento dei mercati a suo esclusivo vantaggio».

È possibile formulare un programma politico populista che rifletta sia questo sostegno ai liberi mercati sia la sfiducia nel governo e nel grande capitale? È possibile concepire delle politiche che ristabiliscano l'equilibrio economico in favore della gente comune senza un massiccio intervento pubblico che interferirebbe con la libertà economica e soffocherebbe la crescita? In breve, è possibile ritrovare il genio perduto della prosperità americana?

PARTE SECONDA

Soluzioni

I lettori che erano già arrabbiati spero si riconoscano nella mia impietosa analisi. Quelli invece che non lo erano prima di aprire questo libro spero lo siano diventati leggendolo. La degenerazione di un'economia di mercato in un sistema capitalistico clientelare dovrebbe far indignare chiunque abbia a cuore la libertà e la democrazia.

L'obiettivo dei poeti è dar voce ai sentimenti degli uomini con le loro parole. L'obiettivo più prosaico degli studiosi di scienze sociali è offrire una mappa per interpretare e, soprattutto, affrontare i problemi economici e sociali. In una democrazia, la comprensione dei problemi e delle loro cause è una condizione necessaria, seppur non sufficiente, per il cambiamento.

Tuttavia comprendere non basta: occorre trovare un rimedio e, quindi, da qui in avanti ve ne proporrò svariati. Alcuni sono originali, altri li ho presi in prestito, ma tutti hanno un elemento in comune: usano l'economia di mercato e la concorrenza per risolvere i problemi economici e sociali che abbiamo di fronte, invece di aggirarli.

Questa difficoltà che l'economia americana e mondiale sta vivendo provoca generalmente due reazioni. La prima consiste nel dare la colpa all'economia di mercato e cercare di risolvere i problemi facendo grande affidamento sugli interventi del governo, col risultato di trascurare il fatto che il governo è parte del problema e non della soluzione. L'altra reazione è negare l'esistenza del problema o la possibilità di risolverlo. In alcuni casi questo rifiuto è frutto della scarsa consapevolezza o della disperazione; in altri invece è una strategia subdola per minare ogni istanza di cambiamento.

Il mio obiettivo è offrire una terza via tra il negare i problemi e il rifiutare il sistema capitalista. Il mio proposito nella prima parte del libro era di convincere il lettore che gli Stati Uniti hanno un grosso problema e che questo problema va affrontato ora. Nella seconda parte, spero di convincerlo che il problema può essere affrontato senza abdicare a un principio caro ai più: quello dell'economia di mercato. I cambiamenti che sostengo mirano ad accrescere la libertà e non a reprimerla.

8

L'uguaglianza delle opportunità

Non si può elevare il salariato abbassando il datore di lavoro.

Abramo Lincoln

Come si è visto nel capitolo 2, le democrazie sono in una continua lotta tra il fornire i giusti incentivi – per accumulare capitale umano, per investire, per lavorare sodo – e il garantire che i benefici dell'economia di mercato siano ampiamente condivisi, così da assicurare che la gente abbia fiducia sia nell'efficienza sia nell'equità del sistema. Senza qualche disuguaglianza non ci sono incentivi: i giovani vanno all'università e si impegnano nello studio non solo per il piacere di imparare, ma perché si attendono remunerazioni più alte in futuro. Se non ci fosse la promessa di una ricompensa adeguata per un lavoro ben fatto (o la minaccia di una minore ricompensa per la negligenza) molte persone non si impegnerebbero a sufficienza.

Tuttavia, un'accentuata disparità nei redditi implica che alcuni ricevono compensi esagerati, mentre a molti rimane poco o niente. Se un individuo è, come la maggior parte di noi, avverso al rischio, questa disuguaglianza tra i possibili risultati riduce i suoi incentivi. Una disuguaglianza economica molto marcata produce anche degli effetti politici negativi: il consenso politico a un sistema meritocratico vacilla quando un'élite di straricchi ha un potere politico sproporzionato con cui manipola il sistema a suo vantaggio.

Se non ci preoccupassimo di mantenere gli incentivi, ci sarebbe una soluzione semplice per ovviare a un'eccessiva disparità di reddito: ridistribuirlo attraverso imposte elevate. Tale soluzione, attuata in varie forme nei Paesi socialisti e socialdemocratici, ha però indebolito gli incentivi a creare ricchezza, compromettendo le possibilità di crescita. Se alla fine di ogni torneo di golf la performance dei concorrenti fosse resa uguale, penalizzando di più coloro che hanno giocato meglio, i giocatori migliori perderebbero rapidamente lo stimolo a impegnarsi. Il gioco del golf, invece, ha il sistema degli handicap che equalizza i punti di partenza dei giocatori per indurli al massimo impegno. Un meccanismo analogo applicato all'economia, capace di promuovere l'uguaglianza delle opportunità, offre l'approccio migliore per rendere i mercati più inclusivi, preservando gli incentivi che ci fanno crescere.

Il grafico preoccupante

Nel secondo capitolo ho presentato un grafico che mostrava l'andamento divergente di salari e produttività dal 1946 al 2009. La produttività (linea tratteggiata) continuava a crescere, mentre i salari reali (linea continua) nel tempo diminuivano un po'. Osserviamo ora la figura 3.

La prima regola dell'analisi economica empirica è controllare i dati tutte le volte che ci si trova di fronte a un risultato anomalo. Nove volte su dieci, l'anomalia risiede in un problema dei dati. Potrebbero non essere falsi ma semplicemente non mostrare quello che pensiamo. In questo caso, il bizzarro risultato è in parte, anche se non del tutto, frutto di un inganno.[1] In questo grafico, oltre ai salari ho riportato la remunerazione (linea punteggiata), intendendo per remunerazione la somma spesa dalle aziende per i lavo-

Figura 3. Produttività e guadagni reali medi

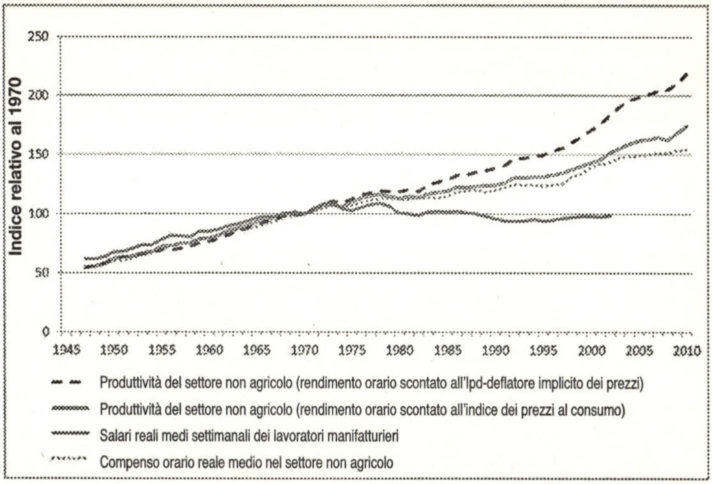

Fonte: statistiche del Bureau of Labor degli Stati Uniti

ratori, piuttosto che la somma che questi ultimi intascano. Negli ultimi 35 anni la linea punteggiata si trova nel mezzo, non così ripida come la produttività, ma nemmeno piatta come quella delle retribuzioni reali. Qual è la differenza?

In parte è un effetto collaterale di come il governo compila le sue statistiche (i bonus sono diventati più importanti, ma per ragioni storiche non sono inclusi nella definizione dei salari), ma gran parte della divergenza osservata si deve a un fenomeno reale. Negli Stati Uniti sono le imprese a pagare il grosso del costo dell'assicurazione sanitaria dei lavoratori. Questo costo è aumentato molto nel tempo, al punto da rappresentare una grossa percentuale della remunerazione totale. Se i lavoratori si sentono più poveri, è perché negli ultimi anni il costo crescente dell'assicurazione medica ha inghiottito gran parte dell'aumento del salario reale (se non tutto). Tra il 2003 e il 2010, i premi per l'assicurazione medica sono aumentati del 50%.[2] Ma i lavoratori non avvertono i benefici dell'assicurazione sanitaria nella loro busta paga – sentono invece di dover lottare più duramente per rimanere a galla.

L'altra ragione della differenza tra produttività crescente e salari in calo è di natura tecnica. Per misurare l'aumento della produttività in termini reali il Bureau of Labor usa l'indice dei prezzi della produzione industriale, mentre i dati relativi al salario sono corretti in base al ben più noto indice dei prezzi al consumo.[3] L'andamento della linea che nel grafico mostra la produttività deflazionata in base ai prezzi al consumo rispecchia quasi fedelmente quello della remunerazione, almeno fino al nuovo millennio.

Dietro questo arido tecnicismo, si nasconde però un problema reale. Una delle più importanti differenze tra le due sequenze di dati è che la produzione industriale non include i servizi offerti da istituzioni senza scopo di lucro, come le università e gli ospedali. Tra il 1977 e il 2009, il costo in termini reali delle rette universitarie è più che raddoppiato,[4] e nelle università migliori il rincaro è stato maggiore. Dal 1920 al 2000 le rette di Harvard in termini reali sono aumentate di dieci volte.[5] Per molti americani, il costo di tale incremento è stato in parte compensato dall'aumento delle borse di studio pubbliche e private; per molti altri no.[6] Mentre questo aumento dei costi si riflette nell'indice dei prezzi al consumo utilizzato per convertire il salario nominale in salario reale, non si riflette nella variazione della produttività, la cui crescita sembrerebbe meno evidente se modificata dalla stessa formula usata per calcolare la crescita del salario reale.

Questa differenza, dunque, riflette una sensazione percepita molto chiaramente dall'americano medio: per il tipico lavoratore l'università è diventata più costosa, e questo rende più difficile garantire un futuro ai propri figli.

A ogni modo, anche dopo aver corretto i dati, il divario tra remunerazione e produttività permane. Fino al 2000, la correzione dei dati può giustificare gran parte della differenza; dopo quella data una parte significativa di questa differenza è reale.

Se la prima regola aurea nell'analisi empirica è controllare rigorosamente i dati, la seconda è verificare se lo stesso risultato si ripropone addottando un diverso punto di vista. Dal momento che il denaro non può semplicemente sparire, il divario tra produttività e remunerazione dovrebbe comparire altrove, e cioè nei profitti. Dai primi del Novecento gli economisti si sono dedicati a studiare il modo in cui la produzione totale è stata ripartita tra capitale e lavoro. Se il divario tra salari e produttività è reale, la parte del PIL che spetta al capitale dovrebbe crescere nel tempo, mentre la parte spettante al lavoro dovrebbe diminuire. Nonostante questo divario sia confuso a causa di stock option e bonus (che vengono contabilizzati come rendimento del capitale anche se dovrebbero essere attribuiti alla quota lavoro), la parte spettante al lavoro è comunque diminuita. Nel 1970 la percentuale spettante al lavoro sul totale dell'output del settore manifatturiero era del 40%, mentre nel 2008 era scesa al 25%.[7] Un fenomeno che si è reso particolarmente evidente nel primo decennio del nuovo millennio.

Per capire perché è successo occorre rifarsi ai fondamenti della microeconomia.

Fattorie ed ebook

Nel 1890, quando Alfred Marshall scrisse *Princìpi di economia* (l'opera che ha posto le fondamenta dell'analisi economica moderna), in Gran Bretagna, la maggior potenza economica dell'epoca, l'11% del PIL derivava dall'agricoltura e il 36% dall'industria.[8] È del tutto naturale quindi che gran parte dell'analisi e della modellistica di Marshall si concentri sull'economia dell'industria e dell'agricoltura.

Prendiamo in considerazione la più elementare tecnologia agricola. Un contadino semina il grano. Più fertilizzanti usa, più grano otterrà, ma a un ritmo decrescente. I primi 100 dollari di fertilizzante per ogni acro rendono, poniamo, 150 dollari di surplus di grano. I 100 dollari successivi renderanno solo 120 dollari di grano. Se il contadino continua ad aumentare la quantità di fertilizzante, l'ammontare addizionale di grano prodotto comincerà a valere meno del costo addizionale del fertilizzante. Anche senza conoscere il calcolo differenziale (che Marshall ha introdotto nella scienza economica), un contadino intelligente sa che deve smettere di aggiungere fertilizzante quando il costo di ogni unità extra di fertilizzante equivale al ricavo netto – il prezzo che ottiene per il grano ricavato grazie alla dose extra di fertilizzante cui si sottrae il costo della manodopera per la mietitura (è la famosa regola secondo la quale «il ricavo marginale deve essere uguale al costo marginale»).

Il modello economico che si ricava dall'aggregazione di svariati simili piccoli contadini funziona davvero bene. Poiché è molto oneroso per un produttore inondare il mercato con grano a basso prezzo – dovendo fare i conti con costi marginali di produzione in continua crescita –, è difficile per ogni singolo agricoltore conquistare potere di mercato. Inoltre, un piccolo incremento nel prezzo del grano indurrà i contadini a usare più fertilizzante accrescendo così l'offerta, con effetti di riequilibrio.

In agricoltura (e nell'industria tradizionale), quando l'innovazione (come nel caso della mietitrebbia meccanica) incrementò la produttività, la domanda di manodopera non qualificata crollò e aumentò viceversa quella di manodopera qualificata: le nuove macchine richiedevano mani esperte. L'investimento in capitale fisso da parte delle aziende agricole nelle mietitrici era stato tanto ingente che all'imprenditore conveniva pagare di più i lavoratori agricoli e assicurarsi così che le macchine funzionassero correttamente a pieno regime. Questa è stata la grande intuizione di Henry Ford quando introdusse il salario di 5 dollari al giorno:[9] pagando più del minimo necessario per attrarre i lavoratori – il cosiddetto salario di equilibrio – si otterrà da loro maggiore impegno.[10]

Per tale ragione, per gran parte del secolo scorso lavoratori mediamente istruiti che avevano la fortuna di vivere in Paesi sviluppati come l'America e l'Europa occidentale hanno finito per essere pagati più del necessario in un mercato competitivo.

Questo ci riporta al concetto di rendita. Nella seconda parte del XX secolo il lavoratore medio americano godette di una rendita di posizione perché il sistema capitalista a stelle e strisce aveva pochi eguali nel mondo. Con lo sviluppo del resto del mondo il sistema americano ha perso la sua unicità, e questo ha comportato un relativo declino del livello degli stipendi percepiti dalla classe media americana.

L'innovazione ha poi però intensificato la compressione della classe media americana. Nel mondo della posta tradizionale, i libri venivano venduti nelle librerie, e i lettori contavano sui loro librai di fiducia per avere dei consigli. Era un lavoro che solo una persona ben istruita poteva svolgere e questa persona andava remunerata adeguatamente. Per gli autori e gli editori rappresentava un onere necessario per raggiungere i clienti. Per il mercato del lavoro uno dei tanti mestieri con un buon salario che sostenevano la classe media.

Nel mondo degli ebook i libri sono acquistati in rete e i consigli vengono raccolti sul web o in base al numero di libri scaricati: il ruolo delle librerie locali e delle persone che vi lavorano è stato drasticamente ridimensionato. I lettori acquistano i libri sul web spendendo meno, e per il momento (fino a che il grosso del mercato non sarà online e la concorrenza in rete non si intensificherà) gli editori dovrebbero guadagnare di più. A perderci chiaramente sono gli intermediari, i librai tradizionali del tempo che fu.

L'economia del «chi vince piglia tutto»

Il progresso miete vittime da sempre. I telai meccanici sbaragliarono gran parte degli artigiani tessitori, i treni rimpiazzarono molti vetturini e i computer tanti impiegati. Oggi però sperimentiamo qualcosa di più del normale progresso: si tratta di un mutamento nella natura del sistema produttivo.

Consideriamo il prodotto tipico del XXI secolo: il software. La maggior parte dei software, dai programmi di videoscrittura ai social network, hanno una caratteristica assolutamente inedita rispetto ai beni tradizionali: più persone usano un programma, più questo programma vale per ognuno di essi (il termine tecnico è esternalità di rete). Questo significa che non è facile per un mercato sostenere più produttori: chi è in grado di produrre l'applicazione migliore in un determinato ambito domina l'intero mercato – il mercato globale, non solo quello americano.

Nel caso dell'agricoltura, un produttore un po' meno efficiente guadagnava un po' meno del più efficiente. Nella versione estrema della tecnologia informatica, invece, il programmatore un po' meno brillante rimane con un palmo di mano, mentre il più brillante guadagna una fortuna. Il mio defunto collega Sherwin Rosen la definì «economia delle superstar», mentre l'economista della Cornell University Robert Frank parla di una società «dove chi vince piglia tutto».[11]

Il fenomeno non è circoscritto ai beni che comportano esternalità di rete (come i software) ma vale anche per i beni che comportano esternalità sociali, ossia beni che agli occhi dei consumatori hanno maggior valore per il fatto di essere popolari. Gli psicologi hanno confermato con un esperimento molto interessante quanto forte è questo effetto.[12] Hanno chiesto ad alcuni studenti di valutare alcuni brani musicali sconosciuti, permettendo loro di scaricare i preferiti alla fine dell'esperimento. Per studiare quanto una moda possa influire sulle preferenze delle persone, i ricercatori hanno lasciato che un gruppo vedesse, prima di classificare una canzone, quante volte era stata scaricata dagli altri valutatori, mentre all'altro gruppo hanno nascosto l'informazione. Sia le valutazioni sia la quota di mercato dei download erano molto più volatili nei casi in cui era stata data l'opportunità di vedere i risultati dei precedenti download. I brani in testa alle classifiche beneficiavano dell'«effetto moda» e ottenevano una quota di mercato sproporzionata. L'effetto valanga determinava un esito che, se non era proprio identico a quello del «chi vince piglia tutto» (rimane ancora un po' di spazio per i perdenti), gli andava però vicino: i vincitori si aggiudicavano un'esorbitante quota di mercato e di profitti, lasciando agli altri le briciole. L'aspetto più interessante mostrato dagli autori è che le canzoni davvero belle ce la fanno in ogni caso, mentre quelle davvero brutte perdono sempre. Sono quelle che stanno nel mezzo a essere fortunate o sfortunate. Ma è proprio lì che si trovano parecchi di noi.

L'economia del «chi vince piglia tutto» può svilupparsi anche in settori dove non ci sono esternalità sociali o di rete, ma dove i costi fissi della produzione sono molto elevati e i costi marginali irrisori o inesistenti. Consideriamo un'applicazione per un software che non ha nessuna esternalità di rete, per esempio un'app per iPhone per monitorare l'apporto calorico che una persona assume giornalmente.

L'applicazione costa molto in termini di progettazione e di collaudo ma, una volta ultimata, può essere riprodotta a un costo nullo: ovvero il costo marginale di produzione è pari a zero. Di conseguenza, chiunque produca la miglior applicazione in un determinato ambito conquista tutto il mercato, regalandola. E, ancora una volta, non si tratta solo del mercato americano ma di quello globale. Una volta conquistato il mondo con la sua applicazione distribuita gratuitamente, l'inventore del software può far pagare la pubblicità sulla sua applicazione ai produttori, per esempio, di cibi dietetici. Con centinaia di milioni di consumatori mirati in tutto il mondo farà una fortuna. Un'applicazione quasi altrettanto buona non avrebbe lo stesso successo. Per molti altri prodotti le cose vanno diversamente, perché siamo spesso disposti ad accettare una qualità un po' inferiore se il prezzo è scontato. Ma se un'app è gratis, perché mai non scegliere la migliore?

In linea di principio, il produttore del software qualitativamente inferiore potrebbe cercare di attirare clienti offrendo loro dei rimborsi in denaro dai ricavi della pubblicità futura. Per esempio, Amazon.com vende a prezzi ribassati le versioni del suo lettore di ebook nelle quali compaiono messaggi pubblicitari per il cliente. Il problema è che il modello funziona solo se il software, come nel caso di quello di Amazon, ha qualche probabilità di avere successo. Ma un software leggermente inferiore ha scarse probabilità di conquistare una quota di mercato significativa, e quindi le sue pubblicità non avranno grande valore. Gli sconti promessi non valgono un granché dal momento che, presumibilmente, ci saranno scarsi profitti da dividere.[13] Questa situazione non è specifica del software, ma si sta diffondendo ai film, alle canzoni e all'intrattenimento, così come ai farmaci, ai prodotti high tech (come gli iPod), alle telecomunicazioni, alle automobili e, con l'avvento degli ebook, persino ai libri.

Questo mutamento nella natura dei mercati spiega anche la crescente differenza tra produttività e salari. La produttività altro non è che il numero di unità prodotte all'ora moltiplicata, per il prezzo del prodotto. L'iPhone, che viene venduto a 399 dollari, ha un costo di produzione di circa 188 dollari. I 211 dollari di differenza riflettono il valore della tecnologia e del design di Apple. Questa differenza rientra nel valore della produzione del settore manifatturiero, ma non nel salario dell'operaio (cinese) che produce il telefono. Tanto più i prodotti sono ricchi di tecnologia, tanto più questo divario tra produttività e salario aumenta, come illustrato dalla figura 3 a pagina 191.

Il valore dei manager

Parte del divario tra produttività e salari non va agli investitori (chiamati tradizionalmente capitale) bensì a top manager che tecnicamente fanno parte della forza lavoro, ma non sono considerati nella versione tradizionale dei salari. Questo fenomeno è probabilmente uno degli aspetti più controversi della crescente disuguaglianza tra i redditi: la remunerazione talora iperbolica dei top manager.

La controversia sottende una profonda contrapposizione ideologica sul ruolo dei manager: per gli economisti neoclassici essi formano, collocano e coordinano la forza lavoro,[14] mentre gli economisti di orientamento marxista tendono a negare che i manager creino valore aggiunto e li considerano opportunisti percettori di rendite, che sfruttano la loro posizione di potere per appropriarsi di parte del valore creato dai loro dipendenti.[15] Pur meno estrema, la sinistra non marxista tende a ricalcare quest'ultima interpretazione: i manager non aggiungono valore (perlomeno non un valore equivalente ai loro stipendi), ma si appropriano del valore prodotto dall'organizzazione nel suo insieme.[16]

Queste interpretazioni radicalmente diverse non si possono conciliare su basi puramente teoriche. Per risolvere la questione occorrono dati sulla produttività della forza lavoro e sulle mansioni lavorative e una buona econometria per analizzarli, ma fino a poco tempo fa mancavamo di entrambi. Le imprese erano riluttanti a condividere i dati con i ricercatori, i quali, in ogni caso, non disponevano della metodologia necessaria. Entrambi i problemi sono stati risolti di recente, perlomeno per quanto riguarda i manager di livello inferiore, i supervisori. Per avere stime statisticamente attendibili, è necessario disporre di tanti dati su combinazioni diverse di lavoratori e supervisori.[17]

Uno studio recente ha evidenziato che i manager (nel caso specifico supervisori) incidono in modo rilevante sulla produttività dei loro subordinati: rimpiazzare un manager inquadrabile nel 10% dei manager meno competenti con uno del 10% dei più competenti fa incrementare il rendimento del gruppo di lavoro tanto quanto aggiungere un lavoratore (passando da nove a dieci). Il prodotto marginale di un manager – l'entità del rendimento che il manager aggiunge alla produzione del gruppo – è circa il doppio di quella di un lavoratore. Nell'azienda in questione, tale rapporto corrispondeva a quello tra le remunerazioni medie.

La scoperta più interessante è stata che, se effettivamente un buon manager rende tutti i lavoratori più produttivi, l'effetto è avvertito in modo particolare dai lavoratori migliori. In altre parole, la combinazione tra i migliori manager e i migliori lavoratori determina un extra rendimento. Se volessimo applicare questo ragionamento al calcio, potremmo dire che il beneficio per una squadra di calcio di avere Cristiano Ronaldo, uno dei migliori giocatori al mondo, e Jose Mourinho, uno dei migliori tecnici in circolazione, è più della somma del beneficio di avere o solo Ronaldo o solo Mourinho.

Questo extra beneficio creato dalla giusta combinazione di lavoratori e supervisori crea un problema di remunerazione. A chi spetta il valore aggiunto prodotto della combinazione tra i due? Non a Ronaldo, che sarebbe meno produttivo con un altro allenatore, né a Mourinho, che vincerebbe meno senza il fuoriclasse. Nel calcio questa combinazione è spesso il frutto delle decisioni di uno scaltro proprietario, perché il talento delle parti in causa è visibile a tutti. Nel caso delle imprese è più complicato. Per esempio, nel caso sopra menzionato, chi possiede i dati sulla produttività dei lavoratori e dei supervisori? Non i lavoratori né il CEO, ma l'azienda nel suo complesso. Me se la proprietà è diffusa (come nel caso di gran parte delle società americane) sarà gioco facile per l'amministratore delegato appropriarsene.

Per i top manager questa appropriazione risulta più semplice perché è molto difficile misurare le loro prestazioni (diversamente dai supervisori): non ci sono molte persone in condizioni simili ed è difficile separare la bravura dalla fortuna. Basti pensare a Marcello Lippi, l'allenatore che portò l'Italia al trionfo del Mondiale 2006 e all'imbarazzante eliminazione dal Mondiale 2010: fu fortuna la prima volta, sfortuna la seconda, o un po' di entrambe?

La combinazione tra extra profitti e la mancanza di dati

oggettivi sulla misura del merito (ricordate la discussione nel capitolo 2) crea le condizioni per un'enorme discrezionalità. È qui che il potere e le norme sociali giocano un ruolo determinante. Quando un lavoratore ordinario contratta il proprio salario c'è poco spazio di trattativa: l'imprenditore di solito conosce quanto valore un dipendente aggiunge alla sua impresa e non è disposto a pagare oltre.

Per i top manager, però, questa cifra è molto più difficile da stimare. In un mercato competitivo, dove è difficile guadagnare profitti straordinari, questo non è un problema. È difficile strapagare un manager, perché lo si può fare solo al costo di sottopagare gli altri lavoratori, che alla fine si lamenteranno o se ne andranno. Se invece un'impresa ha potere di mercato che gli permette di guadagnare extra profitti, un amministratore delegato può facilmente appropriarsi di parte di questi extra profitti senza per questo nuocere alla stessa.

Lo stesso discorso vale per gli extra profitti che vengono prodotti da una fortunata combinazione di fattori. Se un'azienda riesce a trovare la formula che rende tutti più produttivi, chi si approprierà di questo extra rendimento? È il caso in cui il potere e l'influenza del CEO hanno un ruolo importante. Un consiglio di amministrazione degno di questo nome non sceglierebbe mai coscientemente di pagare troppo il CEO. In una situazione ambigua, però, è più facile per il consiglio attribuire al CEO tutto il merito e sottovalutarne la responsabilità in caso d'insuccesso. Ciò spiega uno dei più grandi enigmi della letteratura economica sui compensi dei manager: la rarità di compensi legati alla performance relativa di un CEO, ovvero quanto meglio fa rispetto ai concorrenti.[18] La teoria economica sostiene che la remunerazione dei manager dovrebbe ignorare tutti gli shock esterni che colpiscono tutte le imprese di un determinato settore, su cui nulla può il CEO – l'aumento del prezzo del greggio nel caso delle imprese petrolifere, per esempio.[19] Anche il buon senso suggerisce che l'amministratore delegato di una compagnia petrolifera non dovrebbe essere remunerato di più se il prezzo del greggio sale (non ne ha alcun merito), né dovrebbe essere penalizzato se scende (non ne ha colpa). Nella realtà, però, quando sono baciati dalla fortuna i CEO guadagnano di più, ma non guadagnano di meno quando sono colpiti dalla sfortuna.[20] Testa vincono, croce non perdono. È questo il sistema capitalista?

Per concludere, i manager sono preziosi e alcuni creano grande valore. Viene subito alla mente il defunto CEO della Apple, Steve Jobs. I professionisti di valore dovrebbero essere remunerati in modo adeguato: questo è uno dei principi fondamentali della meritocrazia e dell'economia capitalistica. Tuttavia, le remunerazioni dei top manager non necessariamente rispondono a questo principio. Senza adeguati controlli i top manager si appropriano con grande facilità di una parte eccessiva del valore creato dall'impresa nel suo complesso, aggravando la disuguaglianza economica e la percezione dell'iniquità del sistema, che erodono il consenso all'economia di mercato.

La reazione dei perdenti

Che si tratti del vincitore che si piglia tutto il mercato o, più in generale, di un'economia che dà remunerazioni sproporzionate alle superstar, le conseguenze sono simili: ci sono grandi vincenti e grandi perdenti. Un fenomeno che si è verificato in qualsiasi periodo di trasformazione economica. La differenza oggi è che i perdenti sono moltissimi, mentre i vincenti pochi (vincono tantissimo): è una pessima situazione per mantenere la pace sociale. Ad aggiungere danno alla beffa, vi è la sensazione che la fortuna faccia la parte del leone in tanti incredibili successi – ancora una volta, un pessimo modo per salvaguardare il consenso sociale. Come risponderanno i perdenti?

Finora la reazione politica è stata piuttosto pacata, dal momento che la maggior parte del fardello ha gravato sulle spalle dei lavoratori poco qualificati e istruiti. Sono loro a essere stati penalizzati maggiormente dalla concorrenza internazionale e dall'esternalizzazione della produzione all'estero. La loro capacità di farsi ascoltare è relativamente ridotta.

Col passare del tempo, però, l'identità dei perdenti sta cambiando. Visto che la concorrenza dai Paesi emergenti sta diventando sempre più sofisticata, i costi di questa concorrenza cominceranno a colpire strati più elevati della popolazione. Finora questi strati hanno beneficiato enormemente della globalizzazione, che ha aumentato i loro salari e ridotto il costo dei prodotti che acquistavano, ma ora non più. Gli informatici hanno già cominciato a sperimentare la pressione salariale dovuta alla concorrenza internazionale; i prossimi saranno i contabili, gli avvocati, i medici e gli insegnanti. Questi gruppi professionali hanno molto più peso politico e non cederanno senza combattere: di sicuro eserciteranno forti pressioni per introdurre delle barriere alla concorrenza.

Simili pressioni verranno esercitate anche da molte imprese. Quando la concorrenza si intensifica e globalizza, le imprese nazionali si difendono aumentando i loro rapporti politici. I competitori stranieri hanno uno svantaggio nel fare lobby. Questo spinge gli imprenditori locali a specializzarsi in settori dove i legami politici sono più importanti.

L'esempio più estremo di questa involuzione è l'Italia. Quando ha aperto alla concorrenza internazionale, i maggiori gruppi industriali hanno trasferito gli investimenti dai settori ove la concorrenza internazionale è più aggressiva, come il tessile e i computer, in cui si sentivano a rischio, verso i servizi dove sapevano di poter contare sull'aiuto dello Stato o almeno su una regolamentazione che loro potevano più facilmente catturare. Così l'Olivetti si spostò dai computer ai telefonini, la Benetton dai maglioni alle autostrade, la FIAT, almeno inizialmente, dalle automobili ai telefoni, eccetera. Il risultato è stato un aumento, anziché una diminuzione, della corruzione.

Gli effetti di un'economia delle superstar

L'economia delle superstar che ormai prevale in molti mercati non crea solo vincitori e perdenti, ma muta gli incentivi in tutta la società. Se il premio per chi vince è spropositato, la concorrenza spinge ad aumentare a dismisura gli investimenti. Quando le case automobilistiche progettavano modelli solo per il mercato americano non potevano permettersi di investire grandi quantità di denaro per un unico modello; oggi il costo per sviluppare una vettura si avvicina al mezzo miliardo di dollari.[21] Contemporaneamente, i profitti sono divenuti più incerti. Questo problema non è tanto preoccupante per ciò che concerne gli investimenti in capitale fisico, soprattutto se il mercato dei capitali funziona a dovere, come nel caso degli investimenti nello sviluppo di un nuovo modello di automobile o del lancio pubblicitario di una nuova canzone. Immaginiamo che più imprese cerchino contemporaneamente di sviluppare un nuovo algoritmo di ricerca: se si finanziano con capitale azionario, il rischio dell'investimento può essere diversificato sul mercato. Chiunque investa i risparmi per la pensione in indici azionari diversifica il rischio. Per lui non ha poi molta importanza chi avrà successo: basta che sia una delle imprese incluse nel portafoglio e che compensi le perdite delle altre. Malgrado gli eccessi, la bolla di internet alla fine degli anni Novanta ha dimostrato che il mercato azionario è disponibile a fornire grandi quantità di denaro alle imprese che giocano al «chi vince piglia tutto», si tratti delle telecomunicazioni, del software o degli acquisti online.

I problemi emergono con gli investimenti in capitale umano. A differenza degli investimenti in capitale fisico, gli investimenti in capitale umano sono difficili da finanziare tramite azioni. Se uno studente capace cercasse di pagarsi gli studi promettendo una parte del suo reddito futuro, scoprirebbe che la cosa è pressoché impossibile. Se promettesse il 30% del suo reddito futuro a un finanziatore, l'incentivo a essere pagato in nero aumenterebbe e sarebbe troppo oneroso per il finanziatore controllare che questo non avvenga.

A causa di tale difficoltà, molti investimenti in capitale umano vengono finanziati con debito. Questa forma di finanziamento funziona bene quando il rendimento dell'investimento è equamente distribuito; ma quando prevale lo squilibrio, come nell'economia delle superstar, diventa problematica. Per le persone che non possono ripagare i prestiti non è consolante sapere che ci sono superstar che possono pagarli migliaia di volte.

Non solo questo rischio accresce il peso dei debiti contratti da molti americani per la formazione universitaria; fa aumentare anche la loro ansia (ciò che gli economisti chiamano avversione al rischio). Potremmo motivare le persone in egual misura con l'offerta di un bonus di 10.000 dollari o con una possibilità su cento di ottenere un bonus di 1 milione di dollari.[22] La seconda opzione tuttavia genera più ansia, amplificata da un'altra caratteristica del gioco del «chi vince piglia tutto»: il vantaggio di partire per primi.

Se le differenze tra i premi offerti a un torneo di golf sono piccole, il vantaggio monetario nel ricevere un handicap maggiore è limitato. Ma in un torneo in cui «chi vince piglia tutto» anche i piccoli vantaggi che modificano leggermente la probabilità di vittoria possono essere preziosi, dal momento che il beneficio atteso è il prodotto del cambiamento della probabilità per l'entità del premio. Se il premio è molto grande lo sarà anche il beneficio del vantaggio alla partenza.

Per questo i genitori investono ingenti risorse per dare ai propri figli un piccolo vantaggio in partenza. I dati mostrano un rilevante aumento del tempo che i genitori, specie quelli molto istruiti, dedicano alle attività dei loro figli.[23] Le madri laureate passano in media 25 ore la settimana a prendersi cura dei loro figli (l'equivalente di un lavoro part-time), ovvero più del doppio del tempo rispetto alle loro mamme trent'anni prima. Anche se meno eclatante, un aumento simile vede i padri per protagonisti, in particolare padri laureati. La cosa più interessante è che gran parte di questo tempo è trascorso coi figli più grandi, per coordinare e partecipare alle loro attività.

Questo fenomeno non è riscontrabile in Italia, dove le famiglie cercano di aiutare i figli acquistando loro una casa o sfruttando i loro contatti per dare ai figli l'unico vantaggio che conta veramente: le loro conoscenze. Ma questo fenomeno non è presente neppure in una società molto simile a quella americana: il Canada. La differenza tra i due Paesi ha indotto una coppia di economisti a indagarne le ragioni. Il motivo più plausibile è che negli Stati Uniti i genitori passano più tempo coi figli nel tentativo di migliorarne le chance di ammissione a un buon ateneo. In Canada le ammissioni all'università sono meno selettive che negli Stati Uniti: è quindi ragionevole concludere che il maggior coinvolgimento dei genitori statunitensi è una risposta razionale all'aumento di competitività delle ammissioni ai college.[24] Mentre il numero dei candidati è raddoppiato dai primi anni Settanta, le dimensioni delle scuole non sono cambiate di molto, il che rende le ammissioni sempre più ardue. Mantenendo costante la qualità del candidato medio, il tasso di ammissioni nelle università private più esclusive dal 1972 al 2004 è crollato del 22,5%.[25]

La risposta razionale dei genitori e dei figli è stata investire più tempo in attività che possano arricchire il loro curriculum. La quantità di tempo che i genitori passano con i figli più grandi è solo uno degli aspetti del fenomeno. Come ha scritto al riguardo il «New York Times», «Una volta l'estate era la stagione in cui gli adolescenti si dedicavano a dei lavoretti e si annoiavano nelle piscine delle loro città. Per un piccolo numero, che però è in crescita, di studenti destinati ad andare all'università [...] l'estate è diventata un periodo votato alla costruzione di un curriculum e a progetti totalizzanti, spesso in luoghi esotici, per cambiare il mondo».[26]

Il desiderio dei genitori di fornire ai loro figli un vantaggio in partenza inizia con la nascita. A Londra ci sono donne prossime al parto che portano con sé nei reparti maternità la domanda per l'ammissione all'asilo del nascituro:[27] aspettano di avere il bimbo tra le braccia solo perché la domanda di ammissione deve essere corredata da un certificato di nascita. Ovunque i genitori fanno a gara per la migliore scuola materna, la migliore scuola media, la migliore scuola superiore – tutto per assicurarsi che i propri figli frequentino il college migliore. Sanno che i college della Ivy League garantiranno ai figli un network di relazioni che sarà fondamentale per la ricerca del lavoro, e che gli stipendi dei laureati nei college più prestigiosi tendono a essere più elevati di quelli di chi si è laureato altrove.[28]

Le aberrazioni provocate da un'economia di superstar tendono ad aggravarsi col tempo. Più i compensi sono disuguali, più le università cercheranno di accaparrarsi le future superstar con la speranza di ricevere delle donazioni. Questa selezione provoca a sua volta un sostanziale divario di risorse tra il primo e il secondo livello degli atenei. Nel 1990 Harvard (l'università più ricca degli USA) aveva un fondo di dotazione di 4,6 miliardi di dollari, mentre il Mary Baldwin College (al trecentesimo posto delle università più ricche) di soli 18 milioni; nel 2007 quello di Harvard era cresciuto fino a 34,6 miliardi di dollari (sette volte e mezzo in più), mentre il Mary Baldwin era arrivato solo a 30 milioni (1,7 volte).[29] Queste differenze, oltre a creare una forte concorrenza del tipo «chi vince piglia tutto» nel mondo accademico, generano una divergenza sostanziale nella qualità del corpo insegnante. Così, l'importanza dell'ammissione ad Harvard piuttosto che al Mary Baldwin non fa che aumentare: chi ottiene le ammissioni più prestigiose trasferisce la fortuna di generazione in generazione. Oltre ai grandi vantaggi economici e in termini di status sociale, i figli degli ex allievi di Harvard hanno anche un vantaggio ereditario nell'essere ammessi ad Harvard, il che assicura loro un significativo vantaggio in partenza rispetto ai figli degli ex allievi della Baldwin.

Ma il costo più elevato dell'economia del «chi vince piglia tutto» in presenza di disuguaglianze nelle posizioni di partenza è che uccide la speranza. I figli di genitori con bassa istruzione e basso reddito hanno tutto e tutti contro, al punto che molti di loro rinunciano alla scuola e più tardi anche al lavoro. In parte sono disincentivati dalla tendenza verso un'economia della conoscenza, che rende sempre più difficile per chi non ha una formazione adeguata trovare lavoro, ma anche dalla scarsa convenienza dello sforzo per chi non è istruito. Tra il 1973 e il 2010 il tasso di partecipazione della forza lavoro maschile è calata dal 79 al 70%, principalmente perché il numero di uomini meno qualificati è aumentato. Negli anni Settanta solo il 6% dei maschi usciva dal mercato al picco dell'età lavorativa (tra i 20 ai 45 anni); nel 2010 la percentuale è salita al 14%.[30] Il rischio è che questo fenomeno si allarghi prima o poi alla classe media. Coloro che abbandonano gli studi superiori non saranno i soli a essere lasciati indietro: i diplomati e chi non è riuscito a concludere gli studi universitari li raggiungeranno.

La politica di un'economia delle superstar

L'altro grande costo di un'economia delle superstar è politico. In un'economia tradizionale, le aziende più grandi e più forti (che in genere sono anche quelle politicamente più potenti) non hanno bisogno di protezione da parte del governo. A garantire loro la crescita e una maggiore influenza politica era l'efficienza ottenuta tramite una riduzione dei costi. Grazie a costi marginali più bassi, le imprese non temevano di competere in un libero mercato perché consapevoli che, se le regole venivano rispettate, ci avrebbero guadagnato. La natura della tecnologia faceva sì che il liberismo coincidesse con gli interessi delle imprese leader di mercato, che solitamente erano anche quelle più influenti politicamente. C'era dunque una coincidenza naturale tra gli interessi dei capitalisti più potenti e il libero mercato. Questa coincidenza ha permesso la diffusione e il trionfo delle idee di libero mercato.

In un mercato dove chi vince piglia tutto il vincitore non è necessariamente il migliore, come ha dimostrato l'esperimento sui brani musicali illustrato in precedenza. Lo stesso è accaduto con la vittoria del sistema di videocassette VHS sul sistema Betamax che era tecnologicamente superiore, e poi con i sistemi operativi Microsoft, dapprima il DOS e in seguito Windows.

L'equilibrio che ne deriva è molto pericoloso. Le grandi imprese sono politicamente potenti, ma non per forza le più efficienti, e ciò ne aumenta gli incentivi a manipolare il potere dello Stato per conservare l'egemonia sul mercato mediante strumenti politici. L'economia del «chi vince piglia tutto», in altre parole, genera il capitalismo clientelare.

Anche quando a vincere sono le imprese più efficienti, nei mercati del «chi vince piglia tutto» occorrono appoggi politici. Pensiamo alle industrie farmaceutiche che investono miliardi di dollari in ricerca e sviluppo per produrre un nuovo farmaco. Una volta brevettato, il costo marginale di produrre il nuovo farmaco (per l'inventore o chiunque altro) si avvicina allo zero. Per recuperare i costi degli investimenti, le industrie farmaceutiche hanno bisogno di una protezione efficace del brevetto. Poiché la disciplina sui brevetti è influenzata sia dalla legislazione che dalle vertenze legali, ogni industria farmaceutica deve disporre di lobbisti oltre che di una forte squadra di avvocati. La differenza tra un'azienda farmaceutica che esercita pressioni per proteggere diritti legittimi oppure privilegi ingiustificabili è molto sottile. Lo stesso dicasi per i brevetti nel settore informatico: alcuni sostengono che il peso eccessivo dei brevetti costituisca un forte disincentivo all'innovazione.[31]

La tensione è particolarmente acuta nei settori innovativi. Imprese come Microsoft e Google hanno avuto successo perché sono state sorprendentemente innovative. Ma una volta raggiunta una massa critica, faticano a tenere desto lo spirito innovatore. Così il lobbismo diventa un'opzione seducente per cercare di mantenere la propria posizione di mercato contro la minaccia di nuovi concorrenti. Per il biennio politico 2007-2008, va osservato, Microsoft e Google figurano nella lista dei più generosi elargitori di contributi politici, rispettivamente con 5 e 2,6 milioni di dollari.[32] I loro concorrenti, già deboli a Washington, sono diventati ancora meno influenti.

Storicamente la coincidenza tra potere politico (o militare) e l'efficienza economica ha favorito il diffondersi del libero scambio. Quando nel 1839 la Cina resistette all'esportazione di droghe da parte dell'East India Company, gli inglesi inviarono le truppe per aprire il mercato; quando nel 1853 il Giappone si oppose all'apertura dei suoi mercati, gli Stati Uniti inviarono il Commodoro Perry per aprirli a forza; quando negli anni Ottanta del secolo scorso il Giappone cercò di impedire l'ingresso delle imprese americane nel suo mercato finanziario, gli Stati Uniti mostrarono i loro muscoli politici per entrarvi.

Ora la situazione è diversa. Se il potere politico e militare è ancora concentrato nelle mani degli Stati Uniti, non altrettanto si può dire dell'efficienza economica. Il Brasile è il più dinamico produttore di zucchero al mondo, ma non è abbastanza forte da costringere gli Stati Uniti ad abbassare le tariffe doganali.[33] Il fatto che i Paesi col sistema produttivo più efficiente non siano i più potenti politicamente (e militarmente) solleva gli stessi problemi causati dal fatto che i produttori più efficienti non coincidano con quelli che dispongono di maggiore potere a Washington. In entrambi i casi, a subirne le conseguenze è il libero mercato.

I rimedi sbagliati

Un riflesso condizionato della politica di fronte a questo stato di cose è il protezionismo. Data la situazione economica, finora c'è stata una spinta sorprendentemente debole in questa direzione. Una possibile spiegazione è che, finora, a sostenere il protezionismo con più forza sono perlopiù gli operai, con scarsa influenza politica. La loro disperata richiesta di aiuto ha ottenuto ben poco sostegno presso un'élite intellettuale che, in generale, ha beneficiato del libero scambio e dell'esportazione dei valori e della cultura americani in tutto il mondo.

La situazione può cambiare quando le categorie più influenti dal punto di vista politico cominciano a subire gli effetti negativi del libero scambio. Quando gli avvocati, i consulenti fiscali e i professori inizieranno a perdere il lavoro o a guadagnare meno a causa della concorrenza, faranno pressioni per proteggere il mercato interno. Esistono già diverse aziende che forniscono servizi legali online e, col tempo, i cinesi o gli indiani che hanno studiato la giurisprudenza americana potrebbero svolgere il lavoro a migliaia di chilometri di distanza.[34] I corsi universitari online con professori stranieri potrebbero essere alle porte.[35] Curiosamente, in quella fase i lavoratori potrebbero schierarsi dalla parte del libero scambio: non avendo più nulla da perdere, non potrebbero che trarre beneficio dalla riduzione dei costi dei servizi professionali.

Il protezionismo non è la soluzione, perché il problema non deriva dal libero scambio (benché esso lo amplifichi), ma dalla natura della tecnologia. Torniamo per un momento all'esempio del torneo di golf. Immaginiamo che, stanchi del dominio degli stranieri nel torneo Masters, gli americani decidano di impedir loro la partecipazione. Dapprima l'effetto potrebbe sembrare positivo, perché le probabilità di vittoria dei migliori giocatori americani raddoppierebbero. Col tempo però il torneo perderebbe prestigio, i tifosi stranieri non lo guarderebbero più e gli sponsor stranieri smetterebbero di finanziarlo: persino i migliori golfisti americani finirebbero per disertarlo. Chi sprecherebbe tempo dietro a una competizione regionale quando sono altri i tornei (come il British Open) che richiamano il meglio del meglio? Gli unici beneficiari del protezionismo sarebbero un paio di giocatori americani, mediocri secondo gli standard internazionali, ma bravi per quelli locali. Lo stesso vale per tutti gli altri sport. Nel trofeo tennistico di Wimbledon l'ultimo inglese a vincere fu Fred Perry nel 1936. Sarebbe stato meglio per gli inglesi avere un torneo locale? Tranne che per qualche mediocre giocatore nazionale, la risposta è chiaramente no.

Lo stesso dicasi del settore industriale. Il protezionismo non risolverà mai definitivamente il problema dei lavoratori poco qualificati né sarà in grado di fare del bene all'economia americana nel suo complesso. Potrebbe al massimo favorire temporaneamente pochi privilegiati: dai lavoratori a scarsa qualificazione prossimi alla pensione che ricevono un anno o due di lavoro in più, agli avvocati e consulenti che oggi godono di un discreto tenore di vita grazie a una serie di relazioni consolidate e che domani saranno annientati dalla concorrenza sul mercato.

La seconda soluzione ovvia è rallentare o bloccare il mutamento tecnologico, all'origine dell'incremento delle disuguaglianze economiche. Perché non occuparsene direttamente, seguendo una strategia di onorata tradizione? Quando fu inventata la locomotiva a vapore, i proprietari delle diligenze fecero pressioni affinché per «ragioni di sicurezza» tutti i treni fossero preceduti da un uomo a cavallo che sventolava una bandiera. Se tale misura non modificò il futuro dei treni, riuscì però a rallentarne la diffusione, con scarso beneficio di chiunque a eccezione dei cocchieri.

C'è una tendenza naturale a idealizzare le professioni che stanno scomparendo: un secolo fa è toccato ai contadini, oggi ai librai. Ma questa forma di solidarietà è un modo di esprimere nostalgia per stili di vita superati, nostalgia che scompare non appena le persone che si ricordano i bei tempi andati passano a miglior vita. I lettori americani per esempio si dolgono per la scomparsa dei librai, ma non si sono praticamente accorti dei giornalai, che sono spariti da una generazione. Al contrario, in Italia, fino a non molto tempo fa i quotidiani potevano essere venduti solo nelle edicole: i lettori dei quotidiani avevano un rapporto personale con il loro giornalaio, che spesso era la prima persona che incontravano la mattina usciti di casa. Per questo si rammaricano per la progressiva scomparsa degli edicolanti causata dalla diffusione dei quotidiani online. Nel giro di una generazione negli Stati Uniti i librai saranno fuori moda come i giornalai e i cocchieri.

L'esempio dei giornalai italiani suggerisce anche quanto siano deleteri questi freni alla concorrenza. In America, dove la concorrenza aveva da tempo eliminato i giornalai, il costo sociale dell'introduzione dei quotidiani online è stato minimo, diversamente dall'Italia dove invece, la difesa a oltranza del monopolio dei giornalai ha fatto sì che molti giovani abbiano continuato ad abbandonare gli studi per diventare edicolanti, accrescendo oggi il costo sociale dell'introduzione dei quotidiani online. Un mio amico di liceo, per esempio, scelse di non andare all'università perché la prospettiva di rilevare l'edicola del padre era economicamente molto più attraente rispetto a quella di proseguire gli studi. Oggi, sulla soglia dei cinquant'anni, si trova senza lavoro.

Sfortunatamente, in America le reazioni di fronte alla destabilizzazione provocata dalla tecnologia non sono migliori. Nei primi sei anni del nuovo millennio, una politica monetaria molto accomodante ha stimolato (eccessivamente) la domanda di immobili provocando così l'espansione del settore delle costruzioni. Temporaneamente questo boom ha avuto l'effetto benefico di bloccare il declino dei salari dei lavoratori non qualificati.[36] Ma non si tratta di una soluzione, ma solo di un costoso rinvio: la bolla immobiliare ha semplicemente trasferito al presente la domanda edilizia futura. Non solo la domanda di lavoro complessiva per gli operai edili non è cambiata (al boom dei primi sei anni del millennio è seguito un crollo altrettanto pronunciato), ma l'incremento temporaneo dei salari in questo campo ha spinto molti giovani a lasciare la scuola per diventare operai edili. Finito il boom, è difficile che questi ragazzi tornino a scuola dopo averla abbandonata per anni: si andranno quindi ad aggiungere permanentemente alla massa di forza lavoro non qualificata. Il temporaneo aiuto si è tradotto in un aumento dell'offerta di lavoro non qualificato, peggiorando il problema nel lungo periodo.

Lo stesso vale per le politiche di stimolo dell'amministrazione Obama. Se un problema è transitorio, le politiche di stimolo potrebbero attenuarlo. Essendo però il problema attuale di carattere strutturale, il rischio è che uno stimolo temporaneo finisca alla lunga per essere controproducente, perché altera temporaneamente i prezzi di mercato e induce i giovani a specializzarsi nei settori senza futuro.

Il clientelismo peggiore

La soluzione non è quella di ridurre la concorrenza, ma di potenziarla, eliminando le distorsioni indotte dall'intervento dello Stato a favore di alcuni gruppi di privilegiati. Questo non vale solo nel settore privato, dove ci sono banche troppo grandi per fallire, produttori antieconomici di zucchero o etanolo e imprese inefficienti di energia «verde» che esercitano forti pressioni politiche per proteggere i loro privilegi a scapito del resto della popolazione. Vale anche nel settore pubblico. Come sanno tutti i genitori, l'istruzione è la chiave della competitività. Il clientelismo più nocivo – che si serve delle lobby per sottrarre denaro ai contribuenti in cambio di un prodotto che in realtà non corrisponde ai loro bisogni – è da cercarsi nel sistema della scuola pubblica. Nel biennio elettorale 2007-2008 il sindacato degli insegnanti delle scuole pubbliche (la National Education Association) era il più grande lobbista d'America, con finanziamenti elettorali pari a 56 milioni di dollari.[37] Con questi soldi il sindacato degli insegnanti difende lo *status quo* del sistema educativo, uccidendo il sogno americano per gran parte della popolazione.

Guardiamo al tremendo stato in cui versa la scuola primaria e secondaria in America. Nell'ultimo decennio, l'OCSE ha compiuto un enorme sforzo per creare un sistema di valutazione imparziale degli studenti nei Paesi più sviluppati. Ha somministrato una sfilza di test purgati da ogni influenza culturale a un campione rappresentativo di studenti quindicenni. Al test del 2006 parteciparono 41 Paesi, dalla Serbia (con un reddito pro capite medio di 3000 dollari l'anno) al Lussemburgo (ove il reddito medio pro capite è di 49.000 dollari). I risultati del Programme for International Student Assessment (PISA) dell'OCSE sono sconfortanti.

Gli studenti americani sono sotto la media in tutti gli ambiti eccetto la lettura, in cui si piazzano appena sopra la media. Nella risoluzione di problemi sono al trentesimo posto su quarantuno, dopo i russi e appena davanti ai portoghesi; in matematica sono al ventinovesimo posto, sotto la Lettonia e davanti al Portogallo; in scienze sono al ventitreesimo posto. Essendoci una forte correlazione tra qualità dell'istruzione e reddito pro capite (i Paesi ricchi investono più risorse nell'istruzione), la posizione degli Stati Uniti, considerando il dato sul reddito pro capite, fa ancora più impressione. Nella risoluzione di problemi gli Stati Uniti sono al trentasettesimo posto, peggio del Messico. E in matematica sono quintultimi, appena sopra il Messico, ma sotto l'Indonesia.

Molti attribuiscono questi dati desolanti alla mancanza di fondi, eppure gli Stati Uniti spendono per studente più di quasi tutte le altre nazioni, senza che se ne vedano i risultati. Tra il 1980 e il 2005, la spesa pubblica per ogni studente americano è cresciuta del 75% in termini reali, con impatto minimo o addirittura nullo sulle prestazioni scolastiche.[38] Il problema non è la mancanza di soldi, ma i metodi d'insegnamento che non funzionano. In un paese che misura e incrementa la produttività negli altri settori, l'istruzione è rimasta indietro.

Tramite test è possibile verificare le conoscenze degli studenti, ma non il rendimento degli insegnanti: con una classe di ragazzi ricchi dell'Upper East Side di Manhattan anche il peggior insegnante del mondo farà meglio di chi insegna in una classe di orfani del Bronx. La misura reale per valutare la produttività di un insegnante è la sua capacità di migliorare i risultati di un determinato studente. Una ricerca ormai famosa, con i dati di due grandi complessi scolastici di aree metropolitane del Tennessee, ha mostrato che se a due scolari di otto anni sono assegnati due maestri diversi, alla fine dell'anno quello che ha avuto il maestro migliore finirà nel novantesimo percentile della distribuzione delle prestazioni scolastiche, mentre quello con il maestro peggiore finirà nel trentasettesimo percentile.[39] Sono effetti la cui natura finisce per accumularsi nel corso degli anni e non ci sono prove del fatto che i bravi insegnanti possano in seguito ovviare ai danni provocati da quelli incompetenti.

Per i bambini svantaggiati le conseguenze della qualità dell'insegnamento sono ancora maggiori. Una ricerca mette in luce che nel corso di un anno accademico alcuni insegnanti sono in grado di produrre risultati didattici corrispondenti a un anno e mezzo, mentre altri con studenti dello stesso livello producono risultati corrispondenti a quelli di metà anno.[40] Se in un solo anno si può creare un divario di questo genere, immaginiamoci le dimensioni del divario che si accumula anno dopo anno: i bambini più sfortunati si trovano rapidamente così indietro da non poter recuperare.

Stranamente, non sembra esserci correlazione tra il livello d'istruzione di un insegnante e il suo rendimento.[41] Anche l'esperienza conta poco. Mentre i primi anni di esperienza affinano le abilità dell'insegnante, dopo il quinto anno pare non esserci più alcun miglioramento.[42]

Perché allora le prestazioni scolastiche della Finlandia sono così buone e quelle degli Stati Uniti così scarse? Uno studio condotto dalla società di consulenza internazionale McKinsey & Company offre una risposta assai semplice: tutto dipende dalla selezione degli insegnanti.[43] In Finlandia il processo di selezione è molto rigido. Gli aspiranti insegnanti affrontano prove di calcolo, di scrittura e *problem solving*. Gli intervistatori valutano le loro motivazioni, le capacità comunicative e l'intelligenza emotiva. A passare è solo un candidato su dieci. Qualcuno potrebbe vederla come una forma di controllo e, se equivale a un elenco formale di requisiti, lo è. Una selezione che si basi sulla qualità, però, è pura meritocrazia in azione.

Naturalmente, il gruppo dei candidati deve essere ampio. Gli stipendi alti attirano i candidati migliori, ma sono soldi gettati al vento se non c'è una selezione accurata. Il caso vuole che, secondo gli standard internazionali, gli insegnanti finlandesi non siano particolarmente ben pagati.

Un economista che si occupa di istruzione, Eric Hanushek, ha proposto un metodo semplice per migliorare le prestazioni scolastiche degli studenti: eliminare gli insegnanti peggiori. Ha stimato che, rimuovendo almeno il 6-10% degli insegnanti più incompetenti, il punteggio PISA degli americani aumenterebbe di 50 punti (ovvero la metà di una deviazione standard).[44] Ha mostrato anche che questo incremento è associato con uno 0,87% in più in termini di crescita annuale del PIL. Se sembra un piccolo risultato, consideriamo che negli ultimi due decenni la crescita media annuale del PIL dei Paesi OCSE per lavoratore è stata dell'1,5%. Dunque, tale aumento nei punteggi PISA si tradurrebbe in un aumento della crescita annuale del PIL pro capite del 58%; o, in altre parole, nella riduzione del numero di anni necessari per raddoppiare il PIL pro capite da 47 a 30.[45] Si tratta di un obiettivo realizzabile: la Polonia, per esempio, ha migliorato la sua prestazione in lettura di 29 punti in soli sei anni. Hanushek non prende in considerazione l'impatto di questo cambiamento sulla distribuzione dei redditi, ma i dati che abbiamo a disposizione indicano che esso potrebbe ridurre sostanzialmente le disuguaglianze salariali.

Sfortunatamente, la tendenza delle politiche americane degli ultimi anni va nella direzione opposta. La durata consueta del periodo di prova per una cattedra è di soli tre anni, quando un insegnante sta ancora imparando il mestiere e le valutazioni del rendimento sono frettolose e un po' simili alle ultime notizie da Lake Wobegon, il paese immaginario in cui anche tutti gli insegnanti sono sopra la media.[46]

Oltre a pregiudicare la competitività degli americani, rendimenti tanto scarsi infrangono il sogno americano. Il 90% dei ragazzi che a 15 anni non ha buone competenze in matematica non ha alcuna possibilità di frequentare le università migliori e in un mercato del lavoro competitivo ha poche chance di trovare un lavoro ben remunerato.

Purtroppo la situazione in Italia è anche peggio. Molti di noi hanno un'immagine idealizzata della scuola italiana, perché ne hanno visto solo il lato migliore. I licei del centro città sono ancora dei centri di eccellenza, o almeno lo erano quando io andavo a scuola. Ma se guardiamo i dati aggregati, l'Italia è ancora più scarsa degli Stati Uniti. Nell'indagine PISA del 2006, l'Italia è trentunesima su 41 in matematica, trentesima nella lettura e nella logica, ventottesima in scienze.

L'opportunità dei voucher

La disperante situazione del sistema formativo è originata da una presenza massiccia dello Stato, che permette alle lobby e al clientelismo di ottenere dei privilegi immeritati per i beneficiari, ossia i sindacati degli insegnanti. A mio modo di vedere, l'istruzione dovrebbe essere *a carico* dello Stato, oggi più di ieri, al fine di garantire a tutti il medesimo punto di partenza, ma non c'è alcuna ragione per cui debba essere *fornita* dallo Stato. Nel settore dell'istruzione riscontriamo lo stesso clientelismo che osserviamo a seguito degli interventi del governo in qualsiasi altra attività; il fatto che i beneficiari assumano le sembianze più amichevoli degli insegnanti piuttosto che quelle più odiose di ricchi capitalisti non cambia la nostra conclusione: il problema è il medesimo.

Una versione aggiornata dell'idea dei buoni scuola di Milton Friedman può aiutare a risolvere il problema. L'idea del buono scuola è di offrire libertà di scelta agli studenti, lasciando l'onere della spesa allo Stato. Ogni famiglia riceve un buono (voucher) da spendere nella scuola di sua scelta. Questo genera i benefici della competizione nel settore dell'istruzione, pur garantendo accesso a tutti.

L'idea del buono scuola è molto politicizzata, così come sono le ricerche che si propongono di valutarne l'impatto, e il modo in cui la stampa ne riporta i risultati. Confrontare il rendimento di studenti inseriti in un programma di buoni scuola con quello di studenti iscritti alla regolare scuola pubblica, come fanno alcuni ricercatori, è fuorviante: è probabile che la popolazione scolastica dei due campioni sia molto diversa.[47]

Il modo più corretto per tener conto delle diverse caratteristiche degli studenti consiste nell'assegnarli al programma dei buoni scuola o delle scuole pubbliche in maniera casuale. Gli studi che hanno adottato questo metodo rivelano che gli studenti che partecipano al programma dei buoni scuola rendono di più[48] o alla pari con quelli che frequentano le scuole pubbliche.[49]

Più importante ancora dell'effetto dei buoni scuola sui singoli studenti sono le conseguenze sull'intero sistema scolastico: la competizione introdotta dovrebbe produrre miglioramenti. I risultati sugli effetti globali sono ambigui.[50] Il motivo principale è che gran parte degli esperimenti sui buoni scuola ha un difetto di fondo: la sopravvivenza delle scuole pubbliche e gli stipendi dei loro docenti sono garantiti, indipendentemente da quanto risultino scarsi quando messi a confronto. Affinché i buoni riformino davvero il sistema, non solo gli studenti devono essere liberi di accedere a scuole ben funzionanti, ma gli insegnanti poco preparati delle scuole pubbliche devono rischiare di perdere il proprio lavoro.

Per creare un mercato per l'istruzione, comunque, servono ben più dei buoni. Occorre un sistema per aiutare le famiglie a selezionare gli insegnanti più validi. Fortunatamente, uno studio recente ha rilevato che «fornire ai genitori informazioni dirette sui punteggi della scuola ha avuto come risultato che un numero significativamente più alto di genitori ha scelto per i propri figli le scuole con i punteggi più alti».[51]

Ragged Dick, il personaggio inventato da Horatio Alger, conquista la rispettabilità imparando a leggere, scrivere e far di conto con l'aiuto di un compagno di stanza; oggi la formazione necessaria per accedere alla classe media non si ottiene così facilmente. Per gli Stati Uniti, ancora più preoccupante del punteggio PISA al di sotto della media, è l'elevato tasso di variabilità dei punteggi, che colloca gli USA ai primi posti insieme a Paesi come il Brasile, l'Indonesia, il Messico e l'Italia. Grande variabilità significa che una parte della popolazione ha un rendimento molto sotto la media. Questo gruppo si è già messo il sogno americano dietro le spalle prima ancora di cominciare a lavorare. C'è sicuramente bisogno di un sistema scolastico migliore, soprattutto per i poveri, e il miglior modo per crearlo è consentire ai bambini di famiglie a basso reddito di accedere alle scuole migliori con un programma di buoni scuola.

Il sistema dei buoni scuola può anche affrontare il problema della profonda disuguaglianza delle condizioni di partenza. Data l'intensità della competizione e il prevalere di un'economia dove «chi vince piglia tutto», la disuguaglianza dei punti di partenza indebolisce la motivazione e induce molti giovani a perdere la speranza. Più i genitori sono ricchi e istruiti, più i figli alla scuola primaria e secondaria beneficeranno dei corsi preparatori agli esami, delle attività extracurricolari fondamentali per le domande d'ammissione all'università, e delle lezioni private. I tentativi fatti dai college per ovviare a questo squilibrio nell'iter formativo sono insufficienti. Nel test di ammissione al college (SAT), le università d'élite private concedono 310 punti di aiuto agli studenti afroamericani e solo 130 punti agli studenti con basso reddito (su una scala da 400 a 1600): un'infanzia economicamente disagiata può ridurre di 399 punti i risultati ai test di ammissione all'università, mentre il fatto di essere afroamericano comporta un handicap di soli 56 punti. Offrire buoni di valore maggiore per chi parte da condizioni meno privilegiate, indipendentemente dall'etnia, è la soluzione migliore per combattere tale disuguaglianza.

Il sistema dei buoni scuola favorisce i figli di genitori coinvolti nell'educazione della loro prole capaci di scegliere in modo consapevole, ma lascia indietro quelli i cui genitori non vogliono o non riescono a scegliere la scuola adatta a loro. Per risolvere questo problema, immagino dei buoni di valore monetario più elevato per le scuole migliori che ammettano studenti svantaggiati: in questo modo, esse sarebbero finanziariamente incentivate a identificare gli studenti che partono da condizione disagiata.

I buoni scuola potrebbero aiutare a migliorare anche la condizione della scuola in Italia, dove l'insegnamento è finalizzato alla necessità di impiegare gli insegnanti, non di far imparare gli studenti. Si tengono in vita per esempio corsi di francese e tedesco, quando la maggior parte degli studenti vuole imparare l'inglese o, in seconda battuta, il cinese o l'arabo. Una burocrazia arcaica e finalizzata alla protezione degli insegnanti, non degli studenti, impedisce alla scuola italiana di funzionare. Mia figlia, che ha fatto un anno di scuola in Italia, si stupiva dell'esistenza di un orario provvisorio all'inizio dell'anno scolastico. L'inizio dell'anno scolastico non è una sorpresa, perché dunque un orario provvisorio? È una buona domanda. Abituato alla scuola italiana, io non mi ero mai posto il problema. Quando ho cercato una risposta, ho scoperto che gli insegnanti potevano comunicare all'ultimo momento la loro scelta di sede al provveditore, creando all'inizio dell'anno scolastico incertezza su quale insegnante sarebbe stato in quale scuola. A rimetterci sono gli studenti.

Serve una rete di protezione

Nel capitolo 4 abbiamo visto che, in caso di fallimento, una punizione dura può essere un grosso deterrente a correre rischi, e questo disincentivo è particolarmente forte quando le probabilità di successo sono ridotte: un'economia del «chi vince piglia tutto», quindi, scoraggia le persone dall'investire in capitale umano quando le conseguenze del fallimento sono molto severe. Costituire una rete di protezione non è solo un meccanismo per garantire consenso politico all'economia di mercato;[52] è anche un modo per incoraggiare la gente a investire nel proprio futuro. Un modo sicuro per fallire è non provarci nemmeno e, senza una rete di sicurezza che protegga dai costi del fallimento, tanti perdono anche la speranza.

Un elemento essenziale della rete di protezione è un meccanismo per la riduzione dei debiti personali quando il debitore, per ragioni indipendenti dalla sua volontà, non è nelle condizioni di rimborsarli. Un buon diritto fallimentare non lascia spazio per gli abusi, ma non è nemmeno troppo rigido. Il secondo elemento è un sussidio di disoccupazione abbinato all'opportunità di riqualificazione professionale. Come i buoni scuola, i buoni di riorganizzazione dovrebbero pagare i centri di riqualificazione in proporzione ai successi che ottengono nell'aiutare i disoccupati a trovare un nuovo impiego. Questi interventi dovrebbero essere tesi a proteggere gli individui, non le imprese. In un'economia di mercato le imprese inefficienti devono fallire, ma il costo non deve essere pagato dagli operai. Per di più, sbarazzarsi delle aziende inefficienti è più facile quando ciò non significa rendere indigenti i suoi dipendenti.

I trasferimenti che vanno per la maggiore oggi forniscono sussidi alle imprese piuttosto che protezioni agli individui. Se per esempio sommiamo la spesa media pro capite per Medicare e Medicaid (i due principali programmi di assistenza medica americana), il reddito del 20% più povero della popolazione aumenta del 50%.[53] È un contributo importante, ma non necessariamente il contributo che la gente vuole. Il Congressional Budget Office stima che agli occhi dei beneficiari questi contributi valgano meno della metà del loro costo reale, come se metà del valore del trasferimento fosse buttato al vento. Perché? Perché molti di questi sussidi sono stati ideati per permettere alle aziende farmaceutiche e ai dottori di guadagnare di più, piuttosto che per garantire ai destinatari i benefici più desiderati.

Conclusioni

Una divergenza tra produttività e salari esiste, ed è particolarmente evidente all'inizio di questo nuovo millennio. Scaricare la colpa sulla tecnologia non serve a niente. L'allargarsi della forbice dei redditi sta minando il consenso popolare verso un sistema di economia di mercato.

In questo capitolo abbiamo soltanto scalfito la superficie di ciò che andrebbe fatto. Cercare di uniformare le condizioni di partenza con una riforma del sistema scolastico che migliori la qualità dell'insegnamento è necessario, ma non sufficiente. Per ridurre gli effetti dannosi dell'economia delle superstar occorre promuovere la concorrenza in quei mercati in cui è scarsa. Ecco il tema del prossimo capitolo.

9

Combattere la disuguaglianza con la concorrenza

Il mercato, che è già uno stupendo meccanismo, [...] può dare risultati ancora più stupendi se noi sapremo perfezionare e riformare le istituzioni, i costumi, le leggi, entro le quali esso vive allo scopo di toccare i più alti ideali di vita.

Luigi Einaudi, *Lezioni di politica sociale*

Nell'ultimo capitolo ho indicato diverse ragioni per cui la classe media americana si sente schiacciata: da una parte i costi crescenti dell'istruzione universitaria e dell'assistenza sanitaria, dall'altra un'economia che premia solo e sempre più i ricchi e famosi. La soluzione a questi problemi credo consista nell'introdurre più concorrenza in tutti i settori.

I capitalisti clientelari siamo noi: gli accademici...

I capitalisti clientelari più pericolosi, lo abbiamo già detto, sono quelli che hanno la possibilità di mascherare le proprie richieste di protezione e di fondi con una nobile causa. E poiché poche cause sono più nobili dell'istruzione, gli accademici sono tra questi.

Anche il settore universitario americano è lungi dall'essere perfettamente concorrenziale. Una combinazione di sovvenzioni statali e di sistemi di accreditamento rende estremamente difficile l'ingresso di nuovi istituti. Cominciamo con l'accreditamento. Gli istituti professionali e le università profit dipendono pesantemente dai prestiti federali, che mettono i loro studenti nelle condizioni di pagarsi l'iscrizione. Ma il governo concede prestiti solo agli studenti che abbiano intenzione di iscriversi a istituti accreditati e le commissioni per l'accreditamento sono di solito composte da presidi di istituti già riconosciuti, che hanno quindi interesse a preservare il proprio privilegio da eventuali concorrenti. È come se si affidasse un pollaio a una volpe.

Questa posizione di mercato blindata vale anche per le università non profit. Dal confronto tra uno studio sulla reputazione delle università americane del 1906 e l'influente classifica stilata da «U.S. News & World Report» del 2011, due docenti di pedagogia hanno scoperto che una sola università privata, la Cornell University, è uscita dalle prime tredici, scendendo di posizione.[1] (Per fare un paragone col mondo delle imprese, solo una delle prime dodici società sul Dow Jones ha mantenuto la medesima posizione dall'inizio alla fine dello stesso periodo: la General Electric.) Tra le prime dieci università per gli studi umanistici secondo la «U.S. News & World Report» c'è stato un solo cambio di posizione negli ultimi vent'anni.

Questo ristagno ai vertici della classifica è conseguenza non tanto della barriera all'accreditamento quanto della natura di eccellenza dell'industria universitaria. Gli istituti con la reputazione migliore attirano gli studenti migliori che, a loro volta, richiamano i docenti migliori. Ma una simile stasi è altresì favorita dalle ingenti sovvenzioni statali, che riguardano anche le università meno prestigiose. Non sentendosi minacciati in alcun modo, gli atenei non hanno motivo di competere in modo aggressivo, neanche sulle tasse, che continuano così ad aumentare. Le sovvenzioni statali sono di vario tipo. Le università sono state tra le prime istituzioni a beneficiare di stanziamenti ad hoc (le «porcate» descritte nel capitolo 5). Nel 2010 hanno ricevuto 2 miliardi di dollari, compresi 14 milioni per il Research Center for Southeast Weather and Hydrology dell'Università dell'Alabama e 4 milioni per il National Center for Natural Products Research di Oxford, nel Mississippi.[2]

Gli stanziamenti ad hoc non sono certo gli unici sussidi all'istruzione superiore: esistono anche i prestiti per studenti. Secondo il Congressional Budget Office, il programma di prestito federale comporta un costo diretto per i cittadini pari al 12% della somma elargita.[3] Nell'anno accademico 2010-2011 i prestiti per studenti hanno toccato quota 107 miliardi di dollari, con un costo per i contribuenti di 13 miliardi. A questi aiuti finanziari bisogna aggiungere le borse di studio. Nel 2010 otto milioni di studenti hanno ricevuto le borse Pell Grant, per un totale di 28 miliardi di dollari.[4] Sommando tutti questi sussidi si ottiene che l'ammontare degli aiuti finanziari all'istruzione superiore è stato di 43 miliardi di dollari all'anno, senza peraltro considerare le sovvenzioni fiscali (per il risparmio dedicato a pagare le spese universitarie future), le agevolazioni fiscali (i rendimenti degli investimenti dei fondi di dotazione delle università, per esempio, non sono tassati) e i fondi destinati alla ricerca.

Troppo spesso si ignorano le notevoli conseguenze involontarie di queste sovvenzioni. La prima è l'effetto che hanno sul prezzo di equilibrio dei beni concessi. L'analisi microeconomica ci insegna che, se si sovvenziona la domanda di un bene la cui offerta non risponde molto al suo prezzo (in gergo, non è molto elastica), si ottengono due effetti: uno piccolo, sulla quantità del bene prodotto, e uno grande, sul suo prezzo. Nel caso delle università il problema è più grave che in quello del mercato immobiliare, visto che nella maggior parte delle città statunitensi c'è ancora spazio per costruire e l'offerta immobiliare risponde al prezzo. Ciò, al contrario, non vale per l'offerta universitaria, visti i limiti di spazio posti all'espansione delle università esistenti e le difficoltà di fondarne di nuove. Di conseguenza, come risultato dei finanziamenti all'istruzione superiore, si è avuto un aumento modesto delle immatricolazioni, ma un incremento significativo delle tasse. Come si è detto nel capitolo precedente, il costo effettivo delle tasse universitarie è più che raddoppiato. Queste sovvenzioni si traducono quindi o in alti profitti per le università profit o in salari elevati per i docenti delle università non profit. Benché insegni in una business school, anch'io beneficio indirettamente di quest'inflazione, che ha determinato gli aumenti di stipendio di tutti i docenti.

La seconda conseguenza involontaria delle sovvenzioni per l'istruzione è una distorsione del mercato del credito. Poiché il governo garantisce i prestiti di tutti gli studenti, i mutuanti non hanno alcun interesse a limitarli. Al momento di fare la scelta giusta, tutto l'onere fiscale ricade quindi sui mutuatari. Per uno studente non è facile cancellare i debiti, neppure con la bancarotta (una clausola che è stata peraltro rafforzata dal Bankruptcy Reform Act del 2005). Sfortunatamente un diciottenne senza alcuna esperienza commerciale non è in grado di giudicare la redditività di un investimento senza il consiglio di un esperto e, quando riceve questo consiglio (interessato), è sempre nella direzione di richiedere il maggior prestito possibile. In questo modo, gli studenti finiscono per contrarre debiti che molti di loro faticheranno a ripagare. L'ammontare dei prestiti per studenti ha raggiunto 1000 miliardi di dollari[5] e la percentuale degli inadempienti è salita dal 6,7% del 2007 all'8,8% del 2009. La situazione sembra matura per un'altra crisi del debito, una di quelle in cui la Sallie Mae – che eroga, redistribuisce e recupera i prestiti per studenti – può giocare un ruolo simile a quello della cugina Fannie Mae nell'ultima crisi: le università reciteranno la parte delle banche che traggono profitto dalle sovvenzioni e gli studenti quella dei proprietari di immobili indebitati fino al collo.

La bolla del mercato immobiliare ci ha insegnato che dovremmo smetterla di sostenere i prestiti. Ma come risolvere il fatto che gli studenti di colpo non potranno più permettersi di pagare le tasse? Una possibile soluzione a questo problema potrebbe essere un finanziamento azionario. Gli studenti riceverebbero i fondi con la garanzia di restituire al mutuante una percentuale del loro stipendio futuro o, ancora meglio, una percentuale dell'aumento di stipendio quale risultato dell'istruzione ricevuta. Questi contratti avrebbero due vantaggi. Innanzitutto suddividere il rischio di fallimento fra tutti gli studenti con le superstar che pagano di più anche per i meno fortunati. Ancora più importante, i finanziatori avrebbero tutto l'interesse a informarsi sulla qualità delle diverse università e consigliare opportunamente gli studenti, favorendo una scelta più consapevole. Questo spingerebbe le università a contenere i costi e a migliorare la qualità. Con tali incentivi in atto potremmo liberarci facilmente dell'accreditamento, eliminando così da una parte l'ennesima barriera all'entrata nel mercato dell'istruzione superiore e dall'altra una fonte di corruzione.

Perché mai allora dovremmo aver bisogno di coinvolgere il governo in questo programma? Perché i contratti di finanziamento tramite emissione di azioni richiederebbero una verifica del reddito degli ex studenti. Un compito troppo oneroso per i finanziatori, che potrebbero però agevolmente servirsi del monitoraggio del reddito tassabile dell'Internal Revenue Service (IRS), soprattutto dopo aver semplificato la definizione di reddito tassabile, come vedremo nel capitolo 12.

L'introduzione sul mercato di acquirenti attenti al rapporto qualità-prezzo promuoverebbe quell'innovazione di cui il settore ha tanto bisogno. Mentre in molti ambiti ci sono stati recentemente dei cambiamenti drastici, l'istruzione superiore rimane ferma al passato. Il professor Clayon Christensen della Harvard Business School ha auspicato un «cambiamento radicale» nelle aule universitarie, sfruttando le possibilità offerte dalle tecnologie di rete.[6] Non so se le tecnologie di rete siano la soluzione. Quello che so è che un tale cambiamento è assolutamente necessario e che interrompere le sovvenzioni e promuovere la concorrenza rappresentano due passi importanti in questa direzione.

In Italia il problema del debito privato degli studenti non esiste, perché la stragrande maggioranza del costo delle università è sulle spalle della collettività e si trasforma in debito pubblico. Ma il problema della qualità dell'offerta universitaria è ancora peggiore. L'ISTAT ci informa che a tre anni dalla laurea solo il 62% dei giovani ha un'occupazione. E la media delle loro retribuzioni è di 27.000 euro, contro i 41.000 euro di un loro collega americano; un divario che è superiore a quello tra il PIL pro capite italiano e statunitense. Delle due l'una: o in Italia ci sono troppi laureati, o il meccanismo di produzione dei laureati (cioè il sistema universitario) non funziona.

È difficile sostenere che in Italia ci siano troppi laureati. Mentre negli Stati Uniti il 25% della popolazione sopra i 15 anni ha un diploma di laurea, in Italia siamo al 5%, come la Siria, meno di Ecuador e Bolivia, la metà del Perù. Dal punto di vista della loro occupabilità, il problema non è il numero ma la qualità dei laureati. Dopo il crollo dell'Unione sovietica i magazzini erano pieni di televisori invenduti. Forse che non c'era domanda di televisori? No. È che nessuno voleva *quei* televisori.

L'esempio è particolarmente calzante. L'eccesso di produzione di merci indesiderate è tipico delle economie pianificate. Quando l'offerta viene decisa a livello centralizzato e non si tiene conto della reazione della domanda, si finisce inevitabilmente per produrre beni che il mercato non vuole. È proprio ciò che è successo all'università italiana. Tranne eroici casi individuali, la domanda per il «prodotto» laureato non influenza l'offerta.

È più utile per un laureato in legge studiare diritto romano o contabilità? Su questioni come questa la scelta non viene affidata al mercato ma ai consigli di facoltà e al ministero, che stabiliscono quali siano i corsi obbligatori. E lo fanno non sulla base di una conoscenza della domanda per il prodotto «laureato in legge», ma in una logica di lotte di potere tra cattedratici di varie discipline. Più insegnamenti obbligatori significano più posti per piazzare i propri ricercatori e quindi più potere di alcuni cattedratici sugli altri. A scienze politiche, per esempio, è obbligatoria statistica ma non matematica, perché gli statistici in Italia sono più potenti dei matematici e non perché la prima sia più importante dell'altra (come si fa a studiare la prima senza conoscere la seconda?). Tra l'altro, va notato che la cultura statistica in Italia è mediocre.

La reazione della domanda, si può obiettare, viene dalla scelta degli studenti. Se la laurea in giurisprudenza diventa obsoleta e non incontra i favori del mercato i giovani migreranno a ingegneria, o viceversa. Purtroppo lo Stato indebolisce anche questo meccanismo in due modi. Primo, riconosce un valore legale al titolo di studio (indipendentemente dal suo valore educativo). Per accedere a molti concorsi statali è necessaria una laurea, qualsiasi essa sia. Questo riduce la sensibilità del consumatore (lo studente) alla qualità del prodotto. Secondo, lo Stato sussidia fortemente la domanda. Mentre uno studente costa mediamente all'erario 15.000 euro all'anno, la tipica matricola paga poco più di 1000 euro. Ciò sostiene artificialmente la domanda per un prodotto di scarsa qualità.

In questa situazione aumentare le risorse destinate all'università equivale a sovvenzionare ulteriormente le fabbriche sovietiche di televisori difettosi: uno spreco totale. Per risolvere il problema è necessario attivare le leggi del mercato. Ed è molto più semplice di quello che sembra.

Per sensibilizzare i consumatori alla qualità del prodotto è necessario far pagare loro il costo reale del prodotto. Paradossalmente un'iniziativa altamente progressista. L'università quasi gratuita è una redistribuzione dai poveri (che pagano le imposte ma non vanno all'università) ai ricchi (che ottengono in servizi universitari più di quanto pagano). Se la sinistra ha veramente a cuore le classi meno agiate dovrebbe quindi farsi portabandiera di questo cambiamento. E per evitare che la retta universitaria sia un ostacolo per gli studenti capaci ma indigenti, basta trasformare l'attuale sussidio in finanziamenti azionari come quelli descritti sopra. Invece che pagare 15.000 euro all'università per ogni iscritto, lo Stato può favorire la formazione di contratti di finanziamento: pagando di tasca propria, lo studente diventerà molto più sensibile alla qualità. In aggiunta, questa riforma ha il vantaggio di ridurre la spesa statale.

Il secondo passo per aumentare la sensibilità del consumatore alla qualità è l'eliminazione della domanda artificiale del «pezzo di carta» abolendo il valore legale del titolo di studio. Nessuno negli Stati Uniti si sognerebbe di pensare che una laurea ad Harvard sia equivalente a una alla Colgate University. Perché noi in Italia dobbiamo imporre quest'equivalenza per legge?

La terza e ultima fase della riforma consiste nel garantire a ciascuna università totale autonomia, finanziaria e didattica. Solo quelle che offriranno un servizio superiore al costo saranno in grado di sostenersi con i proventi delle rette. Le altre si adegueranno o chiuderanno, con grandi benefici per la collettività.

... e l'industria della salute

Tra il 1999 e il 2009 il reddito medio effettivo di una famiglia americana di quattro persone è aumentato solamente dell'1%. Se poi sottraiamo i costi dell'assicurazione sanitaria, scende in realtà del 5%.[7] Ma se l'aumento del costo dell'assicurazione sanitaria è già calcolato nell'indicizzazione all'inflazione, perché dovremmo sottrarlo ancora? Dopotutto, non detraiamo, per esempio, il costo dell'istruzione quando calcoliamo il reddito.

La risposta è che negli Stati Uniti l'assistenza sanitaria, diversamente dalla maggior parte dei beni e servizi, non si acquista su un libero mercato. La maggioranza dei dipendenti non ha molta scelta: *deve* acquistare la copertura assicurativa fornita dal proprio datore di lavoro. Questo sistema, sponsorizzato proprio dai datori di lavoro, presenta due importanti difetti: distorce la scelta delle opportunità d'impiego e nasconde i costi reali dell'assicurazione agli occhi di chi la paga.

Anche prima che la riforma di Obama diventasse legge, il sistema sanitario americano era significativamente falsato dall'intervento dello Stato, che aumenta la domanda di servizi, i prezzi e i profitti dell'industria, senza necessariamente migliorarne la qualità. Solo il 15% dei fondi usati per comprare le assicurazioni sanitarie è controllato dai beneficiari, mentre il 33% è gestito dai datori di lavoro e il 52% dallo Stato.[8] Anche se i dipendenti finiscono per pagare il costo dell'assicurazione attraverso una riduzione dello stipendio, contrastano gli sforzi dei datori di lavoro tesi al contenimento dei costi, perché li percepiscono come un taglio ai loro benefici. Prevedendo di dover rimborsare ai lavoratori in parte o tutto ciò che hanno risparmiato sulle spese sanitarie, i datori di lavoro non hanno grande interesse a ridurle.

Non solo questa valanga di denaro non è servita a migliorare la qualità dell'assistenza sanitaria, ma potrebbe addirittura averla peggiorata. Uno studio recente mostra che gli Stati in cui l'assistenza pubblica Medicare paga di più hanno una qualità dell'assistenza medica di livello inferiore.[9] I decenni spesi nella ricerca sul campo mi hanno reso riluttante a considerare qualsiasi nesso come una relazione di causa ed effetto. Tuttavia l'indagine documenta in modo convincente il meccanismo attraverso cui questo risultato controintuitivo funziona. Esistono alcune semplici e consolidate prassi, come l'impiego di betabloccanti dopo un attacco di cuore o un esame della vista per i diabetici, che sono economiche, hanno notevoli benefici medici e raramente presentano controindicazioni. Negli Stati in cui esiste una maggiore percentuale di medici generici anziché specialisti, l'adozione di queste pratiche semplici ma efficaci viene usata con maggiore frequenza. Al contrario, negli Stati che spendono di più per Medicare il rapporto specialisti-medici generici è più alto rispetto agli altri. Si potrebbe inferire – benché gli autori non lo facciano – che gli specialisti propendano sistematicamente per trattamenti più avanzati e costosi, con dubbi benefici per i pazienti, ma sicuro aggravio per le casse statali.

Come siamo finiti in questo pasticcio? Il fatto è che l'industria sanitaria è riuscita a nascondere i costi dei suoi servizi all'americano medio. Molti dipendenti che hanno la fortuna di avere un'assicurazione non sono consapevoli del suo costo effettivo, visto che i datori di lavoro pagano la maggior parte del carico con dollari al lordo delle imposte. Il sistema ricorda le imposte europee sulle vendite, che sono incluse nel prezzo finale dei beni. Negli Stati Uniti, invece, le tasse vengono aggiunte al prezzo nel momento in cui il consumatore acquista il prodotto; in tal modo si rende visibile la pressione fiscale e – poiché i consumatori possono protestare più facilmente contro gli aumenti – si mantengono le imposte più basse. Perché non è possibile applicare questo principio all'assistenza sanitaria? Una maggiore tracciabilità dei costi porterebbe a una maggiore pressione per contenerli.

Tra il 1974 e il 1982, la RAND Corporation ha assegnato, secondo una logica casuale, diversi piani assicurativi e ha poi monitorato i comportamenti degli assicurati nel tempo.[10] Lo studio ha dimostrato in modo inequivocabile che la partecipazione alla spesa riduce l'abuso dei servizi sanitari. Recentemente lo Stato dell'Indiana ha adottato un piano sanitario che istituiva dei particolari depositi di risparmio sanitario, finanziati per il 55% dallo Stato, con cui i consumatori potevano pagare una maggiore quota dei costi dei servizi. Uno studio di Mercer Consulting mostra che il piano dell'Indiana ha ridotto le richieste di rimborsi medici del 10,7% e i costi del 15%.[11] Non c'è alcuna evidenza di un peggioramento della qualità della salute. Il risparmio sembra essere il risultato di due scelte dei pazienti: il passaggio dai farmaci di marca a quelli generici e dai medici specialisti ai medici generici.

Una soluzione al problema dell'aumento delle spese mediche è garantire più potere ai consumatori. Anche se la maggior parte di loro non sarebbe in grado di determinare le cure migliori, la libertà di scelta aprirebbe delle opportunità di mercato per gli esperti capaci di conquistarsi la fiducia dei consumatori. È ciò che succede con le lavastoviglie e le automobili: molti tra i consumatori non sono in grado di valutarne la qualità ed è per questo che esistono realtà come il mensile «Consumer Reports», che fornisce valutazioni ai propri abbonati. Se non vi fidate del giudizio del governo in materia di automobili (specialmente adesso che si è messo a produrle con la General Motors), perché mai dovreste farlo quando di tratta di assistenza sanitaria?

Il sistema sanitario italiano è pressoché tutto statale: al consumatore non è lasciata alcuna scelta, se non di rivolgersi al mercato privato, quando c'è. Non sono a conoscenza di studi sistematici sulla distorsione che tale intromissione produce, ma i continui scandali nella sanità suggeriscono il grado di corruzione del processo. Le imprese farmaceutiche fanno pressione per essere ammesse nella lista dei medicinali forniti gratuitamente, perché ciò assicura loro ampi guadagni. Quando questo non avviene tramite attività di lobby, avviene tramite tangenti. L'assicurazione medica per tutti è un principio in cui, giustamente, la stragrande maggioranza degli italiani crede. Ma è possibile ottenere questo risultato senza la corruzione e l'inefficienza del sistema italiano? La risposta è sì, basta introdurre elementi di scelta come nel piano dell'Indiana o nell'esperimento della RAND Corporation.

Promuovere attivamente la concorrenza

Nei due paragrafi precedenti ho illustrato due esempi in cui la regolamentazione e le sovvenzioni statali scoraggiano l'analisi comparativa e, di conseguenza, la concorrenza. In questi casi la soluzione è ovvia: se si rimuovono la regolamentazione e/o le sovvenzioni, i benefici della concorrenza non tarderanno a manifestarsi. Più difficile è capire se il governo può avere un ruolo attivo nel promuovere la concorrenza. Lasciamo per un attimo da parte la questione se un legislatore soggetto a cattura sarebbe in grado di farlo, e domandiamoci invece se, volendo, può farlo.

In un mercato ideale, privo di frizioni, il ruolo del legislatore sarebbe strettamente limitato alla definizione dei diritti di proprietà, ruolo su cui mi soffermerò fra un attimo. Nel mondo reale, tuttavia, ci sono frizioni importanti che non possono essere ignorate, in particolare nel settore dei consumatori. Il crescente campo dell'economia comportamentale ha rilevato che i consumatori non agiscono sempre in modo razionale.[12] Molte persone (me compreso) sono troppo ottimiste sulla propria abilità di pagare in tempo le bollette, dimenticano di sospendere gli abbonamenti indesiderati che si rinnovano automaticamente, sono troppo fiduciose sullo stato futuro delle proprie finanze e così via. Ma queste debolezze umane non si tradurrebbero in gravi perdite finanziarie individuali se le aziende non le sfruttassero sistematicamente a proprio vantaggio.

I contratti delle carte di credito sono pensati per trarre profitto proprio dagli ottimisti che restano indietro con i pagamenti, in America i mutui a tasso di interesse variabile hanno un tasso iniziale molto vantaggioso per approfittare dell'ingenuità di chi non tiene il futuro in debito conto, e le offerte di lancio gratuite di prodotti che dopo poco tempo diventano a pagamento – e i cui costi vengono addebitati in automatico sulla carta di credito – sono concepite per far leva sulla nostra disattenzione. Sfortunatamente la concorrenza può fare poco o nulla per risolvere il problema.[13] Finché ci sarà un numero sufficiente di consumatori eccessivamente fiduciosi, le società di carte di credito non avranno interesse a offrire tassi più bassi sull'ammontare non pagato e le società di mutui a evitare tassi iniziali allettanti.

La ragione è abbastanza evidente: se le imprese facessero

offerte più eque, la maggior parte delle persone non le sfrutterebbe perché non presta la dovuta attenzione alle proprie finanze. Sono i più razionali, invece, ad approfittarne, quei consumatori molto parsimoniosi che non interessano alle aziende perché poco redditizi. Al massimo, quindi, la concorrenza spinge le aziende a catturare l'attenzione dei consumatori distratti, proponendo loro mutui a tassi iniziali ancora più vantaggiosi o gonfiando ulteriormente le penali.

Si potrebbero ritenere innocue queste pratiche e concludere che i clienti impareranno col tempo. Per esempio, la mia esperienza mi ha insegnato a rifiutare qualunque abbonamento che implichi un rinnovo automatico, a prescindere da quanto sia allettante l'offerta. Dopotutto, uno dei princìpi fondamentali del commercio è *caveat emptor* («attento, consumatore!»). Se volessimo proteggere i consumatori dai loro stessi passi falsi, finiremmo per eliminare ogni incentivo agli acquisti oculati, che è poi uno dei pilastri di un'economia fondata sul mercato. Ma non esiste una via di mezzo tra il fare da balia agli utenti e il lasciarli indifesi di fronte ad aziende sempre più sofisticate?

La Harrah's Entertainment (oggi Caesars Entertainment) ha incrementato le entrate del 104% applicando moderne tecniche di marketing al gioco d'azzardo. Ha cercato nelle sue banche dati consumatori «che mostrassero tratti comportamentali tipici del giocatore incallito, come premere rapidamente i tasti delle slot machine», e ha inviato loro un'offerta che li inducesse a giocare più spesso.[14] Se in futuro si dovesse giungere all'identificazione di un gene della dipendenza dal gioco o dall'alcol, sarebbe socialmente auspicabile che le aziende prendano di mira chi soffre di tale predisposizione genetica con una mirata strategia di marketing?

Non è solo una questione di legittima tutela del consumatore: è anche una questione di efficienza economica nel suo insieme. Gli sforzi impiegati per mettere a punto proposte sempre più sofisticate, in grado di ingannare i consumatori, sono uno spreco sociale non solo per le risorse dedicate a questa attività socialmente inutile, ma perché la prospettiva di facili profitti spinge troppe imprese a entrare in questi settori (come gli agenti immobiliari del capitolo 4). Per esempio, nel mercato delle carte di credito abbiamo visto un eccesso di entrata di nuove imprese, come testimoniano le tonnellate di offerte di carte di credito che riceviamo ogni giorno per posta. E i primi innovatori useranno senza dubbio parte dei loro profitti per esercitare pressioni sul legislatore al fine di evitare l'ingresso di nuovi potenziali concorrenti sul mercato.

Nella maggior parte dei casi le disposizioni richieste per limitare queste distorsioni sarebbero minime. Vietare tassi iniziali troppo attraenti, per esempio, non limita affatto la concorrenza: la sposta sul tasso effettivo pagato per l'intera durata del mutuo, piuttosto che sul tasso del primo anno. Chiedere alle aziende di inviare un avviso ai propri clienti prima di un rinnovo automatico non comporta gravi oneri. In altri casi, la soluzione è più complessa: per esempio, come evitare di sfruttare la dipendenza.

Comunque sia, è poco probabile che un legislatore in carica prenda provvedimenti contro simili pratiche. Abbiamo buone ragioni per temere che qualsiasi intromissione del governo possa solo distorcere ulteriormente il mercato. Una tattica più efficace consisterebbe nello svergognare pubblicamente chi si comporta in tal modo, ma di questo parlerò nel capitolo 10.

Ripensare l'antitrust

Nel capitolo 3 abbiamo visto come le leggi antitrust giovino a un sistema economico concorrenziale. Tradizionalmente, tuttavia, il dipartimento di Giustizia e la Commissione federale per il commercio (i due enti americani preposti alla tutela della concorrenza) hanno intentato cause antitrust sulla base di analisi prettamente economiche dei costi e benefici, per esempio, di una fusione. Eppure, gran parte di questo libro dimostra quanto sia vasta – anche in termini economici – l'influenza politica che un'impresa può acquisire grazie alle risorse di cui dispone e grazie alle sue dimensioni (e quindi dal numero di voti che è capace di influenzare). L'attuale atteggiamento dell'antitrust ignora il maggiore potere politico che può derivare da una fusione.

La ricerca accademica dimostra che, quando una banca è molto grande rispetto all'ente che la regola, quest'ultimo sarà più indulgente,[15] favorendola rispetto alla concorrenza. Se due banche si fondono, e diventano l'entità più grande regolata da un ente, possono conquistarsi un ingiustificato vantaggio anche nel caso in cui non ottengano alcun potere di mercato nel senso tradizionale.

Se le analisi dell'antitrust prendessero in considerazione tale eventualità, molte fusioni che oggi sono considerate positive per il benessere generale si dimostrerebbero di fatto negative, e sarebbero bloccate o soggette a restrizioni. Per esempio, le fusioni che danno origine a entità troppo potenti politicamente potrebbero essere sottoposte a limitazioni sulle potenziali azioni di lobby. Questo sarebbe un cambiamento rivoluzionario.

La concorrenza nell'economia dell'informazione

Per il funzionamento dell'economia manifatturiera erano sufficienti i diritti basilari di proprietà e la capacità del governo di incidere sulla distribuzione del reddito tramite ingerenze nella definizione dei diritti di proprietà era molto ridotta.

Ma nell'economia dell'informazione i beni sono immateriali. Anche minimi cambiamenti nella definizione di ciò che si intende per proprietà e di ciò che occorre per difenderla possono avere conseguenze enormi sulla redditività di un'impresa.

Si pensi, per esempio, alla legge sulla privacy. Le norme su ciò che Google può o non può fare con i miliardi di dati a sua disposizione ne influenzano profondamente la redditività. Un altro caso è la legge antipirateria. Nel gennaio 2012 il Congresso americano ha considerato due diverse proposte per rafforzare i diritti d'autore in rete. Se da una parte è giusto combattere la pirateria online e la violazione dei diritti d'autore, dall'altra queste proposte conferivano al dipartimento della Giustizia poteri talmente grandi da consentirgli di chiudere qualunque sito web contenente un link a un film pirata. Non solo questa proposta era restrittiva della libertà individuale, ma favoriva le grandi imprese a svantaggio delle nuove entranti. Mentre le grandi aziende come Facebook o Google possono assumere team di avvocati per difendere i propri siti, le nuove piccole imprese no. Una legge simile scoraggia la competizione e ha notevoli ripercussioni sulla distribuzione del reddito.

Si pensi anche alle leggi in materia di brevetti e diritti d'autore. In entrambi i casi la legge dovrebbe trovare un fragile equilibrio tra una giusta protezione degli innovatori e una iperprotezione degli stessi. La protezione è necessaria per stimolare l'innovazione, ma il monopolio temporaneo che ne deriva crea inevitabilmente – come tutti i monopoli – degli squilibri. Inoltre l'eccessiva protezione degli innovatori aumenta l'«effetto superstar» sul sistema economico, e a pagarne le conseguenze sono i cittadini, che non possono beneficiare di prezzi più bassi.

Benché storicamente nelle leggi in materia di brevetti e diritti d'autore gli Stati Uniti abbiano raggiunto un buon equilibrio, di recente non sono mancate le eccezioni. L'esempio più noto di questo nuovo squilibrio è il Copyright Term Extension Act (CTEA) del 1998, che estende di altri vent'anni la durata dei diritti di autore. Secondo la vecchia normativa, l'opera di un autore era protetta fino a cinquant'anni dopo la sua morte, mentre ora fino a settanta. La durata dei diritti presenta dei costi (riduce la diffusione dell'opera di un autore) e dei benefici (incentiva la produzione). La nuova legge, però, non può introdurre alcun incentivo per le opere prodotte prima del 1998 (cioè prima dell'introduzione della legge), ma solo costi, dovuti alle restrizioni in essa contenute. In altri termini, non c'era nessuna ragione economica valida per estendere questo beneficio a opere già prodotte. Eppure il CTEA le ha incluse, assecondando il potere delle lobby aziendali.

Non a caso il CTEA è anche conosciuto come il Mickey Mouse Protection Act, perché ha garantito un'estensione di vent'anni al monopolio della Walt Disney sui suoi famosi personaggi animati. Si tratta quindi di una tassa imposta agli amanti di Topolino per il bene degli azionisti e dell'amministratore delegato Michael Eisner che, dopo ventun anni a capo della Disney, se n'è andato con 612 milioni di dollari in tasca.

Ripensare la corporate governance

Ridurre i costi dell'assistenza sanitaria e dell'istruzione universitaria negli Stati Uniti renderebbe le crescenti disuguaglianze economiche meno dolorose, ma non le eliminerebbe. Per fare un passo in quella direzione occorre ripensare la *corporate governance* , dato che una cattiva corporate governance porta a molti dei problemi che abbiamo esaminato, compresi i supersalari dei dirigenti, l'eccessivo lobbismo, l'illecito aziendale, l'amministrazione poco trasparente e il clientelismo.

Ma esattamente cosa non funziona nella gestione attuale delle aziende? A prima vista, può sembrare che le imprese operino secondo criteri strettamente di mercato. Le imprese sono dirette da consigli di amministrazione, i cui membri dovrebbero agire nell'interesse degli azionisti. Se un membro del consiglio non segue questo principio la sua reputazione ne risentirà e gli inviti a entrare in altri consigli si ridurranno, così come i suoi guadagni futuri.[16] Con queste forti motivazioni ad amministrare bene un'impresa, perché i membri dei consigli di amministrazione falliscono così spesso nel loro compito?

La ragione è nel termine «reputazione» e nell'assunto appena esposto per cui i membri dei consigli sono incentivati a mantenere una reputazione di competenza nei confronti degli azionisti. Nel mercato immobiliare gli ispettori immobiliari dovrebbero lavorare per gli acquirenti di case, che li pagano, eppure molto spesso a indicare il loro nominativo non è l'acquirente ma l'agente immobiliare. Egli lavora su commissione: se un ispettore riscontra un problema che dissuade dall'acquisto il potenziale cliente, l'agente perde la commissione. È ovvio quindi che gli agenti tendano a raccomandare ispettori che sembrano scrupolosi ma che in realtà non sollevano troppe questioni. Naturalmente non tutti gli ispettori si comportano similmente, come ho scoperto io stesso quando mi sono rivolto a un ispettore di provata onestà: dopo averne comunicato il nome all'agente immobiliare, quest'ultimo ha avuto una crisi di nervi. Se ci fossero più clienti pignoli come me, si aprirebbe un mercato per gli ispettori scrupolosi.

Nel mercato immobiliare questo non rappresenta un enorme problema, visto che le tariffe per un'ispezione non sono abbastanza elevate da tentare l'integrità di molti ispettori. Diventa invece un problema enorme per il mercato dei consiglieri di amministrazione. Come per gli ispettori immobiliari, parecchi consiglieri pensano alla propria reputazione agli occhi di chi li nomina.

Le elezioni per i consigli di amministrazione ricordano le elezioni parlamentari dell'ex Unione Sovietica. Il numero dei candidati è uguale al numero delle poltrone. Quindi di fatto i votanti non scelgono: al massimo possono protestare astenendosi dal votare. Il voto però è pubblico, quindi gli investitori che votano contro il management rischiano ritorsioni nel caso in cui (come sempre accade) venga rinnovato il consiglio in carica. Ma oltre al danno c'è anche la beffa: la lista dei candidati è stilata dai consiglieri in carica. Sebbene oggi molte aziende abbiano una commissione nomine da cui è escluso l'amministratore delegato in carica, succede spesso che i potenziali candidati siano passati al vaglio da lui: in genere quelli meno acconsenzienti sono ostracizzati e non vengono rinnovati.

È il caso di Robert Monks, un laureato della Harvard Law School che lavorò al dipartimento del Lavoro sotto Ronald Reagan. Monks è stato un critico spietato delle prassi di corporate governance, e su un piano non solo teorico ma anche pratico. Nel 1998 Nell Minow, un'altra attivista nel campo del governo d'impresa, mi raccontò di come Monks non fosse stato rinnovato come consigliere di amministrazione a causa del suo atteggiamento eccessivamente critico. Quando egli sollevò dubbi sulle prassi del consiglio, il presidente chiese a una società di consulenza di dare una valutazione del consiglio. Il risultato non tradì le aspettative del presidente: nel rapporto della società di consulenza si leggeva che il consiglio funzionava alla perfezione, tranne un elemento di disturbo. Non furono fatti nomi, ma tutti sapevano chi fosse: alle elezioni successive Monks non venne rieletto.

Quando Minow mi raccontò questa storia, si rifiutò di rivelarmi il nome dell'azienda. Ma lo fece molti anni dopo: si trattava della Tyco, al centro di uno dei maggiori scandali aziendali del nuovo millennio. E il presidente che provocò l'allontanamento di Monks era Dennis Kozlowski, che ora sta scontando una condanna di venticinque anni al Mid-State Correction Facility di Marcy (New York). I reati vanno dall'appropriazione indebita di 81 milioni di dollari sotto forma di bonus non autorizzati allo spreco di denaro di proprietà dell'azienda. Kozlowski è noto ai più per aver pagato 1 milione di dollari per una copia di ghiaccio del

David di Michelangelo che urinava vodka Stoličnaya alla festa per i quarant'anni della sua seconda moglie.[17] Il costo totale della festa (2 milioni di dollari) fu addebitato agli azionisti come spesa per un'assemblea dei soci.

Corruzione e frode aziendali sono il risultato dello scarso controllo, che a sua volta è effetto della volontà dei membri del consiglio d'amministrazione di non mettere in discussione il CEO. Certo, molti di loro fanno bene il proprio lavoro, e lo fanno *nonostante* gli incentivi. Ma come esistono ispettori immobiliari interessati ad avere una buona reputazione agli occhi degli agenti piuttosto che dei clienti, così esistono consiglieri più interessati a far piacere all'amministratore delegato che agli azionisti.

Per risolvere questo problema occorre nominare consiglieri che operino nell'interesse degli azionisti. Attualmente questo non è possibile per via del regolamento introdotto dalla SEC (la CONSOB americana), ideato per il timore che la politica interferisse nella gestione aziendale. Durante la guerra del Vietnam molti attivisti politici trasformarono le assemblee degli azionisti in luoghi di protesta, e ancora oggi i gruppi impegnati sul fronte politico cercano di promuovere il loro programma a spese degli azionisti. Se ciascun azionista potesse chiedere un referendum per qualsiasi cosa, il prezzo da pagare per gestire un'impresa sarebbe enorme.

Come spesso accade, una buona ragione è utile per nasconderne una cattiva, ossia proteggere i manager in carica dalla concorrenza. Al momento i consigli di amministrazione in carica hanno tutto dalla loro parte. Per esempio, possono formulare una lista di candidati al consiglio e inviarla tramite posta a tutti gli azionisti a spese dell'azienda. Se volessero fare la stessa cosa, gli azionisti dovrebbero sostenere una battaglia per le deleghe il cui prezzo è talmente alto da scoraggiare chiunque. Com'è possibile cambiare le cose evitando di aprire la porta dei consigli di amministrazione alla politica? La soluzione è semplice. È sufficiente favorire la presentazione da parte degli investitori istituzionali di alcuni candidati al consiglio e riservare loro delle poltrone nella misura in cui raccolgono un consenso sufficientemente ampio.

L'esigenza di porre una quota minima – un genere di vincolo a cui io di solito sono contrario – nasce dal bisogno di dare la spinta iniziale per la creazione di un nuovo mercato per consiglieri di amministrazione che agiscano nell'interesse degli azionisti. Se un'azienda introducesse da sola il requisito di un numero minimo di rappresentanti degli investitori istituzionali la misura non servirebbe a molto, poiché, non essendoci un mercato per consiglieri di amministrazione che agiscono nell'interesse degli azionisti, le future opportunità di carriera dei consiglieri continuerebbero a dipendere in larga misura dall'opinione che ne ha di loro l'amministratore delegato, e quindi continuerebbero a trovare conveniente essere docili. Solo se applicato contemporaneamente a molte società il principio potrebbe funzionare, di qui la necessità della quota. In dieci anni la quota potrebbe diventare superflua, se si sviluppasse un mercato attivo per consiglieri davvero indipendenti.

L'alta soglia di sbarramento per queste posizioni – almeno un terzo dei voti degli azionisti – impedirebbe che finiscano nelle mani di attivisti con scarse partecipazioni azionarie e interessi in conflitto con quelli sociali. Per gli investitori istituzionali votare non è molto costoso, ma organizzarsi sì. Perciò, a differenza dei requisiti in termini di voti conseguiti, la percentuale di azioni richieste per presentare una lista dovrebbe essere bassa. Questo è l'esatto opposto di quello che accade oggi: i requisiti per presentare una lista sono elevati, mentre i voti necessari per essere eletti no.

I consiglieri nominati dagli investitori istituzionali tenderebbero a sostenere gli interessi degli azionisti. Una volta che tali rappresentanti siedono nei vari consigli e influiscono sulla nomina di consulenti e legali, diventa nell'interesse di quest'ultimi diventare paladini degli interessi degli azionisti. La giurisprudenza seguirebbe. Così, almeno per quanto riguarda la corporate governance, il mercato avrebbe la sua lobby.

Conclusioni

Quando si cresce non sempre la metamorfosi è gradevole. Capita spesso che le mani e i piedi crescano più velocemente rispetto al resto del corpo e portino a una transitoria goffaggine, tipica di quella fase della vita che è l'adolescenza. L'economia americana e mondiale si trovano in questa fase adolescenziale: da economie locali si stanno trasformando in una sola grande economia globale. Da una parte questa trasformazione ha portato cambiamenti positivi, ma dall'altra ha causato anche difficoltà.

Un medico che cercasse di contenere la crescita sproporzionata dei piedi di un adolescente sarebbe accusato di imperizia. Ma se in quell'adolescente inizia a svilupparsi una scoliosi, allora il suo intervento diventa fondamentale. Porre un freno alla globalizzazione e «correggere» le scelte di mercato sarebbe imperizia economica; intervenire per ridurre al minimo gli effetti collaterali e assicurare una salutare concorrenza in ogni settore è una misura non solo positiva ma anche necessaria. Nei capitoli successivi evidenzierò le aree in cui bisogna intervenire.

10

L'urgenza di un'etica basata sul mercato

Si può verosimilmente affermare che molta dell'arretratezza economica nel mondo può essere spiegata con la mancanza di fiducia reciproca.
Kenneth Arrow,
premio Nobel per l'Economia

Alla Booth School of Business dell'Università di Chicago, dove insegno, gli studenti non possono limitarsi semplicemente a iscriversi a un corso: devono aggiudicarsi il posto mediante un'asta. Fedele ai princìpi del libero mercato, la scuola ha escogitato un sistema che massimizzi la soddisfazione degli iscritti mettendoli in competizione fra loro per assicurarsi i corsi dei docenti che preferiscono.

Condizione perché questo mercato funzioni regolarmente, al pari di qualsiasi altro, è che vengano rispettate non solo una serie di norme scritte ma anche alcune regole sociali. A riprova di questo asserto, analizziamo un problema che l'università ha dovuto affrontare nella gestione di questo meccanismo d'asta. Il sistema prevede che, all'inizio del corso di studi biennale, ogni studente riceva un numero fisso di punti, che potrà utilizzare in seguito per aggiudicarsi i corsi preferiti. Il «costo» di un corso dipende dal numero e dall'entità delle offerte fatte dagli studenti. Quando per un corso la domanda supera l'offerta, solo coloro che hanno fatto l'offerta più alta potranno accedervi. I corsi meno popolari vengono assegnati con zero punti, mentre per quelli più ambiti ne occorrono molti. Per ogni quadrimestre ci sono tre giri di offerte, a conclusione di ognuna delle quali gli studenti possono scambiare i propri corsi in cambio di altri punti.

Tempo fa gli studenti trovarono uno stratagemma che sfruttava il fatto che il primo giro di offerte per il quadrimestre autunnale si svolgeva quando i nuovi iscritti non erano ancora giunti al campus, ma quelli del secondo anno sì. Finché ognuno fece offerte per i corsi del proprio anno non ci furono problemi, ma un giorno gli studenti del secondo anno si accorsero che potevano aggiudicarsi i corsi più popolari del primo anno prima che le matricole arrivassero per poi «rivendere» loro gli stessi a prezzi maggiorati. In questo modo aumentavano il proprio numero di punti, che potevano essere utilizzati in seguito per entrare nei corsi più ambiti.

Quando questo stratagemma (o arbitraggio, per dirla come un economista) venne alla luce, i docenti si divisero sulle misure da adottare nei confronti degli studenti che se ne erano avvantaggiati: alcuni insegnanti erano furiosi e volevano punire i responsabili del raggiro, mentre altri ritennero che tale dimostrazione di furbizia andasse addirittura premiata.

La mia reazione fu decisamente meno viscerale: certo, mi sembrava ingiusto punire gli studenti che a conti fatti non avevano violato alcuna regola; ma, allo stesso tempo, il loro opportunismo aveva indebolito il sistema senza portare alcun beneficio per il resto dei compagni e, anzi, aveva procurato solo danni.

Questo dilemma apparentemente semplice – da insegnanti, avremmo dovuto condannare, perdonare o lodare il loro comportamento? – ne solleva un altro più complesso: gli economisti dovrebbero limitarsi a una distaccata analisi dei fatti? O dovrebbero invece assumere una prospettiva morale? E se sì, quale?

Familismo amorale

Uno dei libri che mi ispirò maggiormente da studente fu *Le basi morali di una società arretrata*, scritto più di cinquant'anni fa da Edward Banfield, uno scienziato politico di Harvard.[1] Sua moglie era originaria di un paesino del Sud Italia, dove decisero di trascorrere un anno in cui Banfield approfittò per approfondire le sue conoscenze sugli usi e costumi locali. Ciò che lo incuriosì maggiormente fu l'arretratezza economica di quel paesino agricolo. A suo modo di vedere, l'origine di questa arretratezza andava ascritta a un fenomeno che chiamò «familismo amorale», ossia il fatto che gli abitanti perseguivano i propri interessi e quelli dei propri familiari più stretti a discapito di ogni forma di cooperazione. Questi contadini del Sud secondo lui non si sarebbero mai potuti arricchire, perché possedevano ognuno un minuscolo terreno che non avrebbe mai potuto dare loro grandi guadagni e, ciononostante, non erano in grado o si rifiutavano di collaborare tra loro. In assenza di un qualunque senso civico, il familismo amorale si autoalimentava: dato che tutti si limitavano a badare ai propri piccoli interessi, la diffidenza diffusa e la mancanza di speranza in un miglioramento collettivo trovava terreno fertile. Il paese era, in apparenza, condannato a rimanere così.

Questa descrizione mi colpì molto perché, nonostante sia cresciuto a Padova, mio nonno paterno e altri miei familiari sono siciliani. Ricordo la loro diffidenza nei confronti non solo dei settentrionali ma di chiunque altro e il loro timore di essere «fatti fessi», che era molto più del costo economico di un raggiro: era una pugnalata al loro orgoglio. Da economista, sono convinto che una persona che persegua i propri interessi contribuisca comunque al bene comune: dopo tutto, è quello che ci ha insegnato Adam Smith. Ma allora perché nel paese descritto da Banfield le cose sembravano dimostrare l'esatto opposto?

L'importanza della fiducia

Cerchiamo di analizzare il contesto istituzionale in cui hanno luogo le transazioni economiche. Esattamente come i pesci non sono consapevoli dell'acqua in cui nuotano, noi tendiamo a trascurare di osservare l'habitat in cui ci muoviamo, non solo in termini di leggi, ma anche di norme e convinzioni diffuse. Una delle norme più importanti è senza dubbio la *fiducia*. «Praticamente ogni transazione economica racchiude in se stessa un elemento di fiducia»[2] ha scritto il premio Nobel Kenneth Arrow: quando depositiamo i nostri soldi in banca, acquistiamo delle azioni, compriamo dei beni online o rifinanziamo un mutuo ipotecario, molti di noi non leggono i dettagli più complicati dei contratti che firmano. A colmare il divario fra ciò che sappiamo e ciò che dovremmo sapere per prendere una decisione davvero consapevole ci pensa la fiducia: fiducia nella controparte e, più in generale, nell'intero sistema. Abbiamo fiducia nel fatto che, per esempio, le banche ci faranno prelevare i nostri soldi, i broker non scapperanno con i nostri risparmi, il venditore su internet ci consegnerà la merce acquistata e che i sistemi di sicurezza informatica tuteleranno i dati delle nostre carte di credito. La fiducia facilita le transazioni perché consente di risparmiare sui costi di controllo e verifica: è un lubrificante essenziale per gli ingranaggi dell'economia.

È ovvio però che, quando in gioco ci sono milioni di dollari, la fiducia da sola non basta. Gli avvocati sono pagati profumatamente per prevedere le diverse eventualità, e i contratti per proteggere i contraenti sono sempre più sofisticati; ma per milioni di transazioni quotidiane non ci sono né tempo né denaro per essere solerti: se c'è fiducia la transazione avrà luogo; in caso contrario l'affare non si farà. Succede spesso che una transazione salti per mancanza di fiducia. Una perdita anche piccola, moltiplicata per il numero enorme di transazioni che avvengono ogni giorno, comporta perdite da miliardi di dollari con la conseguente diminuzione del benessere generale.

In economia la fiducia si manifesta sotto due forme distinte. Innanzitutto quella personale, che si costruisce nel tempo, attraverso una serie di interazioni tra soci, amici o colleghi stretti. Da un lato questa fiducia personale è positiva, perché aiuta chi l'ha costruita, dall'altro può risultare negativa, perché danneggia chi ne resta escluso o, addirittura, discriminato. Benché questa forma di fiducia sia essenziale in un sistema economico agli albori, la stessa può essere d'intralcio quando il sistema si fa più complesso e necessita di comunicazioni e scambi tra individui e gruppi lontani fra loro.

La forma di fiducia essenziale per l'economia moderna è dunque l'altra, quella generalizzata. È la fiducia che le persone ripongono in un individuo scelto a caso che appartiene a un gruppo o a una società, qualcuno che non si conosce e con cui non si avrà necessariamente a che fare in futuro. La presenza di tale fiducia consente ai mercati di svilupparsi, al commercio di prosperare, alla società di crescere. Ed è esattamente questa la fiducia che manca nell'Italia meridionale e in buona parte del mondo meno sviluppato.

Per misurare la fiducia generalizzata molti studiosi (me compreso) usano una domanda apparentemente bizzarra tra quelle della World Value Survey (WVS), un'indagine comparativa degli atteggiamenti e dei valori culturali realizzata su scala mondiale a partire dagli anni Ottanta. La domanda è: «In generale, fidarsi della gente è giusto o no?». In Svezia è giusto per il 68% degli intervistati, in Brasile solo per il 9%.[3] Una spiegazione potrebbe essere che gli svedesi si fidino di più perché nel loro Paese la legge si applica più efficacemente che in Brasile, dove le potenziali truffe sono maggiori. Il brasiliano medio sarebbe sciocco a riporre negli altri la stessa fiducia del suo omologo svedese dato che le probabilità di imbrogliare e farla franca sono molto più alte in Brasile che in Svezia.

È interessante però notare che quando uno svedese arriva in Brasile non adegua subito il suo livello di fiducia, e lo stesso fa un brasiliano in Svezia: la tendenza è infatti quella di esportare il tasso di fiducia del proprio Paese.[4] Negli Stati Uniti, per esempio, gli immigrati hanno impiegato diverse generazioni per raggiungere gli alti standard di fiducia locali.[5] Una fiducia che non è la mera conseguenza di una società in cui dei meccanismi extralegali stimolano le persone a cooperare, bensì una caratteristica che si radica col tempo.

Più che su dati oggettivi, la fiducia generalizzata è il risultato di preconcetti che traggono origine in un passato lontano: i manager francesi, per esempio, non si fidano di quelli inglesi (penultimi nella loro graduatoria, seguiti solo dagli italiani), mentre al resto dell'Europa gli inglesi ispirano molta più fiducia; allo stesso modo, i manager inglesi valutano i loro corrispettivi francesi molto peggio di quanto non si faccia altrove. Nelle mie ricerche ho scoperto che Paesi con una lunga storia di conflitti alle spalle, come Francia e Inghilterra, hanno meno fiducia gli uni negli altri.[6] Al contrario, tra Paesi con una stessa religione, o i cui abitanti si somigliano fisicamente, il grado di fiducia è maggiore. Quest'ultima tendenza potrebbe essere un retaggio preistorico in cui, per esempio, quando nella savana qualcuno si avvicinava, bisognava decidere subito se si trattasse di un amico o nemico in base ai tratti somatici.

Tutti questi fattori influenzano le decisioni economiche, anche quelle prese dagli attori meno sprovveduti. Una scarsa fiducia tra Paesi si traduce in una diminuzione degli scambi commerciali e degli investimenti. Quando il grado di fiducia è basso, molti investimenti non sono neppure presi in considerazione, pur se potenzialmente molto redditizi, perché la percezione del rischio di essere fregati è talmente alta da scoraggiare anche dal prenderli in considerazione.

A volte la mancanza di fiducia è espressione di buonsenso, come nel caso delle offerte «imperdibili» su internet, sulla cui redditività poche persone si fermano a investigare perché chiaramente fraudolente. In altre occasioni, invece, anche se giustificata, una scarsa fiducia porta a perdite notevoli.[7] Nel 1980 l'IBM aveva un disperato bisogno di un sistema operativo per i propri PC, per cui chiese e fissò un incontro con Gary Kildall, fondatore di Digital Research. Kildall, temendo che la IBM avrebbe fatto valere il suo enorme potere al tavolo delle trattative, declinò l'invito, perdendo così l'opportunità che colse poi Microsoft.

Capitale civico

La fiducia è solo un esempio di ciò che chiamo «capitale civico»[8], ossia l'insieme delle aspettative e dei valori che favoriscono la cooperazione. Una brillante ricerca ha illustrato la diversità nei livelli di capitale civico tra Paesi esaminando il comportamento dei diplomatici delle Nazioni Unite a New York.[9] Fino al 2002, anno in cui vennero apportate delle modifiche alla legge, i diplomatici stranieri erano esentati dal pagamento delle multe per parcheggio in sosta vietata. Il che non significava che la polizia di New York si astenesse da emettere regolarmente le multe, solo che queste si accatastavano non pagate nei cassetti senza che il guidatore subisse alcuna conseguenza. L'unico deterrente al parcheggio selvaggio era il senso civico dei diplomatici. Lo studio dimostrò che in 5 anni i diplomatici italiani avevano accumulato 15 multe a testa, i tedeschi 1, gli svedesi e i canadesi nessuna. Il mio orgoglio patriottico trovò consolazione nel fatto che gli italiani non erano i peggiori, seppure il loro piazzamento fosse pessimo in comparazione a quello di altri Paesi sviluppati. I brasiliani avevano accumulato 30 multe a testa, mentre i diplomatici del Kuwait addirittura 246!

Perché delle persone con gli stessi incentivi si comportano in modo tanto diverso? Si tratta di una evidente violazione del principio economico – seppure nella sua versione più estrema – secondo il quale tutti gli individui razionali rispondono agli incentivi allo stesso modo. Il diplomatico svedese è forse meno razionale di quello del Kuwait? No, ma nelle sue decisioni i valori in cui crede giocano un ruolo rilevante e per essi è disposto a sacrificare il proprio interesse, almeno quando la posta in gioco è piccola. Dicendolo, non sto certo affermando che in Svezia si trascuri l'efficienza economica, visto che, anzi, proprio grazie alla fama di essere poco opportunisti, i mercati funzionano meglio là che non in Italia, per non parlare del Brasile o del Kuwait. Il capitale civico è un fattore produttivo al pari di quello fisico e umano. Nei Paesi in cui è più elevato, c'è meno corruzione e più sicurezza pubblica, la pubblica amministrazione lavora meglio e le aziende private crescono in maniera più efficiente.[10] È noto che per aumentare il capitale fisico occorra investire in macchinari e per quello umano nella formazione. Ma in che modo è possibile far crescere il capitale civico?

Da dove trae origine il capitale civico

Le ricerche su come si costruisce il capitale civico sono ancora agli albori. Una cosa che sappiamo è che la generale disponibilità a collaborare con gli altri è favorita da specifici episodi di cooperazione riuscita. In uno studio, a delle ragazze madri colombiane venne chiesto di partecipare ad alcuni incontri in cui si discutevano questioni di interesse comune. Due anni dopo, alle stesse donne, insieme a un campione di controllo, venne chiesto di prendere parte a un gioco sperimentale che avrebbe misurato la loro propensione a collaborare. Le madri che avevano partecipato agli incontri erano più disposte a cooperare del 30%.[11]

Anche in questo caso la storia gioca un ruolo fondamentale. Lo scienziato politico Robert Putnam ha ipotizzato che il diverso atteggiamento mostrato oggi dagli italiani del Nord e del Sud dipende dal fatto che il Nord nel Medioevo sperimentò i comuni, dove vi era un elevato grado di cooperazione.[12] Ma è possibile che un'esperienza che risale a più di cinquecento anni fa lasci traccia fino a oggi? Ho cercato di scoprirlo insieme a due colleghi italiani.[13] Non tutte le città del Centro-nord divennero città-stato autonome. Faenza e Senigallia, per esempio, furono due centri medievali importanti, ma mentre la prima divenne un Comune autonomo, lo stesso non accadde alla seconda. I dati ci confermano che il capitale civico di Faenza oggi è superiore a quello di Senigallia: la percentuale di organizzazioni non profit pro capite è più alta del 42%; la partecipazione ai referendum è stata dell'89%, mentre a Senigallia dell'86%; Faenza è sede di un'associazione per la donazione di organi, mentre Senigallia no; e così via.

Altri ricercatori hanno trovato conferma a una simile persistenza della storia nel capitale civico. Il livello di fiducia delle diverse etnie africane attuali riflette il rischio che i loro antenati avevano di essere catturati e venduti come schiavi tra il XV secolo e gli inizi del XVIII. Dato che i guadagni provenienti dalla tratta degli schiavi erano elevati, gli indigeni vendevano membri del proprio gruppo etnico, amici e perfino parenti. Sembra che il clima di sospetto che ne è risultato sia all'origine dell'attuale diffusa diffidenza verso i leader locali e non solo.[14]

Il capitale civico è difficile da accumulare, ma relativamente facile da svalutare. Come abbiamo visto in precedenza, occorrono diverse generazioni perché una famiglia di immigrati italiani si metta a pari col livello medio di fiducia presente negli Stati Uniti (per quanto mi riguarda, conto sui miei nipoti). Ma un politico importante, da solo, può minare la fiducia nei confronti di un intero popolo. Nel marzo 2011, insieme a una collega, abbiamo commissionato un'indagine presso i cittadini americani per valutare gli effetti della stravagante vita privata di Berlusconi sulla fiducia che gli americani avevano nei confronti degli italiani e sulla loro propensione a comprare nostri prodotti.[15] Prima di iniziare in una metà degli interpellati, selezionati a caso, veniva stimolato il cosiddetto «effetto priming» (per usare un termine della psicologia), ricordando loro il reato di prostituzione minorile contestato a Berlusconi; nell'altra metà no. Conclusa l'indagine, emergeva che la prima metà nutriva un minore grado di fiducia verso l'Italia – in misura statisticamente rilevante – rispetto al gruppo di controllo. La differenza si traduceva anche in una minore propensione a comprare prodotti italiani. Di fronte alla scelta tra un'automobile tedesca e una identica italiana con un prezzo di 1000 dollari inferiore, circa un terzo di quanti non erano stati trattati con il «priming» sceglieva quella italiana, mentre nel gruppo con «effetto priming» lo faceva solo il 20%.

Il vantaggio originario dell'America

Il grado di capitale civico di un Paese può influire sulla percezione dello Stato e viceversa. La prima volta che ho avuto esperienza diretta di un uragano – ero a Boston – rimasi impressionato da come le persone prendessero sul serio le istruzioni fornite dalle autorità locali (rimanere in casa, sigillare le finestre con del nastro adesivo eccetera). Di fronte a un ordine ufficiale, in genere la mia prima reazione è metterlo in dubbio, e poi forse fare l'opposto. Se un sindaco italiano mi avesse detto di sigillare le finestre, avrei subito pensato che suo fratello vendeva nastro adesivo. Il mio scetticismo era esacerbato dalla consapevolezza di quello che poteva succedere agli italiani che seguivano le istruzioni alla lettera: durante un incendio in uno dei più lunghi tunnel sotto le Alpi, gli automobilisti che si rifugiarono nelle nicchie di emergenza, come da istruzioni, morirono per asfissia; quanti invece si incamminarono da soli fuori dal tunnel, contro le regole, si salvarono.

Questa fondamentale differenza di atteggiamento deriva in parte dalla diversa percezione che italiani e americani hanno dello Stato. Mentre per la maggior parte degli americani (soprattutto quelli che non sono caduti vittima della discriminazione razziale) lo Stato è un ente al servizio del popolo (anche se imperfetto), per gli italiani è espressione dei capricci del dittatore o grande capo di turno. Quando sono nato, l'Italia era una democrazia da meno di vent'anni: mia madre aveva vissuto l'occupazione nazista, e sua nonna, che aveva contribuito ad allevarla, ricordava quando la sua città, Venezia, era sotto il governo austriaco. Gli effetti sul capitale civico di essere passati per secoli di mano in mano sono meravigliosamente raccontati dall'italoamericano Martin Scorsese nel film *Il mio viaggio in Italia*: «La lezione di sopravvivenza che si è tramandata nei secoli e che è arrivata nel Nuovo Mondo con gli immigrati italiani è abbastanza brutale: ci pensi bene prima di fidarti di qualcuno al di fuori della tua famiglia. Pensaci. Il tuo Paese, la tua terra, passa di mano in mano nei secoli. Di chi puoi fidarti? Dello Stato? Della polizia? Della Chiesa? No, solo della tua famiglia, del tuo stesso sangue».

Anche l'istruzione contribuisce al capitale civico americano. In Italia la scuola (almeno ai tempi in cui io la frequentai) cercava di inculcare obbedienza cieca e rispetto per le autorità: in segno di rispetto gli studenti si alzavano in piedi quando il professore entrava in aula ed erano puniti in caso di domande provocatorie. Paradossalmente, tanto più tenti di imporre il rispetto, tanto più coltivi la diffidenza.

Io sono stato fortunato perché la mia scuola elementare seguiva il metodo Montessori, ma alcuni miei amici in altri istituti subivano punizioni corporali. Negli Stati Uniti, al contrario, vedo i miei figli a scuola trattati come futuri cittadini, non come sudditi: se fanno domande provocatorie sono premiati, non puniti. E imparano che è loro dovere protestare contro le ingiustizie, anche quelle commesse dagli insegnanti che, come tutti gli esseri umani, possono sbagliare. Uno studio recente ha messo in luce le diverse metodologie di insegnamento fra Paesi: i lavori di gruppo sono più frequenti nei Paesi nordici e negli USA, mentre nell'Est Europa e nei Paesi del Mediterraneo è più frequente che gli insegnanti parlino da dietro la cattedra e gli studenti si limitino a prendere appunti copiando dalla lavagna.[16] In quello stesso studio, inoltre, si dimostra che il grado di capitale civico è maggiore nei Paesi in cui prevalgono i lavori di gruppo e minore in quelli in cui la maggior parte della lezione è occupata dalle spiegazioni degli insegnanti.

Come la fiducia, l'inclinazione all'impegno e alla critica è una componente del capitale civico. Una cittadinanza attiva è solita protestare se qualcosa non va. Reclamare costa: dal tempo e dall'impegno che richiede per formulare un reclamo scritto, al rischio di ritorsioni da parte dei propri superiori. Il beneficio del reclamo è condiviso da tutti: i reclami costringono l'autorità a rendere conto del proprio operato e forniscono un fondamentale feedback critico che può incrementare il sostegno ai mercati e il loro stesso funzionamento. Anche il più lungimirante degli uomini d'affari può commettere degli errori e faticare a individuarli se è circondato solamente da pareri positivi. Un diffuso senso critico è estremamente utile per ogni società, ed è per questo che negli Stati Uniti lo si insegna come valore già a scuola: si condanna chi ha paura di parlare apertamente, e si celebra chi, come Rosa Parks, ha avuto il coraggio di opporsi all'ingiustizia.

Morale e tasse

Un buon esempio per comprendere il modo in cui il capitale civico può influenzare l'economia è l'evasione fiscale. Anche negli Stati Uniti la probabilità che il contribuente medio sia scoperto se evade le tasse è minima. Da un punto di vista del puro calcolo probabilistico il costo atteso di non pagare le tasse è di gran lunga inferiore al beneficio atteso dall'evaderle. Perché allora la maggior parte degli americani paga le tasse lo stesso?

In parte il motivo consiste nello stigma sociale attribuito a chi non le paga. Molti italiani si vantano con gli amici di evadere le tasse. Negli Stati Uniti sarebbe impensabile. Ricordo ancora come il mio relatore al MIT guardò un mio compagno che aveva riportato una data falsa di matrimonio per ridurre le imposte da pagare. Il ministro del Tesoro Geithner, che aveva pagato in ritardo alcune imposte, fu «torturato» in sede di dibattito parlamentare e stava per non essere nominato.

Etica ed economia

Molti economisti rifuggono la parola «etica». Come ogni scienza sociale, l'economia ha acquisito una sua legittimazione scientifica nel momento in cui ha preso le distanze dalla filosofia morale. Adam Smith, filosofo morale, ha aperto la strada quando ha scelto di analizzare la produzione, la distribuzione e il consumo di beni e servizi al di là di ogni considerazione morale. L'analisi economica dei comportamenti degli attori economici non deve partire da considerazioni morali (come le persone *dovrebbero* agire), ma oggettive (come *di fatto* agiscono), proprio come degli atomi non si studia il modo in cui dovrebbero comportarsi, bensì il modo in cui si comportano effettivamente. Proprio per questo gli economisti sono ipersensibili all'eventualità di ritornare a far ricorso a ogni genere di considerazioni morali nella loro materia.

Ma è una posizione ipocrita. In primo luogo, gli scienziati non insegnano come comportarsi agli atomi. Se lo facessero (e se gli atomi potessero disporre del libero arbitrio), gli scienziati sarebbero preoccupati per come i diversi insegnamenti dati a un atomo possano influenzare il loro comportamento e avere effetti sull'universo. Gli economisti dovrebbero nutrire le stesse preoccupazioni nei confronti di coloro a cui insegnano: le analisi statistiche dimostrano che le persone che scelgono di studiare economia non solo sono, tanto per cominciare, più egoiste e meno interessate al bene comune, ma lo *diventano* sempre più.[17] Il che sembra volerci dire che gli economisti insegnano ai propri studenti come agire, per quanto inavvertitamente.

In secondo luogo, gli economisti si occupano regolarmente di analisi normativa: come cioè le cose dovrebbero andare. In realtà un' intera branca dell'economia, l'analisi economica del diritto, razionalizza le norme giuridiche sulla base dei princìpi economici. Perché mai allora gli stessi economisti che muoiono dalla voglia di dirci quali norme giuridiche siano ottimali da un punto di vista economico temono poi di indicarci le norme sociali che fanno funzionare meglio un'economia?

Infine, gli economisti che rifuggono la morale sono ipocriti, perché spesso la distinzione tra analisi positivistica («scientifica») e normativa è così sottile che finisce per non essere colta dalla maggior parte degli studenti. Uno dei motivi per cui il mio collega di Chicago Gary Becker ha ricevuto un premio Nobel è stato per via di una sua ricerca pionieristica con cui ha esteso l'analisi economica agli studi sulla criminalità.[18] Per valutare le risorse che la società dovrebbe allocare per combattere i diversi tipi di crimine, Becker si è servito di un approccio utilitaristico in cui le persone, prima di compiere un crimine, confrontano i vantaggi del gesto con gli svantaggi della pena (cioè: il costo della pena moltiplicato per la probabilità di riceverla). Il modello di Becker non ha l'obiettivo di indicare alle persone come uno dovrebbe comportarsi, eppure uno dei suoi ex studenti mi ha confidato che molti suoi compagni si dimostravano eccezionalmente amorali e attribuiva questo atteggiamento al fatto che conferissero a questo modello *descrittivo* valore *prescrittivo*: non commettere un crimine altamente profittevole e con un basso rischio di essere puniti era percepito come un fallimento dell'agire razionale, quasi un segno di stupidità. Una testimonianza, la sua, che conferma i dati statistici di cui ho parlato prima.

L'idea che le persone agiscano per il proprio interesse, per quanto sia certamente un utile assunto metodologico che ha portato a contributi molto validi, va circostanziata. È molto utile sapere che la maggior parte dei meccanismi di mercato funziona quando tutti agiscono esclusivamente per i propri interessi. Ma questo non implica che il mercato *prosperi* sempre quando le persone perseguono solo i propri interessi. In particolare, il fatto che Adam Smith ci abbia spiegato che i sistemi economici funzionano bene quando le persone si impegnano nel perseguire i propri interessi non significa che tutti siano obbligati a farlo. L'avidità non è una cosa bella. E Smith sarebbe stato il primo a contestare chiunque sostenesse il contrario.

Non è tra l'altro neppure dimostrato da un punto di vista empirico che tutti gli individui agiscano nel proprio interesse. Occorre piuttosto domandarsi se esistono delle norme sociali capaci di incoraggiare le persone ad agire nell'interesse della collettività quando l'interesse personale non conduce agli esiti auspicati. Se esistono, quali sono queste norme e chi ha interesse nel codificarle e insegnarle?

Come stabilire le norme sociali

Non sono un filosofo morale, e perciò non ho una competenza specifica per stabilire ciò che è etico e ciò che non lo è. Da economista, però, sono in grado di distinguere i comportamenti che accrescono il benessere da quelli che non lo fanno. Per esempio, posso mettere a confronto l'arbitraggio degli studenti della Chicago Booth School, che non produce alcun profitto né per la scuola né per il corpo studenti, con l'arbitraggio finanziario, che invece procura benefici per la società. Molti operatori di borsa non devono preoccuparsi se i prezzi di titoli simili sono allineati perché gli arbitraggisti ci pensano al posto loro. Questo allineamento assicura alle grandi società la possibilità di finanziarsi al minor costo possibile, con grandi benefici per tutti. È possibile che gli speculatori traggano un profitto maggiore rispetto ai benefici che generano per la società nel suo complesso (da qui la loro pessima reputazione), ma almeno il loro lavoro non è del tutto in conflitto con il bene collettivo. Per quanto, quindi, sia l'interesse individuale a motivare le due tipologie di arbitraggio, solo la seconda è un esempio di «mano invisibile» di Adam Smith, ossia quella ricerca dell'interesse individuale che conduce al benessere della collettività.

Per spiegare la differenza tra i due casi si può dire che nell'arbitraggio finanziario gli incentivi individuali sono coerenti con quelli della società; in quello degli studenti no. Se scoppia un incendio a teatro, l'interesse del singolo è quello di uscire il più velocemente possibile. Ma se tutti vogliono uscire contemporaneamente, la folla sulla porta consentirà l'uscita solo a pochi individui e la maggioranza rischierà la vita. Non stupisce quindi che ci siano delle norme sociali contro questo comportamento, e le persone che le violano vengono giudicate irrispettose, egoiste o, in alcuni casi, addirittura negligenti. Gli interessi individuali sono in conflitto con quelli sociali.

Gli economisti hanno un metodo per stabilire se un intervento politico sia efficace dal punto di vista economico: deve migliorare la condizione di almeno un soggetto senza peggiorare quella degli altri (è «l'ottimo paretiano», un concetto introdotto dall'economista Vilfredo Pareto). Se applicassimo questo criterio alle norme sociali, una regola sarebbe giustificata dal punto di vista economico se non rende nessuno più povero, ma almeno qualcuno più ricco. Per esempio, una norma contro la speculazione finanziaria non soddisferebbe questo criterio perché gli speculatori starebbero peggio; al contrario, una norma contro l'uscita caotica dal teatro in fiamme sarebbe giustificata: se la seguissero tutti, tutti sarebbero in grado di varcare la porta e mettersi in salvo.

Le norme sociali con una giustificazione economica consentono alle piccole comunità di risolvere il problema degli opportunisti di cui abbiamo detto prima. Pensate per esempio alle donazioni per costruire una palestra nella scuola dei vostri figli. Secondo l'assunto economico tipico, è poco probabile che la vostra piccola donazione possa incidere sulla costruzione della palestra. Consapevoli di ciò, sarete più propensi a non fare la donazione, tanto se la palestra verrà costruita i vostri figli ne godranno comunque. Se però tutti ragionano così, è ovvio che la palestra non verrà mai costruita.

Ma questo assunto ignora il fatto che la vostra donazione potrebbe esercitare una pressione sociale sugli altri e indurli a fare altrettanto, incrementando il vostro personale tornaconto. Se l'effetto è abbastanza forte, e la comunità abbastanza piccola (in modo che indurre alcune persone a donare aumenti la percentuale di quanti contribuiscono), allora donare torna a vostro personale vantaggio. Soprattutto nel caso in cui il costo pro capite della palestra sia inferiore ai vantaggi che ciascuno otterrà da essa, questa pressione sociale – che induce le persone a fare una donazione simile per importo a quella fatta dai loro conoscenti, qualora se la possano permettere – è economicamente vantaggiosa: nessuno alla fine sta peggio, mentre molti stanno meglio.

Alcune norme utili dal punto di vista economico sono condivise da più religioni. Nella mia ricerca ho rilevato che le persone mediamente religiose seguono comportamenti che favoriscono il miglior funzionamento del mercato.[19] Questo però non vale per tutte le norme sociali e morali. In molti Paesi africani, per esempio, ci si aspetta che chi si arricchisce si faccia carico di sostenere tutti i parenti, anche lontani. Un imprenditore quindi sopporta il rischio e il costo di lanciare un'impresa, ma riceve solo una piccola parte dei benefici, perché gli vengono sottratti dai parenti. Questa norma, che agisce come un'aliquota fiscale molto elevata, scoraggia l'attività imprenditoriale in Africa.

Non sempre, quindi, le norme sociali sono vantaggiose. Ciononostante, norme sociali ragionevoli sono utili a rendere gli individui più consapevoli delle conseguenze delle loro azioni. Per raggiungere questo scopo la maggior parte degli economisti preferisce far leva sulla tassazione e sulla regolamentazione. Io invece preferisco (ove possibile) affidarmi alle norme che derivano la propria forza più dal consenso sociale che dal processo politico. Il problema sta nel capire chi ha interesse a creare tale consenso.

Il ruolo delle business school

Molte imprese di successo tendono a sviluppare una cultura aziendale fondata su alcuni valori chiave condivisi dai dipendenti e rispettati in tutta l'organizzazione. L'integrità, per esempio, è un valore riconosciuto dal 70% delle società dell'indice Standard & Poor's 500.[20]

In parte questi valori hanno l'obiettivo di dare un certo smalto all'immagine di una società, ma non è solo questo. I dipendenti di qualsiasi azienda, infatti, si trovano spesso a fare delle scelte tra i propri interessi personali e quelli aziendali: spingere le vendite alla fine del quadrimestre e guadagnarsi il premio annuale, anche se ciò andrà a detrimento della qualità del prodotto? O ignorare la riduzione del valore di mercato dell'attivo, così da non influenzare i profitti dichiarati e guadagnare un bonus più elevato? Applicare uno sconto sul prodotto, in modo da garantire un temporaneo aumento delle vendite, creando la percezione di una società in forte crescita così da spingere al rialzo il prezzo di borsa (e quindi le stock option)? Per quanto sia possibile prevedere degli incentivi che minimizzino i rischi, è del tutto escluso che questi incentivi perversi possano essere completamente eliminati, a meno di immaginare una totale identificazione fra interessi individuali e aziendali. Di conseguenza, le aziende tracciano dei confini oltre i quali un dipendente non può andare. Quando per esempio una società annovera tra i suoi capisaldi l'eccellenza, sta comunicando ai suoi dipendenti che non sarà tollerato alcun compromesso nel perseguire questo obiettivo; e lo stesso dicasi per l'integrità o altri valori.

Il ruolo di questi valori è quindi duplice: innanzitutto stabiliscono dei codici di comportamento per i dipendenti, che potrebbero non sapere come comportarsi in determinate circostanze; allo stesso tempo, facilitano l'allontanamento di quei dipendenti i cui valori sono in aperto contrasto con quelli dell'azienda. È molto più efficace per un'azienda adottare una politica di tolleranza zero che non una più sfumata.

Nel mondo imprenditoriale tutti concordano nel riconoscere l'importanza della cultura interna all'azienda. Quando però ci si sposta sul piano delle norme da sviluppare per i mercati in generale, nessuna impresa è abbastanza grande da poter godere dei vantaggi di creare un miglior sistema di mercato. Perché mai, allora, dovrebbe preoccuparsi di creare delle norme che ne implementino il funzionamento? Le aziende, come abbiamo detto, preferiscono consolidare il proprio potere sul mercato. A chi potrebbe stare a cuore che il mercato nel suo complesso si doti di queste norme?

Alle business school, cioè alle organizzazioni con il maggior interesse alla sopravvivenza di lungo periodo del capitalismo, soprattutto la versione migliore del capitalismo sperimentata negli Stati Uniti. Sono – o dovrebbero essere – i templi della fede meritocratica: per questo dovrebbero essere le prime a impegnarsi a imporre al mercato alcune semplici norme che scoraggino i comportamenti puramente opportunistici anche quando decisamente redditizi. Per tale ragione avremmo dovuto stigmatizzare gli studenti della Booth School che avevano sfruttato a proprio vantaggio il sistema dell'asta per i corsi, al pari di punire tutte le azioni ritenute dannose nel lungo termine per la sopravvivenza del sistema capitalistico.

Chiedere alle business school di stigmatizzare ogni comportamento che non massimizzi il benessere generale sarebbe assurdo. Non ci si può aspettare che esse critichino una società che sfrutta il potere di mercato acquisito in modo legittimo attraverso brevetti innovativi, né che ostracizzino chi sfrutta le scappatoie presenti nel sistema fiscale. Ai miei studenti insegno sempre come sfruttare i benefici fiscali associati al finanziamento delle imprese con debito, e non lo trovo immorale. Le agevolazioni fiscali sul debito, almeno sulla carta, sono disegnate per stimolare le aziende a indebitarsi maggiormente, così come la deducibilità dell'interesse sul mutuo abitativo sono disegnate per favorire chi si indebita per comprare la casa. Benché non le consideri buone leggi, non mi sento a disagio nell'insegnare agli studenti come utilizzare i benefici di una legge almeno finché rimarrà in vigore.

C'è tuttavia una differenza tra il trarre vantaggio da una scappatoia nell'attuale sistema fiscale ed esercitare pressioni in modo aggressivo per crearne di nuove o ampliare quelle esistenti. Cosa dire del marketing che fa leva sulla dipendenza o induce i giovani a fumare? Fare soldi è la sola variabile da premiare e ammirare nei leader dell'imprenditoria?

Le business school hanno a disposizione uno strumento di pressione molto potente: il modo in cui trattano gli ex alunni. Le scuole, per esempio, celebrano i propri ex alunni più prestigiosi e premiano gli altri garantendo loro l'accesso a una preziosa rete di contatti: se premiassero gli ex alunni che promuovono quelle consuetudini utili al sistema economico, escludendo dalla rete tutti gli altri, lancerebbero un segnale molto forte. Nella maggior parte dei casi, però, sembra che tollerino, o addirittura incoraggino, i comportamenti economici immorali, se non addirittura illegali.

È una semplice coincidenza il fatto che Raj Rajaratnam (il manager di hedge fund condannato a undici anni di carcere) e Anil Kumar e Rajiv Goel (due suoi informatori) siano stati compagni di corso nella stessa business school? Sfortunatamente, sembra di no. Una ricerca ha dimostrato che tra amici di università si è più propensi a scambiarsi informazioni riservate,[21] e ha anche dimostrato che tendenzialmente i gestori di portafogli scommettono in maggior misura su aziende i cui dirigenti erano amici o conoscenti del college, guadagnando un rendimento annuo aggiuntivo dell'8% su questi investimenti. Un'interpretazione benevola di tali risultati è che tra amici di college ci si conosce bene: un gestore di portafoglio, quindi, avrebbe un vantaggio nel dover giudicare le capacità di un CEO che è stato un ex compagno di scuola. Ma questa interpretazione mal si concilia con la scoperta che i super rendimenti si concentrano in prossimità degli annunci degli utili. Perché mai conoscere bene le qualità personali del CEO potrebbe favorirti proprio quando l'azienda sta per fare qualche importante annuncio? Non è più probabile pensare che si tratti di una fuga di notizie? Le business school dovrebbero fare di più per sradicare siffatti comportamenti.

Mentre l'insider trading è illegale e andrebbe punito per legge, i comportamenti legali ma non socialmente auspicabili potrebbero essere efficacemente stroncati se la comunità economica, compresa la rete degli ex alunni, li mettesse alla berlina. Il denaro non dovrebbe essere l'unico criterio per misurare il successo degli ex alunni. Una business school non festeggerebbe mai un uomo d'affari che ha fatto fortuna con la vendita di film pornografici: perché mai allora dovrebbe capitare a qualcuno che si è arricchito sfruttando le dipendenze delle persone o promuovendo uno strumento finanziario pensato per far fessi gli investitori sprovveduti? Le business school dovrebbero coprire di vergogna questo tipo di comportamenti criticandoli pubblicamente.

Molte business school offrono corsi di etica, che normalmente si dividono in due categorie. In alcuni si illustrano semplicemente i dilemmi etici, senza però alcuna presa di posizione sulle possibili linee da adottare: è come se agli studenti si spiegassero i pro e i contro della segregazione razziale, lasciando decidere a ciascuno di loro da che parte stare. In altri ci si nasconde dietro la responsabilità sociale dell'azienda, per cui i doveri sociali ricadono appunto su di essa, e non sul singolo. Scrivo «nascondere» perché l'azienda altro non è che un insieme di persone. Una decisione della Corte Suprema del 2010 (Citizen United contro Federal Election Commission) ha affermato che non dobbiamo caricare sulle imprese oneri che non siamo disposti ad imporre ai singoli individui. Prima della responsabilità sociale dell'azienda c'è quella del singolo individuo: se non si riconosce la seconda, non si può parlare della prima. Le business school dovrebbero prendere posizione sulla responsabilità individuale di un buon capitalista.

Conclusioni

La domanda posta all'inizio del capitolo – da insegnanti, dovremmo condannare, perdonare o lodare il comportamento degli studenti della Booth School? – ci porta a considerare le norme sociali. Rispettare la fila, per esempio, è una regola utile che viene insegnata alle scuole elementari senza troppi sforzi. Analogamente, andrebbero insegnate altre norme capaci di contribuire al buon funzionamento dell'economia di mercato. Una di queste, limitare il lobbismo, è al centro del prossimo capitolo.

11

Limitare il lobbismo

Se una qualsiasi delle nostre grandi imprese assumesse degli avventurieri che facessero mercato di sé in questo modo, che appoggiassero una legge guardando ai propri interessi privati, ogni uomo onesto denuncerebbe naturalmente l'impiegato e il datore di lavoro come corrotti, e il lavoro come infame.

Noah Swayne, giudice della Corte Suprema, 1875

Non esiste ambito in cui la necessità di una normativa sia più forte che in quello delle lobby. Da un lato, chi fa questo mestiere – il secondo più antico del mondo – ha un ruolo da protagonista nella implementazione delle politiche. L'allargamento delle funzioni dello Stato ha reso impossibile per i rappresentanti eletti seguire tutte le questioni per cui sono chiamati a votare, e i lobbisti possono quindi servire a colmare questo gap di conoscenze. «I lobbisti sono in gran parte tecnici esperti» ammise l'allora senatore John F. Kennedy, pur sostenendo la necessità di porre loro dei limiti «abili nel presentare temi complessi in modo semplice e accattivante.»[1]

Dall'altro, in economia nulla porta ad affermare che il grado di lobbismo prodotto dal settore privato contribuisca all'efficienza e, anzi, sempre più prove dimostrano che gli effetti di alcuni tipi di lobbismo, specialmente se molto sbilanciato a favore di una sola parte, sono deleteri. Gran parte dei benefici delle lobby dipendono dalla concorrenza tra interessi diversi: se questa concorrenza manca, il lobbismo può diventare molto simile alla corruzione legalizzata.

Non tutti i lobbismi sono uguali

Innanzitutto cerchiamo di capire cosa si intende per lobbismo. In senso stretto l'espressione indica l'azione di «presentare un'istanza al governo per la riparazione di torti subiti»: così la si definisce nel Primo emendamento della Costituzione americana, in cui è protetta come diritto. In senso più ampio, però, identifica qualsiasi genere di sostegno a favore di qualcuno o qualcosa. Si potrebbe per esempio considerare un'operazione di lobbismo la proposta di cambiamento da me promossa in queste pagine e che potrebbe avere delle conseguenze sulle mie opportunità future di carriera. Le possibilità che avrò di vendere il libro dipenderanno in parte da quanto il contenuto piaccia (o dispiaccia) ai diversi gruppi d'interesse. La mia è comunque una posizione privilegiata: sono un professore di ruolo e non ho scritto questo libro per ragioni di carriera. Avrei potuto sfruttare il tempo che ho dedicato alla scrittura per prestare qualche consulenza, la cui retribuzione avrebbe superato non solo il mio anticipo ma probabilmente ogni diritto d'autore che mi sarà accordato: l'ho fatto quindi semplicemente perché credo a quanto dico. Alcune attività di sostegno, invece, ricevono ritorni economici più diretti, con la conseguenza di essere meno libere.

Mi è stato chiesto due volte da aziende di scrivere editoriali a pagamento sui giornali: in entrambi i casi ero stato scelto perché il mio punto di vista era congeniale all'impresa che mi aveva fatto l'offerta economica. Il che significava dunque che non avrei dovuto tradire i miei princìpi, ma scelsi comunque di rifiutare. Non sono contrario all'idea di farmi pagare per le mie competenze: più di una volta ho fatto il perito di parte, ricevendone un compenso. Ma nel caso di vertenze legali è cosa nota che i periti di parte vengano pagati: l'avvocato della controparte conosce la somma esatta e, se vuole, può metterla in discussione; e in tribunale ognuna delle parti può avvalersi di pareri competenti. Ma per gli editoriali sui quotidiani non esiste controinterrogatorio né obbligo di informativa: per questo non mi è sembrato giusto accettare l'incarico.

La possibilità che accademici e giornalisti mettano la propria penna al soldo di qualcuno, senza dichiararlo apertamente, solleva dubbi inquietanti. Per esempio, dopo la guerra civile scoppiata in Libia nel 2011, si è scoperto che diversi accademici americani e inglesi, insieme a noti intellettuali, avevano incontrato nel 2006, nel corso di una missione organizzata dalla società di consulenza Monitor Group, l'ex dittatore Mu'ammar Gheddafi. La stampa inglese raccontò che scopo del Monitor Group, pagato più di 2 milioni di dollari dal governo libico, era «individuare e offrire sostegno a giornalisti, accademici e intellettuali contemporanei che sembrano interessati a pubblicare articoli sulla Libia».[2] Dopo questo viaggio di studio, molti di loro lodarono sui quotidiani europei e americani la «conversione» di Gheddafi, trascurando di menzionare il fatto di essere stati messi sotto contratto dal Monitor Group per dialogare col dittatore, come riportato da «Foreign Policy».[3]

Diversa è la promozione di interessi specifici: un'attività diretta di lobby a favore di una particolare iniziativa, come per esempio l'adozione o l'abolizione degli standard sulle emissioni. Tale promozione non nasconde la natura retribuita dell'incarico, anzi rivendica il rispetto di norme etiche. Il codice etico della Lega americana dei lobbisti afferma che un lobbista «dovrebbe fornire delle informazioni attendibili, aggiornate e accurate»,[4] anche se non direi che siano queste le caratteristiche che li hanno resi celebri. Occultare informazioni rappresenta quindi una violazione del codice etico. Ma chi è chiamato a far rispettare le norme?

La raccolta fondi per i candidati politici, in linea di principio, è una cosa diversa dal lobbismo tradizionale. In teoria il contributo a una campagna elettorale non deve essere legato a particolari voti o posizioni. In pratica c'è sempre una qualche contropartita. I lobbisti non agiscono solo da intermediari tra donatori e candidati: essi stessi fanno donazioni politiche, contribuendo in media per più del 50% alle raccolte fondi dei loro clienti.[5]

I «regali» dei lobbisti – inviti alle feste più esclusive, soggiorni all'estero (spesso mascherati da viaggi di lavoro), voli su jet aziendali, biglietti per tribuna VIP ai maggiori eventi sportivi – occupano un gradino ancora più basso della scala morale e risulta difficile distinguerli dalle «mazzette», dato che l'unica differenza è l'assenza di un'esplicita contropartita. Fortunatamente questo genere di analogia non è passata inosservata, almeno in America. I membri del Congresso sono obbligati a dichiarare ogni regalo che abbia un valore superiore ai 50 dollari.[6] Non avviene altrettanto in Italia, dove i ministri non si accorgono di chi paga loro le case.

Quali sono le prove?

Quali prove abbiamo per affermare che l'attuale livello di lobbismo è eccessivo? Fino al Lobbying Disclosure Act del 1995, negli Stati Uniti non era facile risalire a dati certi sul lobbismo. Da quando sono disponibili, alcuni ricercatori indipendenti hanno iniziato a decrittarli, ma resta arduo dimostrare, al di là di ogni ragionevole dubbio, l'influenza corruttrice del lobbismo. Ci sono voluti dei brillanti studiosi per darci le risposte.

Tre ricercatori della London School of Economics hanno studiato le variazioni nel reddito di un lobbista quando il politico per cui lavora va in pensione o perde il seggio.[7] La tesi di partenza era che, se l'attività dei lobbisti consiste per lo più nell'informare i legislatori, la morte o il trasferimento di un ex datore di lavoro non dovrebbe comportare alcuna conseguenza. Se invece c'è dell'ingerenza illecita, la perdita del contatto avrà un peso notevole. I dati mostrano un calo medio del 24% nel reddito di un lobbista ogniqualvolta il suo ex capo perde o lascia un seggio del Senato.

Uno studio analogo indaga le questioni di cui si occupano i lobbisti quando il politico a cui sono legati cambia lavoro, spostandosi per esempio da una commissione sulla Sanità a una sulla Difesa.[8] Si vede che anche i lobbisti passano da un settore all'altro a seconda del nuovo incarico ricoperto dal loro ex datore di lavoro, un fenomeno che difficilmente si sposa con l'affermazione secondo cui il lobbismo consiste principalmente nell'informare gli eletti. Ne deriva quindi che la componente essenziale del capitale umano di un lobbista non è ciò che sa, ma chi conosce.

Questi studi, tuttavia, non escludono l'ipotesi che il lobbismo serva solo a informare gli eletti. I legislatori dipendono dalla disponibilità di informazioni affidabili, e una rete di conoscenze fidate può essere utile a tal fine. È quanto ha espresso in una dichiarazione il presidente della Camera John Boehner: «Per molti lobbisti di grande integrità i doveri che hanno verso la Camera come istituzione democratica sono importanti tanto quanto quelli che hanno nei confronti dei loro clienti. Ma chi è dotato di un'etica dubbia ha parecchi incentivi a imbrogliare noi e la Camera. E, senza legami personali duraturi, non c'è modo di riconoscere gli uni dagli altri».[9] Le relazioni sono importanti affinché le informazioni trasmesse siano credibili. Se un lobbista smette di guadagnare quando un suo ex datore di lavoro lascia il Congresso, forse ciò significa semplicemente che il suo valore come fonte credibile d'informazione si è ridotto perché la persona con cui aveva un rapporto di fiducia se n'è andata. E forse i lobbisti cambiano campo d'interesse quando lo fanno i loro referenti perché risulta più difficile svilupparne di nuovi che non specializzarsi in un altro settore. Anche per i ricercatori più esperti è arduo distinguere quando la funzione del fare lobby sia solo informativa e quando invece sia mirata a manipolare le regole del mercato.

Il modo migliore di dimostrare se il lobbismo produce un'ingerenza illecita consiste nel verificare se sposti effettivamente dei voti. Il Troubled Asset Relief Program, introdotto da Paulson per salvare le banche americane, è un ottimo esempio recente: uno studio ha dimostrato che i membri del Congresso che avevano ricevuto maggiori contributi politici dall'industria finanziaria erano più propensi a votare per il TARP.[10] E non solo perché i deputati ben disposti nei confronti del settore finanziario avevano ricevuto più soldi: lo stesso discorso sarebbe allora dovuto valere anche per i membri che non si ricandidavano nel 2008 – cosa che non avvenne. Liberi dalla preoccupazione di essere rieletti, i deputati che non si ricandidavano votarono secondo coscienza, e la loro coscienza non era correlata alle donazioni ricevute.

Concorrenza sleale

Due volte l'anno, dal 1656, Siena ospita il Palio. La piazza medievale è splendida, le tradizioni e gli spettacoli legati alla corsa affascinanti. E non esiste pressoché alcuna regola: non è illegale corrompere i fantini né drogare i cavalli; durante la corsa i fantini possono colpire i cavalli altrui e provare a disarcionare gli altri concorrenti; un cavallo può vincere anche senza il proprio fantino, l'importante è che tagli il traguardo per primo. La città è divisa in 17 contrade e ciascuna sostiene l'evento attraverso donazioni volontarie. I cavalli vengono assegnati a caso alle diverse contrade, poco prima della corsa, con l'obiettivo di non lasciare tempo ai rioni più ricchi di comprare i cavalli migliori, ed è anche grazie a questo equilibrio che l'evento ha resistito al passare dei secoli.[11]

Anche le competizioni più spietate, quindi, possono essere equilibrate se lo sono le risorse investite. Questo principio vale anche nel caso del lobbismo: se nel passare le informazioni ai legislatori si contrappongono interessi diversi, e tutti dispongono di risorse più o meno simili, allora si avranno esiti legislativi efficienti.[12] Ma i gruppi in competizione fra loro dispongono realmente di risorse simili? Come ho spiegato nel capitolo 5, il dilemma dei *free rider*, od opportunisti, rende difficile per i gruppi di interesse composti da tanti membri, ciascuno con un interesse limitato, raccogliere grosse somme di denaro, mentre è relativamente facile farlo per un gruppo composto da pochi individui con un grosso interesse specifico: il gioco delle lobby pende quindi fortemente a sfavore dei contribuenti. Dopo aver passato un po' di tempo a Washington, un mio collega ha concluso: «La verità è uno dei tanti gruppi di interessi e, come se non bastasse, uno di quelli con meno finanziamenti».

L'evidenza empirica ci dice che il lobbismo non informa solo, ma anche corrompe. Ma se pure fosse solo informazione, il denaro speso nel lobbismo è tutto ben speso? Dal punto di vista dell'efficienza economica vorremmo che entrambi gli argomenti, pro e contro una questione, fossero presentati a un legislatore in modo da offrire a quest'ultimo la possibilità di assumere una decisione consapevole. Il punto però è che gli attori concorrenti vogliono vincere, e quindi per loro non è tanto importante quanto spendono, ma quanto spendono *di più* dei loro rivali. Come capì tempo addietro l'economista Gordon Tullock, il problema non riguarda solo il lobbismo, bensì tutti i giochi in cui il vincitore riceve un premio sproporzionato rispetto agli altri concorrenti: si tratta di quei giochi, già menzionati, del «chi vince prende tutto», come avviene nelle gare sportive.

Essi creano una discrepanza fra incentivi sociali e individuali. Nello sport, per esempio, gran parte del divertimento viene dal relativo equilibrio fra le squadre avversarie o fra i singoli concorrenti: è molto più divertente guardarsi una partita tra due squadre universitarie di medio livello che una sfida tra me e Kobe Bryant. Eppure ogni squadra intende mettersi nelle condizione di vincere tutto. Scrive l'economista Robert Barro che in tali circostanze «la perdita maggiore è che proprietari, giocatori (e potenziali giocatori) investano troppe risorse per migliorare le proprie abilità».[13] Il lobbismo sta al gioco politico come la possibilità di creare una squadra imbattibile sta allo sport professionistico: se i soldi possono comprare il successo, allora troppi ne verranno spesi.

Per prevenire squilibri anche un economista conservatore come Barro, critico verso regolamentazioni e restrizioni sui salari, appoggia misure quali i tetti agli stipendi dei giocatori professionisti. In assenza di tetti i club tasserebbero eccessivamente i propri tifosi nel tentativo di spendere di più delle altre squadre, ma le partite non sarebbero più divertenti. E le squadre delle città più ricche avrebbero possibilità di spesa così ampie che l'intero sistema sportivo ne risentirebbe.

Perché un approccio simile non dovrebbe funzionare con il lobbismo? Un modo semplice per ridurre al minimo l'effetto distorsivo delle donazioni politiche più consistenti e livellare il campo sarebbe una forma di tassazione progressiva sull'ammontare speso in attività lobbistiche.

L'enigma della regolamentazione

Oggi molti economisti sono contrari alla regolamentazione non perché non condividano l'idea che i mercati necessitino di regole, ma perché diffidano del processo politico che le crea: se tale processo finisce preda degli interessi privati, le conseguenze degli interventi pubblici possono essere più gravi dei fallimenti del mercato. L'idea deve molto al premio Nobel Ronald Coase, che aveva messo in guardia gli economisti sui rischi derivanti dal mettere a confronto le distorsioni del mercato reale con una versione idealizzata dell'economia regolamentata, quella che lui definì l'«errore del Nirvana». Per evitare di cadere in questa trappola, occorre paragonare distorsioni reali con interventi pubblici altrettanto reali: il che, come ha rilevato Coase, rende meno allettanti gli interventi pubblici senza per questo negare che talvolta possano essere utili.[14]

Una simile prospettiva scoraggia qualsiasi tentativo di

ridurre l'inefficienza introdotta dalle lobby. Se vogliamo regolamentare il lobbismo perché pensiamo che distorca il processo politico, come può un processo politico distorto risolvere il problema regolamentando il lobbismo? Se il problema risiede nel processo decisionale, è arduo pensare che proprio quest'ultimo possa offrire una soluzione.

Per quanto l'idea di regolamentare il lobbismo sia auspicata da molti, farlo è estremamente difficile se non addirittura pericoloso. Innanzitutto i candidati si tireranno sicuramente indietro una volta eletti, come avvenuto anche con il presidente degli Stati Uniti Barack Obama.[15] In secondo luogo persino la proposta più semplice, una volta arrivata al Congresso, subirebbe così tante manipolazioni che gli effetti sul lobbismo sarebbero nulli, o addirittura negativi. Quando si scrivono le leggi, il diavolo si nasconde invariabilmente nei dettagli. In questo caso essi sono troppo complicati perché possano entrare nel dibattito pubblico e, proprio per tale ragione, i lobbisti possono trarre un enorme vantaggio dalla comprensione e manipolazione di questi particolari a favore dei loro clienti. Se i lobbisti hanno, in generale, un vantaggio in termini di competenze, figurarsi quando si tratta di venire a capo delle complessità del lobbismo stesso. Nessuno può batterli sul loro terreno!

In questo caso possono venirci in soccorso le norme sociali. Il loro vantaggio è che sono create dal basso verso l'alto – ossia, dalle consuetudini prevalenti nella società civile. A differenza delle leggi, le norme non sono concepite da esperti chiusi nelle loro stanze, ma nascono dalla coscienza sociale di un popolo. In questo senso, sono democratiche non solo per come sono progettate, ma soprattutto nella loro applicazione. Mentre le leggi hanno bisogno di un certo grado di consenso per essere fatte rispettare (se tutti protestassero contro le tasse, non ci sarebbe polizia sufficiente per sedare la protesta), il consenso è fondamentale nel caso delle norme sociali, che possono essere applicate solo grazie alla adesione volontaria della maggioranza dei cittadini. Senza un ampio consenso le norme sociali sono scatole vuote. È quindi pressoché impossibile per dei gruppi d'interesse creare e applicare norme sociali in conflitto con le opinioni e i valori della maggioranza. È impossibile, per esempio, sostenere una norma che aiuti i banchieri ogni volta che si mettono nei guai. Al contrario, è molto più facile appoggiare una norma in sostegno delle persone che si trovano in difficoltà senza averne colpa, come insegnatoci dalla parabola del buon samaritano. Il motivo è che nel primo caso la norma non è solo ingiusta ma anche inefficiente: se venisse applicata, infatti, le cose peggiorerebbero. La seconda, invece, le migliorerebbe.

Il secondo vantaggio delle norme sociali rispetto alle leggi e alle regolamentazioni implementate dall'alto è che il sistema che le applica è decentralizzato. In tribunale le intenzioni non sono facili da dimostrare, ma sono chiare a chi osserva da vicino. Perciò le norme sociali possono permettersi di avere un contenuto più ampio e ambiguo rispetto alle leggi, col risultato che è più difficile evitarle. Il proverbio italiano «Fatta la legge, trovato l'inganno» riflette non solo la scarsa fiducia che abbiamo nei nostri sistemi giudiziari, ma anche un difetto che accomuna tutti i sistemi legali basati su codici. Negli Stati Uniti gran parte delle decisioni giuridiche sono prese sulla base dei precedenti giudiziari e, fondamentalmente, sul senso di giustizia del giudice (*common law*). In Italia, invece, come nel resto dell'Europa continentale, ai giudici è richiesto di applicare rigidamente la legge (*civil law*): le norme sono quindi molto più dettagliate, ma anche più facili da evitare. I cittadini amorali possono rispettare la legge alla lettera violandone, contemporaneamente, lo spirito. In Italia gli avvocati migliori (o peggiori, a seconda del punto di vista) sono i più bravi in questo giochetto.

Il sistema di common law americano si trova a metà strada tra le leggi e le norme sociali, e credo sia questo il motivo per cui le istituzioni e l'applicazione della legge funzionano meglio nei Paesi in cui vige tale sistema, un fenomeno ben confermato da diversi studi empirici.[16] La natura decentralizzata del common law lo rende meno soggetto alle influenze esterne: per favorire un'impresa o un settore in un Paese a diritto civile, come l'Italia o il Brasile, è sufficiente influenzare i legislatori, dato che i giudici si limiteranno ad applicare la legge, per quanto ingiusta o corrotta essa sia. Al contrario, nei Paesi a diritto consuetudinario occorrerebbe influenzare anche i giudici, attraverso un procedimento difficoltoso, lungo e dispendioso.

In realtà possiamo intendere le norme sociali come la forma più estrema di common law: in molti Stati degli USA i giudici deliberano affidandosi al proprio senso di giustizia; nel tribunale della pubblica opinione siamo noi stessi i giudici. Una norma sociale efficace potrebbe avere la forza di opporsi alle imprese e ai singoli che investono troppe risorse nel lobbismo? Come potrebbe funzionare?

Thank you for smoking

Non ho mai fumato sigarette e di rado sigari, ma mi piace tenerne uno in bocca. Molto tempo fa, mentre accompagnavo mio figlio alla festa di un amico (all'epoca aveva otto anni), stringevo tra le labbra un sigaro, spento, che mi aveva regalato uno studente per festeggiare la nascita di suo figlio. Poco prima di arrivare, mio figlio mi chiese di nascondere il sigaro: «Non voglio che i miei amici pensino che fumi». Com'era accaduto che da pratica seducente dei film di James Dean e Humphrey Bogart il fumo si fosse trasformato in un tabù sociale?

Un primo passo in questa direzione si ebbe nel 1964, quando nel rapporto del Surgeon General si affermò che il fumo aumentava del 70% il tasso di mortalità dei fumatori rispetto ai non fumatori. La relazione cambiò il modo in cui gli americani percepivano le conseguenze del fumo sulla salute: nel 1958 solo il 44% di loro credeva che il fumo provocasse il cancro, nel 1968 lo pensava il 78%.[17] La relazione ridusse il numero dei fumatori, ma non creò una norma sociale contro il fumo: si credeva che il danno fosse limitato ai fumatori, e quindi era affare loro. La svolta si verificò nel 1986, quando un'altra relazione del Surgeon General dimostrò che i fumatori causano danni anche ai non fumatori (in economia la definiremmo esternalità negativa), creando una situazione in cui le norme sociali sono più efficaci delle leggi. Quindici anni dopo, la norma anti fumo era così diffusa che addirittura mio figlio di otto anni l'aveva completamente assorbita.

L'industria del tabacco non ha di certo risparmiato risorse per contrattaccare, come abbiamo visto nel film di Jason Reitman *Thank you for smoking*. Ma, nonostante una delle più massicce campagne di disinformazione mai realizzate, la verità ha avuto la meglio. Se, da una parte, le campagne di sensibilizzazione da parte di gruppi salutisti hanno avuto un peso nel rilascio di rapporti fondamentali da parte del governo, gli stessi non sarebbero stati immaginabili senza il lavoro scientifico sottostante. Ho già affrontato il problema degli accademici asserviti nel capitolo 6, ma ho anche detto che questo fenomeno è ben lungi dall'essere generalizzato. Perché?

La concorrenza nel mercato accademico

Quali forze prevengono una cattura completa del mondo accademico? E come possiamo incrementarle? Come abbiamo visto nel capitolo 6, la differenza principale tra organismi di regolamentazione e professori universitari è che la carriera di questi ultimi dipende dalla pubblicazione su riviste in cui vige il principio di peer review: per ottenere una promozione, i docenti devono pubblicare un certo numero di articoli. Anche nel caso dei docenti di ruolo, il loro stipendio dipende dall'esistenza (anche solo potenziale) di offerte esterne, che a loro volta derivano dalla reputazione professionale, strettamente correlata alla quantità e qualità delle pubblicazioni (spesso misurate in termini di citazioni).

Nonostante il processo di peer review sia condizionato da molti pregiudizi, favorisce comunque l'insorgere di nuove idee, visto che il modo più semplice per un referee di rifiutare un articolo consiste nel giudicarlo poco originale. E questa è la ragione per cui in ambito accademico l'incentivo a cercare nuove idee e rifiutare quelle vecchie è molto forte.

Maggiore è il numero di articoli a sostegno di una posizione, più sarà alta la ricompensa per chi riuscirà a confutarla. Ai miei studenti dico sempre che dimostrare che un articolo è sbagliato non paga, a meno che l'articolo non sia famoso. Il ragionamento può generare circoli viziosi e mode sul mercato accademico delle idee, ma funziona anche da contrappeso contro la cattura. Nel momento in cui una teoria diventa influente, crescono gli incentivi per confutarla.

Questo è il motivo per cui la ricerca universitaria è stata capace di dimostrare i pericoli del fumo, nonostante l'enorme quantità di sovvenzioni con cui l'industria del tabacco ha finanziato il mondo delle università.

I maggiori pericoli non derivano da errori facilmente confutabili perché, vista la concorrenza nel mercato accademico, verrebbero subito identificati e risolti. Trovano piuttosto origine in idee condivise, difficili da mettere in discussione. Per esempio, molti dei risultati in economia si basano sul presupposto della concorrenza perfetta. Con questa ipotesi i risultati sono più chiari ed eleganti. Basta però inserire nelle analisi il potere dei monopoli e si avranno dei risultati del tutto diversi. L'opinione economica prevalente si basa su un paradigma competitivo che spesso conduce a valutazioni di politica economica sbagliate, dato che viviamo in un mondo in cui molte imprese hanno un potere di mercato e che la concorrenza è ben lungi dall'essere perfetta.

Si pensi ai sussidi all'occupazione. Se la concorrenza funzionasse perfettamente, non farebbe differenza se il sussidio fosse dato alle aziende o ai lavoratori. In un mercato meno competitivo, tuttavia, chiunque riceva il sussidio ne cattura la maggior parte. Eppure le aziende che esercitano pressioni per ricevere degli aiuti possono dichiarare senza timore di smentita che, in base alla teoria economica, tutti i loro dipendenti ricevono l'intero valore dei sussidi che le loro imprese ottengono.

Non è solo la smania di nuove idee che porta la ricerca accademica a difendere il bene collettivo. Gran parte degli accademici ha scelto questo lavoro più per gloria che per denaro: se ci pensate, chi studia ha strade migliori per diventare ricco rispetto alla carriera universitaria. Se da una parte a combattere per interessi privati si guadagnano più soldi, dall'altra si ottiene più gloria se ci si impegna a favore di quelli pubblici.

Non è un caso. Ancora una volta le norme sociali provano a correggere un fallimento del mercato. Proprio perché si traggono maggiori guadagni dal difendere interessi privati, si tende a guardare i lobbisti dall'alto in basso. I bambini sognano di trovare una cura per il cancro, non di aiutare le industrie del tabacco a sottrarsi alle proprie responsabilità nella diffusione di questa malattia né di contribuire a limitare le responsabilità di un'azienda che inquina l'ambiente. In questo senso le norme sociali accrescono il prestigio di alcune attività e il numero di persone di grande valore che vorrebbero prendervi parte.

Le business school hanno la responsabilità di contribuire al formarsi di queste norme perché hanno a cuore, o dovrebbero averlo, la sopravvivenza nel lungo termine di un capitalismo vibrante. Per esempio, è lecito che il direttore di un'importante rivista economica svolga contemporaneamente mansioni di consulenza aziendale? Nel mondo di oggi trovare una strategia d'investimento redditizia è considerato un vero sapere, mentre elaborare uno strumento finanziario nuovo e che funziona, come le istituzioni di microcredito ideate da Muhammad Yunus, non lo è. È forse giusto? Sfortunatamente, alcuni ambiti di ricerca sono diventati così specialistici da divenire autoreferenziali. L'accademico smette di cercare la cura per il cancro per impegnarsi a diventare lo studioso più citato. Per evitare a se stessi l'anonimato, gli studiosi hanno sviluppato degli standard del sapere che consentono loro di escludere le sfide esterne. Quando ho assistito al dialogo dei due latinisti dell'*Invenzione dell'amore*, la pièce di Tom Stoppard, ho riso: le idiosincrasie e le ossessioni che mostravano nel definire la loro ricerca mi sembravano stupide. Eppure mi accorgo che le idiosincrasie e le ossessioni del mio campo di studi potrebbero essere anche più ridicole. Evitare che il mondo accademico scivoli in questioni poco rilevanti è una priorità assoluta se si vogliono ridurre la cattura e, quindi, la mancanza di concorrenza.

La concorrenza nei media

Una medesima sete di successo caratterizza anche i media.[18] I quotidiani, le riviste e la televisione vengono spesso accusati di essere completamente asserviti alla pubblicità, e di essere strumenti di propaganda a favore di interessi particolari. Come in ambito accademico, però, esistono delle forze che spingono in direzione contraria. Dopotutto, la CBS ha mandato in onda la controversa intervista a Jeffrey Wigand, la gola profonda dell'industria del tabacco, e sulle pagine del «Wall Street Journal» sono comparsi estratti della sua deposizione sfuggiti al segreto istruttorio.[19] Se fosse vero che tutti i quotidiani sono sul libro paga delle aziende, chi più del «Wall Street Journal»? Cosa lo ha spinto quindi a pubblicare questa storia, e la CBS a mandarla in onda?

Il motivo per cui i giornalisti inseguono queste storie è ovvio: gli scoop e la speranza di vincere un premio Pulitzer fanno del giornalismo investigativo un mestiere molto affascinante. Le rivelazioni sui retroscena del Watergate hanno reso famosi i due reporter del «Washington Post» Bob Woodward e Carl Bernstein, che hanno ottenuto tutto ciò che un reporter sogna di ottenere: soldi e successo. Per definizione, uno scoop è una notizia giornalistica sensazionale pubblicata in anteprima da un mezzo di informazione. È difficile che una notizia in favore di un lobbista sia uno scoop; lo è invece svelare come dietro a decisioni legislative si nascondano spesso tornaconti privati. I cronisti vanno a caccia di scoop perché vogliono avere successo, ma allo stesso tempo forniscono un servizio alla società: informano le persone raccogliendo, verificando e riassumendo fatti importanti.

Ma il quotidiano o il programma radio che diffonde la notizia cosa ci guadagna? Il profitto è il principale scopo del capitalismo, e i media orientati alla massimizzazione del profitto perseguono l'obiettivo di attirare un segmento maggiore di pubblico.[20] I costi di produzione di un programma rimangono invariati se il numero di spettatori cresce, ma le entrate – derivanti sia dalle vendite sia dalla pubblicità – salgono. I mezzi di informazione orientati al profitto, quindi, si preoccuperanno soprattutto di far crescere il proprio pubblico, e il modo più facile per farlo consiste nel raccontare le storie che la gente vuole sentire. I lobbisti investono parecchi soldi per manipolare la diffusione delle notizie. Secondo «Vanity Fair», la Brown & Williamson (B&W), l'industria del tabacco per cui lavorava Jeffrey Wigand, aveva assunto degli investigatori con il compito di diffondere pettegolezzi su di lui per minarne la credibilità.[21] Ma la campagna è fallita perché la storia di un uomo onesto era per il pubblico molto più interessante della storia di un uomo patologicamente bugiardo. Era perciò nell'interesse della stampa verificare le accuse, come ha poi fatto il «Wall Street Journal». Quando si è scoperto che i pettegolezzi non avevano alcun fondamento, l'impegno con cui la B&W aveva cercato di denigrarlo confermarono che Wigand fosse a conoscenza di qualcosa di importante. I media che vogliono massimizzare le vendite devono pubblicare informazioni che interessano la maggior parte del pubblico.

Può accadere che la pressione della pubblicità controbilanci questo effetto. Per esempio, come ho accennato nell'Introduzione, giornali e riviste specializzate subiscono un'enorme influenza da parte degli sponsor. Il «Wall Street Journal» e il «New York Times», che possono contare su un ampio ventaglio di inserzionisti sulle loro pagine, non sembrano influenzati dalla pubblicità che ospitano.[22] La ragione, ancora una volta, è il potere di mercato: la sopravvivenza delle riviste specializzate dipende da pochi vitali inserzionisti; i quotidiani generalisti operano all'interno di un mercato più concorrenziale, e la concorrenza garantisce una maggiore libertà. Per questo le informazioni più imparziali provengono dalle fonti meno specializzate.

Oltre a riportare le notizie, la stampa può attirare lettori e, rendendo l'informazione più piacevole, aggirare il cosiddetto dilemma dell'opportunismo nella raccolta delle notizie. La collettività trae benefici da lettori consapevoli, ma per il singolo informarsi è costoso. Anche se la raccolta di informazioni ha dei rendimenti positivi, il costo del singolo per «processare» queste informazioni (il tempo speso per leggere i giornali o guardare i telegiornali, per esempio) potrebbe comunque superare il beneficio individuale di essere informato.

Molto di quello che so sul caso Wigard, per esempio, l'ho scoperto grazie a un film con Russell Crowe di grande successo, *Insider*. Analogamente, programmi come *The Daily Show with Jon Stewart* rendono l'informazione interessante, e questo spinga la gente ad aggiornarsi: talvolta per caso, talvolta per via di un imprenditore politico che cerca di informare le persone divertendole.

I media hanno una grande influenza perché l'«ignoranza razionale» degli elettori – cioè la mancanza di incentivi economici all'informazione – è alla base del potere dei gruppi di interessi. Se gli elettori non sanno ciò che è meglio per loro, è più facile per i lobbisti convincere i rappresentanti eletti a votare come vogliono loro: certo, i rappresentanti rispondono agli elettori, ma solo se questi sono informati. Nell'era della televisione e di internet è difficile da dimostrare se sono i contenuti dei media a influenzare gli elettori o la richiesta di informazioni degli elettori a guidarne le scelte editoriali. Per capirlo, occorre tornare all'inizio del XX secolo.

L'avventura del giornalismo scandalistico

Se avessimo dubbi sul fatto che l'importanza del denaro a Washington non sia una novità, diamo un'occhiata alla seguente accusa lanciata da David Graham Phillips:

> Tradimento è una parola forte, ma non abbastanza – troppo debole semmai – per definire la situazione per cui il Senato è l'avido, intraprendente e instancabile agente di interessi, ostili al popolo americano come potrebbe esserlo un esercito invasore, ma molto più pericolosi. Interessi che manipolano la prosperità cui tutti abbiamo contribuito, in modo da accumulare ricchezze per pochi; interessi la cui crescita e il cui potere non possono che significare una regressione degli uomini da istruiti a ruffiani, delle masse verso la schiavitù.[23]

Phillips usò queste parole nel 1906 per descrivere il Senato americano, in cui all'epoca la maggioranza dei senatori non era eletta dai cittadini ma nominata dai governatori e, quindi, non direttamente responsabile nei confronti degli elettori. Dei tentativi per emendare la Costituzione in modo da consentire l'elezione diretta dei senatori erano stati fatti ma senza sortire alcun risultato. Nel 1902 il Senato consentì un voto, ma la proposta di emendamento fu respinta con un margine significativo. Nel 1911 la proposta tornò al Senato e fu approvata, diventando il Diciassettesimo emendamento. Cos'era accaduto in quei nove anni per spingere un terzo dei senatori a votare diversamente?

La risposta risiede nella pubblicazione, nel 1906, di *The Treason of the Senate*, una serie di articoli dello stesso Phillips che rivelarono al pubblico le pratiche di corruzione interne al Senato. I vari pezzi riscossero immediatamente un grande successo facendo crescere le vendite di «Cosmopolitan», il mensile che la ospitava, da 450.000 a 4,4 milioni di copie, in anni in cui alle presidenziali votavano 15 milioni di persone.

Insieme ad alcuni colleghi, ho verificato se altre denunce pubblicate su riviste scandalistiche avessero condizionato scelte legislative di primaria importanza della *Progressive Era* americana. Abbiamo scoperto che più era alta la diffusione di giornali scandalistici nella circoscrizione elettorale di un rappresentante, più era probabile che il suo voto fosse a favore della proposta di legge riformatrice, ma solo se il tema era stato affrontato da questo genere di riviste. Di fatto, non è che i rappresentanti più progressisti venissero eletti dove maggiore era la diffusione di giornali: se una questione non finiva sui giornali scandalistici, i rappresentanti continuavano a votare come in passato. La differenza la faceva lo scoppio di uno scandalo sulle pagine di una rivista.

Vergognarsi

Come ci dimostrano alcuni esempi, far venire alla luce alcuni comportamenti può anche convincere un'azienda a cambiare i suoi programmi. Il 12 aprile 1990 la H. J. Heinz Company, una società agroalimentare statunitense, dichiarò che avrebbe venduto solo tonno «salva delfini».[24] Lo stesso fecero altri due produttori nel giro di poco tempo. La reazione degli azionisti fu fredda per via dei costi che questo comportava. Altrettanto per i consumatori, come dimostrato da alcune indagini di marketing da cui emerse che, messi di fronte a due confezioni di tonno di cui una «salva delfini», gli acquirenti sceglievano il prodotto meno costoso anche nel caso in cui la differenza fosse di solo un centesimo.[25] Perché allora una simile decisione da parte della H. J. Heinz? Oppure prendiamo ciò che è successo l'anno seguente, quando la Allied Signal, una grossa compagnia d'ingegneria aerospaziale e automobilistica, triplicò le spese per controlli ambientali e pulizie volontarie, andando ben oltre gli obblighi legali.[26] Perché sobbarcarsi quei costi enormi, apparentemente in conflitto con gli interessi dell'azienda? La risposta è molto semplice: il rischio di una figuraccia planetaria. La decisione della H. J. Heinz è dipesa infatti da un video del 1988 che mostrava dei pescatori di tonno uccidere centinaia di delfini; allo stesso modo, la decisione di Allied Signal seguiva la diffusione di *Who's Who of Toxic Polluters* e di *The Toxic 500*, due dossier pubblicati da gruppi ambientalisti come il Natural Resources Defense Council e la National Wildlife Federation, in conseguenza dei quali il mondo dell'industria reagì come un sol uomo: la Chemical Manufacturers Association elaborò un codice per un'industria responsabile, rendendolo obbligatorio per i membri – un'istanza di «autoregolazione draconiana, necessaria per ribaltare l'opinione eccezionalmente sfavorevole del pubblico nei confronti delle aziende chimiche».[27] La diffusione di queste liste venne sollecitata, a sua volta, dal Pollution Prevention Act del 1990, che impose a tutte le aziende un report annuale sui rilasci inquinanti di ogni impianto. Come ha sottolineato l'Environmental Protection Agency: «L'informazione è una leva per l'azione, poiché i cittadini pretenderanno che le industrie locali riducano le emissioni inquinanti».[28]

Credo che, allo stesso modo, le industrie presterebbero attenzione se i cittadini manifestassero delle perplessità sul lobbismo. Perché questo succeda, però, dovranno verificarsi due condizioni. Innanzitutto, com'è avvenuto nel 1990, dovranno essere rese pubbliche le somme che le imprese spendono nel lobbismo. La pubblicazione dei dati consentirebbe ai ricercatori di svolgere le proprie indagini in modo svincolato da interessi personali e garantendo quindi risultati imparziali. Inoltre il danno inflitto dal lobbismo dovrà essere mostrato e spiegato ai cittadini, analogamente a quanto fatto dai gruppi ambientalisti quando hanno reso pubbliche le liste degli inquinatori peggiori. Per fortuna esiste già un gruppo di attivisti che ha iniziato una campagna perché si realizzi la prima condizione.[29] Con i giusti incentivi da parte del mondo accademico e di quello dell'informazione, l'auspicio del giudice Swayne – «denunciare naturalmente l'impiegato e il datore di lavoro come corrotti, e il lavoro come infame» – potrebbe diventare realtà.

Combattere ad armi pari

Il termine class action evoca in alcuni l'immagine di avvocati senza scrupoli, rimborsi da milioni di dollari e maggiori costi delle polizze assicurative per difendersi dalla malasanità che finiscono per ripercuotersi in toto sul costo delle nostre assicurazioni sanitarie. E, se a preoccuparci è il ruolo delle lobby, l'associazione degli avvocati di tribunale è di certo una delle più potenti fra di esse.

Nonostante tutti questi inconvenienti, le class action hanno un vantaggio importante: aiutano a livellare il campo da gioco. Grazie a esse, persino piccole richieste di risarcimento, che non avrebbero molte possibilità se presentate singolarmente, possono essere perseguite con successo. Per un avvocato, un milione di richieste di risarcimento da 1 dollaro è attraente quanto una richiesta da 1 milione di dollari. Ed è questa la ragione per cui, grazie alle class action, i diritti individuali sono protetti a prescindere dal potere di cui dispone il querelante.

La class action rappresenta per la legge ciò che la speculazione è per la finanza: la ricerca del profitto che beneficia tutti, nella migliore tradizione di Adam Smith. Se disciplinata all'interno della giusta cornice regolamentare, la speculazione assicura liquidità al mercato e concorre alla formazione di un prezzo accurato per gli investitori. Analogamente, le class action ben regolamentate garantiscono alle persone un'uguaglianza di opportunità, oltre a difenderne i diritti.

Le class action, tuttavia, hanno un ulteriore risvolto positivo: aiutano a mantenere in equilibrio il campo di battaglia intellettuale. Nel 1905, prima che venissero introdotte le class action, il futuro giudice Louis Brandeis dichiarò: «Anziché mantenere una posizione di indipendenza tra i ricchi e il popolo, e nonostante siano stati preparati per tenere a freno gli eccessi di entrambi, molti degli avvocati migliori hanno deciso di diventare semplici appendici delle grandi aziende, venendo meno al compito di mettere a frutto le proprie competenze per aiutare le persone. Sentiamo spesso parlare di "avvocati aziendali" e molto di rado di "avvocati del popolo"».[30]

Questo ovviamente non era solo un problema degli avvocati, ma di ogni tipo di esperti, come abbiamo già visto nel capitolo 6. Le class action quindi forniscono potenti incentivi finanziari non solo per gli avvocati del popolo, ma per tutti gli «esperti del popolo» che possono portare munizioni intellettuali a loro difesa.

Conclusioni

Sia la teoria economica sia l'evidenza empirica lasciano intendere che l'attuale livello di lobbismo è eccessivo e causa corruzione. Occorre quindi porvi un freno. La sentenza della Corte Suprema sul caso Citizen United contro Federal Election Commission del 2010 è una dimostrazione del fatto che il lobbismo non può essere facilmente limitato mediante misure legislative. Anche se la Corte avesse deliberato diversamente, sarebbe stato comunque difficile distinguere fra un lobbismo buono, che trasmette dati utili ai legislatori, e uno cattivo. Soprattutto non possiamo aspettarci che sia il sistema politico, influenzato pesantemente dalle lobby, ad autoregolamentarsi. Sarebbe come se l'agnello votasse a favore del pranzo di Pasqua.

Eppure, nonostante le scarse probabilità di successo, la battaglia contro le ingerenze dei gruppi interessati solo al proprio tornaconto non è necessariamente persa. In una società libera e concorrenziale esistono sempre delle forze di compensazione; potranno non essere sufficienti a risolvere il problema ma esistono, e spetta a noi cercare di renderle più forti. In questa battaglia, le business school che preparano molti degli uomini d'affari più brillanti hanno una particolare importanza, poiché hanno tutto l'interesse a che un capitalismo vibrante sopravviva nel lungo periodo. Le facoltà dovrebbero quindi sviluppare norme sociali che distinguano tra i comportamenti lobbistici ammissibili e quelli inaccettabili, e cercare di farle valere presso gli studenti. Sogno il giorno in cui i miei studenti si vergogneranno di spendere troppo in attività di lobby nello stesso modo in cui mio figlio si vergogna del mio sigaro.

12

Semplice è bello

Non esistono risposte facili, ma esistono risposte semplici. Bisogna avere il coraggio di fare ciò che sappiamo essere moralmente giusto.

Ronald Reagan

Per contenere l'escalation del lobbismo, le norme sociali risultano efficaci solo fino a un certo punto. Bisognerebbe impegnarsi seriamente per risolvere il problema della cattura di legislatori e regolatori. Una soluzione interessante, proposta dal giurista di Harvard Lawrence Lessig, consiste nel ridurre la dipendenza dei politici dai contributi che vengono dalle aziende mediante una riforma del finanziamento pubblico introdotta per via costituzionale.[1] Pur molto importante, questa riforma da sola non risolverebbe per intero il problema. Legislatori e regolatori, per fare il loro lavoro, hanno bisogno di informazioni, ed è il motivo per cui anche i più dotati di senso civico si piegano al potere dell'industria. Un approccio efficace al problema potrebbe essere quello di semplificare la regolamentazione, la cui proliferazione e complessità nutre il sistema delle lobby.

Perché è così complicato?

Più le leggi e le regolamentazioni sono complesse, più è pressante l'esigenza di *expertise* dell'industria: in sua assenza, i legislatori rischierebbero di commettere grossi errori. I tecnici che partecipano alla stesura di queste leggi, quindi, hanno tutto l'interesse a stilarle nel modo più complicato possibile, perché così facendo aumentano il valore delle loro consulenze e del loro capitale umano.

La riforma del mercato finanziario approvata dal Congresso americano nel 2010 è di una lunghezza sconcertante: 2319 pagine. La legge Glass-Steagall del 1933, che ha introdotto la separazione tra banche commerciali e banche d'investimento, era lunga solo 37 pagine; la legge sulla Federal Reserve approvata nel 1913 era di 31 pagine.

Ogni pagina supplementare di regolamentazione garantisce un anno di lavoro a vari lobbisti e a un paio di avvocati ed economisti. Di questo gigantesco spreco non si tiene mai preciso conto nelle nostre valutazioni economiche, ma il costo maggiore è la cortina fumogena provocata dall'eccesso di regolamentazione. Per secoli, nell'Europa continentale, le leggi furono scritte in latino, una lingua ignota ai più; con il processo di democratizzazione delle istituzioni, tali leggi iniziarono a essere scritte in volgare. Oggi l'eccessiva regolamentazione e il legalese in cui è scritta ottengono il medesimo risultato del latino, mandando in confusione la gente. Un regolatore dell'Environmental Protection Agency (EPA) in pensione ha dichiarato: «Più di una volta, mentre scrivevo le regolamentazioni, mi veniva raccomandato di inserire un numero sufficiente di scappatoie. La complessità serve principalmente a occultare queste scappatoie».[2]

Nel 2009, all'inizio dell'iter legislativo per riformare il sistema finanziario, mi impegnai seriamente a seguire il dibattito. Si trattava della mia area di competenza e mi interessava. Eppure a un certo punto mi arresi: fatta eccezione per alcuni passaggi selezionati, lessi un riassunto anziché la versione completa di 2319 pagine, per non parlare dei 67 studi successivi e delle centinaia di pagine di ulteriori regolamentazioni a cui apriva la strada.[3]

Durante il dibattito fui scioccato dal sostegno popolare

alla legge Glass-Steagall: più le persone erano lontane dal mondo della finanza, più appoggiavano il ripristino della separazione tra banche commerciali e banche d'investimento, abrogata nel 1999. Da economista sapevo che la separazione presentava sia costi sia benefici ma, in assenza di prove che dimostrassero che i benefici avrebbero superato i costi, in nome del libero mercato ritenni che la separazione non fosse una buona scelta. La crisi del 2008 non mi ha fatto cambiare idea: per quanto le banche d'investimento siano state tra i principali responsabili, non penso che la responsabilità andasse attribuita alla fusione tra banche commerciali e d'investimento. Perché dovrebbe essere rilevante se una banca commerciale e una banca d'investimento hanno lo stesso proprietario o se sono semplicemente legate da una rete di contratti finanziari?

Perché allora l'abrogazione del Glass-Steagall Act è stata così contestata? E perché quella legge è ancora tanto popolare che il movimento Occupy chiede che venga reintrodotta? Per molto tempo ho pensato che non avessero capito, d'altronde l'esperto ero io e ne sapevo di più di loro. Alla fine mi sono reso conto che ero *io* quello che non aveva capito. La Glass-Steagall non sarà la regolamentazione ideale, ma aveva funzionato per più di sessant'anni. Le persone avevano intuito che il potere dell'industria finanziaria era diventato eccessivo e volevano porvi freno. Magari non ne comprendevano i singoli dettagli economici più sofisticati, ma ne capivano la sostanza: e cioè che il meglio è nemico del bene e che, nel tentativo di attuare la regolamentazione ideale, abbiamo finito per ostacolare l'approvazione di regolamentazioni accettabili.

Il bello della legge Glass-Steagall, dopotutto, consisteva nella sua semplicità: le banche non potevano speculare sui mercati finanziari con i soldi dei depositanti. Fine. Lo capirebbe anche un bambino di sei anni, ed è questo il motivo per cui l'ex presidente della Federal Reserve Paul Volcker, nel 2009 si disse favorevole al principio che ne era alla base. Dopodiché è arrivata l'amministrazione Obama che ha trasformato la cosiddetta «regola di Volcker» in un intricato ammasso di 298 pagine.[4] Perché?

Da economista mi hanno insegnato a dedurre le intenzioni dagli esiti, in particolare quando ho a che fare con persone capaci ed esperte. Sembra quindi ragionevole ritenere che l'amministrazione Obama abbia appoggiato la «regola di Volcker», più che la Glass-Steagall, perché sapeva che la prima era popolare quasi quanto la seconda, ma, a differenza della Glass-Steagall, richiedeva così tanti dettagli per essere implementata che di fatto difficilmente sarebbe stata effettiva. In questo modo l'amministrazione Obama avrebbe conquistato un'altra fetta di pubblico, ma non si sarebbe inimicata le banche.

Gli Stati Uniti sono nati sul principio «Nessuna tassazione senza rappresentanza», a cui dovremmo aggiungere «Nessuna regolamentazione senza rappresentanza». Ma se una regolamentazione è troppo complessa, la gente comune non è in grado di capirla e quindi influenzarla politicamente. Semplificare la regolamentazione, quindi, è essenziale per costruire un capitalismo al servizio del popolo.

Semplice è bello

Una regolamentazione semplice è per forza di cose inefficiente, almeno in senso strettamente economico, come dimostra l'esempio della Glass-Steagall. Per quale motivo allora è utile imporre la semplicità nonostante la sua insita inefficienza?

Molti anni fa, mentre ero in visita alla Stanford Business School, mi sorprese il fatto che tutti gli uffici fossero identici: una soluzione che, vista la struttura dell'edificio, doveva essere costata molto. Perché questa architettura socialista? Mi venne spiegato che il rettore voleva assegnare gli uffici senza doversi preoccupare di chi avrebbe preso i migliori.

Noi docenti siamo ossessionati dalla nostra posizione relativa: per questo i nostri stipendi non sono pubblici, ma la dimensione degli uffici salta all'occhio di tutti. Se alcuni sono migliori di altri, i docenti passano il proprio tempo a fare lobby sul rettore per ottenerli. Ed è esattamente questo che il rettore voleva evitare.

All'epoca giudicai quest'ansia un po' esagerata, finché anche alla Chicago Booth School costruirono un nuovo edificio, ma con uffici diversi tra loro. Per ridurre le pressioni, il rettore annunciò che a ogni appartenente alle varie categorie – verosimilmente assistenti, associati, ordinari e ordinari con cattedra nominativa, anche se non è mai stato esplicitato – sarebbe stato assegnato a caso un numero e sulla base di quello avrebbero potuto scegliere sequenzialmente il loro ufficio. Quando il numero di ciascuno venne reso noto, fu chiaro a tutti che il processo era stato tutt'altro che casuale. Il risultato fu il caos: l'intero corpo insegnante insorse. Un docente urlò «Ti odio» a un collega che aveva ricevuto un ufficio migliore, guastando il loro rapporto per un bel po'; altri prepararono una simulazione per cercare di comprendere il meccanismo di assegnazione, e per giorni non si parlò d'altro. Ironia della sorte, se si escludono alcuni uffici d'angolo, non c'era in realtà molta differenza: gran parte della polemica era fondata sul nulla.

Spesso si rischia di sottostimare i costi di trambusti come questo, perché non sono facilmente calcolabili. Ma anche se si considera solo il tempo perso dai docenti nelle simulazioni e il costo di una diffusa tensione nei rapporti tra colleghi negli anni successivi, la scelta di Stanford risulta la più efficiente. Questo punto è stato riconosciuto da alcuni economisti.[5] Quando si tiene conto dei costi del lobbismo che una regolamentazione complessa richiede, una regolamentazione semplice che a prima vista può sembrare inefficiente finisce per non esserlo: semplificare la regolamentazione comporta una minore efficacia nel frenare le distorsioni che si desiderano limitare, ma d'altro canto garantisce minori costi complessivi e una maggiore trasparenza. Ignorando tali costi, i politici incappano troppo spesso nell'«errore del Nirvana», comparando mercati reali e regolamentazione ideale. Una regolamentazione semplice consente invece, e con maggiore facilità, una comparazione tra mercati reali e regolamentazione reale.

Una regolamentazione semplice garantisce un ulteriore vantaggio: non solo riduce le distorsioni e costi del lobbismo, ma consente alle persone di avere il polso della situazione con maggiore facilità, riducendo le possibilità di cattura.

Se ancora siete preoccupati dell'inefficienza insita nella semplificazione delle regole, lasciatemi fornire un ultimo argomento. Quando si teme che uno strumento possa venire abusato, è meglio che esso sia un po' inefficace. Negli Stati Uniti i conservatori, per esempio, si oppongono all'introduzione di un'imposta sul valore aggiunto perché funziona talmente bene nel far aumentare le entrate da rendere molto facile ai politici espandere il potere dello Stato. Lo stesso avviene in questo caso: una regolamentazione un po' inefficace ne ridurrà l'uso, garantendo la sopravvivenza solo di quelle regole di cui c'è effettivamente bisogno.

Un'applicazione semplice

Regole semplici facilitano l'individuazione delle responsabilità. Al contrario, regole complesse sono difficili da applicare anche nelle migliori circostanze. Farlo è impossibile quando la loro applicazione dipende da organismi o enti catturati.

Tra la Federal Reserve, l'Office of the Control of the Currency, e i regolatori statali ci sono circa 30.000 persone che si occupano di vigilanza sulle banche. Considerata l'entità di un tale esercito, come si spiega che i controlli siano tanto inefficienti? A marzo 2008 il mercato stimava la probabilità che la Washington Mutual fallisse nel giro di un anno. Eppure i regolatori hanno lasciato che la banca operasse fino al 25 settembre di quell'anno. Un intervento precauzionale è simile alla guerra preventiva: non ci sono benefici per il dolore evitato, ma costi enormi per la sofferenza inflitta. E l'esperienza ci insegna che non possiamo affatto dare per scontata la capacità dei regolatori di resistere a tali pressioni.

L'alternativa, tuttavia, non consiste nel rifiutare qualunque forma di regolamentazione, bensì nell'affidarsi a regole più semplici che utilizzino dei meccanismi di applicazione diversi. Questo non vale solo per la regolamentazione bancaria, ma anche per altre. Come abbiamo visto nel capitolo 4, nell'esporre le frodi aziendali le denunce degli impiegati sono più efficaci della SEC e comportano un dispendio di denaro decisamente inferiore. E, come notato prima, un vantaggio fondamentale nel disporre di un sistema basato su premi in denaro ai dipendenti che denunciano le frodi è che è difficile da catturare, dato che qualunque dipendente può diventare informatore e per l'industria sarebbe troppo costoso comprarli tutti. Quindi il migliore sistema per impedire le frodi è un sistema di incentivi in denaro per i dipendenti che le denunciano.[6]

La semplicità dello zero

Quando si tratta di far rispettare le leggi, la tolleranza zero è spesso l'unica politica che abbia un senso, che riguardi la piccola criminalità di strada, gli abusi sessuali o i favoritismi negli avanzamenti di carriera. La tolleranza zero non contempla le ambiguità e, di conseguenza, impedisce l'erosione delle regole.

Se un ufficiale di polizia assiste a un piccolo crimine quando è di pattuglia, ha il dovere di intervenire? Naturalmente. Ma se gli fosse concesso di agire discrezionalmente, è probabile che talvolta deciderà di fare uno strappo alla regola. Siccome i costi personali e fisici dell'intervento gravano sulle sue spalle, consapevolmente o inconsapevolmente tenderebbe forse un po' troppo spesso a chiudere un occhio. Altri poliziotti che osserveranno il suo comportamento potrebbero allora dedurre che la sua decisione rifletta la prassi da seguire e, con buona probabilità, manifesteranno a loro volta la stessa indulgenza. Col tempo si avrà un'erosione degli standard, a meno che non subentri una politica di tolleranza zero che cancelli ogni ambiguità.

Per quanto siano chiari a tutti i danni arrecati all'economia di mercato dai sostegni di Stato e dalle scappatoie fiscali, non mancano le resistenze a una tolleranza zero nei loro confronti. Presi singolarmente, sussidi e scappatoie sembrano utili: una riduzione delle tasse per promuovere gli investimenti nelle zone disagiate; prestiti agevolati in sostegno dello sviluppo dell'energia pulita e la difesa dell'ambiente; una riduzione dei contributi sociali per assumere i giovani disoccupati. Il problema è che, una volta aperti i recinti, è irrealistico tenere a bada i buoi. Ogni settore industriale o grande azienda arruola eserciti di lobbisti per fare pressioni sul Congresso affinché abbia a cuore il loro destino; sommerge i quotidiani di editoriali, alcuni pagati direttamente, altri in modo più velato; promuove campagne pubblicitarie in televisione e su internet. E chi esercita pressioni nell'altra direzione? Nessuno.

Un'applicazione al codice tributario

Cosa si può fare per avere una regolamentazione semplice? Con 60.000 pagine e 3,4 milioni di parole, il codice tributario sembra essere un punto di partenza obbligato. Esistono milioni di ragioni e giustificazioni per le esenzioni e le detrazioni. Prese singolarmente possono essere ragionevoli, ma nell'insieme no. È probabile che a farsi strada nel codice saranno quelle detrazioni che avvantaggiano maggiormente i gruppi con maggiori entrature politiche. La presenza di alcune detrazioni incoraggia tutti gli altri a esercitare pressioni per ottenerne di simili, come nel caso delle assegnazioni degli uffici della business school. Se esiste una detrazione per il mutuo per la casa, perché non farne una sui camper? E cosa dire di barche, automobili e biciclette? L'unica linea di difesa è dire no sempre perché, appena si dice sì a uno, in poco tempo si viene sommersi di richieste di altre deduzioni e le risorse vanno sprecate per ottenere detrazioni e per pagare avvocati e commercialisti.

Paradossalmente molte di queste deduzioni hanno un effetto controproducente rispetto agli obiettivi originari. Si consideri per esempio la deduzione d'imposta sugli interessi del mutuo ipotecario: i sostenitori della detrazione su tale imposta affermano che incoraggi gli acquisti di case facilitando la realizzazione del sogno americano. Il fatto però che la detrazione non preveda dei limiti implica che essa favorisca i ricchi, che hanno grandi mutui ipotecari e quindi sconti maggiori. Nelle città in cui lo spazio è limitato tale agevolazione porta a un aumento dei prezzi delle case che finisce per corrispondere al sussidio medio, con la conseguenza che i meno ricchi finiranno per ricevere un sussidio più basso dell'incremento del costo delle case dovuto al sussidio, mettendo a rischio il sogno americano. Nel frattempo la presenza di un sussidio produce un eccesso di investimenti immobiliari e aumenta l'indebitamento delle famiglie, un problema che si è chiaramente manifestato dopo la crisi finanziaria del 2008.

Inoltre la proliferazione di detrazioni fiscali erode la raccolta fiscale, provocando un aumento delle aliquote d'imposta marginali. Come vedremo nel capitolo seguente, aliquote marginali elevate spingono la gente all'evasione fiscale, la cui forma più estrema consiste nel sostituire il lavoro col tempo libero. Se guardo un film non vengo tassato, mentre se lavoro sì. Tassare il reddito equivale quindi a sovvenzionare il tempo libero. Quanto più vengo tassato sul lavoro, tanto meno lavorerò.

Per comprendere come le detrazioni facciano crescere le aliquote marginali di imposta, ho preso le dichiarazioni dei redditi americane del 2008 e ho calcolato come sarebbero state se avessimo eliminato tutte le detrazioni e aumentato il reddito della stessa entità. Il risultato è stato che chi ha un reddito familiare al di sotto dei 30.000 dollari annui avrebbe beneficiato di un'esenzione fiscale totale; chi si trova nella fascia tra i 30.000 e i 70.000 dollari avrebbe avuto una tassazione al 10%; le restanti aliquote marginali d'imposta sarebbero state 20% fino a 150.000 dollari, 25% da 150.000 a 250.000, 30% da 250.000 a 500.000, 35% al di sopra.[7] In breve, l'eliminazione di qualunque detrazione avrebbe ridotto l'aliquota marginale di tutti i contribuenti di almeno 5 punti percentuali, salvo per i contribuenti con un reddito superiore ai 500.000 dollari, per i quali la situazione sarebbe rimasta immutata.

Lungi dall'essere regressiva, una riforma simile ridurrebbe il carico fiscale per tutte le famiglie con un reddito inferiore a 1 milione di dollari annui. L'ulteriore tassazione per coloro che sono compresi nella fascia di reddito tra 1 e 1,5 milioni di dollari sarebbe di 22.000 dollari annui, cifra che probabilmente ora pagano ad avvocati e commercialisti per sfruttare le opportunità di elusione, e che non dovrebbero più spendere se sparissero tutte le detrazioni.

Non dico che le aliquote utilizzate nella mia simulazione siano ottimali, ma credo sia possibile agevolare il sistema fiscale senza renderlo regressivo. La maggior parte delle proposte mirate a una semplificazione fiscale ha suggerito il ricorso ad aliquote fisse, un'idea che verrà discussa nel prossimo capitolo. Qui mi basta dire che una semplificazione del codice tributario sarebbe giusta. L'unico argomento contrario sarebbe machiavellico: le scappatoie fiscali rendono la tassazione meno efficiente e di conseguenza riducono il rischio che il governo aumenti le aliquote. E questo è il motivo per cui sarebbe giusto introdurre un emendamento costituzionale che imponga un'aliquota marginale d'imposta massima, come vedremo nel prossimo capitolo.

Semplificare l'imposta sul reddito delle società

Una modifica che potrebbe garantire un'enorme semplificazione del codice tributario e porre un limite ai tanti arbitraggi fiscali sarebbe la parità di trattamento in materia di reddito personale e capital gain. C'è però un problema: dalla riduzione delle aliquote d'imposta personali al livello di quelle di capital gain risulterebbe infatti un buco enorme nel bilancio degli Stati Uniti, mentre procedere in senso contrario, ossia aumentare quelle di capital gain al livello di quelle personali, avrebbe come effetto di scoraggiare gli investimenti. Fortunatamente, questo problema può essere risolto facilmente modificando l'imposta sul reddito delle società: oggi negli Stati Uniti 1 dollaro di profitto è tassato 35 centesimi a livello aziendale, più altri 9,75 centesimi (15% di tasse sui rimanenti 65 centesimi) quando viene distribuito sotto forma di dividendo o realizzato come capital gain. Il problema di un'aliquota d'imposta sulle società così elevata è che crea distorsioni e può essere troppo frequentemente elusa. Provoca alterazioni perché favorisce le partnership rispetto alle società e il debito, i cui pagamenti vengono sottratti dal reddito imponibile, al capitale di rischio. Inoltre le grandi società, che dispongono di eserciti di lobbisti, riescono a eludere facilmente questa imposta, a differenza delle piccole imprese che sono costrette a pagarla.

Un vecchio e onorato sistema usato dalle aziende per ridurre il proprio debito d'imposta consiste nell'assumere lobbisti per ottenere speciali scappatoie fiscali o per proteggere quelle che hanno già a disposizione. La soluzione più semplice per tutti questi problemi consiste nel trasferire la maggior parte degli oneri dal livello societario a quello individuale, visto che le società, rispetto ai singoli individui, hanno interessi molto più forti a esercitare pressioni per scappatoie fiscali. Se l'imposta sul reddito delle società fosse solo del 15% e i dividendi e i capital gain fossero tassati secondo l'aliquota fiscale individuale (35%), 1 dollaro di profitto societario porterebbe comunque allo stesso contributo fiscale prima di finire nelle mani degli azionisti, ma l'evasione e l'arbitraggio fiscale sarebbero più difficili.[8]

L'eliminazione della «deducibilità sugli interessi» dalla definizione di reddito imponibile delle società potrebbe contribuire a una riduzione dell'aliquota sul reddito societario al 10% senza ridurre il gettito fiscale. Tale norma eliminerebbe le distorsioni a favore del debito presenti nell'attuale codice tributario, distorsioni che aumentano l'indebitamento di tutte le imprese e svantaggiano quelle più piccole, che non sono in grado di ottenere prestiti nella stessa proporzione delle grandi.

La semplicità della certezza

Negli ultimi mesi del 2010, in America ci fu un'enorme incertezza sulle tasse future: se, come previsto, i tagli all'imposta sul reddito dell'era Bush fossero scaduti, alla fine del 2010 le aliquote fiscali sarebbero cresciute per tutti: nella fascia bassa della distribuzione del reddito dal 10 al 15%, nella fascia alta del 35 al 39,6%.

L'incertezza maggiore, tuttavia, riguardava le imposte sull'eredità. Nel 2010 queste tasse erano state portate a zero. In assenza di un intervento da parte del Congresso, però, nel 2011 le imposte sull'eredità sarebbero schizzate al 55% per gli assi ereditari di valore superiore a 1 milione di dollari. Un passaggio talmente brusco che un medico si era preoccupato della possibilità che individui senza scrupoli decidessero di accelerare la morte di ricchi parenti malati.[9]

All'ultimo momento una modifica della tassa sulle successioni arrivò, ma i tagli all'imposta sul reddito furono estesi solo per altri due anni, preparando così il campo per un'altra battaglia campale nel 2012.

A prescindere dal merito della riduzione degli oneri fiscali, non si può che criticare il loro carattere temporaneo, che genera grande incertezza, nociva sia per l'economia che per i singoli individui (per non parlare dei vecchi parenti malati). Purtroppo i tagli alle imposte previsti da Bush non costituiscono un'eccezione. Un crescente numero di norme del codice tributario sono destinate a scadere e uno studio recente mostra che, se nel 1991 c'erano circa 40 tagli di tasse in scadenza, nel 2011 il loro numero era salito a quasi 400.[10] Come mai il numero di questo tipo di misure è aumentato di dieci volte in vent'anni?

In parte il proliferare di queste regole è dovuto a normative contabili del bilancio americano, che riducono il costo ufficiale di proposte con una data di scadenza. L'altro motivo è ancora meno nobile del precedente: le norme fiscali in scadenza sono una manna dal cielo per i lobbisti e per tutti coloro che lavorano alla raccolta di finanziamenti per il Congresso. La minaccia di un aumento delle tasse imminente o di una scappatoia fiscale in scadenza può mobilitare clienti e raccogliere più fondi.

Questo è il circolo vizioso del lobbismo: le società assumono un esercito di lobbisti per ottenere trattamenti di favore. Se da una parte i lobbisti vogliono ottenere successo nel proprio lavoro, d'altro canto non conviene loro averne così tanto da correre il rischio di diventare inutili. È infatti nel loro interesse creare un rapporto di dipendenza, e la presenza di norme fiscali in scadenza assolve perfettamente a tale compito. Ragione per cui le regole sulla tassazione non solo dovrebbero essere semplici, ma anche permanenti.

Semplice e giusto

Il modo migliore per assicurarsi che le regole siano semplici ed efficaci consiste nell'applicarle là dove nascono: al Congresso. Fino a febbraio 2012, i membri del Congresso non erano soggetti alle stesse restrizioni per insider trading in vigore nei confronti degli insider societari. Dopo che le compravendite da parte dei deputati furono documentate in un libro, questa anomalia è stata subito rettificata, almeno sulla carta.[11] Resta da vedere quanto sarà determinata la Securities and Exchange Commission nell'inseguire senatori e membri del Congresso. Ma il problema va ben oltre l'insider trading.

Il Congresso americano risponde a regole molto diverse da quelle imposte alle imprese comuni. Se l'amministratore di un'azienda statale mente durante una conferenza con gli analisti o nei rapporti annuali di comunicazione dei dati, può finire sotto processo. I politici, invece, mentono sistematicamente durante le campagne elettorali e una volta entrati in carica, senza andare incontro ad alcuna conseguenza. Non sarebbe bello poter processare tutti i politici bugiardi?

Se il governo americano fosse stato soggetto alle medesime regole del settore privato, sarebbe stato costretto a consolidare la Fannie Mae e la Freddie Mac e a riportare tutte le loro potenziali passività al valore di mercato.

Non solo un simile principio consentirebbe alla classe politica di apprezzare i costi dei vincoli che impongono ad altri, ma aumenterebbe enormemente l'obbligo per il governo di giustificare le proprie scelte. Uno dei motivi per cui i sostegni al credito sono così allettanti è che non devono essere pagati nel momento in cui sono stanziati, risultando di fatto invisibili alla maggior parte dell'elettorato. Il costo del supporto implicito fornito alla Fannie Mae e alla Freddie Mac è rimasto nascosto per anni, il che ha permesso al governo di continuare a sostenerle.

Lo stesso dicasi nel caso del sostegno offerto alle grandi banche e agli studenti. In principio questa distorsione poteva essere parzialmente eliminata rivedendo il modo in cui tale spesa viene contabilizzata. Tuttavia qualunque costo incerto che verrà pagato in futuro offrirà largo spazio di discrezionalità. La pressione per nascondere queste spese è enorme, e la tentazione di eludere le regole è molto forte. L'unico modo per eliminare trucchi contabili nel calcolare i costi dei contribuenti consiste nell'assicurarsi che il governo segua le stesse regole che si applicano alle società, compresa la responsabilità personale dei Chief Executive Officers e dei Chief Financial Officers per l'integrità dei dati contabili.

Il potere di far rispettare la legge al popolo

Nonostante tutti i tentativi di livellare il terreno di gioco, questo rimarrà sempre un po' inclinato. Le aziende vorranno sempre esercitare pressioni su Washington per ottenere favori e, anche se esistesse una legge che vieti i sussidi statali alle imprese, sia avvocati sia lobbisti troverebbero qualche scaltro stratagemma per aggirarla. Ma supponiamo di introdurre una legge simile con un sistema di implementazione basato sul meccanismo delle class action. Tale meccanismo garantirebbe a ciascun cittadino il diritto di intentare causa all'industria che riceve il sussidio e di ottenerne la restituzione, ricevendone una piccola quota (per esempio il 15-20%) come compenso.

Un meccanismo di ricompensa per gli informatori che denunciano la corruzione può anche essere un modo efficace per rimpiazzare enti governativi inefficienti. Come ho spiegato nel capitolo 4, gli informatori interni alle aziende scoprono le frodi societarie molto più spesso della SEC e a un costo di gran lunga inferiore. E, come già spiegato altrove, il vantaggio fondamentale di un sistema basato sui denuncianti civici è che risulta resistente alla cattura: qualunque impiegato di un'azienda può diventare un denunciante, e per l'industria comprarli tutti sarebbe troppo costoso.

Conclusioni

In questo capitolo abbiamo visto come per sconfiggere la cattura ci sia bisogno di una regolamentazione semplice, preferibilmente rinforzata da un meccanismo che ricompensi chi decide di denunciare i fatti. Il modo migliore per ostacolare le attività di lobby consiste nell'introdurre una legge che elimini i sussidi all'industria, supportata dal diritto dato ai cittadini di intentare causa per recuperare i sussidi illegittimi. Ma è possibile immaginare che simili misure riducano il potere del governo al punto da renderlo completamente inefficace? No. Come argomenterò nel prossimo capitolo, tutto ciò che può essere fatto con i sussidi può essere realizzato anche con le tasse, e pure meglio, poiché la politica dell'imposizione fiscale è più a favore dei comuni cittadini.

13

Tasse buone e tasse cattive

Non è irragionevole che i ricchi debbano contribuire alla spesa pubblica non solo in proporzione al loro reddito, ma in proporzione un poco maggiore.

Adam Smith

Molti di coloro che condividono le mie preoccupazioni sulle crescenti disuguaglianze di reddito auspicano una generale ridistribuzione della ricchezza mediante tassazione. Questioni morali a parte, una tassazione troppo elevata rischia di danneggiare il Paese. Data la concorrenza internazionale per accaparrarsi i migliori talenti, nessun Paese può rischiare di perderli a causa di aliquote fiscali marginali poco attraenti.

Ma sono contrario a una forte ridistribuzione del reddito anche da un punto di vista morale. Quando lo Stato inizia a prendersi 50 centesimi su ogni dollaro guadagnato, trasforma le persone in schiavi. Quando le aliquote fiscali crescono tanto da diventare confiscatorie si esce dalla discussione economica per entrare nell'ambito delle libertà personali. Se queste argomentazioni non bastano a convincervi, ne ho un'altra più incisiva: dove vigevano il socialismo e la ridistribuzione ha finito per affermarsi il capitalismo clientelare, come possiamo vedere in Russia.

Per avere successo, un programma a favore del mercato deve promuovere non la ridistribuzione, ma un mercato migliore e più libero in cui il merito venga premiato e non penalizzato. Ma quale ruolo gioca la politica fiscale in un programma simile?

Perché le tasse?

Le tasse hanno tre potenziali funzioni: aumento delle entrate, modifica degli incentivi, ridistribuzione del reddito. Sulla prima sono tutti d'accordo. Perfino i liberisti più estremi concordano sul fatto che lo Stato debba garantire servizi di base come la difesa nazionale, la pubblica sicurezza e un sistema giudiziario. Per farlo, servono entrate fiscali. Il punto cruciale riguarda però naturalmente la loro entità e provenienza.

La seconda funzione delle tasse, spesso ignorata, è modificare gli incentivi. Di solito si tratta di un effetto collaterale indesiderato della prima funzione: per esempio, la tassazione dei redditi scoraggia dal lavorare di più. Talvolta, tuttavia, modificare gli incentivi costituisce l'obiettivo della tassazione mentre l'accumulo di entrate rappresenta un mero effetto collaterale. Molti liberisti si oppongono a questo tipo di tassazione poiché costituisce un'evidente forma di coercizione da parte dello Stato. Storicamente, per esempio, i Paesi musulmani garantivano la libertà di culto ai non musulmani alla condizione che pagassero un tributo.[1] Una penale decisamente più mite rispetto a ciò che poteva accadere agli infedeli nei Paesi cristiani (l'esecuzione), ma pur sempre una costrizione. Per come la vedo io, le tasse che migliorano gli incentivi sono legittime nel caso in cui l'alternativa è rappresentata da forme di coercizione peggiori come restrizioni o divieti.

La terza funzione della tassazione, la ridistribuzione, è molto controversa. Il problema non è se ridistribuire (la maggior parte delle persone concorda che un minimo di ridistribuzione ci debba essere). A essere al centro della discussione è l'entità della medesima. In questo senso è utile distinguere tra due forme di ridistribuzione. C'è quella indiretta, ovvero una ripartizione disuguale del carico fiscale (quando i ricchi per esempio pagano più della loro quota del costo della pubblica sicurezza), e c'è la ridistribuzione *à la* Robin Hood: togliere il denaro ai ricchi per darlo ai poveri.

Man mano che il ruolo dello Stato aumenta, le imposte crescono in proporzione. Il primo passo verso una riduzione del carico fiscale, quindi, consiste nel diminuire il numero di compiti che spettano allo Stato. Eliminare i sussidi è uno di questi. Eppure anche nel mio programma pro mercato lo Stato è investito di importanti funzioni (come garantire paracaduti sociali e finanziare l'istruzione primaria e secondaria). Come possono essere finanziati questi servizi?

Le basi morali della tassazione

Durante la campagna presidenziale del 2008 un mio collega stava assistendo alla convention democratica con il figlio di nove anni. All'inizio il bambino era d'accordo con l'idea di Obama di tassare i ricchi per aiutare i poveri. Quando però suo padre gli chiese a quale categoria pensasse di appartenere, il figlio si rese conto di essere fra i ricchi e il supporto al candidato democratico venne meno. Come dimostra l'esempio, il nostro concetto di ridistribuzione ottimale è influenzato dal nostro reddito. Molti sono felici di tassare i ricchi, se per ricchi si intende chi guadagna più di loro.

Cosa ci suggerisce la teoria economica? In ogni ridistribuzione il dollaro dato a Caio è preso da Sempronio, quindi il trasferimento in sé non aumenta né diminuisce il benessere generale. Ma oltre ai costi amministrativi di questo processo ci sono le inefficienze legate agli sforzi che tutti gli individui fanno per sottrarsi legalmente (e spesso illegalmente) alle imposte. Se le case venissero tassate in base al numero di finestre, i proprietari inizierebbero subito a murarne la maggior parte per ridurre il loro carico fiscale. Vivere in una casa buia non è piacevole, ma ogni singolo proprietario ha interesse a farlo, anche se non conviene all'insieme dei proprietari. A meno che non riduca le entrate fiscali che un governo deve raccogliere, l'elusione (ed evasione) fiscale non riduce l'ammontare di imposte che in media ciascuno paga, ma riduce il benessere collettivo, perché costringe tutti a vivere in case buie.

Perciò la teoria economica suggerisce che le imposte dovrebbero colpire maggiormente chi ha meno capacità di evitare l'imposta.[2] Una tassa sull'altezza delle persone, per esempio, sarebbe preferibile dal punto di vista economico, perché non spinge i contribuenti a modificare il proprio comportamento (a meno che i genitori non cerchino di ridurre l'altezza dei figli con medicine o altro) e di conseguenza non crea distorsioni.

Chiaramente questa tassa non sarebbe molto popolare (anche se io dalla mia bassezza potrei sostenere che non sarebbe così ingiusta, perché le persone alte sono avvantaggiate nella vita). Questo paradosso dimostra che l'imposizione non risponde solo a criteri economici ma anche (soprattutto) a criteri morali. Seppur economicamente efficiente, non conosco alcun Paese che usi una tassa sull'altezza, mentre la maggior parte dei Paesi ha un'imposta sul reddito, nonostante i suoi effetti distorsivi.

Non deve sorprendere, dunque, che l'opinione prevalente in un Paese sul livello di tassazione desiderabile dipenda fortemente dal modo più comune in cui si diventa ricchi. Quando si ritiene che le disuguaglianze di reddito siano dovute alla fortuna, la gente vuole più ridistribuzione. Quando invece il benessere è percepito come il risultato del duro lavoro, il desiderio di ridistribuzione è molto minore. Per questo motivo la distruzione del capitalismo clientelare ridurrà anche la domanda di ridistribuzione fiscale.

Tasse cattive

Molte imposte, pensate per raccogliere risorse, incidono negativamente sugli incentivi, soprattutto per quanto riguarda la propensione a lavorare di più. Proprio come l'imposta sul tabacco riduce il numero di fumatori e la quantità di sigarette da loro fumate, così le imposte sul reddito diminuiscono il numero di persone che lavorano e spesso anche il numero di ore che esse sono disposte a dedicare al lavoro. Il mio vicino, per esempio, ha preferito rimanere a casa a prendersi cura dei propri figli poiché il reddito della moglie li collocava in una fascia di reddito elevata (negli Stati Uniti i redditi dei coniugi sono cumulati a fini fiscali). Se avesse lavorato e preso una baby-sitter, avrebbe dovuto pagare le imposte sul reddito suo e della baby-sitter. Rimanendo a casa, poteva fare il baby sitter dei propri figli «in nero». Questo è solo uno dei molti modi per eludere legalmente le imposte. A ciò si aggiungono i modi illegali, anch'essi influenzati da quanto elevata è l'aliquota di imposta.

L'economista di Harvard Martin Feldstein, utilizzando la riforma fiscale americana del 1986, ha calcolato che, quando l'aliquota d'imposta federale per i redditi più elevati scese dal 50 al 28%, il reddito imponibile dichiarato aumentò del 44%.[3] Questa reazione, anche se bastò a compensare solo la metà del gettito fiscale perso per la riduzione delle aliquote, mette in luce i problemi insiti in aliquote troppo elevate: la gente lavora meno.

Molti economisti hanno messo in dubbio o contestato tali risultati. La principale obiezione era che l'effetto più forte non viene da un aumento delle ore lavorate, ma da una riduzione di elusione ed evasione.[4] Volendo, però, questo effetto può essere ridotto o addirittura eliminato, riformando il codice fiscale come suggerivo nel capitolo precedente.

Al netto dell'elusione fiscale, il reddito imponibile non reagisce così tanto come stimato da Feldstein quando le aliquote fiscali vengono abbassate. L'effetto è molto chiaro solo per chi ha un reddito superiore ai 100.000 dollari annui.[5] Per quanto riguarda i supermilionari, ce ne sono così pochi che è difficile produrre uno studio su vasta scala. Quando si parla di superstar come atleti, attori, avvocati, finanzieri di fama, è lecito domandarsi quanto il loro sforzo sia influenzato dalle aliquote marginali e quanto da altre considerazioni. Se le aliquote aumentassero, Mario Balotelli si impegnerebbe meno a vincere il premio partita per la finale di Coppa dei Campioni? Probabilmente no.

Tuttavia, se l'aliquota fiscale di Mario Balotelli aumentasse notevolmente, egli potrebbe decidere di trasferirsi in un'altra nazione. Un'indagine sui calciatori europei evidenzia una tendenza a trasferirsi da nazioni con aliquote fiscali elevate, come la Svezia, verso nazioni con aliquote fiscali più basse, come la Spagna.[6] Potremmo pensare a una correlazione spuria (ci sono tanti motivi, come il sole, per spostarsi dalla Svezia alla Spagna), se nel 2004 la Spagna non ci avesse offerto una sorta di esperimento naturale. Quell'anno, per attrarre David Beckham a giocare in Spagna, il governo approvò una legge speciale che introduceva un'aliquota fiscale di favore per i giocatori stranieri: il numero e la qualità dei giocatori stranieri in Spagna aumentò improvvisamente.

È altresì interessante notare che i Paesi europei con le aliquote più elevate sono anche quelli con le squadre peggiori (almeno in termini di risultati nelle competizioni europee per club). Se gli imprenditori imitassero il comportamento dei giocatori, il costo di un'aliquota fiscale elevata sarebbe effettivamente molto alto.

Se lo Stato non avesse spese o avesse altre fonti di entrate (come il petrolio per il Kuwait), ci potremmo sbarazzare di tutte le tasse in un colpo solo. Sfortunatamente, nella maggior parte dei Paesi ciò non è possibile. Possiamo però ridurre il carico fiscale aumentando il gettito per mezzo di tasse buone.

Tasse buone

«Tassa buona» potrebbe sembrare a prima vista un ossimoro. Ma ci sono casi in cui le tasse sono buone, nel senso che contribuiscono a correggere incentivi economici falsati e a favorire il libero mercato. Per capire perché bisogna riconoscere che ci sono dei limiti alla libertà individuale: le azioni di un individuo, ad esempio, non possono interferire con la libertà di un altro. La libertà di un musicista di suonare il sassofono di notte interferisce con quella del suo vicino di dormire. Per questo motivo esistono divieti per particolari comportamenti, tra cui il disturbo della quiete notturna.

I divieti assoluti, però, tendono a risultare inefficienti. Se l'unico vicino di un musicista è sordo, allora un divieto assoluto di disturbo della quiete pubblica riduce il vantaggio del musicista senza aumentare quello del suo vicino. Anche senza arrivare a questi estremi, il danno che il musicista causa suonando a tarda ora potrebbe in molti casi essere inferiore ai benefici che egli ne riceve. Un divieto inderogabile impedirebbe al musicista di compensare il vicino (magari offrendosi di curargli il giardino in cambio della sua tolleranza per le prove a ora tarda) anche in quei casi in cui suonare di notte fosse efficiente (cioè con benefici superiori al costo). Se invece il divieto fosse derogabile, il musicista potrebbe facilmente compensare il vicino: un contratto di questo tipo gioverebbe a entrambi. Alla soluzione efficiente si arriverebbe anche in assenza di qualunque divieto – puro *laissez-faire* – ma sarebbe cambiato chi paga chi. In quest'ultimo caso sarebbe il vicino a dover pagare il musicista ogniqualvolta desidera dormire in pace, e non viceversa. La direzione del pagamento non è importante solo da un punto di vista distributivo (chi guadagna e chi perde), ma anche da quello dell'efficienza, ovvero in relazione a quante transazioni avvengono il cui beneficio totale eccede il costo totale.

Molte centrali elettriche rilasciano sostanze inquinanti. Se dovessimo vietare ogni forma di inquinamento, la maggior parte delle centrali andrebbe chiusa. Se rendessimo questo divieto derogabile, sarebbe comunque molto difficile per la centrale ottenere il consenso da tutti gli abitanti, pagando ciascuno. Se adottiamo un approccio *laissez-faire*, però, e lasciamo che le centrali inquinino liberamente, tenderanno a farlo anche quando il costo dell'inquinamento sarà maggiore del beneficio. A differenza dell'esempio precedente, è pressoché impossibile per gli abitanti del posto coordinarsi e pagare la centrale affinché tagli le emissioni.

Per uscire da questa impasse sono state create agenzie come la Environmental Protection Agency, con il compito di intervenire consentendo il funzionamento della centrale solo quando il costo dell'inquinamento per gli abitanti è inferiore al beneficio della produzione di energia. Sfortunatamente, come spero di aver spiegato in questo libro, le autorità governative tendono a essere catturate e a rappresentare gli interessi dell'industria. Non c'è garanzia che una regolamentazione di questo tipo possa funzionare.

In questo caso una tassa costituisce un'alternativa efficace. Un'imposta equivalente all'impatto negativo che le emissioni hanno sulla comunità locale spingerà il produttore a valutare attentamente il rapporto tra beneficio e costo, producendo solo quando il primo supera il secondo. Una tassa funziona in tuti i casi in cui chi produce impone dei costi ad altri (in economia si chiamano esternalità negative), come è per l'inquinamento.

Se la regolamentazione è catturata, perché non lo dovrebbe essere il processo che decide l'ammontare di tassazione? Perché la regolamentazione richiede maggiori informazioni rispetto alla tassazione. Quando il bisogno di informazioni è limitato, le lobby hanno meno potere. Se la discussione è semplice, il controllo democratico è maggiore. Al Congresso un voto sulla tassa sull'inquinamento ha maggiori probabilità di svolgersi correttamente rispetto a un'oscura decisione di regolamentazione presa da un ente catturato.

Nel caso in cui la cattura del processo porterà a un livello di tassazione troppo basso, perlomeno si dovrà sopportare solo il costo dell'inquinamento, e non il costo dell'inquinamento sommato allo spreco di denaro rappresentato dal costo per far funzionare questa autorità oltre al costo di tutte le distorsioni all'entrata che questa autorità introdurrà per proteggere gli interessi delle imprese politicamente influenti.

L'obiettivo di questo tipo di imposta (chiamata «pigouviana» dal nome dell'economista inglese Arthur Pigou che l'ha inventata) consiste nel correggere incentivi distorti, non nell'aumentare le entrate. Se poi aumenta anche le entrate, allora si ottiene un beneficio duplice: si migliora l'efficienza e si evita di imporre tasse cattive per far fronte alle spese statali. La tassa sulle sigarette è un esempio di imposta pigouviana, lo stesso per la tassa sulla benzina, anche se storicamente sono state introdotte per altri motivi.

Due utili imposte pigouviane

Un'imposta pigouviana che è stata suggerita ma non implementata è quella sui debiti a breve termine emessi da istituzioni finanziarie. Una delle cose che abbiamo imparato dalla crisi finanziaria del 2008 è che un ricorso eccessivo all'indebitamento a breve può trasformare una perdita relativamente piccola in una voragine. Quando, nel 2007-2008, gli intermediari finanziari sono stati colpiti dalle perdite sui titoli subprime, i creditori a breve termine, temendo la bancarotta di molti intermediari finanziari, si rifiutarono di rinnovare i loro prestiti. Questo taglio di fondi costrinse gli intermediari a vendere parte dell'attivo, creando una pressione negativa sui prezzi. È come la classica corsa agli sportelli durante una crisi bancaria: la sola differenza è che a correre non erano i depositanti (che sono assicurati) ma i creditori a breve (che non lo sono).

Come mai gli intermediari finanziari, che dovrebbero essere consapevoli di tale rischio, hanno scelto di indebitarsi così tanto a breve termine? Perché ciò permette loro di ottenere maggiori prestiti a tassi ridotti, incrementando così i profitti. Dal canto loro i creditori a breve non si preoccupano tanto della solidità patrimoniale dei propri debitori, perché contano di potersi liberare in tempo qualora costoro finiscano nei guai. Ma se una via d'uscita è disponibile a ciascun prestatore individualmente, ciò non vale per la loro totalità. Se tutti i prestatori a breve cercano di tagliare la corda, ecco che si precipita in una crisi. In altre parole, nel concedere un prestito a breve termine, i finanziatori non sopportano tutti i costi, ovvero generano un'esternalità negativa.

Si tratta del caso ideale per un'imposta pigouviana. Una tassazione dell'1% dell'indebitamento a breve delle maggiori istituzioni finanziarie americane produrrebbe 21 miliardi e mezzo di dollari all'anno, se si considerano solo i 9 istituti più grandi. Questa somma è pari a tutte le imposte riscosse dai 65 milioni di famiglie americane che guadagnano meno di 30.000 dollari annui. Un'imposta di questo tipo, quindi, potrebbe stabilizzare il sistema finanziario, al tempo stesso riducendo il peso di imposte che distorcono, invece di migliorare, gli incentivi.

Un'altra imposta pigouviana sarebbe la tassazione progressiva sulle attività di lobby fatte dalle imprese. Pur non negativo di per sé, il lobbismo lo diventa quando i rapporti di forza sono impari, come nel caso in cui grandi aziende fanno pressione contro gli interessi dei consumatori. Tassare pesantemente le attività di lobby scoraggerebbe, come avviene con tutte le imposte, l'attività tassata, riducendo l'eccesso di lobbismo. Se poi, in aggiunta, i ricavi di questa tassa fossero ridistribuiti per sostenere posizioni alternative, essa aiuterebbe a rendere la competizione più ad armi pari. Non da ultimo, questa imposta pigouviana motiverebbe gli azionisti a far pressione sui propri manager perché riducano l'attività di lobby.

La politica delle tasse e dei sussidi

In linea di principio lo Stato ha ragione a intervenire solo quando, alterando i prezzi, genera dei benefici per la società nel suo complesso, come nel caso dell'inquinamento.[7]

L'obiettivo dell'intervento è modificare gli incentivi, e la ridistribuzione del reddito è soltanto un effetto collaterale che in teoria potrebbe essere eliminato. La politica americana di sussidi all'acquisto di abitazioni, per esempio, fa sì che possedere la casa in cui si vive sia relativamente più economico che essere inquilini. Questo intervento viene giustificato con l'idea che la diffusione della proprietà immobiliare contribuisca alla stabilità sociale. Lo stesso vale per i sussidi all'istruzione universitaria.

Se l'obiettivo è cambiare il comportamento delle persone, sono i prezzi relativi a contare, non quelli assoluti. Dal punto di vista economico, quindi, un'imposta sullo zucchero equivale a un sussidio per altri dolcificanti come lo sciroppo di mais: entrambi gli interventi hanno come effetto di ridurre il consumo del primo e far aumentare quello del secondo. Dal punto di vista politico, tuttavia, l'equivalenza non tiene. Si pensi ai sussidi appena citati e al successo politico che potrebbero riscuotere se si riscrivessero come «tasse»: i popolari sussidi immobiliari si trasformerebbero in impopolari tasse sugli affitti, mentre gli amati sussidi agli studi universitari (sotto forma di minori rette) si trasformerebbero in odiose imposte per chi interrompe gli studi.

Naturalmente c'è una grande differenza tra sussidi per gli acquisti di case e imposte sugli affitti: nel primo caso lo Stato dà denaro alla gente, nel secondo lo toglie. Eppure lo Stato siamo noi: esso non produce di per sé ricchezza ma, semplicemente, la ridistribuisce, distruggendone una parte nel processo di ridistribuzione. Un'attenta comparazione tra queste due politiche dovrebbe mantenere costante la pressione fiscale. Se il programma consiste in un sussidio, questo andrebbe considerato insieme ad altre tasse che aumentino le entrate necessarie. Nel dibattito politico questa compensazione non si verifica mai. I sussidi per l'etanolo arricchiscono i produttori di etanolo e le tasse sulla benzina impoveriscono gli automobilisti. Di conseguenza la ridistribuzione del reddito diventa non l'effetto collaterale, ma l'obiettivo dell'intervento politico. L'obiettivo nobile di cambiare gli incentivi diventa solo la foglia di fico che fornisce una giustificazione intellettuale a una ridistribuzione altrimenti poco allettante. Quando i produttori di etanolo richiedono sussidi, cercano di ridistribuire il reddito a proprio favore: il beneficio per l'ambiente è solo un'ottima scusa. L'obiettivo nobile è uno strumento molto potente del lobbismo, che lo rende ancora più pericoloso. Tanto più nobile è la foglia di fico, tanto più devastante è il lobbismo.

Questo sistema crea enormi incentivi per le attività di lobby. Il beneficio dei sussidi è concentrato, mentre il costo viene distribuito tra i contribuenti. Esercitare pressioni a favore dei sussidi sarà quindi molto più efficace che non provare a contrastarli.

Invertire la politica perversa dei sussidi

La dinamica delle imposte pigouviane funziona esattamente agli antipodi rispetto a quella del tipico sussidio. Il carico fiscale pesa su un gruppo ristretto e politicamente potente (per esempio i produttori di benzina), mentre il beneficio che ne deriva avvantaggia un gruppo esteso e del tutto ininfluente: i contribuenti. Al contrario, il carico fiscale di un'imposta sul reddito ricade su un ampio numero di contribuenti. È quindi politicamente più attraente aumentare leggermente l'aliquota fiscale di tutti, piuttosto che imporre una tassa su un prodotto specifico, il cui costo sarà molto concentrato. Ciò avviene benché l'imposta sul reddito riduca il benessere complessivo, inducendo le persone a lavorare meno, mentre quella pigouviana lo aumenti, eliminando una distorsione. E questo è il motivo per cui le imposte pigouviane sono così poco frequenti. Ma proprio per tale ragione propongo di bandire qualunque forma di sussidio e di limitare le politiche di intervento statale alle imposte pigouviane: poche, ma veramente buone.

Conclusioni

Le tasse possono essere utilizzate per migliorare il sistema e incrementare le entrate. Le imposte pigouviane, in particolare, possono fornire una soluzione al problema della cattura dei regolatori. Possono essere usate per penalizzare il lobbismo eccessivo e come alternativa alla regolamentazione. Grazie alla ridotta quantità di informazioni necessarie alla regolamentazione e alla loro natura trasparente, un sistema basato su imposte pigouviane è meno asservito ai gruppi di interesse specifici, sebbene, come tutti i sistemi di tassazione, non sia perfetto.

14

Riformare la finanza

Le regole della finanza sono una questione troppo seria per essere lasciata ai banchieri.
Luigi Zingales (con scuse a Georges Clemenceau)

La natura della regolamentazione finanziaria negli Stati Uniti ricorda quella di una roccia sedimentaria: ogni strato rappresenta il lascito di una crisi, ma nulla lega questi strati tra loro. La Federal Reserve è stata fondata nel 1913 per affrontare i problemi di liquidità che si erano verificati durante la crisi del 1907. La Federal Deposit Insurance Corporation (FDIC) è stata istituita nel 1933 per impedire corse agli sportelli come quelle all'origine della chiusura di oltre 5000 banche nei primi anni Trenta. La Securities and Exchange Commission (SEC) è nata nel 1934 per impedire le manipolazioni del mercato azionario che avevano caratterizzato il sistema nel corso degli anni Venti. L'Office of Thrift Supervision (OTS) è stato creato nel 1989, in seguito alla crisi delle Savings and Loan della fine degli anni Ottanta. Infine la legge Dodd-Frank (Wall Street Reform and Consumer Protection Act), che ha portato alla nascita del Financial Stability Oversight Council, è stata varata nel 2010 come risultato dell'ultima crisi finanziaria.

Tenuto conto delle loro origini, non sorprende che questi enti governativi si pestino i piedi a vicenda. La trasparenza e la protezione degli investitori, per esempio, sono obiettivi non solo della SEC (il suo precipuo compito), ma anche del Commodity Futures Trading Commission (CFTC) e della Federal Reserve. Allo stesso modo la Fed, la FDIC e la SEC, dall'inizio della crisi, miravano tutte alla stabilizzazione del sistema finanziario. L'attuale sistema di regolamentazione presenta problemi a livello di coordinamento e comunicazione delle informazioni. La mancanza di coordinamento tra i vari enti può spingere l'industria a evitare totalmente la regolamentazione. Come ovviare a questi problemi?

Una possibile soluzione è la centralizzazione di tutte le funzioni di regolamentazione nelle mani di un unico ente, come avvenne in Gran Bretagna con la Financial Service Authority (FSA). Di fatto, anche la FSA rappresenta una centralizzazione solo parziale, visto che alcune funzioni chiave di politica monetaria sono sempre restate nelle mani della Banca d'Inghilterra. Durante la crisi della banca inglese Northern Rock, però, questo sistema centralizzato fallì proprio nel compito per cui era stato creato: un coordinamento efficace.

Un'altra possibilità è il cosiddetto approccio funzionalista alla regolamentazione, in cui i regolatori vigilano sugli enti assicurandosi che svolgano le funzioni dovute. Una stessa persona dovrebbe quindi controllare, per esempio, i fondi monetari e le banche, visto che svolgono la medesima funzione: fornire liquidità a breve termine a individui e aziende. Ma l'approccio funzionalista eleva al massimo il rischio di cattura: quanto più specifico è il capitale umano di un regolatore, tanto più probabile sarà la sua cattura da parte delle imprese che è chiamato a regolare.

In aggiunta, l'approccio funzionalista non serve a eliminare altri due problemi dell'attuale sistema di regolamentazione. Il primo è l'opacità con cui diversi obiettivi vengono sostituiti l'uno con l'altro. A rischio di un eccesso di semplificazione, diciamo che l'intervento dello Stato nel sistema finanziario ha tre funzioni principali: assicurare la stabilità dei prezzi, proteggere investitori e debitori contro frodi e abusi, e garantire la stabilità del sistema finanziario. Attualmente i vari enti di regolamentazione devono trovare un compromesso fra questi tre obiettivi. Quando, per esempio, la Federal Reserve si è assunta gran parte del rischio dei titoli tossici di Citigroup per salvarla, ha sacrificato la futura stabilità dei prezzi a favore di quella finanziaria. Se quei titoli avessero perso valore sarebbe stato difficile per la Fed recuperare la liquidità immessa. Si sarebbe rischiato un aumento dell'inflazione, visto che si sarebbe pompato denaro nell'economia in cambio di nulla. Simili compensazioni interne agli enti sono poco trasparenti e pongono seri rischi.

L'attuale sistema presenta un secondo problema: quando i compiti si sovrappongono è difficile capire di chi siano le colpe o i meriti, che si tratti di agenzie o di individui. Chi ha spinto la banca d'affari Bear Stearns a contrarre un «matrimonio riparatore» con la JP Morgan? È stata forse colpa della SEC, che non è riuscita a vigilare sul rischio delle banche d'investimento, o della Fed, che non è riuscita a fornire liquidità, oppure le responsabilità vanno addossate alla mancanza di coordinamento tra le due? O tutte e tre le cose assieme? Sino a quando i ruoli chiave saranno ripartiti in questo modo, a prevalere sarà solo lo scaricabarile.

Di qui la necessità di ripensare l'intera struttura regolamentare secondo chiare linee di responsabilità e obiettivi. Regolamentazione finanziaria, protezione e vigilanza andrebbero affidate a tre enti diversi, ciascuno responsabile di uno solo dei tre compiti. Un ente dovrebbe essere preposto alla stabilità dei prezzi, occupandosi della politica monetaria come fa oggi la Fed. Un secondo ente dovrebbe dedicarsi alla protezione degli investitori (quando per esempio investono in azioni, depositano fondi in banca e richiedono un prestito o stipulano un contratto assicurativo). Infine, un terzo ente dovrebbe preoccuparsi di considerazioni sistemiche, assumendosi i ruoli straordinari che la Federal Reserve ha avocato a sé durante l'ultima crisi, e di altri problemi di solvibilità, adesso affidati a regolatori assicurativi statali.

Il vantaggio di questo sistema è che ognuno dei tre enti avrebbe un ruolo ben preciso e facilmente valutabile. Il primo dei tre si occuperebbe di controllo dell'inflazione. La sua efficacia potrebbe essere facilmente misurata tramite le previsioni di inflazione implicite nella differenza tra buoni del Tesoro standard e buoni indicizzati all'inflazione (*Treasury inflation-protected securities* o TIPS). Il buon funzionamento del secondo potrebbe essere giudicato mediante una misura della fiducia che la gente ha verso il mercato azionario e altre istituzioni finanziarie. L'obiettivo del terzo ente dovrebbe essere di minimizzare il rischio di collasso del sistema, e potrebbe essere misurato tramite il prezzo di credit default swap delle maggiori istituzioni finanziarie (un contratto che assicura contro il rischio di fallimento di tali istituzioni). Le maggiori compensazioni tra questi obiettivi, che allo stato attuale presentano seri problemi, avverrebbero tra diversi enti e non all'interno di essi, garantendo così una maggiore trasparenza.

La sfida più grande sarebbe raggiungere dei compromessi tra i diversi enti e riuscire a garantire la comunicazione delle informazioni cruciali tra loro. Si potrebbe creare un nuovo consiglio che includa i direttori dei tre enti, più un piccolo numero di rappresentanti nominati dal Senato. Proprio come avviene per il consiglio della Federal Reserve, si dovrebbero pubblicare i verbali (magari dopo un certo periodo di tempo), per una maggiore trasparenza e una chiara identificazione delle responsabilità.

In un certo senso, questo consiglio non sarebbe poi tanto diverso da quello del Financial Stability Oversight Council introdotto dalla legge Dodd-Frank, con l'unica differenza nel numero dei membri: meno di 10 contro 27. Gli organismi composti da troppi membri non funzionano: o i legislatori che li creano sono stupidi, o lo fanno in cattiva fede affinché non funzionino. Io propendo per la seconda interpretazione.

La politica monetaria

Esaminiamo ora, uno per volta, i tre obiettivi della regolamentazione finanziaria, a partire dalla Federal Reserve cui dovrebbe competere la stabilità dei prezzi mediante la politica monetaria. La Fed è saggiamente stata pensata come un'istituzione autonoma, guidata da tecnici esperti e non da politici di carriera. Il motivo di tale scelta è che, con l'approssimarsi delle elezioni, un politico potrebbe avere la tentazione di aumentare le immissioni di massa monetaria per stimolare l'economia, anche a costo di far salire l'inflazione.

Durante la crisi finanziaria del 2008 e nel periodo successivo, tuttavia, la Fed ha oltrepassato i propri limiti d'azione intervenendo per assicurare la stabilità del sistema finanziario. Il che significa occuparsi di politica fiscale. In una nazione fondata sul principio «Nessuna tassazione senza rappresentanza», il fatto che un ente non eletto si arroghi scelte in materia fiscale è giudicato con sospetto. La conseguenza è stata che la Fed ha dovuto subire duri attacchi da parte del Congresso, volti a limitarne la discrezionalità.

Il Congresso ha ragione, anche se i passi falsi della Federal Reserve non sono dovuti a errori dei suoi governatori ma a una sbagliata allocazione dei compiti. La mia proposta di affidare le tre principali responsabilità della regolamentazione finanziaria a tre enti diversi consentirebbe di disporre di un consiglio per l'autorità monetaria del tutto indipendente *e* di un consiglio per la stabilità finanziaria politicamente responsabile.

Difesa dei consumatori e innovazione finanziaria

La teoria economica dice molto su quali titoli dovrebbero esistere e quali no, ma poco su quali nuovi tipi di titoli andrebbero creati. In altre parole, non serve per spiegare l'innovazione finanziaria.

Una delle sue cause è la necessità di aumentare la possibilità di diversificare il rischio. Man mano che le aziende crescevano nel corso dell'Ottocento, il rischio di essere proprietari di quelle aziende diventava troppo grande per un singolo individuo. Le azioni negoziabili rappresentarono un'innovazione che ripartiva il rischio tra tanti piccoli investitori, consentendo all'industria di crescere. Un altro tipo di rischio è rappresentato dalle oscillazioni del valore degli immobili. Immaginiamo che il vostro lavoro vi porti a trasferirvi a Las Vegas. Non avete intenzione di vivere lì per il resto della vita ma, siccome è difficile trovare un appartamento in affitto grande abbastanza da soddisfare le necessità della vostra famiglia, decidete di comprare casa. Un passo che però può comportare rischi molto elevati. Se vi foste trasferiti a Las Vegas nel 2000 per lasciarla poi nel 2005, il valore della casa sarebbe schizzato del 115%; se invece aveste fatto la stessa cosa tra il 2005 e il 2010, il valore della casa si sarebbe ridotto del 54%.[1] Per la tipica famiglia che prende a prestito il 90% del valore della casa, il primo quinquennio avrebbe comportato un rendimento di 12,5 volte il capitale investito, il secondo una perdita di 4,5 volte. Per consentire alla gente di condividere il rischio che affronta negli investimenti immobiliari, l'economista di Yale Robert Shiller ha cercato, senza troppa fortuna, di dare impulso ai contratti a termine standardizzati (futures) legati ai prezzi delle case in diversi mercati.

Un altro motivo per l'innovazione finanziaria è il desiderio di ridurre le imperfezioni nei mercati finanziari. I bancomat, così come le carte di credito, sono stati inventati per diminuire i costi delle transazioni. Analogamente i titoli garantiti da un intero *pool* di mutui ipotecari sono stati ideati per ridurre le asimmetrie informative tra sottoscrittori di prestiti e compratori. Se un sottoscrittore vende i mutui uno a uno, riesce a sfruttare la sua informazione su quale mutuo sia più rischioso e quale meno. Sapendo che sfrutterà tale vantaggio, il potenziale compratore richiederà uno sconto. La vendita in blocco di tutti i prestiti emessi durante un certo periodo consente di aggirare il problema.

In tutti questi esempi, l'innovazione finanziaria ha creato valore. Sfortunatamente, però, non è il caso di tutte le innovazioni finanziarie. Alcune sono pensate per ridurre le tasse o aggirare le regolamentazioni, altre per ingannare o truffare gli investitori; in alcuni casi, per entrambi i motivi assieme. Si pensi, per esempio, ai derivati venduti alle municipalità locali, che permettevano alle stesse di nascondere agli elettori le loro reali condizioni di bilancio. Analogamente, le amministrazioni Bush e Obama hanno usato nuovi strumenti finanziari per dissimulare i sostegni dati al settore finanziario. Come ha scritto un assistente del ministro del Tesoro dell'amministrazione Bush, «la lezione più importante imparata nell'autunno del 2008 fu che fornire protezione tramite prestiti senza diritto di rivalsa è, da un punto di vista economico, simile all'acquisto di titoli tossici: infatti vendere protezione a un prezzo inferiore equivale a pagare di più i titoli. Ma la protezione è molto meno trasparente sia degli acquisti di titoli sia delle immissioni di capitale, ed è perciò politicamente preferibile come mezzo attraverso cui fornire sussidi agli attori del mercato finanziario».[2]

Potrebbe venire la tentazione di concludere che dovremmo regolamentare l'innovazione finanziaria similmente a quella in campo farmaceutico. Ma la regolamentazione delle medicine è stata oggetto di critiche in quanto limita la concorrenza, e lo stesso succederebbe con la regolamentazione dell'innovazione finanziaria.

Invece di limitare l'innovazione, suggerisco di risolvere i problemi che potrebbero condurla fuori strada. Uno di questi è che la gente può essere facilmente ingannata da prodotti troppo sofisticati. Il che, di per sé, non è una ragione sufficiente per bandirli, bensì per limitare il numero di persone che vi ha accesso. I mutui ipotecari a tasso fisso e i fondi comuni di investimento diversificati sono prodotti che possono essere facilmente capiti e usati anche da investitori sprovveduti. I mutui ipotecari a tasso variabile, i fondi comuni di investimento negoziati in borsa (ETF: exchange-traded funds) e le azioni individuali sono prodotti intermedi, adatti a investitori moderatamente sofisticati. Solo gli investitori più competenti dovrebbero utilizzare prodotti quali gli ETF che vendono allo scoperto e i mutui ipotecari ad ammortamento negativo. Per assicurarsi che ogni investitore scelga il prodotto adatto a sé, è sufficiente far gravare la responsabilità sul venditore: spetterebbe alla banca che ha venduto un prestito ad ammortamento negativo, in caso di controversia legale, dimostrare che il mutuatario era sufficientemente «attrezzato» per comprendere il prodotto.

Un secondo problema con le innovazioni finanziarie è che i manager le possano sfruttare per «gestire» gli utili. Anche in questo caso la soluzione non consiste nel proibire tali innovazioni, ma nel migliorarne la trasparenza contabile o nell'impedire ai manager di utilizzare questi prodotti se non dietro esplicita autorizzazione degli azionisti. Con simili accorgimenti si può beneficiare dei vantaggi dell'innovazione finanziaria senza correrne i rischi né pagare il costo della regolamentazione.

Salvare i mercati

Molti sostenitori del libero mercato pensano che in un'economia basata sul *laissez-faire* i mercati ben funzionanti nascano spontaneamente.[3] Purtroppo, le cose non stanno così. L'infrastruttura regolamentare di un mercato e la sua «liquidità» – ovvero la simultanea presenza di molti compratori e venditori – sono il prototipo di un «bene pubblico» di cui tutti beneficiano senza pagarne il costo. I singoli attori, soprattutto quelli potenti, traggono beneficio nel limitare la concorrenza sul mercato e ridurne la liquidità. Qui si nasconde una fondamentale sfida per i liberisti: la completa libertà contrattuale può restringere il numero di trader sul mercato fino a prosciugarne la liquidità e impedirne lo sviluppo. Se, per esempio, le aziende potessero vincolare i giovani lavoratori per tutta la vita, il mercato del lavoro per i talenti manageriali sarebbe compresso. Quanto più omnicomprensivi e a lungo termine possono essere i contratti, tanto più povero e limitato sarà il mercato. Questo è uno dei motivi per vietare la servitù a contratto (in cui una persona vende i propri servizi lavorativi futuri). Lo stesso discorso vale per il mercato dei titoli: quando delle banche potenti possono scambiare titoli fra di loro senza passare dal mercato, i mercati hanno meno liquidità. Perciò storicamente la separazione tra banche commerciali e banche d'investimento, introdotta dalla legge Glass-Steagall, è stata essenziale per lo sviluppo della liquidità sul mercato dei titoli negli Stati Uniti.

Come ho già spiegato, i mercati dei titoli hanno bisogno di essere regolamentati per impedire frodi e abusi. La struttura portante della legislazione sui titoli americani è stata pensata negli anni Trenta per proteggere i piccoli investitori dagli abusi perpetrati negli anni Venti. All'epoca gli individui possedevano il 90% delle azioni quotate,[4] mentre nel 2007 ne possedevano meno del 30%.[5] Per di più, gran parte di questa quota è rappresentata dal management e dagli insider, che da soli possiedono il 24% del capitale di una società tipica. Al contempo la percentuale di azioni possedute da istituzioni finanziarie è aumentata da meno del 10% a più del 60%. Dal momento che le istituzioni comprano e vendono titoli più degli individui, si può affermare che quasi tutto il volume di scambi del mercato azionario americano sia fatto dalle istituzioni. Da una parte, questi cambiamenti hanno reso meno urgente la salvaguardia degli investitori più sprovveduti; dall'altra la dispersione della proprietà ha reso più urgente una riforma della governance aziendale, attribuendo maggiori poteri agli investitori istituzionali e forzando i manager a rendere conto agli azionisti.

Negli ultimi trent'anni si è assistito a un'espansione dei mercati *over the counter* (OTC) a spese degli scambi organizzati. I valori nozionali dei contratti derivati che vengono negoziati in OTC sono passati da meno di 100.000 miliardi di dollari nel 1998 a quasi 700 trilioni di dollari nel 2007.[6] Analogamente, i fondi raccolti nel mercato azionario privato (cioè azioni non quotate) sono cresciuti da meno di 5 miliardi di dollari nel 1980 a più di 250 miliardi nel 2006.[7] Questa migrazione dai mercati pubblici a quelli privati ci dice che il divario normativo tra i due è eccessivo. Per ridurlo si dovrebbe agire da entrambi i lati: deregolamentare un po' i mercati pubblici e introdurre alcuni standard di trasparenza in quello privato. Nei mercati pubblici attribuire maggiori poteri agli investitori istituzionali renderebbe possibile, come ho detto altrove, trasformare regolamentazioni obbligatorie in regole opzionali, seguendo il sistema britannico del *comply or explain* (o segui la regola o spieghi perché hai deviato). Nei mercati privati esistono buone ragioni per imporre una maggiore trasparenza, a cominciare dal comunicare gli investimenti degli hedge fund e dei fondi di *private equity*. Il ritardo ha il vantaggio di ridurre il possibile svantaggio concorrenziale derivante dal rivelare la propria strategia, consentendo allo stesso tempo un'accurata analisi statistica del mercato, che ne evidenzi i possibili abusi e rischi.

Per risolvere i problemi di stabilità associati ai derivati OTC c'è bisogno di trasferire lo scambio dei principali derivati su mercati organizzati, dove l'obbligo di margini adeguati garantisce la stabilità del sistema e la trasparenza dei prezzi accresce la concorrenza. Negli Stati Uniti la legge Dodd-Frank va in questa direzione, e sforzi simili sono in atto in Europa. Tuttavia, la strada da percorrere è ancora lunga. Le maggiori banche d'investimento sono pienamente consapevoli del fatto che ogni giorno di ritardo in più nell'implementazione di un'appropriata regolamentazione di tale mercato garantisce loro guadagni da milioni di dollari, che finiscono poi nei fondi destinati ai bonus dei manager.

Contenere i rischi a Wall Street

Vorremmo che il mercato fosse in grado di valutare i rischi dei grandi colossi finanziari, ma ciò è impossibile finché gli operatori sanno che questi colossi verranno inevitabilmente salvati in caso di crisi. Come ho spiegato nel quarto capitolo, l'esistenza del principio «troppo grande per fallire» rende impossibile per il mercato misurare e analizzare il rischio. Una soluzione sarebbe semplicemente quella di dichiarare illegale tale principio. Ma è un approccio troppo rigido che potrebbe un giorno rivelarsi molto costoso, impedendo al Congresso di agire di fronte allo svilupparsi di una catastrofe.[8]

Per fortuna esiste un'altra soluzione. Come hanno osservato in molti, lo Stato ha interesse a salvare i grandi gruppi finanziari non perché sono talmente «grandi» che il loro collasso si estenderebbe all'intero sistema, ma piuttosto per via del timore che, essendo interconnessi con altre istituzioni finanziarie tramite prestiti e contratti derivati, un default potrebbe provocare perdite a un elevato numero di controparti, innescando ulteriori default, e così via fino al collasso dell'intero sistema finanziario.

Per un corretto funzionamento del sistema finanziario è necessario operare nella certezza che alcune attività, quali i depositi, non corrono alcun rischio. Un depositante che, per esempio, ha del denaro su conti correnti o conti di risparmio non è tenuto a tenere sotto controllo la solvibilità della banca o a preoccuparsi dei rapporti tra la sua banca e le altre. Garanzie a questo proposito risparmiano ansia e tempo a ogni individuo e permettono al sistema di operare in maniera più efficiente. Ma tale fiducia può essere sostenuta solo se le persone non mettono in dubbio i termini di pagamento e il completo rimborso delle obbligazioni dette sistemiche, ovvero rilevanti per il sistema. La gente ha bisogno di sapere che, se le banche falliscono, sono al sicuro non solo i depositi bancari ma anche i prestiti interbancari e la rete di contratti derivati.

Una volta capito che il problema del «troppo grande per fallire» riguarda l'insieme delle interconnessioni tra le grandi istituzioni finanziarie, è possibile fare alcune importanti distinzioni. Non tutte le passività delle grandi istituzioni finanziarie sono sistemiche e hanno bisogno di protezione totale. In particolare, il debito a lungo termine non è sistemicamente rilevante, in quanto è posseduto in larga parte non dalle grandi istituzioni finanziarie bensì da fondi comuni e fondi pensione, in grado di assorbire le perdite allo stesso modo in cui assorbono le perdite derivanti dai loro investimenti azionari. Un default sui debiti a lungo termine, perciò, non provocherebbe una bancarotta a cascata come per i debiti a breve termine.

La soluzione quindi consiste in una regolamentazione che protegga le obbligazioni sistemiche delle grandi istituzioni finanziarie (assicurandosi che gli altri investitori in tali istituzioni, e non i contribuenti, le ripaghino in caso di bancarotta), ma lasci aperta la possibilità che le obbligazioni non sistemiche soffrano delle perdite. Questo schema richiederebbero alle banche due «strati» di capitale per proteggere le obbligazioni sistemiche. Il primo strato, analogamente a quanto avviene oggi, sarebbe composto da capitale di rischio. Il secondo consisterebbe in titoli di debito a lungo subordinati, ovvero rimborsabili solo dopo il pagamento di tutte le altre obbligazioni. Questo secondo strato aggiungerebbe un'ulteriore protezione ai debiti sistemici. Ma la novità più importante è che il prezzo di mercato di questo debito non si baserà sull'assunto di una garanzia governativa, che rende impossibile una valutazione genuina del rischio delle istituzioni bancarie. In ciò risiede l'innovazione cruciale dell'approccio che propongo. Il secondo strato di capitale fungerebbe da campanello di allarme, in grado di segnalare quando il «cuscinetto» di capitale di rischio di una banca si sta assottigliando e il suo debito a lungo termine è potenzialmente a rischio.

Il rimedio funzionerebbe più o meno come il sistema di *margin call* offerto dalle banche a molti investitori. Quando un investitore compra azioni a margine, anticipa solo parte del costo. Di conseguenza deve dimostrare di avere sempre sufficienti garanzie patrimoniali per coprire il rischio che il suo broker assume prestandogli denaro. Se il prezzo delle azioni cala sotto un certo livello, quel rischio aumenta. Il broker è quindi costretto a una margin call: il compratore cioè deve o fornire una maggiore garanzia patrimoniale o vendere le sue azioni per ripagare completamente il suo debito.

Il sistema di regolamentazione finanziario che sto proponendo tratterebbe le grandi banche allo stesso modo: quando scatta il campanello di allarme le banche sarebbero chiamate a dimostrare al regolatore di disporre di sufficienti garanzie patrimoniali (sotto forma di capitale) per assicurare che tutto il loro debito, e non solo la parte sistemicamente rilevante, possa essere ripagato integralmente. E se la perdita di valore del loro attivo rende il debito non sistemico troppo rischioso, le banche si troverebbero di fronte a una specie di chiamata di margine da parte del regolatore, che imporrebbe loro o un'immissione di ulteriore capitale di rischio o la liquidazione. In entrambi i casi il debito sarebbe ripagato.

Il successo di un simile sistema si basa naturalmente sul tempestivo intervento del regolatore. Se la margin call arriva troppo tardi, i creditori della banca potrebbero essere in pericolo (sebbene, qualora il ritardo non fosse eccessivo, le obbligazioni sistemicamente rilevanti sarebbero sempre al sicuro). È dunque essenziale disporre di un meccanismo efficace in grado di valutare il rischio mettendo in guardia il regolatore e richiedendo un'azione immediata.

In un normale conto titoli individuale, per effettuare la margin call la banca considera il valore totale dell'investimento, che è facilmente determinato poiché tutti gli attivi sono quotati. La banca compara il valore di mercato della garanzia che il suo cliente ha fornito con il potenziale rischio di perdita. Se tale garanzia non è sufficiente a coprire una possibile riduzione del valore delle azioni, chiederà più garanzie. Ma nel sistema che propongo il valore degli attivi delle istituzioni finanziarie non è così facile da determinare poiché tali attivi – come prestiti commerciali e linee di credito – non sono quotati e il loro prezzo non è chiaro. È perciò difficile stabilire quando il capitale netto che la banca ha allocato è troppo esiguo per garantire il debito esistente. Che cosa dovrebbe provocare l'innescarsi del processo?

Teoricamente il campanello d'allarme dovrebbe essere basato su un prezzo di mercato, dovrebbe cioè trarre origine dal prezzo di alcuni titoli negoziati. L'ampiezza e la diversità del mercato proteggerebbero tale segnale da eventuali pressioni politiche, sulla falsariga di quelle che finiscono per concentrarsi sulle agenzie di rating o sui regolatori bancari.

Il campanello dovrebbe essere strettamente legato all'evento finanziario su cui vogliamo informazioni, ossia se il debito a lungo termine di un'istituzione è a rischio. Il prezzo delle azioni della banca non soddisfa tale criterio. Le azioni prezzano infatti sia possibili guadagni sia possibili perdite. Possibili guadagni, quindi, possono «oscurare» il rischio di perdite, anche nel caso in cui la società sia vicina alla bancarotta. Il prezzo del debito subordinato è una migliore alternativa. Quando il cuscinetto di capitale di rischio si sta assottigliando, il debito subordinato rischia di non essere ripagato interamente e questa probabilità sarà riflessa nel prezzo. Il debito subordinato, però, non soddisfa un altro criterio per un buon campanello d'allarme: il mercato dei bond è fortemente segmentato e illiquido. I prezzi dei bond non costituiscono quindi segnali perfettamente affidabili. Meglio il prezzo del credit default swap (CDS) su questi titoli. Il CDS è essenzialmente una scommessa sulle probabilità di fallimento di una certa azienda. Il suo prezzo riflette la valutazione del mercato sulla probabilità che un'impresa ripaghi il suo debito. È insomma il campanello d'allarme ideale: se il prezzo dei CDS sale oltre una soglia critica, segnalando così un pericolo imminente, il regolatore deve intervenire.

Quale forma dovrebbe assumere l'intervento del regolatore? Innanzitutto dovrebbe fare uno *stress test* che valuti il rischio della banca. Se la banca supera il test, il regolatore dichiara l'azienda adeguatamente capitalizzata; se non lo supera, allora il regolatore rimpiazzerebbe l'amministratore delegato dell'istituzione con un curatore fallimentare. Quest'ultimo avrebbe il compito di ricapitalizzare o vendere la società, assicurandosi che gli azionisti siano spazzati via e che i creditori subordinati *non* ricevano il 100% del capitale investito. Tale perdita è cruciale per assicurarsi che il mercato prezzi nel CDS il rischio di default. Se da un lato tale forma di amministrazione controllata garantirebbe i principali scopi della bancarotta – imporre una disciplina agli investitori e ai manager – dall'altro ne limiterebbe i costi sistemici, perché tutte le obbligazioni sistemiche sarebbero perfettamente garantite.

Ma cosa impedisce che il regolatore, sotto pressione della banca, la dichiari adeguatamente capitalizzata anche quando non lo è? Il fatto che il giorno dopo il prezzo di mercato dei CDS segnalerebbe di nuovo il rischio. Sapendo di rischiare di essere sbugiardato dal mercato, il regolatore starà molto più attento.

Conclusioni

Costruire un sistema finanziario che aiuti imprenditori senza soldi a trasformare i loro sogni in realtà è un obiettivo molto lodevole, come lo è contribuire a far crescere il numero di persone che possiedono casa. Qualunque azione lodevole, tuttavia, può ottenere scopi diversi se usata come foglia di fico per nascondere la nudità dell'interesse personale. La combinazione tra forti gruppi di interesse e una solida giustificazione ideologica è difficile da scardinare: gli intellettuali sensibili al fascino dei soldi vengono comprati, mentre quelli di sani princìpi vengono conquistati dall'ideologia. L'industria finanziaria, purtroppo, ne è l'esempio peggiore: un'idea meravigliosa usata male. Per permettere alla finanza di svolgere il suo ruolo fondamentale, senza abusare del suo potere, ho provato a elaborare un esempio di regolamentazione che sia il meno possibile invasiva e il più possibile basata sul mercato.

15

Tutti i dati nelle mani del popolo

Sapere è potere.
Francis Bacon

Nella storia dell'umanità hanno prevalso due forme di interazione economica: la lotta e la cooperazione. La lotta per appropriarsi delle risorse altrui, che fa leva sugli impulsi egoistici, aumenta la fetta di torta che un individuo ottiene, riducendo però la dimensione complessiva della torta. La cooperazione, che fa appello all'empatia propria degli esseri umani, amplia le dimensioni della torta, ma non necessariamente la fetta che va al soggetto che coopera.

Adam Smith ebbe un'intuizione brillante: in un mercato competitivo si può sostenere la cooperazione, che aumenta la dimensione della torta, basandosi sulla componente egoistica della natura umana, ovvero sulla componente che ci spingerebbe alla lotta. E non perché gli uomini non abbiano un lato compassionevole (Smith lo riconosce nelle prime pagine della *Teoria dei sentimenti morali*) né perché debbano essere per forza egoisti. La sua idea è un'altra: se la cooperazione si fonda sull'egoismo umano, avrà basi più solide e resistenti.

Come Smith ha giustamente sottolineato, il segreto di questo sistema di libera impresa è la concorrenza, la celebre «mano invisibile» capace di allineare gli interessi individuali (il desiderio egoistico di avere di più) agli interessi sociali (l'aumento delle dimensioni della torta).

Agli economisti sono serviti 150 anni per formalizzare la brillante intuizione contenuta nella *Ricchezza delle nazioni*. Nel farlo, tuttavia, hanno ipotizzato l'esistenza di un quadro istituzionale perfettamente funzionante. L'hanno dato per scontato forse perché vivevano negli Stati Uniti, un Paese dove questo quadro, almeno in passato, esisteva. Ma i mercati non nascono spontaneamente: è l'uomo a crearli. Per prosperare il mercato ha bisogno di leggi e di un potere politico che sappia e voglia farle rispettare. Il disegno delle norme e la loro applicazione sono due attività che influenzano profondamente il funzionamento dei mercati e la distribuzione del surplus.

Oltre alla legge, i mercati necessitano di regole specifiche. Anche i mercati borsistici, tra i più concorrenziali che esistano, sono governati da centinaia di regole. Molte potrebbero sembrare irrilevanti, ma non lo sono. Prendiamo la regola apparentemente più innocua: il numero di cifre decimali con cui sono quotate le azioni. Pare impossibile, ma la ricerca economica ha dimostrato che anche questo dettaglio influenza in modo notevole la profittabilità degli operatori borsistici e la liquidità del mercato stesso. Per tradizione negli Stati Uniti i titoli erano negoziati in ottavi di dollaro, una pratica molto comoda prima dell'avvento dei computer. Nel 2001 la SEC impose la quotazione in cifre decimali. Questo passaggio ha ridotto del 37%, per le azioni della borsa di New York, e del 50%, per le azioni del NASDAQ, lo scarto medio tra il prezzo a cui un titolo è offerto e quello a cui è domandato. Ha inoltre ridotto del 60% la quantità di azioni che l'operatore tipico era disposto a vendere e comprare a un dato prezzo.[1] Mentre il primo effetto è stato quello di favorire i piccoli investitori, che hanno visto diminuire i loro costi di transazione, il secondo ha penalizzato i grandi, che hanno visto la liquidità del mercato ridursi. In un modo o nell'altro queste regole hanno effetti molto rilevanti. Ma chi le decide?

La stessa tensione tra lotta e cooperazione presente nella sfera economica si può riscontrare anche in quella politica, dove queste regole vengono decise. La «mano invisibile» di Adam Smith funziona anche in politica?

In economia la «mano invisibile» funziona se le decisioni individuali non influenzano direttamente quelle altrui, ma lo fanno solo attraverso i prezzi. Anche se la maggioranza del mio Paese decide di comprare una cravatta rossa, io sono libero di comprarne una blu. La decisione della maggioranza non cambia né le mie preferenze, né le mie opportunità. Al massimo farà salire il prezzo delle cravatte rosse, rendendo più conveniente per me comprarne una blu.

Ciò non avviene in campo politico, dove le regole del gioco vengono scritte. La decisione della maggioranza di quotare i titoli in centesimi condiziona direttamente la mia capacità di scambiarli in altri modi, a prescindere dalla mia opinione.

Malgrado questa esternalità, la mano invisibile può funzionare anche in campo politico se le istituzioni che stabiliscono le regole sono in competizione. Per esempio, gli Stati USA competono tra loro per attirare imprese e lavoratori: ciò li spinge a introdurre leggi sempre più efficaci, anche quando non sono nell'interesse di chi è al potere. Ugualmente, nella misura in cui le leggi e la regolamentazione influenzano la qualità e il prezzo di beni e servizi prodotti, il libero scambio internazionale crea una pressione a produrre leggi migliori e riduce il capitalismo clientelare (un tema che Raghuram Rajan e io abbiamo trattato in *Salvare il capitalismo dai capitalisti*).[2]

Il problema è che la maggior parte delle istituzioni ha potere di mercato. Anche la concorrenza tra mercati borsistici è lungi dall'essere perfetta, figurarsi quella tra Paesi. Mentre alcune regole (come le restrizioni ai movimenti di capitale) hanno un effetto diretto e immediato sulla competitività internazionale di uno Stato, altre no. Alcune conseguenze negative possono impiegare anni prima di manifestarsi e nel frattempo chi è al potere può approfittare delle distorsioni del sistema. Mentre la pressione derivante dalla concorrenza internazionale riesce relativamente bene a disciplinare i Paesi piccoli, non funziona altrettanto per tenere sotto controllo nazioni grandi e influenti come gli Stati Uniti.

Non c'è garanzia, quindi, che il processo politico porti a leggi in grado di aumentare le dimensioni della torta invece di favorire gruppi politicamente influenti a scapito della dimensione della torta stessa, come accade troppo spesso in Italia. In questi casi la libertà d'impresa degenera nel capitalismo clientelare.

Per molti sostenitori del libero mercato, l'unica soluzione a questo problema è un *laissez-faire* incondizionato. Ma, come ci ha insegnato Sartre, non si può non scegliere: non scegliere è di per stesso già una scelta. Il puro *laissez-faire*, quindi, non è assenza di interferenza del governo sul mercato: è un intervento attivo a protezione dello *status quo*. Se l'interesse dell'establishment coincide con quello dello sviluppo economico, come spesso è successo in passato, il *laissez-faire* porta effettivamente alla concorrenza e al libero mercato; altrimenti, ci trascina dritti verso il capitalismo clientelare. Un intervento massiccio dello Stato, però, non è la soluzione: come abbiamo visto, presenta innumerevoli problemi e produce il peggior capitalismo clientelare. Ma allora qual è la soluzione?

L'intervento dello Stato nell'economia deve essere il più limitato e semplice possibile, cosicché la maggioranza degli elettori possa essere in grado di capirlo, monitorarlo ed eventualmente rifiutarlo. Alla fine, ciò che rende possibile un capitalismo per la gente è un governo della gente. La democrazia è essenziale per il libero mercato, così come il libero mercato è essenziale per la democrazia. Senza libertà di mercato, la libertà di parola e di stampa sono nulle; di converso, fuori da un sistema democratico la possibilità che esistano mercati davvero liberi e concorrenziali svanisce.

Il controllo democratico delle regole del gioco è una soluzione, ma occorre fare attenzione ai problemi che ciò comporta. Come il politologo Anthony Downs ha spiegato più di cinquant'anni fa, è nell'interesse degli elettori non essere informati. Ma se rimangono tali, non sono in grado di capire quali politiche favoriscano il mercato e quali l'establishment. Fintantoché gli elettori non sono informati, i politici non hanno alcun incentivo a soddisfare i loro desideri, e quindi non esiste pressione politica per rendere i mercati più concorrenziali.

Le conclusioni cui perviene Downs sono corrette ma estreme. Di certo non sarebbe fattibile né auspicabile che tutti i cittadini fossero informati in tutte le questioni. Ciononostante, la maggior parte degli elettori ha un po' di interesse nella cosa pubblica e si adopera per votare con cognizione di causa. Sono in molti, per esempio, a comprare e leggere libri come questo. Sebbene abbia fatto del mio meglio per renderlo il più piacevole possibile, compatibilmente con la complessità del tema e le mie doti di scrittore, leggerlo richiede comunque un certo impegno. Non spiega come fare i soldi né offre consigli di vita. Il fatto che venga letto dimostra che ci sono persone interessate alla cosa pubblica e disposte a compiere uno sforzo per migliorare le nostre istituzioni. Il segreto è capire come si possa utilizzare il limitato impegno che ciascuno è disposto a dedicare per combattere il capitalismo clientelare.

Negli Stati Uniti dell'inizio del XX secolo tale ruolo fu svolto dal giornalismo d'inchiesta. Denunciando la corruzione negli affari e nel governo, i giornalisti migliorarono il capitalismo americano. Agli inizi del XXI secolo la corruzione è meno smaccata, ma non per questo meno pericolosa. Per identificarla e denunciarla non bastano i giornalisti, servono dati e studiosi in grado di analizzarli.

Il potere dei dati

Mark Twain amava ripetere che «ci sono tre tipi di menzogne: le bugie, le bugie spudorate, e le statistiche». C'è un briciolo di verità in queste parole, ma una tale sfiducia nella statistica è eccessiva. I bugiardi mentono con o senza l'uso della statistica. Quello che occorre capire è se l'uso di rigorose analisi di dati renda più o meno facile mentire o, più in generale, sostenere argomentazioni infondate per favorire interessi costituiti.

Io penso che i dati, se sottoposti a rigorosi controlli incrociati, rendano più difficile addurre argomentazioni pretestuose. In parte questa mia convinzione deriva dai vent'anni trascorsi all'Università di Chicago, dove esiste una solida tradizione di ricerca empirica e un'ancor più solida tradizione di vivaci (eufemismo per brutali) discussioni nei seminari accademici. In molte università vige una sorta di reverenza per chi parla, specialmente se a farlo è un professore affermato. A Chicago invece lo status non conta. Il nostro nuovo rettore, proveniente da Stanford, ha inaugurato il suo mandato con un seminario nella sua materia (ricerca operativa). Un giovane docente lo ha attaccato, definendo «infelici» alcune delle sue ipotesi. Ciò che altrove sarebbe stato considerato una mancanza di rispetto, a Chicago è un segnale di collegialità.

Questo sistema non rende la vita facile: devo ammettere che, anche dopo vent'anni, tremo all'idea di tenere un seminario. Ma so che il mio lavoro trae un beneficio enorme da simili confronti. Per tale motivo, con un po' d'arroganza, sosteniamo che qualsiasi collega lasci Chicago perda immediatamente venti punti di quoziente intellettivo: senza gli accesi dibattiti tra colleghi il cervello si atrofizza. Negli anni, ho finito per paragonare i nostri seminari a una colonscopia: non è piacevole, ma è estremamente utile.

Scherzi a parte, una rigorosa analisi di dati si basa su tre pilastri: buoni dati, intensa competizione tra persone brillanti che si misurano per trovare punti deboli nell'analisi, e un terreno di confronto in cui le idee contano più della posizione. Quando tutto ciò si verifica, i risultati sono sorprendenti.

I due ricercatori che per primi identificarono evidenza di

collusione nelle quotazioni dei titoli al mercato NASDAQ, avevano fatto il dottorato a Chicago.[3] E da Chicago provenivano anche i ricercatori che hanno mostrato che i gestori di portafoglio guadagnavano l'8% più della media investendo in aziende i cui dirigenti erano compagni di università: una scoperta talmente grave da costringere gli autori a rimuovere ogni riferimento alle aziende coinvolte per evitare ripercussioni legali.[4] Di recente un mio studente è riuscito a scoprire, grazie ai dati delle transazioni bancarie, che in Russia il 60% delle imprese evade le tasse di almeno il 40%.[5] Si tratta di rivelazioni così clamorose che ho seriamente temuto per la sua incolumità: il suo seminario alla Banca centrale russa è stato cancellato a causa dell'assassinio del vicedirettore che l'aveva invitato.

Con i dati delle transazioni immobiliari in Illinois, un altro dei nostri dottorandi ha smascherato, prima della crisi finanziaria, che il prezzo del 16% degli acquisti immobiliari era stato gonfiato.[6] La frode avveniva con il consenso sia del creditore sia del debitore. Mi ricordo ancora della diffidenza che aleggiava nella stanza mentre tentava di esporre le sue idee. Alla fine si è dimostrato che aveva ragione.

Questi ricercatori non sono eroi impegnati a ripulire il mondo degli affari: ciò a cui ambiscono è pubblicare e ottenere una cattedra. Ciononostante, la sana competizione tra ricercatori aiuta a mettere in luce truffe ed evasioni. Parafrasando il leggendario giornalista americano Joseph Pulitzer, direi che se le informazioni sono accessibili non c'è crimine o frode che possa sfuggire a un'analisi ben condotta. Quello di cui abbiamo bisogno per arginare il capitalismo clientelare sono buoni dati e forti incentivi per analizzarli.

I dati al popolo

Quando ero un giovane ricercatore lavorai con dati riservati alla Banca d'Italia. A scopo di supervisione, la Banca d'Italia raccoglie i dati di tutti i prestiti (al di sopra di una soglia minima) concessi dalle banche ai clienti italiani. Ciascun istituto di credito può monitorare l'entità dei prestiti di tutti gli altri, ma solo la Banca d'Italia ha accesso ai tassi d'interesse praticati dalle varie banche. Si tratta di informazioni così riservate che dovetti lavorare affiancato da un impiegato della Banca: potevo accedere solo alle statistiche, non ai singoli dati.

Il primo articolo che scrissi era piuttosto innocuo: il punto era capire se le banche abbassassero il tasso praticato quando un'impresa veniva quotata in borsa. Non appena compresi il valore di questi dati, però, divenni più ambizioso e chiesi il permesso di usarli per un altro studio: verificare se gli industriali seduti nel consiglio di amministrazione di una banca ricevessero dalla stessa un trattamento di favore. È una domanda molto semplice, a cui, grazie a quei dati, si poteva altrettanto semplicemente rispondere. Si tratta di una questione a cui la Banca d'Italia, in qualità di supervisore del sistema bancario italiano, avrebbe dovuto essere molto interessata. Se gli industriali ricevono trattamenti di favore, ciò potrebbe indebolire la banca e mettere a repentaglio la stabilità del settore nel suo insieme. Malgrado si trattasse di una buona idea – almeno così io pensavo – e importante per la supervisione, non ricevetti mai il permesso di usare quei dati. Giovane e ingenuo, non riuscivo a capire perché alla Banca d'Italia preferissero non sapere la verità. Con l'età sono diventato più cinico, e sono arrivato alla conclusione che forse non volevano confrontarsi con la verità. Prevedendo cosa la mia ricerca avrebbe trovato, non volevano saperlo ufficialmente.

I dati sono la più grande minaccia per il potere. I regimi dittatoriali, come quello cinese, sono attenti a controllarli e manipolarli per impedire che i cittadini possano accorgersi dei difetti del sistema. A volte i dittatori sono così coinvolti in questo gioco che finiscono essi stessi per essere manipolati. L'Italia ha partecipato alla Seconda guerra mondiale anche perché Mussolini credeva che il nostro esercito fosse in condizioni migliori. E lo credeva perché vittima della propria stessa propaganda.

I dittatori non sono i soli che tentano di nascondere o manipolare le informazioni. I dirigenti di molte imprese, per esempio, lo fanno continuamente. Perfino quelli più onesti tendono ad abusare del margine di discrezionalità a loro disposizione per «migliorare» i propri risultati. Anche i governi eletti democraticamente lo fanno di continuo. L'ossessione per la riservatezza delle informazioni è un chiaro segno del loro potere dirompente.

In America, per esempio, i supervisori bancari producono una valutazione riservata sulla solvibilità delle banche da loro supervisionate. Questa valutazione è conosciuta come CAMEL (dall'acronimo delle sei variabili di cui tiene conto: adeguatezza patrimoniale, qualità dell'attivo, qualità del management, redditività, liquidità, esposizione ai rischi del mercato); più alto è il punteggio, peggiore è la situazione della banca. Anche se esistono delle (discutibili) ragioni per trattare con riservatezza queste valutazioni quando sono appena prodotte, non esistono motivi validi per impedirne la diffusione a distanza di due o tre anni. L'unico obiettivo dell'autorità è di nascondere i risultati per coprire i propri errori. La cosa interessante è che neanche i controllori li guardano: non vogliono sapere come sono andati. Un mio collega ha provato a far luce sulle performance dei supervisori bancari affiancando loro un impiegato della Federal Reserve per avere accesso ai risultati.[7] A ogni modo, era la Fed a mettere l'ultima parola su ciò che poteva essere divulgato. Altro che libertà della ricerca!

In passato la raccolta, l'archiviazione e l'analisi di dati erano procedimenti gravosi, e il costo forniva a chi era al potere un buon motivo per non fare nulla. Oggi questa giustificazione non regge più. Nell'attuale mondo digitale è più costoso non raccogliere i dati: non solo vengono raccolti automaticamente, ma è anche facile archiviarli e analizzarli.

Affinché queste analisi sfuggano dai pregiudizi, tuttavia, è necessario che l'accesso e la pubblicazione dei dati non siano condizionati alle conclusioni. Questo è uno dei vantaggi più importanti, e spesso più sottovalutati, dell'informativa obbligatoria, che mette i dati a disposizione di tutti. «L'attenzione pubblica» ha scritto Louis Brandeis, «è giustamente lodata come rimedio ai mali sociali e industriali.»[8]

In parte questa enorme disponibilità di dati è un effetto collaterale dello sviluppo del web. Molto è stato scritto sul ruolo dei social network nella Primavera araba; molto meno, invece, sul ruolo di internet nell'accesso ai dati. Ho sentito John R. Emshwiller – il reporter del «Wall Street Journal» che ha denunciato lo scandalo Enron – raccontare che il merito della sua scoperta andava alla possibilità di accesso ai dati offerta dal web. In attesa di un'intervista all'amministratore delegato Ken Lay, aveva dato un'occhiata online al report annuale di Enron notando una strana nota di bilancio relativa ad alcune società fuori bilancio (*special purpose vehicle*). Le risposte evasive di Ken Lay lo avevano poi spinto a indagare su questo punto. Anche in questo caso la disponibilità di dati è stata cruciale. La quantità di informazioni che si trova online è straordinaria: vi ho persino trovato memorandum segreti di aziende di cui, come consigliere d'amministrazione, non ero a conoscenza.

I regimi dittatoriali hanno tentato di mettere un bavaglio al web attraverso l'uso di filtri. Ma c'è un particolare che rende molto difficile questa operazione: la struttura stessa di internet. Gran parte della storia dei media è dominata da mezzi di comunicazione progettati per diffondere l'informazione dal centro alla periferia, da pochi a molti. I libri, la radio e la televisione, per esempio, rientrano in questa categoria. Per la natura propria di queste tecnologie dell'informazione, i dati che viaggiano in questa direzione sono facili da controllare e, quindi, da manipolare. Non è così per internet.

ARPANET, il diretto precursore di internet, fu fondato dal Pentagono. Bob Taylor, il funzionario responsabile, nega che ARPANET avesse una funzione militare, ma la sua struttura assomiglia da vicino alla tecnologia sviluppata da un ricercatore della RAND per consentire la comunicazione a lunga distanza in caso di attacco nucleare. Il punto più debole di ogni sistema di comunicazione è il centro di coordinamento. Se il nemico lo mette fuori uso, l'intero sistema salta. Che sia avvenuto per ragioni militari o per caso, internet è stato creato senza tale centro. Ed è esattamente ciò che rende difficile filtrare le informazioni e che consente una comunicazione da molti a molti.

Da solo, però, internet non basta. Dal mercato over-the-counter ai mercati del private equity, dalle autorità governative alle aziende, c'è una gran quantità di dati che potrebbe gettare luce su errori, inefficienze, corruzione e comportamenti poco etici. Certo occorre proteggere i segreti industriali e la privacy, ma non c'è invece alcuna giustificazione per limitare l'accesso alle informazioni vecchie, come le transazioni degli hedge funds o i CAMEL rating di tre anni fa.

All'indomani del disastro dello Space Shuttle *Challenger*, gli scienziati più illustri dell'epoca – tra cui il premio Nobel per la fisica Richard Feynman – sono stati coinvolti in un'indagine in cui nessuna strada è stata lasciata intentata. Alla fine la causa è stata identificata in un guasto della guarnizione che, resa difettosa dalla bassa temperatura, ha provocato una perdita di carburante. Per rispondere all'interesse dell'opinione pubblica, Feynman dimostrò di fronte alle telecamere con un esperimento la validità delle sue conclusioni.

Il crimine peggiore in fatto di omissione di informazioni è stato commesso dalla Commissione d'inchiesta sulla crisi (FCIC) incaricata di individuare le cause della crisi finanziaria del 2008. L'economia non è una scienza esatta come la fisica, ma ciò non può giustificare il fallimento della Commissione. Noi economisti, a patto di poter contare su dati sufficienti, abbiamo dei metodi per individuare le cause probabili di un fenomeno economico e, soprattutto, siamo in grado di confutare altre possibili spiegazioni. Il limite sta nella disponibilità dei dati, non certo nei metodi. In tal caso, i dati non sono stati resi disponibili agli economisti perché le parti interessate avevano (e hanno ancora) paura di divulgarli.

Sfortunatamente, la Commissione – composta per lo più da politici anziché da esperti – ha perso tempo in controversie politiche: i suoi membri non sono stati nemmeno in grado di trovare un accordo sulla definizione di mutuo subprime e su come calcolare quanti di questi mutui circolassero negli Stati Uniti al momento della crisi. Un'inchiesta successiva sui lavori della Commissione è stata più accurata dell'inchiesta della Commissione: dopo un esame delle email dei commissari, un rapporto del Congresso ha rilevato che il lavoro della Commissione era stato guidato da ragioni politiche più che dalla volontà di accertare i fatti. Dopo tutto, le misure anticrisi erano state decise ben prima di qualsivoglia accertamento: lo scopo della Commissione era quello di giustificare – o screditare, a seconda dell'orientamento politico – la legislazione Dodd-Frank, non quello di stabilire la verità. Un'occasione mancata.

Con i suoi pieni poteri, la Commissione avrebbe potuto raccogliere le informazioni e renderle disponibili agli economisti che cercano di rispondere alle domande cruciali sulla crisi. Le imprese che ricompensavano maggiormente i propri trader (e non solo gli amministratori delegati) hanno rischiato di più? Le imprese finanziarie hanno preso su di sé un rischio eccessivo per incompetenza e stupidità diffuse, o per una reazione razionale alle garanzie implicite offerte dal governo? Il mercato si è accorto che gli standard per la concessione di prestiti si abbassavano e li ha prezzati di conseguenza, o si è lasciato ingannare? Chi erano i compratori ultimi di questi prodotti finanziari tossici, e perché li compravano? Che ruolo ha avuto la frode? A meno di un'informativa obbligatoria. Questi interrogativi potrebbero rimanere senza risposta: corriamo il rischio di capire le ragioni di questa crisi solo dopo la prossima.

Il popolo ai dati

Tutti i dati di questo mondo sono inutili se nessun ricercatore è interessato ad analizzarli. Un macroeconomista piuttosto famoso una volta ha dichiarato che secondo lui il mondo reale esisteva solo per fornire dati empirici per i suoi modelli. Scherzava, ma come in ogni battuta nelle sue parole c'è un fondo di verità. Nei seminari ho visto economisti confutare i dati con le teorie, all'opposto del metodo scientifico in cui le teorie sono confutate usando i dati. Questo atteggiamento è tipico della peggiore idea di accademia come torre d'avorio, dove i mezzi rimpiazzano i fini. La nostra disciplina dovrebbe essere al servizio dell'economia, non il contrario.

All'inizio del XX secolo gli scrittori americani seppero rompere con la tradizione del giornalismo letterario europeo per allargare il campo al giornalismo investigativo. A rendere possibile la svolta furono un mercato della stampa molto competitivo e una domanda proveniente da cittadini in grado di leggere. Soddisfare la domanda di quei potenziali lettori divenne economicamente vantaggioso. Questa rivoluzione, tuttavia, non sarebbe stata un così grande successo se scrivere per le masse fosse rimasta un'attività di scarso prestigio, come ancora è considerata in molti ambienti accademici.

Adesso si deve combattere una corruzione più sottile. I giornalisti investigativi non bastano: abbiamo bisogno di «accademici d'inchiesta». Il momento è propizio: il mercato americano in questo settore è il più competitivo al mondo e la domanda non manca. Bisogna solo sconfiggere la (pessima) regola accademica secondo cui i colleghi che scrivono per un pubblico più ampio vanno guardati con sospetto.

Conclusioni

Agli economisti piace pensare alle inefficienze in termini di mercati mancanti. Il mercato offre un modo così efficace per allineare gli interessi individuali col bene comune che, quando questo allineamento viene meno, deve essere perché manca un mercato. Il problema dell'inquinamento, per esempio, si può vedere come l'effetto dell'assenza di un mercato per i diritti relativi all'inquinamento. Tutti possono inquinare gratis. Non sorprende dunque che gli economisti abbiano tentato di affrontare il problema dell'inquinamento creando il mercato mancante, e cioè quello dei «diritti a inquinare».

Io credo che il mercato mancante sia quello del diritto a elaborare le regole del mercato stesso. Tutti traggono giovamento da un mercato concorrenziale, ma nessuno vuole pagare i costi per crearlo. In linea di principio la concorrenza politica dovrebbe sopperire a tale carenza. Se tutti godono dei benefici di un mercato concorrenziale, i politici che lo sostengono dovrebbero trionfare. Sfortunatamente il mercato politico è distorto dalle asimmetrie nella distribuzione del potere e dall'ignoranza degli elettori in fatto di economia. Se questi ultimi non sono informati sulle politiche che davvero favoriscono la concorrenza ai politici non conviene promuovere tali politiche. È la distorsione del mercato politico che fa trionfare il capitalismo clientelare. Si è visto come le norme sociali possano aiutarci ad affrontare i fallimenti del mercato. Spero che questo libro contribuisca ad aumentare la consapevolezza che occorre ricompensare con un maggiore prestigio sociale chi lotta per difendere la concorrenza contro il capitalismo clientelare. L'università potrebbe avere un ruolo di primissimo piano: se non lo giocherà, diventerà parte del problema.

16

Pro mercato, non pro affari

Cosa si aspetta la gente dalla vita? Benessere materiale? Certo, è sicuramente importante, ma lo è altrettanto la libertà, e le due cose sono strettamente correlate. Come sostengo in questo libro, non può esserci libertà intellettuale senza libertà economica. Al tempo stesso, sia il sistema politico sia quello economico necessitano di valori che li rendano legittimi.

Dopo la caduta del muro di Berlino, la democrazia capitalista ha trionfato: un modello che ha reso prospero l'Occidente, ha spinto le Tigri asiatiche nel mondo sviluppato, ha rappresentato l'ideale per gli ex Paesi comunisti, ha vinto la Guerra fredda. Nel ventennio successivo si è assistito al quasi completo trionfo ideologico del modello capitalistico. Sembrava non ci fossero alternative.

L'egemonia intellettuale del capitalismo, tuttavia, ha portato al compiacimento e all'estremismo: compiacimento verso la degenerazione del sistema, estremismo verso l'applicazione delle sue premesse ideologiche. Il denaro – a prescindere dalla sua provenienza – assicurava non solo successo finanziario ma anche prestigio sociale. «L'avidità è bella» è stata la regola piuttosto che una riprovevole eccezione. Il capitalismo aveva decisamente perso il suo vantaggio morale.

La crisi del 2007-2008 e la successiva grande recessione

hanno riaperto il dibattito sui modelli economici. I critici del capitalismo sentirono di aver trovato conferma ai propri argomenti. La crisi, sostenevano, dimostrava quello che ripetevano ormai da tempo: non solo i mercati sono instabili, ma le loro ampie fluttuazioni sono costose per tutti. All'improvviso quella che era una posizione nettamente minoritaria ha cominciato a diventare una tesi diffusa nell'opinione pubblica. Da Occupy Wall Street a Occupy Davos, dagli Indignados spagnoli a quelli israeliani, folle inferocite si sono riunite per protestare contro la disuguaglianza, le banche, i ricchi: contro tutto.

Tuttavia non era chiaro a favore di che cosa protestavano. Quando avanzavano proposte erano le stesse di sempre: massiccio intervento dello Stato nell'economia e ridistribuzione del reddito. Queste strade sono già state tentate in passato e, come abbiamo visto, non hanno portato nulla di buono. In realtà si può dare la colpa della crisi stessa – almeno in parte – proprio ad alcune politiche dello Stato, quali una politica monetaria accomodante e il desiderio politico di promuovere la proprietà abitativa, che hanno contribuito a gonfiare una pericolosa bolla immobiliare.

La crisi, tuttavia, non è riuscita a svegliare dal letargo molti pensatori liberisti. Tentando un ritorno al passato, hanno scaricato l'intero peso delle responsabilità dal settore privato allo Stato, attribuendo la colpa della crisi esclusivamente a Fannie Mae, Freddie Mac e alla politica abitativa del governo. Anche se avessero ragione – e non lo credo – queste politiche non erano il risultato di un intervento dello Stato *contro* l'industria finanziaria, bensì il risultato di una massiccia attività lobbistica *da parte* dell'industria finanziaria.

La vera tensione

Cercare di contrapporre il business allo Stato è sempre più un atteggiamento di retroguardia, puro retaggio dei dibattiti ideologici del XX secolo. Si pensi di nuovo al caso di un'azienda talmente grande che non soffre la concorrenza da parte del mercato sui propri prodotti ed è in grado di esercitare una grande influenza sul processo politico. Un'economia basata su poche aziende di questo tipo, per continuare il nostro esperimento mentale, assomiglia più a un sistema capitalista o socialista? In entrambi i casi la forza coercitiva dello Stato verrebbe impiegata per sopprimere la libertà d'entrata; in entrambi i casi gli interessi dei produttori dominerebbero su quelli dei consumatori; in entrambi i casi la concentrazione del potere economico e politico porterebbe alla limitazione della libertà intellettuale, anche se in misura diversa: gli esperti e gli opinionisti sarebbero stritolati fino a diventare semplici ingranaggi della fabbrica del consenso, i dissidenti sarebbero deportati nei gulag dell'irrilevanza.

Quando non c'è concorrenza e tutto il potere politico è esercitato da pochi, abbiamo il socialismo. Se invece di una sola grande azienda – lo Stato – ne esiste più d'una, la situazione è migliore, certo, ma solo in parte. La teoria economica insegna che, se sono poche le aziende che competono tra loro, preferiranno mettersi d'accordo a danno del pubblico.

Fortunatamente gli Stati Uniti rimangono distanti da questa distopia, ma purtroppo il sistema sta andando in quella direzione. Come abbiamo visto, ci sono molte cause, ma la principale resta la confusione intellettuale tra essere pro mercato ed essere pro business. Anche se le due posizioni a volte coincidono, sovrapporre le due idee favorisce il capitalismo clientelare.

Queste sono le vere alternative in campo: meritocrazia contro privilegi ereditari, responsabilità contro discrezionalità, libertà contro potere, liberi mercati contro capitalismo clientelare.

Lo spirito della concorrenza

Il vero e straordinario segreto insito nel sistema capitalistico non è la proprietà privata né la ricerca del profitto, ma la concorrenza. La proprietà privata senza concorrenza porta a monopoli abusivi. La concorrenza, invece, può fare grandi cose per massimizzare il benessere anche quando la proprietà privata è tutt'altro che assicurata. Anche in campo politico, più è forte la concorrenza, migliore è il risultato per la stessa politica e la libertà. E, come ci insegna Adam Smith (e come confermano i duecento anni di storia dell'economia), la concorrenza è la ragione fondamentale per cui i liberi mercati garantiscono tanti benefici economici.

Per esprimere tutto il suo straordinario potenziale, la concorrenza ha tuttavia bisogno di regole. Quando gli studenti dell'Università di Chicago hanno escogitato un modo per manipolare il processo di acquisto dei corsi, hanno finito per distorcerne il prezzo. Analogamente, le imprese che lavorano con regole sbagliate producono distorsioni al sistema. Ma dove cercare le regole corrette? Se si teme la cattura della regolamentazione, della politica e dell'università, è difficile immaginare come poter sfruttare il potere dello Stato per limitare l'uso politico del potere economico. La cura potrebbe essere peggiore della malattia.

Le numerose proposte che avanzo in questo libro cercano di risolvere questo dilemma. Sono volte non a eliminare l'intervento dello Stato nell'economia, ma a limitarlo ai casi in cui esso è effettivamente migliorativo o ha buone probabilità di esserlo. La condizione essenziale è che sia semplice e comprensibile alla gente. Per ottenere questo scopo sarebbe necessaria una costituzione economica che limiti le capacità e i modi in cui lo Stato interviene. Per esempio, un divieto costituzionale ai sostegni statali inverte la dinamica politica e facilita la lotta contro il clientelismo. Con questa regola la forza politica delle imprese potrebbe fare pressione solo per tenere le tasse sotto controllo, non per accaparrarsi le sovvenzioni statali.

Quando una questione diventa importante, come il ruolo delle banche nella crisi finanziaria, una richiesta popolare di intervento dello Stato c'è sempre. Ma c'era davvero bisogno delle oltre 2300 pagine della legge Dodd-Frank e dei 67 studi successivi? Bastava chiedere alla gente: «Dovremmo tassare l'indebitamento a breve delle banche o no?». Questa semplice tassa, se approvata, sarebbe stata più efficace del Dodd-Frank Act e avrebbe eliminato l'esercito di avvocati e consulenti politici chiamati a studiare la nuova legge.

Analogamente, se il Congresso si arrestasse alla messa a punto di aliquote fiscali ma si rifiutasse di approvare trattamenti economici di favore, questo ridurrebbe al minimo il rischio di distorsioni politiche sull'economia. Sono convinto, alla luce dei dati storici, che il governo democratico funzioni meglio quando non chiede troppo ai cittadini. I soli voti del Congresso che vengono esaminati attentamente da un'ampia maggioranza di elettori riguardano in genere questioni piuttosto semplici. La pressione pubblica su tali voti può travolgere l'influenza dei lobbisti.

Responsabilità

Per proteggere il mercato è anche necessario un ampio accesso ai dati che costringa sia lo Stato che le imprese a rendere conto delle loro azioni. Molti di questi dati sono protetti dal diritto di proprietà e chi li controlla li protegge a tutti i costi: le informazioni sono preziose e la loro divulgazione potrebbe essere una forma di espropriazione illegittima. Ma c'è una soluzione molto semplice: rendere accessibili i dati dopo un certo lasso di tempo. Dopo anni è difficile che la divulgazione danneggi chicchessia, mentre sarebbe di grande aiuto per far luce su frodi, favoritismi e clientelismi.

Quello che potrebbe ridurre maggiormente il clientelismo non è la costituzione di una pletora di nuove autorità (che sono in realtà le prime a essere catturate), ma una massa di gente comune che evidenzi gli abusi. Questi denuncianti civici fanno del bene alla società ma non a loro stessi, perché in genere finiscono per essere licenziati o ostracizzati. Trovare un modo di ricompensarli per le loro preziose rivelazioni utili a combattere frodi ne incoraggerebbe un numero maggiore a farsi avanti.

Il modo più efficace per tenere sotto controllo il capitalismo clientelare consiste nel tentare di riequilibrare il potere dei lobbisti. Anche se non ci potrà mai essere un perfetto equilibrio, rendere pubblici i dati, offrire protezione e supporto a chi sporge denuncia e diffondere le class action contribuirebbero a un miglioramento generale della situazione.

Un'etica basata sul mercato

Un altro importante elemento del programma proposto in questo libro è la riscoperta del fondamento morale del capitalismo. Una parte di ciò che sosteneva il sistema era l'opinione diffusa secondo cui la concorrenza permetteva ai migliori di emergere. Tale convinzione forniva sia una legittimazione morale al sistema capitalista sia una norma sociale che contribuiva a sostenerne il funzionamento. Il denaro era una manifestazione di successo, ma non l'unico obiettivo della vita economica. Chi aveva avuto successo infrangendo le regole non era ricompensato con prestigio sociale.

Per far funzionare il capitalismo, tuttavia, coloro che credono nel libero mercato devono promuovere alcune norme sociali. Nonostante certi eccessi, il «politicamente corretto» ha contribuito in modo decisivo agli enormi miglioramenti avvenuti negli Stati Uniti. Se gli atteggiamenti discriminatori non fossero stati perseguiti legalmente e sanzionati moralmente, la lotta per l'uguaglianza di vari gruppi non sarebbe progredita tanto velocemente. Lo stesso dicasi per il fumo. Nonostante l'attiva campagna di disinformazione portata avanti dall'industria del tabacco, la verità scientifica ha prevalso: il fumo è ora fortemente stigmatizzato. Questa sanzione sociale ha funzionato di gran lunga meglio di qualsiasi divieto. Una battaglia simile va combattuta nell'arena economica. Le azioni opportunistiche che danneggiano la società nella sua interezza dovrebbero essere condannate e i responsabili puniti. La società disprezza chi fa uso di doping nello sport. Perché non potrebbe accadere lo stesso per quelle aziende che esercitano pressioni per ottenere sostegni di Stato (una forma molto più perniciosa di doping)? Le business school, che sono l'instituzione che più dovrebbc avere a cuore la sopravvivenza di lungo termine del capitalismo, dovrebbero guidare tale campagna per applicare un'etica di mercato al mondo degli affari.

Ultimo ma non meno importante, questo libro sottolinea il ruolo chiave che le università possono giocare in questa battaglia. La concorrenza intellettuale favorisce analisi rigorose e costringe governo e imprese a rendere conto delle loro azioni. Se questo libro susciterà un dibattito sul ruolo che gli economisti accademici possono avere quali cani da guardia del libero mercato, allora avrà raggiunto il suo obiettivo di aiutare a ritrovare lo spirito da cui è nata la prosperità americana: un capitalismo per la gente.

Postfazione all'edizione italiana: la peggiocrazia

Anche se gli Stati Uniti si stanno sempre più avvicinando al capitalismo clientelare di tipo italiano, c'è un aspetto in cui l'Italia è profondamente diversa: l'illegalità diffusa. Se le imprese americane pagano i lobbisti per cercare di modificare la regolamentazione a proprio favore, in Italia le imprese pagano direttamente i funzionari statali per evitare di sottostare alla regolamentazione e per evadere le tasse. È un problema non solo etico, ma anche economico.

Già nel 1981, in un'intervista su «Repubblica», Enrico Berlinguer, allora segretario del Partito comunista, sollevava la «questione morale». La sua era una battaglia politica contro il sistema di potere democristiano. «I partiti di oggi sono soprattutto macchine di potere e di clientela,» diceva «gestiscono interessi, i più disparati, i più contraddittori, talvolta anche loschi.»[1] Berlinguer rivendicava la superiorità morale del suo partito, ma, come dimostrarono poi i fatti, era la moralità di un partito che non era stato al potere e che, come tale, non aveva avuto l'opportunità di essere corrotto.

Sono passati più di trent'anni. La Democrazia cristiana non c'è più, il Partito comunista nemmeno. Ma la questione morale resta, anzi: si è metastatizzata nel settore privato. Non si tratta più solo di politici che prendono soldi per finanziare illecitamente i propri partiti. Non ci si limita neanche a quanti favoriscono gli amici ricevendone in cambio vacanze, denaro, perfino case. Il cancro ha raggiunto ogni aspetto della società civile. I banchieri sono accusati di prendere mazzette per concedere credito, perfino i calciatori sono accusati di percepire tangenti per perdere le partite.

Da tema solamente politico, la questione morale è diventata economica: la causa ultima del mancato sviluppo dell'ultimo decennio. Se le nostre imprese non crescono la ragione non è tanto il famigerato articolo 18, ma l'amoralità economica diffusa nel nostro Paese. Non è solo la mia opinione: sono i dati a dirlo. Nei Paesi in cui c'è maggiore fiducia nell'onestà dei propri concittadini le imprese sono più grandi.[2] Il motivo è che un proprietario delega i suoi poteri solo quando si fida del dipendente, perché più delega e più alto è il rischio che un dipendente ne approfitti, rubando o arricchendosi alle sue spalle.[3] L'impossibilità di delegare dovuta alla mancanza di fiducia forza le imprese a rimanere piccole e familiari. Per questo non si espandono, per questo non vogliono cedere il controllo, che nel nostro Paese vale molto più che negli altri. Per questo il controllo è detenuto da famiglie attraverso complesse piramidi societarie.

Il problema delle imprese familiari non è tanto la presenza della famiglia nell'azionariato, ma il ruolo giocato dagli eredi ai vertici dell'impresa. Le imprese capitanate dal patriarca-fondatore valgono in media più di imprese simili senza alcuna presenza familiare.[4] Quando il bastone del comando passa a un erede, però, l'impresa familiare ne risente, e il suo valore di mercato scende in media del 10%.[5] In particolare, il valore di mercato di un'impresa familiare decade quando viene scelto come amministratore delegato un erede. Se invece il successore alla guida dell'azienda è selezionato all'esterno della famiglia, all'annuncio della nomina il valore dell'impresa sale del 2%.[6]

La responsabilità della cattiva *performance* degli eredi è soprattutto di quei rampolli che non hanno conseguito una laurea «decente». Questo rinforza la tesi per cui il problema dell'impresa a gestione familiare sia il limitato patrimonio di talenti. Se non si ha la fortuna di avere un erede preparato e adatto al ruolo che gli viene affidato, l'azienda ne risente. Le imprese familiari guidate da un discendente del fondatore sono meno produttive e usano pratiche manageriali più inefficienti di quelle dirette da un manager esterno. Questo fenomeno è particolarmente pronunciato quando come discendente viene scelto il figlio primogenito, anteponendo dunque la regola dinastica alla scelta del migliore.[7] Ancora una volta, il problema non è la presenza della famiglia, ma il suo ruolo al vertice dell'impresa.

La diffusa mancanza di fiducia impedisce anche che si realizzino meccanismi di selezione meritocratica. Se temo che il dirigente sia infedele, scelgo il nipote, il parente, l'amico anche quando costoro sono meno competenti. Per questo la qualità dei manager non è sempre delle migliori: nel Belpaese la fedeltà vince sulla competenza.

In Italia manca una cultura del merito perché non c'è una cultura della legalità. Se io, politico (capo di partito o di governo), voglio ottenere dei benefici o dei favori che non mi competono, nomino non un candidato competente, ma uno a me fedele. Se io imprenditore voglio assicurarmi che le mie tangenti, le mie evasioni fiscali, i miei intrecci col potere politico non vengano rivelati, non scelgo il manager migliore, ma quello più fidato. E non c'è persona più fedele del buono a nulla, di chi non ha alternative. Se l'Italia non cresce, se è a rischio di default, è perché è stata fin qui governata dai peggiori. Non i mediocri: i peggiori. Il clientelismo politico e l'economia sommersa hanno trasformato il nostro Paese in una peggiocrazia.

È per questo che in Italia si trovano le migliori segretarie e i peggiori dirigenti. In un sistema che non premia il merito molte persone, soprattutto donne, che avrebbero tutte le capacità di essere manager, sono confinate al ruolo di segretaria. Mentre i posti dirigenziali sono affidati a chi è ben introdotto, anche se spesso non è all'altezza del compito. Questo clientelismo è il motivo per cui il nostro Paese si trova in una profonda crisi. Nella competizione globale vince il migliore, non il compare, il raccomandato politico o il figlio di papà.

Perché in Italia non ci si può fidare?

Perché in Italia non ci si può fidare? Perché un sondaggio tra i manager dei principali Paesi europei colloca i dirigenti italiani all'ultimo posto, tra quelli di cui ci si fida di meno? Perché in Italia prevale la cultura della furbizia invece che quella dell'onestà?

Non esiste fiducia senza cultura della legalità. E questa manca innanzitutto perché in Italia il delitto paga. Una cultura giuridica garantista, associata alla cronica lentezza dei tribunali, permette alla maggior parte dei criminali – o almeno quelli dai colletti bianchi – di farla franca. Con tre gradi di giudizio, ognuno dei quali dura da uno a tre anni, cui se ne sommano due di indagini preliminari, le condanne definitive in Italia non arrivano mai. Nel frattempo, se non è intervenuta la prescrizione è arrivata un'amnistia. E qualora entrambe falliscano, e il condannato non sia nel frattempo morto, esistono sempre gli arresti domiciliari per sopraggiunti limiti d'età e la scarcerazione per buona condotta. I due ex governatori dell'Illinois (lo Stato in cui vivo) sono entrambi in galera, così come vi è stato Daniel Rostenkowski, il deputato che abusò per 30.000 dollari del privilegio postale di cui godeva. Vi ricordate forse di un qualsiasi politico italiano che sia finito nelle patrie galere per una condanna definitiva passata in giudicato?

Lo stesso vale per i manager. Dennis Kozlowski (di cui si è parlato nel capitolo 9) è stato condannato a 25 anni di detenzione, così come Bernard Ebbers, amministratore delegato di WorldCom e responsabile di una delle più grandi frodi contabili della storia. Solo la morte ha risparmiato a Kenneth Lay, CEO di Enron, tra i 20 e i 30 anni di galera, nonostante l'amicizia personale che lo legava a George W. Bush. Per non parlare dei 150 anni inflitti al truffatore del secolo, Bernard Madoff. La miglior definizione della differenza tra la giustizia italiana e quella americana è una vignetta apparsa su un giornale italiano dopo la condanna di Madoff. La didascalia diceva: «Stati Uniti: 6 mesi di processo per 150 di galera. Italia: 150 anni di processo per 6 mesi di galera».

In Italia manca la cultura della legalità anche perché ci sono troppe leggi assurde, che rendono difficile operare nel rispetto della legge stessa. Questo, però, costituisce per tutti una facile giustificazione per operare al di fuori delle regole. Mi sono sentito ripetere molte volte da uomini d'affari italiani che io non so come si fa business in Italia. Con queste parole, sicuramente vere, intendevano che per sopravvivere in Italia bisogna ignorare la legge. È la stessa impostazione culturale che avevo anch'io quando, emigrato negli Stati Uniti, ignoravo le direttive del sindaco di Boston per fronteggiare l'uragano. Ma è una cultura estremamente pericolosa, che mina lo stato di diritto.

Nei raffronti internazionali sulla «misura in cui i cittadini hanno fiducia e rispettano le regole» (quella che gli inglesi chiamano *rule of law*), l'Italia è solo al quarantottesimo posto, dopo Qatar, Cipro e Oman e appena sopra al Kuwait.[8] È possibile che la Nazione che si vanta di essere la patria del diritto sia diventata la tomba del rispetto della legge?

Di certo i secoli di dominazioni e soprusi stranieri non hanno aiutato. Troppo spesso i don Rodrigo di turno hanno trovato degli Azzeccagarbugli pronti a difendere i loro interessi a spese di malcapitati Renzi. Siamo il Paese dove i Pinocchi defraudati finiscono in prigione per aver denunciato la frode, mentre i Gatti e le Volpi godono, liberi, del frutto dei loro inganni.

Ma se questa triste tradizione era comprensibile in un

Paese dominato dagli stranieri, o in un neonato Stato unitario in cui votava solo il 2% più ricco della popolazione, è inaccettabile oggi, dopo 65 anni di democrazia. È intollerabile che non solo la giustizia, ma anche le famose *authorities*, create a difesa degli interessi dei cittadini, si pieghino al volere dei potenti come novelli don Abbondio.

Purtroppo le scelte sbagliate e lo stravolgimento della legge non sono monopolio di una sola parte politica. Anche un governo di sinistra, come il secondo governo Prodi, ha preferito sovvertire la legge con un indulto che, votato con la scusa di alleggerire il problema carcerario, ha ulteriormente incrinato l'immagine della giustizia in Italia. Ha messo in libertà Volpi come Fausto Tonna (direttore finanziario della Parmalat) e Gilberto Fiorani (amministratore delegato della Popolare di Lodi) lasciando con un palmo di naso (se così si può dire) i Pinocchi risparmiatori. È la dimostrazione lampante che in Italia non conviene comportarsi onestamente: farlo è, a seconda dei punti di vista, un atto di eroismo o di stupidità.

La mancanza di una cultura delle regole non è solo questione di equità e giustizia sociale, ma anche un grosso problema economico. Un mercato senza regole si trasforma in una giungla in cui prevale il più forte. Senza rispetto delle regole non può esserci vera concorrenza, perché le imprese più grandi e politicamente influenti possono schiacciare qualsiasi competitore. Senza un quadro legislativo certo non c'è vera crescita economica, perché gli imprenditori hanno paura di avventurarsi in investimenti a lungo termine. Non a caso, in confronti internazionali sul grado di competitività del paese (una misura complessiva delle condizioni che favoriscono lo sviluppo delle imprese), l'Italia è al quarantaduesimo posto, sotto al Qatar e appena sopra all'India e al Kuwait.[9]

In Italia, infine, manca una cultura della legalità perché il conflitto d'interessi è così diffuso da non essere neppure percepito come un problema, se non per avversione politica contro Berlusconi o altri. Stando alle accuse rivolte contro di lui, per esempio, il presidente della Camera Gianfranco Fini avrebbe venduto a un cognato una casa di proprietà del suo partito (di fatto se non di diritto). Mentre chiunque è libero di disporre di casa propria al prezzo che più gli aggrada, non lo è quando gestisce il bene di un'organizzazione, sia essa un'impresa, un partito o un comune. L'appartamento in questione non era di Fini ma di Alleanza nazionale, e Fini ne era solo l'amministratore. Si tratta di un'operazione con parti correlate nel senso più letterale del termine. Il fatto che Fini sia rimasto presidente della Camera pur senza aver fugato i dubbi sull'accaduto dimostra che il problema in Italia non è sentito.

Tutto ciò accade non solo nel settore pubblico, ma anche in quello privato. Un ex manager di una grande azienda italiana mi raccontava fiero di come, grazie al suo ingegno, era nato uno dei fornitori dell'azienda stessa. Ma come: lavorando per un'azienda regalava opportunità di investimento a dei fornitori? E cosa riceveva in cambio? È un puro caso che, licenziato dall'azienda, quel manager finì a dirigere l'azienda fornitrice? La cosa che più mi sorprese era l'assenza di qualsiasi forma di rimorso nel suo racconto. Anzi, c'era fierezza per essere stato più furbo.

Perché l'Italia del miracolo è diventata l'Italia del declino?

Col senno di poi le critiche di Berlinguer possono sembrare eccessive, se non addirittura sbagliate. Con tutti i suoi difetti, il sistema di potere democristiano aveva garantito all'Italia una crescita impressionante: tra il 1951 e il 1981 il PIL pro capite era cresciuto in media del 3,7% l'anno e, seppure ridotta, questa crescita continuò negli anni Ottanta, con un aumento medio del 2,25% l'anno. Con il crollo del sistema democristiano la crescita si interruppe: dal 1992 al 2011 la crescita del PIL pro capite è stata solo dello 0,58% annuo.[10]

Anche se corruzione e immoralità sono aumentate negli ultimi vent'anni, non possiamo sostenere che non esistessero anche prima. Perché allora attribuire loro la colpa del declino? Se l'Italia aveva avuto successo con la cultura dell'illegalità negli anni Cinquanta e Sessanta, perché non può proseguire allo stesso modo anche nel XXI secolo?

La risposta è che la natura dell'economia è cambiata, e quello che poteva andar bene (o essere tollerato) in un'economia agricola e industriale oggi, in un'economia dei servizi avanzati, può diventare un forte ostacolo.

Il miracolo economico italiano del dopoguerra ha due ingredienti semplicissimi: libero scambio e bassi salari. Finalmente liberata dall'autarchia fascista, l'economia italiana poteva esportare nel resto del mondo, e i bassi salari rendevano i nostri prodotti imbattibili. Non a caso tra il 1950 e il 1970 il PIL crebbe a ritmi «cinesi»: 5,8% all'anno, il doppio del tasso di crescita inglese.

Alla fine degli anni Sessanta, però, il differenziale di costi si stava riducendo, e il Paese necessitava delle adatte riforme istituzionali per trasformarsi in un'economia sviluppata, competitiva nel terziario e nelle tecnologie avanzate. Purtroppo la crisi petrolifera e le tensioni sociali degli anni Settanta resero impossibile la transizione. L'Italia, con i suoi clientelismi, la sua corruzione, l'inefficienza della macchina pubblica, l'evasione fiscale, rimase esattamente la stessa. Ma il resto del mondo cambiò, e ciò che prima bastava per avere successo non era più sufficiente.

Nonostante le crisi e i problemi, tra il 1970 e il 1990 l'economia italiana crebbe comunque a un tasso del 3% l'anno: non favoloso, ma certamente superiore a quello sperimentato negli anni successivi. La crescita degli anni Settanta e Ottanta, all'insegna del «piccolo è bello», fu un regalo del processo di unificazione europea. All'interno della vecchia Europa tutti i Paesi, spostandosi progressivamente verso i settori economici più avanzati, lasciavano scoperti quelli tradizionali, che godevano della protezione dei dazi doganali mantenuti dall'Unione verso l'esterno. Risultava quindi facile conquistare questi mercati all'interno dell'Europa. Per esportare scarpe (Cina *docet*) non occorre avere un Paese che funzioni alle spalle, ma per ideare software ed esportare servizi sì. L'Italia, quindi, crebbe specializzandosi ulteriormente nei settori sbagliati, gli unici in cui godeva di un vantaggio comparato.

Negli anni Ottanta la crescita fu anche drogata da un'esplosione del debito pubblico. Se oggi abbiamo un rapporto debito-PIL così elevato è a causa dei deficit che abbiamo accumulato in quegli anni. Nel breve periodo questi deficit possono aumentare la misura del PIL, ma nel lungo periodo ne ostacolano la crescita: se il governo assume un milione di lavoratori, finanziandone il costo con un aumento del debito, nell'immediato la misura del PIL cresce, ma se questi lavoratori sono improduttivi il costo di quel debito graverà sulle generazioni future, che si troveranno a dover pagare gli interessi senza avere nessun investimento produttivo che contribuisca a pagarli. Gli anni della «Milano da bere» sono stati un grande party il cui conto è stato lasciato alle generazioni future.

La storia recente la conosciamo tutti: l'allargamento dell'Unione a Paesi con manodopera a basso costo e la liberalizzazione del commercio internazionale con la massiccia entrata della Cina e dell'India hanno distrutto la nostra nicchia. In un mercato mondiale non possiamo sopravvivere solo con il «piccolo è bello». Non possiamo crescere con una manodopera che è tra le meno istruite dei paesi OCSE, con un'università in sfacelo, con uno Stato che preleva più del 50% del reddito e lo sperpera, e con una sfiducia diffusa.

L'economia di oggi è basata sull'informazione. Gli agricoltori piantano i semi in base ai dati sulla produttività delle varie colture. Gli imprenditori comprano macchinari in base ai dati sui loro rendimenti. I risparmiatori investono sulla base dei dati sulla profittabilità delle imprese, e via dicendo.

L'elemento essenziale per il funzionamento delle economie avanzate è la fiducia nell'integrità di questo sistema di dati. Se questa fiducia viene messa in discussione il sistema vacilla. Ricordiamo l'effetto degli scandali Enron e WorldCom e, più di recente, quello che il crollo della fiducia nei confronti delle agenzie di rating ha avuto sui mercati finanziari. Garantire questa integrità non è facile, soprattutto quando a questi dati sono associati forti incentivi. Quando una differenza di qualche centesimo di utili in più per azione può produrre una differenza di milioni nei compensi percepiti, l'incentivo a manipolare i dati è molto forte. Per eliminare questi incentivi non basta il codice penale: è necessario che una cultura di integrità pervada l'intera azienda. Una cultura che preveda tolleranza zero nei confronti delle violazioni, e che i vertici dell'impresa avallino con il loro esempio. È questa cultura che manca in Italia, ed è questa mancanza che frena il nostro sviluppo oggi.

Perché è così difficile uscirne

Nel lanciare la questione morale Berlinguer rivendicava la diversità del Partito comunista. La sua speranza era di cambiare l'Italia, invece fu l'Italia a cambiare la diversità comunista. Lo stesso accadde dieci anni dopo con la Lega. Oggi ci riprova il Movimento 5 stelle. È possibile cambiare un sistema di valori?

Purtroppo ci sono due grossi ostacoli al cambiamento. Il primo è che, in un paese sommerso dalle norme, nessuno si sente completamente dalla parte del diritto. Dal piccolo abusivismo edilizio (poi condonato) alle ripetizioni pagate in nero, quasi nessuno in Italia può scagliare la prima pietra. Per questo la crisi del 1992 non fu in grado di portare a un vero cambiamento. Il tentativo non fu quello di cambiare la mentalità di un Paese, ma di usare la questione morale come pretesto per affermare la superiorità della propria parte politica. Ma fu un calcolo sbagliato: il giustizialismo spaventò la maggioranza degli italiani. In Italia la legge è così complicata che nessuno è sicuro di non aver mai commesso un reato. E se tutti sono colpevoli, nessuno lo è davvero. L'ansia giustizialista invece della pulizia ci portò la reazione anti giudici. L'obiettivo non deve invece essere la vendetta, ma il cambiamento.

Il secondo ostacolo è che fino a oggi la peggiocrazia è sopravvissuta distribuendo piccoli privilegi a destra e a manca. Ed è proprio l'attaccamento a questi piccoli privilegi che rende difficile la svolta. La maggior parte dei cittadini sarebbe disposta a rinunciare ai propri (piccoli) privilegi se sapesse che tutti gli altri fanno altrettanto. Senza questa sicurezza, però, viene spontaneo opporsi al cambiamento nel timore di venire danneggiati. È questo il cattivo equilibrio di cui parlavo nel capitolo 2. Per spezzarlo non bastano riforme marginali, occorre una terapia d'urto: ma c'è la volontà di tentarla?

La speranza nell'abisso

Paradossalmente, la crisi finanziaria che l'Italia sta vivendo aiuta a creare le condizioni per un cambiamento. Come ho descritto nel capitolo 2, i momenti di crisi spingono sempre verso l'efficienza e la meritocrazia. In Italia questa pressione è amplificata dal fatto che la crisi sta mettendo a rischio il finanziamento di molti dei piccoli privilegi che alimentavano il consenso per la peggiocrazia. Se il politico locale non può più offrire agli amici posti di lavoro nel settore pubblico, se la necessità di contenere la spesa elimina i favoritismi negli acquisti, se la necessità di coordinare una strategia comune con l'Europa richiede che a Bruxelles mandiamo politici competenti e presentabili, allora il sostegno politico per la peggiocrazia si spezza.

Ma come si può creare una coalizione a favore del cambiamento? I tre gruppi che hanno maggiormente da beneficiarne sono i giovani, le donne e gli immigrati. Ognuno di questi outsider può condurre una battaglia isolata per i propri diritti, con il rischio di perderla. Tutti e tre, però, possono allearsi intorno all'idea di una rivoluzione meritocratica. E, insieme, possono vincere.

I giovani si trovano nella spiacevole situazione di dover pagare il conto di una festa a cui non hanno partecipato. Non hanno speranza di ottenere alcuno dei privilegi goduti dai loro padri, perché sanno che non sono sostenibili. Non hanno nulla da perdere da un cambiamento e tutto da guadagnarci. Ogni generazione cerca di imporre nuove idee che giustifichino il ricambio generazionale, ma una mera contrapposizione basata sull'età anagrafica spesso non funziona: è meglio un principio più ampio, che giustifichi anche in termini ideali la presa del potere da parte dei giovani. Nella peggiocrazia imperante è facile per i giovani coalizzarsi intorno al principio della meritocrazia.

Lo stesso vale per le donne. Il mondo del capitalismo clientelare italiano è abitato interamente da uomini: la presenza femminile viene accettata solo come elemento decorativo. Anche le donne, pertanto, non hanno nulla da perdere da un cambiamento. E possono cercare la strategia della rivendicazione individuale dei loro diritti attraverso la creazione di «quote rosa» in tutte le strutture di potere. Il rischio delle quote rosa, però, è che diventino – soprattutto in Italia – un'ulteriore scusa per piazzare mogli, figlie e amanti: l'unico modo sicuro per affermare i diritti delle donne è quello di fare una battaglia sul merito. Le donne sono spesso più capaci degli uomini: se la selezione avvenisse solo sulla base delle effettive capacità, la parità sarebbe più che garantita.

Il terzo potenziale alleato sono gli immigrati. Lavorano duro per pagare le nostre pensioni, senza diritti né prospettive. I loro figli vanno a scuola e si preparano a entrare nel mondo del lavoro con competenza spesso superiore a chi è in Italia da generazioni. Ma le loro possibilità di mobilità sociale sono limitate dai pregiudizi, se non da vero e proprio razzismo. Senza una prospettiva di integrazione c'è il rischio di rivolte violente come quelle che abbiamo visto nelle banlieue di Parigi nel 2005. Anche gli immigrati potrebbero cercare soluzioni *ad hoc*, come quella delle «quote etniche», ma sarebbe una soluzione perdente. Nello sport, dove vige davvero la meritocrazia, l'integrazione è già avvenuta. Anche per loro, le migliori garanzie di integrazione risiedono nella battaglia a favore della meritocrazia.

Come uscirne?

Esistono le condizioni economiche e politiche per un cambiamento. Ma come deve avvenire?

Abbiamo bisogno di una terapia d'urto. Laddove non esiste la fiducia in un sistema meritocratico, tutti investono in raccomandazioni e nessuno investe in capitale umano: il clientelismo genera clientelismo. Per spezzare questo circolo vizioso è necessario un pacchetto congiunto di proposte: alcune che creino i meccanismi per una selezione meritocratica, altre – ancora più importanti – che creino le condizioni affinché convenga a politici e imprenditori scegliere in base alla conoscenza, non alle conoscenze.

Trattare con la dovuta profondità tutti questi temi meriterebbe un libro a sé. Qui mi limito a una breve sintesi divisa per temi.

Creare le condizioni per la meritocrazia

Il primo requisito per la meritocrazia è una giustizia, sia penale sia civile, efficiente. Per riuscire a farsi pagare un assegno emesso a vuoto in Italia ci vogliono in media 645 giorni, nel resto d'Europa 227.[11] Chi è ricco abbastanza per pagare un buon avvocato in galera non ci va (se non durante le indagini): il delitto in Italia paga. Se non rendiamo la giustizia più rapida e competente, a prevalere saranno sempre i disonesti: i peggiori.

Un fisco esoso e inefficiente favorisce l'evasione e l'economia sommersa, che non può competere in un mondo globale. Abbiamo bisogno di imposte più basse, certe e pagate da tutti.

Nello sport la competizione con regole chiare favorisce non solo lo spettacolo, ma anche la vittoria del migliore. Così è anche in economia. La concorrenza promuove la meritocrazia. Per funzionare bene, però, anche la concorrenza economica ha bisogno di regole. Poche, comprensibili, e soprattutto fatte rispettare. Il contrario dell'Italia di oggi, dove ci sono troppe regole, confuse, e si tollera che non vengano rispettate.

Le privatizzazioni non sono solo un'esigenza di bilancio, ma una necessità civile e morale. Il sottobosco che vive alle spalle delle società pubbliche e di quelle municipalizzate favorisce il clientelismo e la corruzione: solo spazzandolo via possiamo sperare in un futuro migliore.

Non da ultimo, è impellente risolvere i conflitti d'interesse. Berlusconi non era che la punta dell'iceberg: tale conflitto è endemico al sistema italiano. Favorisce il nepotismo e il clientelismo e ostacola la meritocrazia. Senza una legge chiara che lo regoli, non possiamo voltare pagina.

Creare i meccanismi della meritocrazia

Il nostro sistema scolastico non è stato disegnato per selezionare talenti, ma come scuola d'élite in cui i figli dei ricchi studiavano per diventare la futura classe dirigente. In un sistema in cui le posizioni nella società sono ereditarie è molto efficiente, da un punto di vista dei costi, concentrare le risorse nell'istruire solo i figli dei ricchi: essendo ristretta a una piccola minoranza, l'educazione che si può fornire loro è di prima qualità.

Questo era il sistema scolastico nell'Italia postunitaria, poi cristallizzato dalla riforma Gentile. Nel dopoguerra, con la progressiva democratizzazione dell'istruzione, la scuola avrebbe dovuto adattarsi. Avrebbe dovuto selezionare i talenti e differenziare i programmi: non si poteva fornire il caviale a tutti, perché non c'erano le risorse e neppure i palati capaci di apprezzarlo. Ma invece di fare questa trasformazione si cercò di replicare il modello della scuola d'élite su scala industriale: il risultato fu una scuola con sacche di eccellenza (gli avanzi del caviale) in un mare di mediocrità.

Accadde lo stesso anche all'università che, da università d'élite, cercò di diventare università di massa, ma senza una chiara distinzione dei ruoli. Nel calcio abbiamo la serie A, la serie B e la serie C. Nessuno si sognerebbe di pagare un calciatore di serie C come un calciatore di serie A, né tantomeno di farlo giocare nella stessa divisione. Anche il pubblico è diverso e acquista biglietti di prezzo differente. Perché l'università non può funzionare allo stesso modo? Abbiamo bisogno di (pochi) centri di eccellenza e di tanti atenei di secondo livello per elevare il capitale umano del Paese a costi sostenibili. Senza distinguere fra le funzioni, abbiamo un'università troppo costosa, che non produce eccellenza ma disoccupati.

La meritocrazia comincia dagli insegnanti. Valutiamo gli insegnanti, premiamo i più bravi, e licenziamo i peggiori. Non bisogna confondere il giusto principio di tutela sociale con il posto di lavoro garantito. I lavoratori vanno protetti con un welfare serio, indipendente dal posto di lavoro, così che se non lavorano bene possano essere licenziati senza remore. E lo stesso vale per i manager, le cui tutele non possono eccedere quelle offerte ai lavoratori.

I patti di sindacato creano un meccanismo clientelare nell'assegnazione delle responsabilità. Basterebbe tassare seriamente i dividendi intersocietari per rendere proibitivamente costosi questi patti e le catene di controllo, favorendo la concorrenza e la meritocrazia al vertice.

Ma il mondo che più di ogni altro ha bisogno di meritocrazia è quello della politica. L'attuale sistema elettorale, con liste bloccate, favorisce la peggiocrazia e va eliminato al più presto. Quando si parla di riforma elettorale c'è una comprensibile stanchezza. In vent'anni di Seconda repubblica la legge elettorale è cambiata molte volte, ma la nostra classe politica no. Dobbiamo forse rassegnarci a essere gestiti da politici incapaci e corrotti? No. Nel naufragio complessivo della Seconda repubblica, c'è un'oasi felice che va studiata: l'elezione diretta dei sindaci. Il sistema ha garantito l'alternanza anche in città fortemente caratterizzate ideologicamente come Milano e Bologna, ed è stato in grado di attirare nell'amministrazione della cosa pubblica uomini che non sono politici di professione. Nel complesso, ha migliorato la gestione delle città.

L'esperienza dei comuni dimostra che la peggiocrazia non è un difetto genetico di noi italiani. Con le regole del gioco giuste, la democrazia funziona anche in Italia. Ma quali sono? La prima è un sistema uninominale, sia esso a turno unico (con primarie) o doppio. A differenza dell'attuale «Porcellum», il sistema uninominale crea all'interno dei partiti una forte pressione a scegliere il candidato migliore.[12] Se pochi voti in più possono fare la differenza, perché rischiare di perdere con un candidato mediocre? Questa selezione funziona ancora meglio con le primarie, che invece di affidare la scelta del candidato alle segreterie di partito la demandano agli elettori. Il sistema uninominale favorisce anche la stabilità di governo perché, invece di effettuare un sondaggio di opinione, affida un mandato a governare. Se i sindaci non si sono trasformati in piccoli baroni locali, però, è soprattutto grazie al limite del numero di mandati: esso assicura il necessario ricambio tra politica e società civile, prevenendo la formazione di una casta isolata dai problemi dei cittadini.

Ringraziamenti

Benché sulla copertina ci sia solo il mio nome, questo lavoro deve molto all'aiuto di alcune persone. Ringrazio innanzitutto mia moglie Jill, che non ha mai smesso di sostenermi, moralmente e fisicamente, durante la scrittura. La prendevo in giro perché non era mai andata oltre pagina dieci del mio libro precedente: si è fatta ben più che perdonare leggendo le varie stesure di questo, incoraggiandomi e dandomi consigli. Non esagero quando dico che non avrei potuto scrivere questo libro senza il suo aiuto.

Devo molto ai meravigliosi coautori con cui ho scritto gli articoli accademici sui quali si basa questo saggio. Il più grande vantaggio della professione che svolgo è che non solo ho l'opportunità di lavorare con persone estremamente brillanti, ma posso addirittura sceglierle: in questo modo, sono sicuro di collaborare con i colleghi più piacevoli. È un privilegio enorme, e ne ho sempre approfittato. Ho lavorato a lungo con Raghu Rajan, insieme a cui ho scritto il mio libro precedente. Da Raghu ho imparato molto. Il mio lavoro su fiducia e capitale civico è stato fatto con Luigi Giuso e Paola Sapienza: una collaborazione che si è trasformata in una profonda amicizia. Sul ruolo dei media ho lavorato con Alexander Dyck e David Moss; sugli informatori con Alexander Dyck e Adair Morse. Ho ragionato sugli effetti della crisi insieme a Pietro Veronesi: lui mi ha insegnato a calcolare i *contingent claims*. La proposta su come limitare il rischio a Wall Street viene da una collaborazione con Oliver Hart. Oliver non è solo il coautore di alcuni dei miei articoli, il relatore della mia tesi di dottorato e uno dei migliori economisti al mondo: è, soprattutto, un esempio di integrità morale e intellettuale. Quando mi capita di non riuscire a distinguere ciò che è giusto da ciò che è sbagliato, la sua guida è inestimabile.

In momenti diversi, sia Brian Anderson sia Yuval Levin mi hanno chiesto di scrivere per le loro riviste (rispettivamente, «City Journal» e «National Affairs»). È stato inaspettato, e la loro volontà di dare una possibilità a un autore poco conosciuto è la prova che negli Stati Uniti la meritocrazia è ancora viva. Lavorare per loro mi ha incoraggiato a sviluppare alcune delle questioni trattate in questo libro.

Sono molto grato a Brian Anderson, Ben Plotinsky e Bernadette Serton del Manhattan Institute, che mi hanno aiutato con la revisione del libro e mi hanno sempre incoraggiato durante la scrittura. Ringrazio anche Adrienne Schultz, che ha rivisto la prima versione del manoscritto, Conor Dewitt, Peggy Eppink, Erika Morey e in particolare Cecilia Gamba, che ha contribuito con un'accurata verifica delle informazioni. Ringrazio inoltre l'Initiative on Global Markets e lo Stigler Center dell'Università di Chicago, che hanno economicamente supportato i miei assistenti.

Ho ricevuto preziosi commenti da molti pazienti lettori: Kete Cockrell, Harry Davis, Alessandro De Nicola, Darrell Duffie, Steve Haber, Todd Handerson, Oliver Hart, Mario Macis, David Moss, Enrico Piccinin, Eric Posner, Richard Posner, Paola Sapienza, Amit Seru, Francesco Trebbi e Stefano Visentin. Sono loro debitore.

Grazie infine al mio straordinario agente, Eric Lupfer, e al mio editor, Tim Bartlett. Insegnando venture capital ho imparato che esistono due tipi di investitori: quelli che si impegnano per aumentare le possibilità che una compagnia abbia successo, e gli *option buyers*, per cui investire in una startup non è che un'opzione finanziaria – non fai nulla, limitandoti a sperare in un guadagno finale. Ho capito che per gli editor vale la stessa cosa, e Tim fa parte della prima categoria.

Note

Prefazione

1. Esisteva una normativa antitrust europea, ma non veniva applicata per problemi di antitrust in Italia.

Introduzione

1. Nel 2010 il reddito familiare mediano era 49.445 dollari, nel 2000 era 53.164. Si veda US Census Bureau, http://www.census.gov/hhes/www/income/data/historical/household/, tavola H-6.
2. Nel 2010 il reddito individuale di un maschio di 24 anni era 31.793 dollari, nel 1980 era 39.250 (calcolato in base al valore del dollaro nel 2010): il 19% in più. Si veda US Census Bureau, http://www.census.gov/hhes/www/income/data/historical/people/, tavola P-8.
3. Questi risultati di un'indagine Pew possono essere trovati all'indirizzo http://www.people-press.org/2011/12/15/frustration-with-congress-could-hurt-republican-incumbents/.
4. S. Djankov, R. La Porta, F. Lopez de Silanes e A. Shleifer, *The Regulation of Entry*, «Quarterly Journal of Economics» 117, febbraio 2002, pp. 1-37.
5. L. Guiso, P. Sapienza e L. Zingales, *People's Opium? Religion and Economic Attitudes*, «Journal of Monetary Economics» 50, 2003, pp. 225-282.

6. J. Reuter e E. Zitzewitz, *Do Ads Influence Editors? Advertising and Bias in the Financial Media*, «Quarterly Journal of Economics» 121, n. 1, 2006, pp. 197-227.
7. R. Smith, *Conflicts of Interest: How Money Clouds Objectivity*, «Journal of the Royal Society of Medicine» 99, giugno 2006, pp. 292-297.

1. L'eccezionalismo americano

1. R. Di Tella e R. MacCulloch, *Why Doesn't Capitalism Flow to Poor Countries?*, «Brookings Papers on Economic Activity» 40, n. 1, 2009, pp. 285-332.
2. A. Alesina, E. Glaeser e B. Sacerdote, *Why Doesn't the US Have a European-Style Welfare State?*, «Brookings Papers on Economic Activity» 32, n. 2, 2001, pp. 187-277.
3. *Generare classe dirigente: un percorso da costruire*, Luiss University Press, Roma 2007.
4. Il dato sulla spesa pubblica del governo americano è ricavato dall'US Office of Management and Budget: http://www.whitehouse.gov/omb/budget/Historicals. Si veda anche B.R. Mitchell, *International Historical Statistics: The Americas 1750-1988*, Stockton Press, New York 1993.
5. I *keiretsu* sono gruppi di imprese con intrecci azionari e di business. I *chaebol* (letteralmente «associazione di imprese») sono conglomerate coreane dominate da una famiglia e fortemente legate al governo.
6. K.L. Sokoloff e S.L. Engerman, *Institutions, Factor Endowments, and Paths of Development in the New World*, «Journal of Economic Perspectives» 14, n. 3, estate 2000, pp. 217-232.
7. A. Hochschild, *King Leopold's Ghost: A Story of Greed, Terror, and Heroism in Colonial Africa*, Mariner Books, Boston 1999.
8. D. Acemoglu, S. Johnson, J. A. Robinson, *The Colonial Origins of Comparative Development: An Empirical Investigation*, «The American Economic Review» 91, n. 5, dicembre 2001, pp. 1369-1401.
9. Il common law è un modello di ordinamento giuridico di

matrice anglosassone, basato più sui precedenti giurisprudenziali che su codici, leggi o atti normativi.

10. R. Rajan e L. Zingales, *The Great Reversals: The Politics of Financial Development in the 20th Century*, «Journal of Financial Economics» 69, 2003, pp. 5-50.
11. L. Guiso, P. Sapienza e L. Zingales, *Does Local Financial Development Matter?*, «Quarterly Journal of Economics» 119, 2004, pp. 929-969.
12. *Moore v. American Tobacco et al.*, caso n. 94-1429, schedato il 23 maggio 1994.

2. Chi ha ucciso Horatio Alger?

1. Titolo di un libro di James Thomas Lemon sulle origini del Sud-est della Pennsylvania, che ha attinto da diverse fonti del tempo: J.T. Lemon, *The Best Poor Man's Country*, Johns Hopkins University Press, Baltimore 1972.
2. J.B. Isaacs, *International Comparisons of Economic Mobility*. Si veda *Economic Mobility Project: an Initiative of the Pew Charitable Trusts*, www.pewtrusts.org.
3. R. Abravanel, *Meritocrazia*, Garzanti, Milano 2008.
4. J.S. Cohen, *Clout Goes to College*, «Chicago Tribune», 29 maggio 2009.
5. Ciò che non è altrettanto facile appurare è la quantità di denaro guadagnata dai campioni di golf con la pubblicità. Sappiamo solo che questa cifra è aumentata vertiginosamente negli ultimi vent'anni e che ha inciso notevolmente sull'evoluzione dei premi in denaro dei tornei.
6. S. Kaplan e J. Rauh, *Wall Street and Main Street: What Contributes to the Rise in the Highest Income*, «Review of Financial Studies» 23, n. 3, 2010, pp. 1004-1050.
7. http://en.wikipedia.org/wiki/Claude_Harmon.
8. Il dato del 1948 è ricavato da http://www.fundinguniverse.com/company-histories/Acushnet-company-company-History.html, quello del 2008 da http://www.golfchannelsolutions.com/markets/usa.
9. C. Roberts, *The Story of the Augusta National Golf Club*, Doubleday, New York 1976.

10. D. Westin, *Purse exceeds $1 million*, «The Augusta Chronicle», 7 aprile 2001.
11. B. Harig, *Unlike most practice rounds, the Masters' brings plenty of passion*, espn.com, 7 aprile 2008.
12. D. Westin, *Purse exceeds $1 million*, «The Augusta Chronicle», 7 aprile 2001.
13. Tim McDonald, *Is the Masters really the most prestigious sporting event in America?*, www.worldgolf.com, 25 febbraio 2008.
14. M. Bertrand e A.A. Schoar, *Managing with style: the effect of managers on corporate policy*, «Quarterly Journal of Economics» 118, 2003, pp. 1169-1208.
15. Si veda http://sportsillustrated.cnn.com/more/specials/fortunate50/2007/index.html.
16. Pew Economic Mobility Project, *Findings from a National Survey & Focus Groups on Economic Mobility*, www.economicmobility.org, 12 marzo 2009.
17. Economic Policy Institute, *The State of Working America*, http://www.stateofworkingamerica.org/.
18. Organization for Economic Cooperation and Development, *A Family Affair: Intergenerational Social Mobility Across OECD Countries*, in *Economic Policy Reforms 2010: Going for Growth*, OECD Publishing, Paris 2010, pp. 181-198.
19. D. Aaronson e B. Mazumder, *Intergenerational Economic Mobility in the United States, 1940 to 2000*, «Journal of Human Resources» 43, n. 1, 2008, pp. 139-172.

3. Il capitalismo clientelare

1. Si veda http://transition.fcc.gov/Bureaus/Common_Carrier/Reports/FCC-State_Link/SOCC/95socc.pdf.
2. Per il costo da una linea telefonica fissa con un canone di 5 dollari al mese si veda http://www.att.com/public_affairs/long_distance_news/product_reference_and_pricing_guide/VoiceSection8.4.2.pdf.
3. Tecnicamente questa conseguenza deriva dal fatto che, quando l'equilibrio concorrenziale è in atto, il modo migliore per realizzare una coalizione di interessi è quello di concludere

gli scambi commerciali con il resto del mondo. Ringrazio Oliver Hart per questo punto.

4. S. Black e P. Strahan, *The Division of Spoils: Rent Sharing and Discrimination in a Regulated Industry*, «American Economic Review» 91, n. 4, pp. 814-831, settembre 2001. Un differenziale salariale non è necessariamente conseguenza di una discriminazione, dato che può riflettere delle differenze di altro genere, meno evidenti. Tutte le volte che si verifica una discriminazione c'è invece sempre un divario salariale.
5. K. Marx, *The East India Company – Its History and Results*, «The New York Daily Tribune», 11 luglio 1853.
6. R. Ekelund, R. Tollison, *Politicized Economies: Monarchy, Monopolies, and Mercantilism*, Texas A&M Press, College Station 1997, p. 196.
7. *Ivi*, p. 197.
8. A. Smith, *The Wealth of Nations*, libro V, cap. 1, art. 1d, Bantam Books, New York 2003, p. 941.
9. N. Robins, *The Corporation That Changed the World: How the East India Company Shaped the Modern Multinational*, Pluto Press, London-Ann Arbor 2006, p. 92.
10. *Spectrum Sports, Inc. v. McQuillan*, 506 U.S. 447, 1993.
11. A. Greenspan, *Antitrust*, in A. Rand (ed.), *Capitalism: The Unknown Ideal*, New American Library, New York 1962.
12. Il rischio di accesso al mercato è credibile solo se i nuovi potenziali competitori non devono investire una quantità eccessiva di risorse. In molte situazioni tuttavia questo accade. Prendiamo per esempio un nuovo operatore di telefonia cellulare che cerchi di entrare nel mercato americano. Deve mettere in piedi una rete e deve fare pubblicità. Questi costi non possono essere recuperati se poi è costretto a uscire dal mercato, dunque la dissuasione a entrare nel mercato non è credibile. Si veda al riguardo W.J. Baumol, J.C. Panzar e R.D.Willig, *Contestable Markets and the Theory of Industry Structure*, Harcourt Brace Jovanovich, New York 1982.
13. J.K. Wilson, *Price-Fixer to the World*, http://www.bankrate.com/brm/news/investing/20001221c.asp, 21 dicembre 2000.
14. Si veda http://www.justice.gov/atr/public/speeches/4489-7.htm.

15. *Oil Production Subsidiaries*, «Troika Dialog Research Report», febbraio 2000.
16. O. Lamont, *Cash Flow and Investment: Evidence from Internal Capital Markets*, «Journal of Finance» 52, n. 1, 1997, pp. 83-109.
17. R. Rajan, H. Servaes e L. Zingales, *The Cost of Diversity: Diversification Discount and Inefficient Investment*, «Journal of Finance» 55, 2000, pp. 35-80.
18. R. Silva, *The Real Cost of Conglomerates*, working paper, University of Chicago, 2011.
19. J. Bovard, *Archer Daniels Midland: A Case Study in Corporate Welfare*, Cato Institute Policy Analysis, 26 settembre 1995.
20. Ibidem.
21. M. Fumento, *Some Dare Call Them Robber Barons*, «National Review», 13 marzo 1987, p. 32.
22. M.J. Weiss, *The High-Octane Ethanol Lobby*, «New York Times», 1 aprile 1990.
23. D. Carney, *Dwayne's World*, «Mother Jones», luglio/agosto 1995.
24. J. Bovard, *Archer Daniels Midland: A Case Study in Corporate Welfare*, Cato Institute Policy Analysis, 26 settembre 1995.
25. J.K. Wilson, *Price-Fixer to the World*, http://www.bankrate.com/brm/news/investing/20001221c.asp, 21 dicembre 2000.
27. M, Martin, *Citicorp and Travelers Plan to Merge in Record $70 Billion Deal: A New No.1: Financial Giants Unite*, «New York Times», 7 aprile 1998.

4. La finanza clientelare

1. Si veda http://www.portfolio.com/companies-executives/Portfolio%20List%20of%2020%20Worst%20CEOs.pdf.
2. Si veda http://online.wsj.com/public/resources/documents/st_ceos_20081111.html.
3. Federal reserve Bank of Minneapolis, *A History of Central Banking in the United States*, http://www.minneapolisfed.org/community_education/student/centralbankhistory/bank.cfm#second.

4. S. Ratner, J.H. Soltow e R. Sylla. *The Evolution of the American Economy: Growth, Welfare, and Decision Making*, Macmillan, London 1993.
5. T.H. Benton, *Political Science*, D. Appleton & Company, New York 1854, p. 372.
6. R. Kroszner e R. Rajan, *Is the Glass-Steagall Act Justified? Evidence from the U.S. experience with Universal Banking 1921-1933*, «American Economic Review» 84, 1994, pp. 810-832.
7. R. Kroszner e P. Strahan, *What Drives Deregulation? Economics and Politics of the Relaxation of Bank Branching Restrictions in the United States*, «Quarterly Journal of Economics», novembre 1999, pp. 1437-1467.
8. J. Jayaratne e P. Strahan, *The Finance-Growth Nexus: Evidence From Bank Branch Deregulation*, «Quarterly Journal of Economics» 111, n. 3, 1996, pp. 639-670.
9. D.A. Skeel, *Debt's Dominion: A History of Bankruptcy Law in America*, Princeton University Press, Princeton 2001.
10. House of Representatives, *Report 55-65*, 43, 1897.
11. Il tasso dell'insolvenza personale nel Regno Unito è ricavato dalla relazione sulle statistiche di insolvenza pubblicata dall'Insolvency Service, che fa parte del Department for Business Innovation & Skills (si veda http://www.bis.gov.uk/insolvency/About-us/our-performance-statistics/insolvencystatistics). Il tasso relativo agli Stati Uniti è invece calcolato in base alle statistiche delle archiviazioni dei tribunali americani (http://www.uscourts.gov/Statistics/BankruptcyStatistics.aspx) e dalle stime del censo americano della popolazione al di sopra dei 18 anni (http://www.census.gov/compendia/statab/cats/population.html).
12. W.C. Whitford, *A History of the Automobile Lender Provisions of BAPCPA*, «Illinois Law Review» 143, 2007.
13. V.F. Nourse e J.S. Schacter, *The Politics of Legislative Drafting: A Congressional Case Study*, «New York University Law Review» 77, 2002, pp. 575-623.
14. 145 Cong. Rec. H2723 (5 maggio 1999), come citato in J.A.E. Pottow, *A U.S. Perspective on the Contextual Terrain of Political Economy in Insolvency Reform*, in S. Ben-Ishai e T. Duggan (eds.), *Canadian Bankruptcy and Insolvency Law:*

Bill C-55, Statute C.47 and Beyond, research paper n. 07-011, Law School, University of Michigan; working paper n. 88, Public Law, University of Michigan, 2007, p. 379.

15. J.Y. Campbell, S. Giglio e P. Pathak, *Forced Sales and House Prices*, «American Economic Review» 101, n. 5, 2011, pp. 2108-2131.
16. K.A. Summe, *Lessons Learned from the Lehman Bankruptcy*, in K.E. Scott, G.P. Shultz e J.B. Taylor (eds.), *Ending Government Bailouts as We Know Them*, Hoover Institution, Stanford University, Stanford 2010, cap. 5.
17. Si veda http://dealbook.nytimes.com/2008/10/10/early-results-published-in-lehman-swaps-auction/.
18. A. Dyck, A. Morse e L. Zingales, *Who Blows the Whistle on Corporate Fraud?*, «Journal of Finance» 65, n. 6, 2010, pp. 2213-2253.
19. S.D. Moussalli e O.R. Gray, *Illuminating the Limits of Auditor Accountability Through a Historical Review of Internal Control Evaluation*, disponibile all'indirizzo http://ssrn.com/abstract=1760542, 2 gennaio 2010.
20. Ibidem.
21. A. Dyck, A. Morse e L. Zingales, *Who Blows the Whistle on Corporate Fraud?*, «Journal of Finance» 65, n. 6, 2010, pp. 2213-2253.
22. Ibidem.
23. A. Dyck, A. Morse e L. Zingales, *How Pervasive Is Corporate Fraud?*, working paper, University of Chicago, 2011.
24. Testimonianza di R.E. Rubin di fronte alla Financial Crisis Inquiry Commission (8 aprile 2010), disponibile all'indirizzo http://online.wsj.com/public/resources/documents/Rubintestimony408.pdf.
25. Testimonianza di A. Greenspan di fronte al House Committee of Government Oversight and Reform (23 ottobre 2008).
29. Si veda a riguardo R. Sanderson, G. Dinmore e G. Tett, *Finance: An Exposed Position*, «Financial Times», 8 marzo 2010.
27. *Cities in the Casino. A Derivatives Farce Makes Its Way to Court in Milan. Others Are Sure to Follow*, «The Economist», 18 marzo 2010.

28. L. Guiso e L. Zingales, *Time Varying Risk Aversion*, working paper, University of Chicago, 2012.
29. R. Rajan e L. Zingales, *Banks and Markets: The Changing Character of European Finance*, in V. Gaspar, P. Hartmann e O. Sleijpen (eds.), *The Transformation of the European Financial System*, European Central Bank, Frankfurt am Main 2003.
30. R. Rajan e L. Zingales, *Which Capitalism? Lessons from the East Asian Crisis*, «Journal of Applied Corporate Finance» 11, n. 3, autunno 1998, pp. 40-48.
31. R. Rajan e L. Zingales, *The Great Reversals: The Politics of Financial Development in the 20th Century*, «Journal of Financial Economics» 69, 2003, pp. 5-50.
32. *Credit Default Swaps and Counterparty Risks*, European Central Bank, Frankfurt am Main 2010.
33. M. Gofman, *A Network-Based Analysis of Over-the-Counter Markets*, working paper, University of Chicago, 2011.
34. T. Philippon, *The Evolution of the US Financial Industry from 1860 to 2007*, working paper, New York University, novembre 2008.
35. Quando il venditore negozia una commissione più bassa, deve trattare non solo con il suo agente ma con gli agenti di tutti i possibili compratori, che hanno un grosso potere contrattuale: possono indirizzare altrove i propri clienti.
36. C. Hsieh ed E. Moretti, *Can Free Entry be Inefficient? Fixed Commissions and Social Waste in the Real Estate Industry*, «Journal of Political Economy» 111, n. 5, ottobre 2003, pp. 1076-1121. Gli autori dimostrano la loro tesi empiricamente, usando i dati sulla variazione dei prezzi della terra (invece che delle case).
37. T. Philippon e A. Reshef, *Wages and Human Capital in the U.S. Financial Industry: 1909–2006*, working paper, New York University, dicembre 2008.
38. N. Rose, *The Incidence of Regulatory Rents in the Motor Carrier Industry*, «Rand Journal of Economics» 16, autunno 1985, pp. 299-318.
39. N. Rose, *Labor Rent-Sharing and Regulation: Evidence from the Trucking Industry*, «Journal of Political Economy» 95, dicembre 1987, pp. 1146-1178.

40. Per essere precisi, 1.091.777. Il mio calcolo è basato sui dati di Thomson One Banker.
41. E. Gudrais, *Flocking to Finance*, «Harvard Magazine», maggio/giugno 2008, pp. 17-18.
42. Si veda D.J. Hemel, *'07 Men Make More*, «Harvard Crimson», 6 giugno 2007, disponibile all'indirizzo http://www.thecrimson.com/article/2007/6/6/07-men-make-more-male-harvard/.
43. *Yale College Post-Graduation Activities: Report of the Yale College Class of 2010*, http://oir.yale.edu/detailed-data.

5. Una nazione da salvare

1. Citato da T. Kerworthy, *Are House Deomcrats Victims of Their Fund-Raising Success?*, «Washington Post», 30 ottobre 1989.
2. J.R. Lott, *A Simple Explanation for Why Campaign Expenditures Are Increasing: The Government Is Getting Bigger*, «Journal of Law and Economics» 43, 2000, pp. 359-393.
3. C. Edwards, *Downsizing the Federal Government*, Cato Institute, Washington (DC) 2005.
4. Si veda http://www.census.gov/prod2/statcomp/documents/CT1970p2-12.pdf.
5. C. Edwards e T. DeHaven, *Corporate Welfare Update*, «Tax & Budget Bulletin» 7, maggio 2002.
6. Si veda http://www.census.gov/prod/2011pubs/11statab/income.pdf.
7. J. Friedman, *The Incidence of the Medicare Prescription Drug Benefit: Using Asset Prices to Assess its Impact on Drug Makers*, working paper, Harvard University, 2009.
8. L. Drutman, *The business of America is Lobbiyng*, tesi di dottorato, University of California, Berkeley 2010.
9. Si veda http://www.opensecrets.org/bigpicture/index.php.
10. Citato in M. Bombardini e F. Trebbi, *Votes or Money? Theory and Evidence from the US Congress*, «Journal of Public Economics» 95, luglio/agosto 2011, pp. 587-611.
11. *Ivi*, p. 588.
12. http://www.opensecrets.org/lobby/index.php.

13. L. Drutman, *The business of America is Lobbiyng*, tesi di dottorato, University of California, Berkeley 2010, p. 5.
14. Ibidem.
15. Ibidem.
16. Citato in T. Finnigan, *All About Pork: The Abuse of Earmarks and the Needed Reforms*, «Policy Briefing Series», Citizens Against Government Waste, 2007.
17. C.E. Russell, citato in D.G. Phillips, J.A. Grenier e G.E. Mowry, *The Treason of the Senate,* Quadrangle Books, Chicago 1964, p. 20.
18. R.G. Kaiser, *So Damn Much Money*, Vintage, New York 2009, p. 17.
19. C. Edwards, *Downsizing the Federal Government,* Cato Institute, Washington (DC) 2005, pp. 8, 12.
20. *Ivi*, p. 81.
21. Si vedano http://blog.washingtonpost.com/citizen-k-street/chapters/introduction/ e http://www.opensecrets.org/lobby/firmsum.php?id=D000000208&year=2006.
22. Questo credo, condiviso anche dall'ex Primo ministro britannico Margaret Thatcher, è ancora attuale. Chi diventa proprietario abbraccia i princìpi del liberismo: dall'impegno nel lavoro, che sarà ricompensato, all'individuo che deve sempre farcela da solo. Su questo punto si veda R. Di Tella, S.F. Galiani ed E.S. Schargrodsky, *The Formation of Beliefs: Evidence from the Allocation of Land Titles to Squatters*, «Quarterly Journal of Economics» 122, n. 1, febbraio 2007.
23. Congressional Budget Office, *Updated Estimates of the Subsidies to the Housing GSEs*, aprile 2004.
24. G. Morgenson e J. Rosner, *Reckless Endangerment*, Times Books, New York 2011.
25. Ibidem.
26. *Ivi*, p. 76.
27. Congressional Budget Office, *The Budgetary Cost of Fannie Mae and Freddie Mac and Options for the Future Federal Role in the Secondary Mortgage Market*, 2 giugno 2011.
28. Per quanto riguarda le imprese si veda G. Andrade e S. Kaplan, *How Costly Is Financial (Not Economic) Distress? Evidence from Highly Leveraged Transactions That Became Distressed*, «Journal of Finance» 53, ottobre 1998, pp. 1443-

1494. Per le istituzioni finanziarie si veda P. Veronesi e L. Zingales, *Paulson's Gift*, «Journal of Financial Economics» 97, n. 3, 2010, pp. 339-368.

29. Ibidem.
30. W.F. Todd, *Bailing Out the Creditor Class*, «The Nation», 13 febbraio 1995, p. 193; J. Adelman, *Tequila Hangover: Latin America's Debt Crisis*, «Studies in Political Economy» 55, 1998.
31. A. Greenspan, *The Age of Turbulence*, Penguin Press, New York 2007, p. 159.32. B. De Martino, C.F. Camerer e R. Adolphs, *Amygdala damage eliminates monetary loss aversion*, «Proceeding of the National Academy of Science» 107, n. 8, 23 febbraio 2010, pp. 3788-3792.
33. B. Kho, D. Lee e R.M. Stulz, *U.S. Banks, Crises, and Bailouts: From Mexico to LTCM*, «The American Economic Review» 90, n. 2, maggio 2000, pp. 28-31.
34. M. Lewis, *Rubin Red-Faced over Enron? Not in the* Times, forbes.com, 11 febbraio 2002.
35. *The politics of Enron: Four committees in search of a scandal*, «The Economist», 17 gennaio 2002.
36. *No Line Responsibilities*, «The Wall Street Journal», 3 dicembre 2008.
37. G. Gennotte e H.E. Leland, *Market Liquidity, Hedging, and Crashes*, «American Economic Review», dicembre 1990, pp. 999-1021.
38. I dati sono stati cortesemente offerti da Robert Shiller all'indirizzo http://www.multpl.com.
39. B. Bernanke e M. Gertler, *Monetary Policy and Asset Price Volatility*, in Federal Reserve Bank of Kansas City, *New Challenges for Monetary Policy*, 1999, pp. 77-128.
40. D.S. Scharfstein e J. Stein, *This Bailout Doesn't Pay Dividends*, «New York Times», 20 ottobre 2008.
41. Fox Business, *Yale's Swensen: Pols Missing the Point*, www.foxbusiness.com/search-results/m/21735678/yale-s-swensen-pols-missing-the-point.htm, 6 gennaio 2009.
42. Si veda in particolare L. Guiso, P. Sapienza e L. Zingales, *Time Varying Risk Aversion*, working paper, University of Chicago, 2012.
43. Le perdite sono calcolate *ex ante* nel momento dell'intervento del governo. Si veda P. Veronesi e L. Zingales, *Paulson's Gift*,

«Journal of Financial Economics» 97, n. 3, 2010. *Ex post* i contribuenti hanno ottenuto un piccolo guadagno, ma solo per buona sorte.

6. Le responsabilità degli intellettuali

1. A. Pierce, *The Queen Asks Why No One Saw the Credit Crunch Coming*, «The Telegraph», 5 novembre 2008.
2. Dati tratti dal sito di Robert Shiller, http://www.econ.yale.edu/~shiller/books.htm.
3. C. Himmelberg, C. Mayer e T. Sinai, *Assessing High House Prices: Bubbles, Fundamentals, and Misperceptions*, «Journal of Economic Perspectives» 19, 2005, pp. 67-92.
4. Robert Shiller, *Irrational Exuberance*, Broadway Books/Crown Business, New York 2005, p. 13.
5. Si veda http://www.federalreserve.gov/monetarypolicy/files/FOMC20061212meeting.pdf.
6. J.E. Stiglitz, J.M. Orszag e P.R. Orszag, *Implications of the New Fannie Mae and Freddie Mac Risk- Based Capital Standard*, «Fannie Mae Papers» 1, n. 2, marzo 2002, p. 2.
7. Avendo tratto queste informazioni da internet, i miei calcoli potrebbero sottostimare il fenomeno.
8. Va sottolineato che gli economisti accademici, rispetto ai regolatori, beneficiano anche di una forte competizione. Quando il sistema ha catturato buona parte del settore e regna il consenso generale, gli accademici tendono a fare i bastian contrari e a sostenere l'idea opposta – un incentivo che non si applica nel caso dei regolatori.
9. A. Ljungqvist, C. Malloy e F. Marston, *Rewriting History*, «Journal of Finance», di prossima pubblicazione.
10. H.T. Stelfox, G. Chua, K. O'Rourke e A.S. Detsky, *Conflict of Interest in the Debate over Calcium-Channel Antagonists*, «New England Journal of Medicine» 338, 8 gennaio 1998, pp. 101-106.
11. D.E. Barnes e L.A. Bero, *Why Review Articles on the Health Effects of Passive Smoking Reach Different Conclusions*, «Journal of the American Medical Association» 19, 1998, pp. 1566-1570.

12. Si veda R.T. Foley, *German strategy and the path to Verdun: Erich von Falkenhayn and the development of attrition, 1870-1916*, Cambridge University Press, Cambridge 2005.
13. A.M. Schlesinger, *A Thousand Days: John F. Kennedy in the White House*, Houghton Mifflin, Boston 1965, p. 250.

7. L'ora del populismo

1. C. Postel, *The Populist Vision*, Oxford University Press, New York 2007, p. VII.
2. M. Canovan, *Populism*, Harcourt Brace Jovanovich, New York-London 1981, pp. 289, 293, 294.
3. Si vedano http://www.census.gov/hhes/socdemo/education/data/cps/1946/p46-5/tables.html e http://nces.ed.gov/pubs91/91660.pdf a p. 363.
4. I dati sono tratti da http://www.census.gov/hhes/www/income/data/historical/people/, tavola P8.
5. I dati sui regimi politici del 1946 sono ricavati da http://www.systemicpeace.org/polity/polity4.htm. La democrazia è definita con un punteggio di 6 o superiore. I dati relativi alla popolazione sono tratti da quelli del 1950 delle Nazioni Unite disponibili all'indirizzo http://esa.un.org/unpd/wpp/Excel-Data/population.htm.
6. Ritengo che siano (o siano stati) comunisti i seguenti Paesi: Cina, Corea del Nord, Albania, URSS, Bulgaria, Cecoslovacchia, Germania dell'Est, Ungheria, Mongolia, Polonia, Romania, Vietnam del Nord e Jugoslavia. Nel 1950, su una popolazione mondiale di 2.532.000.000 di persone, 864 milioni vivevano in questi Paesi.
7. Il dato sull'analfabetismo è ricavato da UNESCO, *World Illiteracy at Mid-Century: A Statistical Study*, 1957, http://unesdoc.unesco.org/images/0000/000029/002930eo.pdf; quello relativo all'analfabetismo in America è citato da National Center for Education Statistics, *120 Years of Illiteracy*, all'indirizzo http://nces.ed.gov/naal/lit_history.asp#illiteracy. I dati sulle scuole superiori sono ricavati da R.J. Barro e J. Lee, *A New Data Set of Educational Attainment*

in the World, 1950-2010, working paper, *National Bureau of Economic Research*, 2010.

8. A. Maddison, *Dynamic Forces in Capitalist Development: A Long-Run Comparative View*, Oxford University Press, New York 1991, pp. 284-292.
9. *A Game of Catch Up*, «The Economist», 24 settembre 2011, p. 16.
10. I Paesi in questione sono Cuba, Laos, Corea del Nord e Vietnam. I dati sulle popolazioni di questi Stati sono tratti dal *World Fact Book* della CIA.
11. Si veda http://nces.ed.gov/programs/digest/d10/tables/dt10_420.asp.
12. E.G. West, *Are American Schools Working? Disturbing Cost and Quality Trends*, «Cato Policy Analysis» 26, 9 agosto 1983.
13. M. Pagano, A.A. Röell e J. Zechner, *The Geography of Equity Listing: Why Do Companies List Abroad?*, «Journal of Finance» 57, n. 6, dicembre 2002.
14. D. Daniels, *In Dodd-Frank's Shadow: The Declining Competitiveness of U.S. Public Equity Markets*, «Harvard Business Law Review», 28 marzo 2011.
15. Committee on Capital Markets Regulation, *The Competitive Position of the U.S. Public Equity Market*, dicembre 2007.
16. Ibidem.
17. M. Halling, M. Pagano, O. Randl e J. Zechner, *Where is the Market? Evidence from Crosslistings in the U.S.*, working paper, Università di Vienna, 2006.
18. Nella trascrizione disponibile all'indirizzo http://errolmorris.com/film/fow_transcript.html, McNamara dice: «Tra i mille top manager alla Ford Motor Company non credo si contassero dieci laureati, ed Henry Ford II aveva bisogno d'aiuto».
19. S. Kay, *Remote Surgery*, disponibile all'indirizzo http://www.pbs.org/wnet/innovation/episode7_essay1.html.
20. *Base Point Early Payment Default – Links To Fraud And Impact On Mortgage Lenders And Investment Banks*, working paper, Base-Point Analytics LLC, 2007.
21. P. Sapienza e L. Zingales, *A Trust Crisis*, www.financialtrustindex.org, 2009.

22. Si veda www.financialtrustindex.org.
23. W.H. Riker, *Liberalism Against Populism*, W.H. Freeman, San Francisco 1982, p. 10.
24. R. Formisano, *For the People: American Populist Movements from the Revolution to the 1850s*, University of North Carolina Press, Chapel Hill 2008, p. 20.
25. C. Postel, *The Populist Vision*, Oxford University Press, New York 2007, p. 5.
26. Da *St. Louis Globe-Democrat*, «Clinton Caucasian», 1 dicembre 1892. Si veda C. Postel, *The Populist Vision*, Oxford University Press, New York 2007, p. 4.
27. M. Canovan, *Taking Politics to the People: Populism as the Ideology of Democracy*, in Y. Mény e Y. Surel (eds.), *Democracies and the Populist Challenge*, Palgrave, New York 2002, p. 27.
28. R. Dornbusch e S. Edwards, *The Macroeconomics of Populism*, in Id. (eds.), *The Macroeconomics of Populism in Latin America*, University of Chicago Press, Chicago 1991.
29. D. Acemoglu, G. Egorov e K. Sonin, *A Political Theory of Populism*, working paper, MIT 2010.
30. P. Sapienza e L. Zingales, *A Trust Crisis*, www.financialtrustindex.org, 2009.

8. L'uguaglianza delle opportunità

1. Ringrazio il collega Steve Davis per questo suggerimento.
2. C. Schoen et al., *State Trends in Premiums and Deductibles, 2003-2010: The Need for Action to Address Rising Costs*, Commonwealth Fund, novembre 2011.
3. S. Fleck, J. Glaser e S. Sprague, *The Compensation-Productivity Gap: A Visual Essay*, «Monthly Labor Review», gennaio 2011, pp. 57-69.
4. Si veda http://tinyurl.com/6pc46s3.
5. T. Caplow, L. Hicks e B.J. Wattenberg, *The First Measured Century: An Illustrated Guide to Trends in America, 1900-2000*, American Enterprise Institute Press, Washington (DC) 2001.
6. D. Cauchon, *Grants More Than Offset Soaring University Tuition*, «USA Today», 27 giugno 2004.

7. S. Fleck, J. Glaser e S. Sprague, *The Compensation-Productivity Gap: A Visual Essay*, «Monthly Labor Review», gennaio 2011.
8. F. Geary e T. Stark, *Examining Ireland's Post-Famine Economic Growth Performance*, «Economic Journal», ottobre 2002, pp. 919-935.
9. D. Raff e L. Summers, *Did Henry Ford Pay Efficiency Wages?*, «Journal of Labor Economics» 5, n. 4, ottobre 1987, pp. S57-S86.
10. C. Shapiro e J. Stiglitz, *Equilibrium Unemployment as a Worker Discipline Device*, «American Economic Review» 74, n. 3, giugno 1984, pp. 433-444.
11. S. Rosen, *The Economics of Superstars*, «American Economic Review» 71, n. 5, 1981, pp. 845-858; R.H. Frank e P.J. Cook, *The Winner-Take-All Society*, Free Press, New York 1995.
12. M.J. Salganik et al., *Cultural Market Experimental Study of Inequality and Unpredictability in an Artificial Cultural Market*, «Science» 311, n. 854, 2006.
13. Ipotizzo implicitamente che la promessa sia condizionata alla realizzazione dei profitti. Si potrebbe anche pagare in anticipo e in contanti, tuttavia questa strategia comporta due problemi. In primo luogo, è difficile controllarne l'utilizzo: qualcuno potrebbe scaricare il software per ricevere il bonus e poi non usarlo. Inoltre essa comporta una grande disponibilità di risorse e ciò costituisce, ancora una volta, un ostacolo per chi tenta di entrare nel settore.
14. Si veda per esempio S. Rosen, *Authority, Control, and the Distribution of Earnings*, «Bell Journal of Economics» 13, n. 2, 1982, pp. 311-323.
15. Si veda S.A. Marglin, *What Do Bosses Do? The Origins and Functions of Hierarchy in Capitalist Production*, «Review of Radical Political Economics», luglio 1974, pp. 60-112.
16. L. Bebchuk e J. Fried, *Pay without Performance: The Unfulfilled Promise of Executive Compensation*, Harvard University Press, Cambridge (MA) 2004.
17. E.P. Lazear, K.L. Shaw e C.T. Stanton, *The Value of Bosses*, working paper, Stanford University 2011.
18. K.J. Murphy, *Executive Compensation*, in O.C. Ashenfelter

e D. Card (eds.), *Handbook of Labor Economics*, vol. III, North Holland, Amsterdam 1999.

19. B. Holmstrom, *Moral Hazard and Observability*, «Bell Journal of Economics» 10, 1979, pp. 74-91.
20. M. Bertrand e S. Mullainathan, *Are CEOs Rewarded for Luck? The Ones Without Principals Are*, «The Quarterly Journal of Economics» 116, n. 3, 2001, pp. 901-932.
21. J. Yarow, *Developing Nissan's Electric Car Cost «Significantly» Above $500 Million*, «Business Insider», 28 luglio 2009.
22. E.P. Lazear e S. Rosen, *Rank-Order Tournaments as Optimum Labor Contracts*, «The Journal of Political Economy», ottobre 1981, pp. 841-864.
23. V.A. Ramey, *Time Spent in Home Production in the 20th Century United States: New Estimates from Old Data*, «Journal of Economic History» 69, marzo 2009, pp. 1-47.
24. G. Ramey e V.A. Ramey, *The Rug Rat Race*, «Brookings Papers on Economic Activity», primavera 2010.
25. J. Bound, B. Hershbein e B.T. Long, *Playing the Admissions Game: Student Reactions to Increasing College Competition*, working paper n. 15272, NBER, agosto 2009.
26. A. Williams, *Lost Summer for the College-Bound*, «New York Times», 4 giugno 2006.
27. C. Rohwedder, *London Parents Scramble for Edge In Preschool Wars*, «Wall Street Journal Online», 12 febbraio 2007, p. A1.
28. Nel saggio *Estimating the Payoff to Attending a More Selective College: An Application of Selection on Observables and Unobservables*, «Quarterly Journal of Economics» 117, n. 4, 2002, pp. 1491-1528, Stacy Berg Dale e Alan Krueger rilevano che gli studenti di università molto selettive non guadagnano nella loro vita più di quanti hanno frequentato università meno selettive. Cosa che invece accade agli studenti di college come quelli della Ivy League, che hanno rette o spesa per singolo studente più elevate della media.
29. I miei calcoli nascono dai dati della National Association of Colleges and University Business Officers; cfr. http://tinyurl.com/7fa32vg.
30. E. Hurst, *Did the Construction Boom during the 2000s*

Distort the Labor Supply of Low Skilled Men?, working paper, University of Chicago, 2011.

31. Si veda https://www.eff.org/issues/patents.
32. Si veda http://tinyurl.com/yjd4edy.
33. United States Department of Agriculture, *Sugar and Sweeteners Outlook*, giugno 2011, http://tinyurl.com/7cb5kxt.
34. Per esempio Robert Leslie Shapiro (uno dei legali di O.J. Simpson) creò LegalZoom.com, che offre servizi legali su internet in regime di concorrenza con altri studi legali.
35. Per capire come l'insegnamento online stia cambiando il mondo si veda http://www.wired.com/magazne/2011/07/ff_khan/all/1.
36. E. Hurst, *Did the Construction Boom during the 2000s Distort the Labor Supply of Low Skilled Men?*, working paper, University of Chicago, 2011.
37. Si veda http://tinyurl.com/yjd4edy.
38. M. Barber, C. Chijioke e M. Mourshed, *How the World's Best-Performing School Systems Come Out on Top*, McKinsey & Company, http://ssomckinsey.darbyfilms.com/reports/EducationBook_A4%20SINGLES_DEC%202.pdf, 2007.
39. W.L. Sanders e J.C. Rivers, *Cumulative and Residual Effects of Teachers on Future Student Academic Achievement*, in *Research Progress Report*, University of Tennessee Value-Added Research and Assessment Center, Knoxville 1996.
40. E.A. Hanushek, *The Trade-off Between Child Quantity and Quality*, «Journal of Political Economy» 100, n. 1, 1992, pp. 84-117.
41. E.A. Hanushek e S.G. Rivkin, *How to Improve the Supply of High Quality Teachers* in Diane Ravitch (eds.), *Brookings Papers on Education Policy 2004*, Brookings Institution Press, Washington (DC) 2004, pp. 7-25.
42. E.A. Hanushek, *The Economic Value of Higher Teacher Quality*, working paper, NBER, 2010, pp. 16, 606.
43. M. Barber, C. Chijioke e M. Mourshed, *How the World's Best-Performing School Systems Come Out on Top*, McKinsey & Company, http://ssomckinsey.darbyfilms.com/reports/EducationBook_A4%20SINGLES_DEC%202.pdf, 2007.
44. E.A. Hanushek, *Teacher Deselection*, in D. Goldhaber e J.

Hannaway (eds.), *Creating a New Teaching Profession*, Urban Institute Press, Washington (DC) 2009, pp. 165-180.

45. E.A. Hanushek e L. Woessmann, *The High Cost of Low Educational Performance: The Long-Run Impact of Improving PISA Outcomes*, OCSE, Parigi 2010.
45. E.A. Hanushek, *The Economic Value of Higher Teacher Quality*, working paper, NBER, 2010.
46. Si veda per esempio E. Richards e A. Hetzner, *Choice schools Not Outperforming MPS*, «Journal Sentinel», 29 marzo 2011, http://tinyurl.com/7sgja22.
47. C.E. Rouse, *Private School Vouchers and Student Achievement: An Evaluation of the Milwaukee Parental Choice Program*, «The Quarterly Journal of Economics», maggio 1998, pp. 553-602.
48. C.E. Rouse e L. Barrow, *School Vouchers and Student Achievement: Recent Evidence, Remaining Questions*, working paper, Princeton University, 2008.
49. C. Hsieh e M. Urquiola, *The Effects of Generalized School Choice on Achievement and Stratification: Evidence from Chilès Voucher Program*, «Journal of Public Economics» 90, 2006, pp. 1477-1503.
50. J.S. Hastings e J.M. Weinstein, *Information, School Choice, and Academic Achievement: Evidence from Two Experiments*, documento n. 13623, NBER, 2007, p. 4.
51. R. Rajan e L. Zingales, *Saving Capitalism from the Capitalists*, Random House, New York 2003.
52. Congressional Budget Office, *Trends in the Distribution of Household Income Between 1979 and 2007*, ottobre 2011.

9. Combattere la disuguaglianza con la concorrenza

1. R.P. Chait e Z. First, *Bullish on Private Colleges*, «Harvard Magazine», novembre/dicembre 2011.
2. Si veda http://tinyurl.com/y5nsu7h.
3. Congressional Budget Office, *Costs and Policy Options for Federal Student Loan Programs*, marzo 2010.
4. *Trends in Student Aid 2010*, College Board, Washington (DC) 2010, p. 10.

5. D. Cauchon, *Student Loans Outstanding Will Exceed $1 Trillion This Year*, «USA Today», 25 ottobre 2011.
6. C.M. Christensen e M. Horn, *Disrupting Class: How Disruptive Innovation Will Change the Way the World Learns*, McGraw-Hill, New York 2008.
7. D.I. Auerbach e A.L. Kellermann, *A Decade of Health Care Cost Growth Has Wiped Out Real Income Gains for an Average US Family*, «Health Affairs» 30, settembre 2011, pp. 1630-1636.
8. M.F. Cannon, *A Better Way to Generate and Use Comparative-Effectiveness Research*, «Cato Institute Policy Analysis», 6 febbraio 2009.
9. K. Baicker e A. Chandra, *Medicare Spending, the Physician Workforce, and Beneficiaries' Quality of Care*, «Health Affairs» edizione online, 7 aprile 2004, pp. 184-197.
10. W.G. Manning et al., *Health Insurance and the Demand for Medical Care: Evidence from a Randomized Experiment*, RAND Corporation, Santa Monica 1988.
11. C. Gusland et al., *Consumer-Driven Health Plan Effectiveness: Case Study: State of Indiana*, «Mercer Global», 20 maggio 2010.
12. Per un'introduzione sintetica all'argomento si vedano D. Ariely, *Predictably Irrational: The Hidden Forces That Shape Our* Decisions, HarperCollins, New York 2008, e R.H. Thaler e C.R. Sunstein, *Nudge: Improving Decisions About Health, Wealth, and Happiness*, Penguin, New York 2009.
13. X. Gabaix e D. Laibson, *Shrouded Attributes, Consumer Myopia, and Information Suppression in Competitive Markets*, «Quarterly Journal of Economics» 121, febbraio 2006, pp. 505-540.
14. C. Binkley, *Lucky Numbers Casino Chain Mines Data on Its Gamblers, and Strikes Pay Dirt*, «Wall Street Journal», 4 maggio 2000.
15. S. Agarwal et al., *Inconsistent Regulators: Evidence from Banking*, working paper, University of Chicago, 2011.
16. E.F. Fama, *Agency Problems and the Theory of the Firm*, «Journal of Political Economy» 88, 1980, pp. 288-307; E.F. Fama e M. Jensen, *Separation of Ownership and*

Control, «Journal of Law & Economics» 26, 1983, pp. 301-325.

17. D. Kozlowski, *Top 10 Crooked CEOs*, «Time», 9 giugno 2009.

10. L'urgenza di un'etica basata sul mercato

1. E. Banfield, *The Moral Basis of a Backward Society*, The Free Press, Glencoe (IL) 1958.
2. K. Arrow, «Philosophy & Public Affairs» 1, n. 4, estate 1972, p. 357.
3. World Value Survey, domanda V23, http://tinyurl.com/89sy2hj.
4. L. Guiso et al., *Cultural Biases in Economic Exchange?*, «Quarterly Journal of Economics» 124, n. 3, 2009, pp. 1095-1131.
5. L. Guiso, P. Sapienza e L. Zingales, *Does Culture Affect Economic Outcomes?*, «Journal of Economic Perspectives» 20, 2006, pp. 23-48; E.M. Uslaner, *Where You Stand Depends Upon Where Your Grandparents Sat: The Inheritability of Generalized Trust*, University of Maryland, College Park 2007.
6. L. Guiso et al., *Cultural Biases in Economic Exchange?*, «Quarterly Journal of Economics» 124, n. 3, 2009.
7. A tal proposito si veda il documentario della PBS *Triumph of the Nerds: The Rise of Accidental Empires*. La trascrizione è consultabile all'indirizzo www.pbs.org/nerds. Per l'interpretazione economica si veda L. Anderlini e L. Felli, *Transaction Costs and the Robustness of the Coase Theorem*, «Economic Journal» 116, 2006, pp. 223-245.
8. L. Guiso, P. Sapienza e L. Zingales, «Civic Capital as the Missing Link,» working paper n. 15845, NBER, marzo 2010; J. Benhabib, A. Bisin e M.O. Jackson, *Handbook of Social Economics*, vol. IA, North-Holland, San Diego-Amsterdam 2011.
9. R. Fisman e E. Miguel, *Corruption, Norms, and Legal Enforcement: Evidence from Diplomatic Parking Tickets*, «Journal of Political Economy» 115, n. 6, 2007, pp. 1020-1048.

10. Ibidem.
11. O. Attanasio, L. Pellerano e S. Polanía Reyes, *Building Trust? Conditional Cash Transfer Programmes and Social Capital*, «Fiscal Studies» 30, n. 2, 2009, pp. 139-177.
12. R.D. Putnam, *Making Democracy Work*, Princeton University Press, Princeton (NJ) 1993.
13. L. Guiso, P. Sapienza e L. Zingales, «Long-Term Persistence», working paper n. W14278, NBER, 2008.
14. N. Nunn e L. Wantchekon, *The Slave Trade and the Origins of Mistrust in Africa*, «American Economic Review» 101, n. 7, 2011, pp. 322-3252.
15. P. Sapienza e L. Zingales, *Blame Silvio's Antics for Italy's Bond Market Fall*, «Financial Times», 14 luglio 2011.
16. Y. Algan, P. Cahuc e A. Shleifer, «Teaching Practices and Social Capital,» working paper, Harvard University, 2011.
17. R.H. Frank, T. Gilovich e D.T. Regan, *Does Studying Economics Inhibit Cooperation?*, «Journal of Economic Perspectives» 7, n. 2, 1993, pp. 159-171.
18. G. Becker, *Crime and Punishment: An Economic Approach*, «Journal of Political Economy» 76, 1968, pp. 169-217.
19. L. Guiso, P. Sapienza e L. Zingales, *People's Opium? Religion and Economic Attitudes*, «Journal of Monetary Economics» 50, 2003, pp. 225-282.
20. L. Guiso, P. Sapienza e L. Zingales, «The Values of Corporate Values,» working paper, University of Chicago, 2011.
21. L. Cohen, A. Frazzini e C. Malloy, *The Small World of Investing: Board Connections and Mutual Fund Returns*, «Journal of Political Economy» 116, 2008, pp. 951-979.

11. Limitare il lobbismo

1. J.F. Kennedy, *To Keep the Lobbyist Within Bounds*, «New York Times Magazine», 19 febbraio 1956; Id., «Congressional Record», 2 marzo 1956, pp. 3802-3803.
2. R. Syal e J. Vasagar, *Anthony Giddens' Trip to See Gaddafi Vetted by Libyan Intelligence Chief*, «The Guardian», 4 marzo 2011.

3. B. Pauker, *Understanding Libyàs Michael Corleone*, «Foreign Policy», 7 marzo 2011.
4. Si veda www.alldc.org/ethicscode.cfm.
5. M. Bertrand, M. Bombardini e F. Trebbi, *Is It Whom You Know or What You Know? An Empirical Assessment of the Lobbying Process*, working paper, University of Chicago, 2011.
6. Si veda http://rules.senate.gov/public/index.cfm?p=RuleXXXV.
7. V. Blanesi, M. Draca Jordi e C. Fons-Rosen, *Revolving Door Lobbyists*, working paper, London School of Economics, 2010.
8. M. Bertrand, M. Bombardini e F. Trebbi, *Is It Whom You Know or What You Know? An Empirical Assessment of the Lobbying Process*, working paper, University of Chicago, 2011.
9. J. Boehner, *For a Majority That Matters*, 9 gennaio 2006, citato in M. Bertrand, M. Bombardini e F. Trebbi, *Is It Whom You Know or What You Know? An Empirical Assessment of the Lobbying Process*, working paper, University of Chicago, 2011, p. 14.
10. A. Mian, A. Sufi e F. Trebbi, *The Political Economy of the U.S. Mortgage Default Crisis*, 2010, «American Economic Review» 100, dicembre 2010, pp. 1967-1998.
11. Si veda www.ilpalio.org.
12. G. Becker, *A Theory of Competition Among Pressure Groups for Political Influence*, «Quarterly Journal of Economics» 98, n. 3, 1983, pp. 371-400.
13. R.J. Barro, *Getting It Right: Markets and Choices in a Free Society*, MIT Press, Cambridge (MA) 1996, p. 169.
14. R.H. Coase, *The Coase Theorem and the Empty Core: A Comment*, «Journal of Law, Economics, and Policy» 24, n. 1, 1981, pp. 183-187.
15. E. Lichtblau, *Obama Backers Tied to Lobbies Raise Millions*, «New York Times», 27 ottobre 2011.
16. R. La Porta, F. Lopez de Silanes e A. Shleifer, *The Economic Consequences of Legal Origins*, «Journal of Economic Literature» 46, giugno 2008, pp. 285-332.
17. Si veda http://profiles.nlm.nih.gov/ps/retrieve/Narrative/NN/p-nid/60.

18. Per questo passo e quello successivo si veda A. Dyck, D. Moss e L. Zingales, *Media vs. Special Interests*, working paper n. 14360, NBER, 2008.
19. M. Brenner, *The Man Who Knew Too Much*, «Vanity Fair», maggio 1996.
20. A. Dyck, D. Moss e L. Zingales, *Media vs. Special Interests*, working paper n. 14360, NBER, 2008; D. Strömberg, *Mass Media Competition, Political Competition, and Public Policy*, «Review of Economic Studies» 71, 2004, pp. 265-284.
21. M. Brenner, *The Man Who Knew Too Much*, «Vanity Fair», maggio 1996.
22. J. Reuter e E. Zitzewitz, *Do Ads Influence Editors? Advertising and Bias in the Financial Media*, «Quarterly Journal of Economics» 121, n. 1, 2006, pp. 197-227.
23. D. Graham Phillips, *The Treason of the Senate*, «Cosmopolitan», aprile 1906, p. 488.
24. Si veda F. Reinhardt e R. Vietor, *Starkist (A) and Starkist (B)*, Harvard Business School casi 794-128 e 794-139, Harvard Business School Press, Cambridge (MA) 1994.
25. *Ivi*, p. 3.
26. R. Vietor, *Allied Signal: Managing the Hazardous Waste Liability Risk*, Harvard Business School caso 793-044, Harvard Business School Press, Cambridge (MA) 1993.
27. *Ivi*, p. 3.
28. Ibidem.
29. Si vedano Center for Responsive Politics, all'indirizzo www.opensecrets.org, e Sunlight Foundation, all'indirizzo http://reporting.sunlightfoundation.com/about/#.
30. L. Brandeis, *Opportunity in the Law*, recapitato il 4 maggio 1905 alla Harvard Ethical Society.

12. Semplice è bello

1. L. Lessig, *Republic, Lost: How Money Corrupts Congress and a Plan to Stop It*, Twelve, New York 2011.
2. W. Sanjour, *Designed to Fail: Why Regulatory Agencies Don't Work*, 26 agosto 2010, http://tinyurl.com/7pvyyh2.
3. Si veda http://tinyurl.com/6sus4kx.

4. Si veda http://tinyurl.com/7wvfbhf.
5. Si vedano P. Milgrom e J. Roberts, *Bargaining Costs, Influence Costs, and the Organization of Economic Activity*, in J.E. Alt e K.A. Shepsle (eds.), *Perspectives on Positive Political Economy*, University of Cambridge Press, Cambridge 1990, pp. 57-89; E. Glaeser e A. Shleifer, *A Reason for Quantity Regulation*, «American Economic Review Papers and Proceedings», maggio 2001.
6. W. Sanjour, *Designed to Fail: Why Regulatory Agencies Don't Work*, 26 agosto 2010, http://tinyurl.com/7pvyyh2.
7. Il calcolo si basa sui dati dell'Internal Revenue Service, l'agenzia delle entrate americana.
8. Naturalmente tale norma riguarderebbe i beni non tassabili, quali le donazioni alle fondazioni e alle università. Oggi i profitti distribuiti a questi enti sotto forma di dividendi sono soggetti a una tassazione del 35% di imposta sul reddito delle società, evitando qualunque forma di tassa personale. La riforma che qui si propone diminuirebbe il gravame fiscale su tali profitti senza aumentare quello personale. Per questi enti andrebbe quindi messa a punto una tassa di compensazione.
9. G. Stuart Mendenhall, *Death and Taxes*, «Annals of Internal Medicine» 149, n. 11, 2 dicembre 2008, pp. 822-824.
10. Sul piano tecnico, nei prossimi dieci anni è previsto un numero ridotto di scadenze, e il tasso di sconto è fissato al 100% all'anno.
11. P. Schweizer, *Throw Them All Out*, Houghton Mifflin Harcourt Trade, Boston 2011.

13. Tasse buone e tasse cattive

1. B. Lewis, *The Jews of Islam*, Princeton University Press, Princeton (NJ) 1984.
2. F. Ramsey, *A Contribution to the Theory of Taxation*, «Economic Journal» 37, 1927, pp. 47-61.
3. M. Feldstein, *The effect of Marginal Tax Rates on Taxable Income: A panel Study of the 1986 Tax Reform Act*, «Journal of Political Economy» 103, n. 3, 1995

4. T. Piketty, E. Saez e S. Stantcheva, *Optimal Taxation of Top Labor Incomes: A Tale of Three Elasticities*, working paper n. 17616, NBER, 2011.
5. J. Gruber e Emmanuel Saez, *The Elasticity of Taxable Income: Evidence and Implications*, «Journal of Public Economics» 84, 2002, pp. 1-32.
6. H. Kleven, C. Landais e E. Saez, *Taxation and International Migration of Superstars: Evidence from the European Football Market*, working paper n. 16545, NBER, 2010.
7. Un'altra possibile giustificazione è che lo Stato migliori alcune inefficienze del mercato finanziario che impediscono alla gente di finanziare gli investimenti con ritorni futuri. Per esempio, lo Stato potrebbe far rispettare i contratti meglio del settore privato (si veda il capitolo 8). Stando così le cose, lo Stato dovrebbe aiutare il settore privato a far rispettare quei contratti senza sostituirsi a esso. In pratica, molte politiche finalizzate alla riduzione di presunte inefficienze del mercato del credito sono in realtà trasferimenti di reddito mascherati.

14. Riformare la finanza

1. Il calcolo si basa sullo S&P/Case-Shiller Home Price Index, un indicatore dell'andamento dei prezzi delle case negli Stati Uniti.
2. P. Swagel, *The Financial Crisis: An Inside View*, «Brookings paper on economic activity», primavera 2009.
3. Si veda L. Zingales, *The Future of Securities Regulation*, «Journal of Accounting Research» 47, n. 2, 2009, pp. 391-425.
4. J.P. Hawley e A.T. Williams, *The Rise of Fiduciary Capitalism: How Institutional Investors Can Make Corporate America More Democratic*, University of Pennsylvania Press, Philadelphia 2000.
5. L. Zingales, *The Future of Securities Regulation*, «Journal of Accounting Research» 47, n. 2, 2009.
6. International Monetary Fund, *Global Financial Stability Report: Meeting New Challenges to Stability and Building a Safer System*, World Economic and Financial Surveys, aprile

2010; Bank for International Settlements, *Triennial and Semiannual Surveys: Positions in Global Over-the-Counter (OTC) Derivatives Markets at end-June 2010*, Monetary and Economic Department, novembre 2010.
7. L. Zingales, *The Future of Securities Regulation*, «Journal of Accounting Research» 47, n. 2, 2009.
8. A tal proposito si vedano O. Hart e L. Zingales, *Curbing Risk on Wall Street*, «National Affairs» 3, 2010, pp. 20-34; e *A New Capital Regulation for Large Financial Institutions*, «American Law and Economic Association Review» 13, n. 2, 2011, pp. 453-490.

15. Tutti i dati nelle mani del popolo

1. L.S. Unger, *Testimony Concerning the Effects of Decimalization on the Securities Markets*, U.S. Securities and Exchange Commission, http:// tinyurl.com/6teffw5.
2. R.G. Rajan e L. Zingales, *Salvare il capitalismo dai capitalisti*, Einaudi 2004 (ed. orig. *Saving Capitalism from the Capitalists: Unleashing the Power of Financial Markets to Create Wealth and Spread Opportunity*, Crown Business, New York 2003).
3. W.G. Christie e P.H. Schultz, *Why Do NASDAQ Market Makers Avoid Odd-Eighth Quotes?*, «Journal of Finance» 49, n. 5, 1994.
4. L. Cohen, A. Frazzini e C. Malloy, *The Small World of Investing: Board Connections and Mutual Fund Returns*, «Journal of Political Economy» 116, 2008, pp. 951-979.
5. M. Mironov, *Economics of Spacemen: Estimation of Tax Evasion in Russia*, University of Chicago Press, Chicago 2006.
6. I. Ben-David, *Financial Constraints and Inflated Home Prices During the Real-Estate Boom*, «American Economic Journal: Applied Economics» 3, 2011, pp. 55-78.
5. S. Agarwal et al., *Inconsistent Regulators: Evidence from Banking*, working paper, University of Chicago, 2011.
6. L. Brandeis, *Other People's Money, and How Bankers Use It*, Frederick A. Stokes, New York, p. 92.

Postfazione all'edizione italiana: la peggiocrazia

1. E. Scalfari, *Intervista a Enrico Berlinguer*, «La Repubblica», 28 luglio 1981.
2. R. La Porta, F. Lopez de Silanes, R. Vishny e A. Shleifer, *Trust in Large Organizations*, «American Economic Review Papers and Proceedings», maggio 1997.
3. N. Bloom, R. Sadun e J. Van Reenen, *The organization of firms across countries*, Centre for Economic Performance discussion paper n. 937, London School of Economics and Political Science, 2009.
4. F. Perez-Gonzales, *Inherited Control and Firm Performance*, University of Chicago and Columbia University, 2004.
5. Ibidem.
6. B. Villalonga e R. Amit, *How Do Family Ownership, Control, and Management Affect Firm Value?*, «Journal of Financial Economics» 80, 2006, pp. 385-417.
7. N. Bloom e J. Van Reenen, *Measuring and Explaining Management Practices Across Firms and Countries*, London School of Economics, London 2005.
8. http://earthtrends.wri.org/text/environmental-governance/variable-1280.html.
9. http://www.weforum.org/pdf/Global_Competitiveness_Reports/Reports/gcr_2006/top50.pdf.
10. http://ec.europa.eu/economy_finance/ameco/user/serie/ResultSerie.cfm.
11. S. Djankov, R. La Porta, F. Lopez de Silanes e A. Shleifer, *Courts*, «Quarterly Journal of Economics», maggio 2003.
12. A. Mattozzi e A. Merlo, *Mediocracy*, working paper, University of Pennsylvania.

Indice

Finito di stampare nel mese di novembre 2012 presso
il Nuovo Istituto Italiano d'Arti Grafiche - Bergamo

Printed in Italy